权威·前沿·原创

皮书系列为
“十二五”“十三五”国家重点图书出版规划项目

中国社会科学院创新工程学术出版项目

国际城市蓝皮书
BLUE BOOK OF WORLD CITIES

总 编/王 战 于信汇

国际城市发展报告（2017）

ANNUAL REPORT ON WORLD CITIES (2017)

丝路城市走廊——构筑“一带一路”战略主通道

主 编/屠启宇
副主编/苏 宁 邓智团 李 健

社会科学文献出版社
SOCIAL SCIENCES ACADEMIC PRESS (CHINA)

图书在版编目(CIP)数据

国际城市发展报告.2017：丝路城市走廊：构筑“一带一路”战略主通道／屠启宇主编.--北京：社会科学文献出版社，2017.2
(国际城市蓝皮书)
ISBN 978-7-5201-0222-3

Ⅰ.①国… Ⅱ.①屠… Ⅲ.①城市经济-经济发展-研究报告-世界-2017 Ⅳ.①F299.1

中国版本图书馆CIP数据核字(2016)第313285号

国际城市蓝皮书
国际城市发展报告(2017)
丝路城市走廊——构筑“一带一路”战略主通道

主　　编／屠启宇
副 主 编／苏　宁　邓智团　李　健

出 版 人／谢寿光
项目统筹／郑庆寰
责任编辑／郑庆寰

出　　版／社会科学文献出版社·皮书出版分社(010)59367127
地址：北京市北三环中路甲29号院华龙大厦　邮编：100029
网址：www.ssap.com.cn
发　　行／市场营销中心(010)59367081　59367018
印　　装／三河市尚艺印装有限公司

规　　格／开 本：787mm×1092mm　1/16
印 张：25　字 数：376千字
版　　次／2017年2月第1版　2017年2月第1次印刷
书　　号／ISBN 978-7-5201-0222-3
定　　价／79.00元

皮书序列号／PSN B-2012-260-1/1

致　谢

本书撰写获得如下资助：

国家社会科学基金重大项目“‘一带一路’沿线城市网络与中国战略支点布局研究”阶段性研究成果；

上海社会科学院创新型智库团队“全球城市发展战略研究”标志性成果；

上海社会科学院蓝皮书出版资助。

本书“金砖国家城市专辑”由金砖国家城市实验室联盟（BRICS + City Lab）提供，特此致谢！本书主编团队为该联盟创始成员。首届金砖国家城市治理论坛于 2015 年 11 月在上海召开；第二届论坛于 2016 年 12 月在莫斯科召开。

欢迎关注本蓝皮书微信公众号：“国际城市观察”

主要编撰者简介

（按文序排列）

屠启宇　本书主编，博士，上海社会科学院城市与人口发展研究所副所长、研究员，华东师范大学兼职教授、博士生导师，上海市规划委员会社会经济文化专业委员，北京市“十三五”规划专家咨询委员会委员，上海市软科学研究基地“上海社会科学院创新型城市发展战略研究中心”首席专家。主要研究方向：城市战略规划、城市创新体系、社会系统工程。

苏　宁　本书副主编，博士，上海社会科学院世界经济研究所副研究员，研究室主任，主要研究方向：城市经济、国际城市比较。

邓智团　本书副主编，博士，上海社会科学院城市与人口发展研究所副研究员，主要研究方向：城市经济。

李　健　本书副主编，博士，上海社会科学院城市与人口发展研究所副研究员，主要研究方向：城市经济与空间规划，近些年聚焦于全球生产网络视角下的地方产业升级与高科技城市转型研究。

林　兰　博士，上海社会科学院城市与人口发展研究所副研究员，主要研究方向：技术创新、高技术产业、城市文化。

陈斐然　博士研究生，华东师范大学城市与区域经济学院，主要研究方向：区域经济、创新网络。

杨传开　博士，上海社会科学院城市与人口发展研究所助理研究员，主要研究方向：城镇化、区域规划。

春　燕　博士，上海社会科学院城市与人口发展研究所助理研究员，主要研究方向：城市与区域发展战略、决策分析。

于天旭　硕士研究生，上海社会科学院城市与人口发展研究所，主要研究方向：区域经济。

肖黎春　上海社会科学院城市与人口发展研究所副研究员，主要研究方向：人口经济学、社会保障。

陶希东　博士，上海社会科学院社会调查中心研究员，主要研究方向：社会治理、城市管理。

闫彦明　博士，金融学博士后，上海社会科学院经济研究所研究员，主要研究方向：区域金融、金融产业组织。

胡苏云　博士，上海社会科学院城市与人口发展研究所研究员，主要研究方向：人口经济学、社会保障、医疗卫生改革和人口老龄化。

李泽众　硕士研究生，上海社会科学院城市与人口发展研究所，主要研究方向：区域经济。

田思禹　硕士研究生，上海社会科学院城市与人口发展研究所，主要研究方向：人口经济与社会。

李　娜　博士，上海社会科学院城市与人口发展研究所副研究员，主要研究方向：区域经济、发展问题。

帕萨·穆霍帕迪亚 研究员，新德里政策研究中心，印度。

樊豪斌 博士研究生，美国克莱姆森大学经济系，主要研究方向：计量经济学、城市经济与城市政策。

薛艳杰 博士，上海社会科学院城市与人口发展研究所副研究员，主要研究方向：区域发展战略与规划、都市农业。

卡佐·纳卡诺 研究员，乌尼达斯大都市区中心大学，巴西圣保罗。

雷纳托·辛巴里斯塔 教授，圣保罗大学，巴西圣保罗。

汤 伟 博士，上海社会科学院生态经济与可持续发展研究中心副研究员，主要研究方向：国际体系、城市网络、环境变化。

亚历山大·普赞诺夫 教授，莫斯科城市经济研究所，俄罗斯莫斯科。

菲德尔·库德亚夫斯耶夫 教授，莫斯科建筑研究所，俄罗斯莫斯科。

帕特里克·海勒 教授，美国布朗大学，现就职于德里“穆霍帕迪亚”政策研究中心。

菲利普·哈里森 教授，金山大学，南非约翰内斯堡。

摘 要

2016年全球范围内“黑天鹅”事件不断出现，英国脱欧冲击欧洲一体化、欧洲右翼政党持续崛起、美国大选结果引发孤立主义、TPP面临夭折、应对气候变化巴黎议定书承诺岌岌可危，一次次冲击着全球化的发展。风雨飘摇之际，中国正成为维护全球化成果的关键性国家。中国提出的“一带一路”倡议构想稳步推进，并以其所蕴含的巨大发展潜力，日益显示出其作为推动全球化深化“战略砥柱”的价值。为此，本蓝皮书以年度主题进一步深化“一带一路”城市尺度研究。

“一带一路”倡议重点关注的亚欧非大陆连接地带正呈现出联手推动互联互通、开放开发的积极态势。该地带一方面幅员辽阔一方面又是全球范围内城市化发展现状和城市全球化参与水平相对滞后的主要板块之一，一旦开放开发与全球化取得突破，将拉动一个宽广地域的可持续发展，其影响力必然是全局性的。当前，“一带一路”战略正由倡议阶段进入建设阶段，“一带一路”沿线地区迫切需要确定战略支点，走“选点”“串轴”“结网”进而“拓面”拉动全局的路径。本报告继2016年度报告提出以“丝路城市”为战略支点思路之后，又提出“串轴”对象是位于“一带一路”沿线地域的国际城市走廊，并特别称之为“丝路城市走廊”。“丝路城市走廊”构想包含多层战略价值。第一，“丝路城市走廊”将秉承丝路传统，在“一带一路”沿线形成多条国际城市走廊，保证连通的灵活性，最终多条走廊又能纵横对接结网拉动全局。第二，“丝路城市走廊”有助于兼容不同区域发展设想，可以成为各类开发开放构想的最大公约数，实现多层次地域发展部署的融合，比单纯从中国出发的“一带一路”六大经济走廊更能够被各利益相关方接受。第三，“丝路城市走廊”也是互联互通的高级形态，这类走廊平台所能承载的活动将大大超越单纯依托交通基础设施联系的区域发展通道。“丝路城市走廊”可以实现政策沟通、道路联通、贸易畅通、货币流通和民心相通的系统集成。这种系统性力量可产生经济效应、文化效应、社会效应、生态效应和地方政府治理合作效应。

本书分报告持续跟踪全球40个代表性城市，开展国际城市2.0评价。并配以近30个城市创新、经济、社会、文化、生态、治理和空间发展的案例，以期对城市转型升级的规律与态势予以揭示。本书还新开辟了“金砖国家城市”专栏，以期为不同层次城市提供更为全面的镜鉴。

2016国际城市十大关注

一 “人居三”大会通过《新城市议程》，“包容、紧凑、可持续发展”成为未来20年城市发展主题

2016 年 10 月 17 ~20 日，第三届联合国住房和城市可持续发展大会（简称“人居三”大会）在厄瓜多尔首都基多市召开。联合国秘书长潘基文在开幕式致辞中指出，“无序的城市发展导致许多人生活在不稳定环境中，……我们的城市必须致力于消除贫困，并保护每个居民的基本人权”。大会期间，来自世界各地的上万名官员、学者、公益组织人士和普通市民举办了 17 个大类的近百场活动。“人居三”大会重点讨论社会融合与公平、城市治理、空间发展、城市经济、城市生态与环境、城市住房与基本服务等六大议题，并通过《新城市议程》。《新城市议程》确立“包容、紧凑、可持续发展”为今后 20 年世界城市发展的目标和主题，表明了人类改变过去规划、投资、开发、治理城市和人居环境路径的决心，可持续的城市发展和人居环境是未来全人类实现可持续发展的关键。《新城市议程》倡导通过建立城市治理的创新框架和有效规划、管理城市空间开发效率，实现包容、和谐、消除贫困的城市可持续发展，促进环境可持续性以及城市发展的可复原性，使人人共享城市发展与机会。

二 “脱欧”致英国与欧盟单一市场关系生变，欧洲城市经济版图演替预期加强

2016 年 6 月 23 日，英国举行脱欧公投并最终选择脱离欧盟，欧洲一体

化进程遭遇重大打击，选择“单飞”的英国也前景未卜。英国人民选择脱欧的主要原因是一体化框架下来自欧洲大陆的移民和国际难民对英国劳动力市场的冲击。英国脱欧将对来自欧盟其他成员国的劳动力的流动进行限制。同时，欧盟单一市场四大自由流通领域的其他三项（商品、服务、资本）也很可能向英国关闭大门。英国城市经济，特别是集聚于主要城市的专业服务业，是英国在欧盟单一市场中的竞争力优势所在，失去单一市场制度所给予的便利性，将直接导致英国城市经济受挫，进而导致欧洲城市经济版图的整体演替。目前，尽管脱欧进程还没有实质性启动，但英镑汇率已累计下跌逾20%，开始削弱伦敦在全球和欧洲的影响力。而伦敦作为跨国公司全球总部和欧洲总部首选地的地位和走向也有待观察。

三　人民币加入SDR，中国国际金融中心建设面临重大机遇

2016年10月1日，国际货币基金组织宣布，人民币正式加入SDR（特别提款权）货币篮子。人民币入篮后权重为10.92%，美元、欧元、日元、英镑权重分别为41.73%、30.93%、8.33%、8.09%。由此，人民币超过日元与英镑成为SDR中第三大储备货币。人民币加入SDR将推动国际上对人民币资产配置需求的增加，并促进人民币国际化，这些都将为中国国际金融中心建设带来重大机遇。本币国际化是国际金融中心建设的重要支撑条件，其有助于金融市场的国际化、规模化与功能提升，有助于金融机构在中心城市的集聚和业务创新，有助于以本币计价的资金在国际市场的流通并规避汇率风险。作为人民币加入SDR最大的潜在受益者，北京、上海、香港在人民币国际化方面承担着重要功能，北京作为金融决策中心与清算中心将进一步提升其在国际金融领域的影响力，上海作为金融要素市场的集聚中心与人民币业务创新中心将在国际化方面迈出重要一步，香港作为最重要的人民币离岸中心将获得进一步发展机遇。2016年，北京、上海相继启动制定面向2030年、2040年的城市发展新愿景规划，这将有助于中国国际金融中心建设。

四 “一带一路”建设从蓝图谋划进入节点运营阶段

2016 年 11 月 13 日，巴基斯坦瓜达尔港举行开航典礼，这不仅标志着中巴经济走廊建设进入了全面实施阶段，也表明“一带一路”倡议从纲领性蓝图谋划阶段进入标志性节点运营阶段。与之同步，“一带一路”倡议中的新亚欧大陆桥经济走廊、孟中印缅经济走廊等建设也稳步推进。这些走廊主要以沿线中心城市为支撑，以重点经贸产业园区为合作平台，以新兴航运物流节点作为连接枢纽，形成了以点带面的发展格局。以瓜达尔港为代表，“一带一路”沿线的一批港口、能源、园区等枢纽性区域建设已逐渐进入加速阶段，这些新兴节点位于新兴发展区域的关键位置，是所在国家和地区发展的重要支撑点，具备通过城市化成长为要素枢纽和发展“增长极”的重要潜力。在全球化遭遇英国脱欧、美国当选总统宣布将退出 TPP 等严重危机之际，这些新兴枢纽的开发开放，将有助于世界的欠发达区域形成新的城市节点，形成新的网络力量，从广度和深度上重构世界城市网络，为全球化注入新活力。

五 夏季奥运会首次在南美城市举办，公众对大事件认可度持续下降

2016 年 8 月 5 ~21 日，第 31 届夏季奥林匹克运动会在巴西里约热内卢举行，这是奥运会首次在南美洲、第二次在发展中国家举行，具有标志性意义。为筹办此届奥运会，巴西政府在城市交通基础设施、环境卫生、公共安全、贫民窟治理等方面进行了大规模投入，对推动里约城市建设具有深远意义。然而，2009 年里约获得奥运会举办权以来，反对承办奥运会声音一直不断，奥运会开幕日当天，即有大批巴西民众走上街头聚集游行，不满政府花费数十亿美元举办奥运会。在里约奥运之前，也有诸多城市的居民对举办奥运会等大型活动予以抵制，斯德哥尔摩市和奥斯陆市都因为民众支持率过

低放弃申请举办2022年冬奥会，波士顿市则因市民反对而放弃申办2024年夏季奥林匹克运动会。从历史经验来看，承办大型活动往往会有助于提升城市形象，促进基础设施建设，对城市经济产生提振作用。但承办大型活动往往也会花费大量的人力与财力，一些城市曾因承办奥运会而背上债务。里约奥运会所以受到抵制，固然与巴西近年来经济严重衰退有密切关系，但与其开支庞大也不无联系。因此，政府在希望借助大型活动提振城市经济、推动城市复兴时，不能“任性”，还需综合考量成本和收益，全面推动城市建设。

六　全球电子数据流量跨越“泽”字节门槛，城市获得前所未有的洞察能力

思科公司《2015～2020年度可视化网络指数预测》报告显示，2016年末，全球线上和线下的数据量首次超过1泽字节（英文简称ZB，1泽字节等于1180591620717411303424字节，大约等于1万亿GB）。2016年成为“泽”字节元年，互联网传输的数据量进入“泽字节时代”。泽字节时代的来临对未来城市发展将产生深远的影响，具有良好通信基础设施和通信能力的城市有可能获得飞跃式增长。一方面，城市中人与人、机构与组织之间的联系将更加紧密，信息像空气一样围绕在人们周围，各行各业都可能成为数据产业，智慧产业将得到前所未有的发展；另一方面，泽字节时代庞大的数据量将帮助城市获得前所未有的洞察能力，通过大数据处理，城市更像一个会思考、能感知的有机体，能做出更加合理和高效的决策，从而实现智慧城市的发展。值得注意的是，泽字节时代的来临也对城市信息传输和处理能力提出了更高的要求。对于经济实力和技术能力较弱的城市而言，需要投入建设更多的宽带基础设施和信息装备，并且需要相应的信息整合能力，才可能带来城市相关技术和产业的繁荣；此外，滚雪球般增长的数据也可能增加城市决策成本，城市将有可能成为信息垃圾场。

七　恐袭事件频发导致城市安全形势严峻，对城市发展造成深远影响

2016 年全球反恐形势愈加严峻，从非洲、西亚、欧洲到北美，不仅受袭城市数量在增加，而且一些具有象征意义的城市反复遭袭。袭击形式也呈现有组织的恐怖活动和“独狼式”袭击并行的态势。反恐安全保障已从非常措施转变为城市运行的常态化安排。各国政府不得不在主要城市或城市主要功能区改造基础设施、升级安保措施、全方位加强防范。然而，单纯加强安保是否能给予城市居民足够的心理安全感尚待考察。另外，恐袭事件在社会、经济、空间诸多层面对城市发展带来重大冲击。社会层面，少数族裔、边缘人群更难以和主流社会实现融合，不同宗教、不同阶层如何实现和而不同、和睦共处仍需要积极探索，这也给城市文明走向带来诸多不确定性；经济层面，随着资本市场避险需求的加大，一些城市产业投资和人员流失，进一步带来更高失业率和税收减少，从而引发新矛盾；空间层面，人员密集、活动频繁的公共空间、商业区遭受负面影响最大，进而在城市转型、升级方面带来不确定性。

八　气候协议进入落实和行动阶段，关键在于对城市低碳发展的有效激励

2016 年 11 月 18 日联合国第 22 次缔约方大会通过《马拉喀什行动宣言》，宣言重申了对《巴黎协定》和《2030 年可持续发展议程》的支持，强调各方应做出最大政治承诺，以行动落实协定内容。这种落实和行动的关键在于城市化地域低碳发展的资金技术支持和能力建设。城市低碳发展涉及空间结构、工业减排、交通体系、建筑能效等诸多领域，也可分成技术 - 制度 - 管理等多个层次，这既需要长期的战略规划，也需要短期的精细行动。尽管一些领先型城市已逐步有了自己的低碳规划、战略框架和行动路线，然而绝大多数城市尤其发展中国家城市仍需要国家和私营部门的实际支持。其中，既包括

法律授权也包括多渠道融资，更包括信息收集等基础性工作。尽管国际社会，包括发展机构、城市网络、多边银行，通过城市间的知识分享和技术转让加速升级城市低碳发展战略，然而与巨大的需求相比仍远远不够。由此在美国等国参与积极性可能锐减的大背景下，城市层面更有必要通过最佳实践、示范项目展现在气候变化领域的治理和技术双重领导力。

九 美国总统大选结果揭示美国地域及城乡发展鲜明鸿沟，亟须密切观察其对未来国际产业分工和世界城市体系的影响

2016 年 11 月 8 日，美国总统选举揭晓，共和党人唐纳德·特朗普战胜民主党人希拉里·克林顿当选美国第 45 任总统。选举结果颠覆主流舆论和判断，引起美国和国际社会极大震动。特朗普鲜明的反全球化立场和大选投票结果地图表明美国沿海与内地、城市与乡村、世界主义精英与乡土氛围浓厚的蓝领社会之间存在鲜明的鸿沟。这一切主要源自全球化造成的国际分工空间重组，世界城市体系和城市产业结构的剧烈变动。美国长期致力于推动以金融业为核心的全球化，制造业大量迁移至发展中国家，制造业城市尤其中部“铁锈地带”陷入发展陷阱，大量工人失业，为反全球化和民粹主义情绪提供了深厚土壤。随着特朗普将贸易保护、移民限制、企业低税率、退出 TPP 等诸多政策付诸实践，同时重启以能源、基础设施等为核心的再工业化战略，美国城市产业结构和经济地图可能再次发生变化。这也可能对发展中国家的工业化、城市化带来些许负面影响。世界城市体系是否还是发达国家的生产性服务业和发展中国家的大规模制造业所塑造的等级制，需要进一步观察。

十 G20峰会在中国杭州成功召开，预示更多新兴市场城市崛起走向世界前台

2016 年 9 月 4 ~ 5 日，二十国集团（G20）第 11 次峰会在杭州市举行，

这是 G20 峰会第一次在中国举办。峰会主题为“构建创新、活力、联动、包容的世界经济”。这次杭州峰会，是近年来中国主办的级别最高、规模最大、影响最深远的国际峰会，为全球所瞩目。杭州以美丽的西湖自然风光以及独特的文化底蕴给世界留下了难以遗忘的印象。峰会后的杭州力主贯彻 G20 精神，建设世界名城，引领新型世界经济的发展。杭州峰会后，中国成都举办了第三次 G20 财长和央行行长会，厄瓜多尔基多举办了联合国“人居三”大会，秘鲁利马举办了 APEC 峰会，蒙古乌兰巴托举办了亚欧峰会，2017 年则有厦门金砖国家首脑会议和广州《财富》全球论坛。国际性会议大量在新兴经济体及发展中区域召开的趋势表明，又一批新兴市场城市，正在积极发挥自身特色，并整体崛起走向世界前台。

目　录

Ⅰ　总报告

Ⅱ　城市创新篇

Ⅲ 城市经济篇

Ⅳ 城市社会篇

Ⅴ 城市文化篇

Ⅵ 城市生态篇

Ⅶ 城市治理篇

Ⅷ 城市空间篇

Ⅸ 金砖国家城市专辑

皮书数据库阅读使用指南

总 报 告

General Reports

B.1

丝路城市走廊构筑“一带一路”战略主通道

李 健 屠启宇 林 兰 陈斐然 杨传开 春 燕

摘 要： 随着“一带一路”战略由倡议阶段进入实质性建设阶段，“一带一路”沿线地区迫切需要确定战略支点，走“选点”“串轴”“结网”进而“拓面”拉动全局的路径。本文所探讨的“串轴”对象主要是位于“一带一路”沿线地域的国际城市走廊，本文将其特指为“丝路城市走廊”。丝路城市走廊构想的提出，可促使不同区域发展设想的兼容，实现多层次地域发展部署融合，这要比单纯从中国出发的“一带一路”六大经济走廊更容易能够被各国和各地区所接受。此外，以“五通”为联系纽带，构建丝路城市走廊也是互联互通的高级形态，这类走廊平台所能承载的内容将较单纯依托交通基础设施联系的区域发展通道所承载的更为丰富。基于以上分析，本报告重点探讨了丝路城市走廊的理论基础，构建了从全球化理论到劳动空间分工的分析主线，进而落实到具体空间，探讨从城市－区域到丝路城市走廊的发展逻辑。此外，进一步从城市和城市群的发育程度探讨“一带一路”沿线丝路城市走廊的现实基础，其中六大经济走廊、沿线城市发展格局、沿线区域发展规划等成为重点分析的对象。本文还延续2016版“国际城市蓝皮书”对“一带一路”沿线地理板块城市的研究，重点对东北亚（蒙俄）、中东欧以及地中海地区3个“丝路城市”地理板块城市化发展的动态进行研究，并总结不同板块的城市发展所面临的挑战和对“一带一路”战略的合作需求。

关键词： 丝路城市走廊 国际城市走廊 一带一路 互联互通

《2030年可持续发展议程》的正式生效（联合国，2015）和“人居三”大会《新城市议程》的通过（联合国，2016），已从顶层设计层面完整构建了“不让任何一个人掉队”的全球可持续发展和城市包容性增长行动计划。正如“人居三”大会《新城市议程》指出的，“城市连通着地区、国家，甚至连接着全球网络”，是“更平衡的地域开发的枢纽”。现在正是超越东方－西方、南方－北方、中心－边缘等传统地缘政治史观，在世界城市网络建构领域传递思想和付诸实践的绝好时机。“一带一路”是进入21世纪以来在洲际尺度地域开发领域最振奋人心的倡议，通过对“一带一路”沿线地域“枢纽”城市互联互通与结网的研究，完全可以在学术上提出更为公平和包容的新型世界城市网络理论，“丝路城市走廊”将是我们研究的开始和着力点。

一 “一带一路”战略与丝路城市走廊的崛起

20 世纪 80 年代以来推进的全球化发展进程更多是在北美、西欧以及东亚展开，“一带一路”沿线的中亚、西亚、非洲以及中东欧等地区则处于边缘地位。随着“一带一路”战略的推进，“一带一路”沿线地区必将全面崛起。在“一带一路”战略推进及核心城市作为战略支点崛起的过程中，由于区域经济、基础设施、人口和商贸流等的密切联系，区域城市功能体系和地理格局将被重组，形成世界城市网络新板块（屠启宇等，2016）。但这个新板块的形成过程并非是均匀发展的，而是一个由“点”（核心城市、城市群）及“线”进而达“面”（板块）的进程，本文重点探讨的是“线”，即“城市走廊”。这一新兴国际城市走廊，是跨国架构的，且主要位于“一带一路”沿线，因此定名为“丝路城市走廊”。丝路城市走廊将不止有一条，很可能会是多条（见图 1）。本文以丝路城市走廊作为研究对象并进一步分析探讨在“一带一路”战略背景下的多层级体系——空间体系、功能体系以及规模体系，进而明确“一带一路”战略的发展方向和发展重点。

丝路城市走廊是在全球化深化发展的前提下，在“一带一路”战略实施中基于“五通”联系的国际经济合作走廊的骨干城市通道，是相对于原先基于基础设施通道联系的区域走廊的全面升级版，是由走廊上多个核心国际城市与腹地内经济实力较为雄厚的次级城市跨区域乃至跨国扩展联合形成的，是空间整合的结果，并最终为沿线国家和地区寻求融入世界经济体系提供平台支撑。丝路城市走廊是由沿线多个城市群组组成并通过快速交通体系连接，这些城市群由某个或某几个核心国际城市与腹地城市跨区域或者跨国整合发展而成，在群组内部的经济联系、资金联系、社会联系、信息联系等领域各城市来往密切，并借助国际经济走廊的发展快速成长。

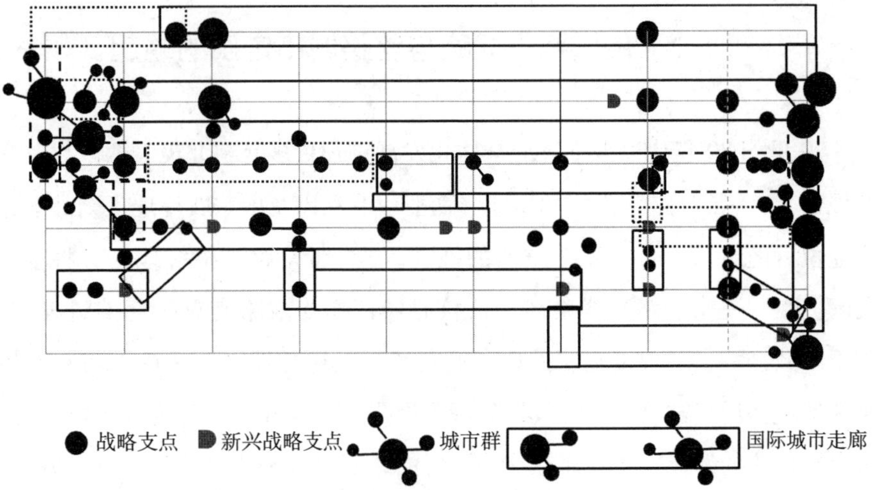

图1　丝路城市走廊逻辑示意

（一）国际城市走廊的理论基础——全球化与劳动空间分工

1. 从全球化发展到跨国通道经济形成

20世纪90年代以后，经济全球化浪潮不断推进，技术的发展和全球化的推进进一步深化、提高了全球劳动分工层次和水平，与主要以产业和产品为基本对象的传统国际分工相比，当代国际分工一个令人瞩目的特征是某个产品生产过程所包含的不同工序和区段，可分布在不同国家进行，并形成以工序、区段、环节为对象的产品内分工体系。这是对原有全球分工体系的深化和扩展，学者以全球生产网络理论予以解释。随着全球化发展，跨国公司控制下的国际生产活动日益频繁，范围也在不断扩大。当前，跨国公司不仅在产品的制造工序层次上，依据不同区位生产要素的比较优势进行空间配置，而且还将研发、制造、销售等价值链的各个环节以及它们各自的分环节配置在世界各地的任何一个地方，并在全球范围内整合资源。该现象的实质是在产品内分工的前提下，从各国生产要素（如劳动力、技术、资本以及自然资源）成本和质量差异化发展中获得好处，实现专业化生产，并集中资源以加强核心竞争力。

在以价值链和生产推动经济发展的全球化过程中，由于地区发展的非均匀性和生产组织联系的需求，逐渐形成一些在地理空间上连通的经济带，也可以称之为通道经济。通道经济理论可以追溯到佩鲁和布代维尔的增长极理论及沃纳·松巴特的“点－轴”开发理论。周茂权（1992）认为，发展通道经济，将交通运输和区域经济发展有机结合，是落后地区经济发展的利器。“点”是通道经济中的增长极，具有自身极化效应和向轴扩散的效应。通过极化效应和扩散效应加强区域的产品、资金、人才、信息流动，增强经济发展动力和创新能力。莫晨宇（2007）提出，通道经济必须以地理连结为前提，依托交通优势，以核心城市为节点，以经济合作为纽带，布局和规划产业结构，实现产业向通道集散，促进区域间、城乡间、产业间的经济联系。高新才（2014）经过综合研究后提出，丝绸之路经济带作为东西方商贸往来和文化交流的大通道，必须充分发挥文化优势、区位优势、产业优势，激发欠发达地区经济发展的潜力。特别是要增强贸易集聚中心极化效应和扩散效应，拓展交通通道，强化信息通道、人才通道、贸易服务通道，加速“点－轴”渐进式扩散。

2. 从城市－区域到国际城市走廊

随着经济全球化的继续发展，资本和信息在全球尺度下流动加快，资本主义生产在全球范围内重构，同时也促进世界各国城市－区域空间结构出现新的转化。以大城市为核心的巨型城市区已经成为一种具有全球性意义的城市－区域发展模式与空间组合形式，即全球性巨型城市群的形成，这在霍尔（2006）对欧洲伦敦—阿姆斯特丹—慕尼黑—米兰—罗马的多中心城市带以及斯科特（2001）对核心城市与腹地城市所构成的全球城市－区域的研究中得到体现。这种全球性巨型城市群呈现一种从中心沿特定轴线向外扩散的空间形态，联系的距离可能超过几百公里。从成长动力机制看，这种巨型城市群是一种伴随着快速交通体系支撑的、在通勤腹地内就业地方性集中发展的城市群体模式。

迪肯（2003）在其著作《全球性转变》中虽然没有提出国际城市走廊

概念，但是对国际城市走廊的形成已有细致描述和解释。他认为在全球化和高度地方化的经济活动集群之间，存在一个中观尺度的经济地理组织，跨越国家边界。例如，第一条是欧洲主要经济增长轴线，依托核心城市节点从西北向东南横跨欧洲核心区域，绝大多数欧洲的发达地区和国际城市都位于或者靠近这条轴线。第二条是崛起中的亚太城市走廊，一个方案包括新加坡—菲律宾群岛—马来西亚柔佛州三角区域和中国大陆南部—中国香港—中国台湾三角区；另一个方案由多家国际智库（ISPRE、KRIHS、NIRA，2007）联合提出，建立由北京经平壤、首尔到东京绵延1500公里的城市走廊（BESETO Corridor），连接77个超过20万人口的城市，超过9700万城市居民居住在其中，这个城市走廊把四个国家的四个城市群联系在一起。第三条是美国—墨西哥边境地带，是由一连串城镇和沿线制造业园区组成的城市走廊，规模偏小但独具特色，即以特色产业园区配套规模较小的密集城镇构成。

实际上无论是斯科特（2001）、霍尔（2006）对于全球化背景下的城市－区域重构的空间组织研究，还是迪肯（2003）基于区域经济联系探讨的城市通道研究，都突出区域发展联系和融合。因此，借用“一带一路”沿线国际城市走廊思路提出建设丝路城市走廊的做法，实际上是寻求不同区域发展设想的兼容，实现多层次地域发展的融合，这要比单纯从中国出发的“一带一路”六大经济走廊更容易被各国和地区所接受。此外，以“五通”为联系纽带，构建丝路城市走廊也是互联互通的“高级形态”，高于单纯依托交通基础设施联系的区域发展通道。

（二）丝路城市走廊的现实基础——“五通”联系与六大经济走廊

1.“一带一路”战略与六大经济走廊规划

根据《推动共建丝绸之路经济带和21世纪海上丝绸之路的愿景与行动》这一文件，可知“五通”已经成为“一带一路”战略合作的重点内容。从全球化发展的动力看，随着以电子信息产业为主要内容的国际劳动分工体系开始松动，全球生产网络的空间扩张也停滞不前，美国、日本等发达国家提出的以TPP和TTIP为代表的新一轮的全球化组织框架，进一步限制了发展中国家的融入，全球生产网络似乎已经陷入困顿。随着中国提出“一带一路”战略，原先处于边缘地位的中亚、南亚、西亚以及非洲等地区借助中国这个全球生产网络核心节点向外辐射的机会，必将寻求自身新的空间范围的扩张，并利用“创新、活动、包容、联系”的思维，促进全球生产网络的再度繁荣。其中，城市作为全球生产网络组织的空间平台，将在“一带一路”沿线地域承担更重要的发展任务，从而将过去全球化发展中处于边缘地区的城市打造成新的城市体系，这其中政策、设施、贸易、资金和民心都是关键性内容。基于“一带一路”经济走廊、发展轴线等地缘政治、经济发展的需要和组织模式，丝路城市走廊和走廊城市群必将成为“一带一路”沿线地域中新的城市体系组织模式。

从当前我国“一带一路”具体实施和推进的战略中，“六大经济走廊”成为走廊组织的基本框架。六大经济走廊实际上分别有着不同的功能定位和合作重点，中蒙俄经济走廊主要承担基础设施投资和资源能源安全功能；中国—中亚—西亚主要承担基础设施建设、能源安全的功能；新亚欧大陆桥主要承担国际贸易和基础设施建设的功能；中巴经济走廊则主要承担能源安全、园区和基础设施建设等多元功能；孟中印缅经济走廊主要承担资源能源和国际贸易、投资等功能；中国—中南半岛经济走廊主要承担国际投资和贸易等功能（见表1）。不同经济走廊基于我国对外战略所承担的不同功能，决定了丝路城市走廊的功能体系。

表1　中国重点建设的“一带一路”六大经济走廊与节点城市

经济走廊名称	沿途主要国家	主要节点城市
中蒙俄	中国、蒙古、俄罗斯	北京、天津、呼和浩特、乌兰巴托、大连、沈阳、长春、赤塔等
中国—中亚—西亚	中国、哈萨克斯坦、乌兹别克斯坦、伊朗、沙特、埃及等	乌鲁木齐、阿拉木图、塔什干、德黑兰、伊斯坦布尔、安卡拉等
新亚欧大陆桥	中国、哈萨克斯坦、俄罗斯、白俄罗斯、波兰、德国、荷兰等	连云港、西安、兰州、乌鲁木齐、列特、华沙、柏林、鹿特丹等

续表

经济走廊名称	沿途主要国家	主要节点城市
中巴	中国、巴基斯坦	喀什、卡拉奇、拉合尔、伊斯兰堡、白沙瓦、瓜达尔港等
孟中印缅	中国、印度、孟加拉、缅甸	昆明、仰光、内比都、曼德勒、达卡、加尔各答和新德里
中国—中南半岛	中国、越南、新加坡	南宁、凭祥、河内、仰光、曼谷、新加坡

资料来源：作者据公开材料整理。

2.“一带一路”沿线地区城市格局与发展战略

“一带一路”沿线地域国家城市发展情况存在很大的差异，从近20年人口增长的速度看也存在很大差别，从超过100%增长到负增长的情况均存在（据联合国经济与社会事务部对全球主要城市人口数据的统计）。如果不考虑彼此之间的社会政治经济关系，仅从地理区位角度考量，对照2015年各区域超过100万人口规模城市的空间分布情况看（见表2），印度、巴基斯坦以及孟加拉三个大国所在的南亚地区超过100万人口的城市共有74个城市，其中德里—孟买—金奈—加尔各答“金四角”城市群最成熟，能够强力支撑起丝路城市走廊的发展；中东—西亚地区，超过100万人口的城市有41个，其中超过500万人口的城市有4个，如围绕利雅得—萨那—迪拜—阿布扎比—多哈形成的南部跨国城市群及围绕伊斯坦布尔—安卡拉—德黑兰、巴格达—大马士革—贝鲁特等形成的北部跨国城市群；东南亚地区，超过100万人口的城市有24个，其中1000万人口城市有2个，500万以上人口城市也有6个，该区域城市群较分散，但在越南、缅甸、泰国构成海防—河内—胡志明—曼谷—北榄—仰光—内比都这样的巨大城市群，及更为分散的新加坡—吉隆坡—雅加达—马尼拉岛国城市群；中东欧地区百万人口以上城市也有14个，由于人口密集，该区域形成以基辅—明斯克—华沙—布拉格—布加勒斯特—索菲亚为核心城市的城市群；蒙俄两国百万人口以上城市有14个，但是在西伯利亚地区和蒙古只有乌兰巴托、新西伯利亚以及鄂木斯克等规模较小城市，其他城市多在欧洲地区，构成圣彼得堡—莫斯科两个最大城市为核心的西部城市群和叶卡捷琳堡—乌法—喀山—车里雅宾斯克等为核心的东部城市群，以及伏尔加格勒—罗斯托夫等为核心的南部较小城市群；在中亚地区中只有塔什干和阿拉木图这两个城市的人口超过百万。

表2 “一带一路”沿线国家100万人口以上城市分布情况

单位：个

地区	100万以上城市数量	典型城市群
蒙俄	14	圣彼得堡—莫斯科、叶卡捷琳堡—乌法—喀山—车里雅宾斯克、伏尔加格勒—罗斯托夫
中亚	2	分别围绕阿拉木图、塔什干所构成的中小城市群
中东—西亚	41	利雅得—萨那—迪拜—阿布扎比—多哈、伊斯坦布尔—安卡拉—德黑兰、巴格达—大马士革—贝鲁特
南亚	74	德里—孟买—金奈—加尔各答
中东欧	14	基辅—明斯克—华沙—布拉格—布加勒斯特—索菲亚
东南亚	24	海防—河内—胡志明—曼谷—北榄—仰光—内比都、新加坡—吉隆坡—雅加达—马尼拉
中国	105	环渤海城市群、长三角城市群、珠三角城市群、长江中游城市群、成渝城市群
合　计	274	—

资料来源：作者据公开材料整理。

从实际发展看，尽管我国存在对外辐射方向不同的六大经济走廊，但“一带一路”沿线地域国家纷纷提出自己所制定的区域和国家层面发展战略。《上海合作组织成员国政府间国际道路运输便利化》文件中跨境线路的设计、俄罗斯推进的“欧亚经济联盟”、欧洲“琥珀之路”、哈萨克斯坦“光明大道－通往未来之路”规划、印尼的“全球海洋支点”与海上高速公路、蒙古“草原之路”等规划相继提出发展通道建设（见表3、表4）。此外，这些区域和国家战略不会完全按照我们的战略推进自己的城市体系的建设，例如中巴经济走廊就与巴基斯坦当前正推进的区域开发战略存在空间错位问题。因此，必须充分考虑沿线城市所在国及区域组织在当前实施的区域发展战略，以解决中国六大经济走廊与“一带一路”沿线国家区域发展战略与布局的错位与冲突，通过更宽泛的丝路城市走廊建设，进行更大范围覆盖和辐射，进而实现不同层次区域规划和发展的融合。

表3 “一带一路”沿线多边区域发展战略构想与布局

区域战略	参与国家	空间布局(走廊)	主要节点
上海合作组织成员国政府间国际道路运输便利化	中国、哈萨克斯坦、俄罗斯、塔吉克斯坦、乌兹别克斯坦、吉尔吉斯斯坦	六条连接中、哈、俄、塔、乌、吉六国的运输线路	连云港、西安、兰州、乌鲁木齐、塔什干、阿拉木图、圣彼得堡
欧亚经济联盟	俄罗斯、白俄罗斯、哈萨克斯坦、亚美尼亚、吉尔吉斯斯坦	在2025年前实现商品、服务、资本和劳动力的自由流动，形成一个有1.7亿人口的统一市场	莫斯科、圣彼得堡、明斯克、阿拉木图、阿斯塔纳
跨欧亚大铁路	俄罗斯、哈萨克斯坦、白俄罗斯、波兰、德国、荷兰	以海参崴为起点横穿西伯利亚通向莫斯科，连接波兰和德国，最后到荷兰鹿特丹港	海参崴、阿拉木图、莫斯科、明斯克、华沙、柏林、鹿特丹
琥珀之路	爱沙尼亚、波兰、捷克、奥地利、德国、意大利、希腊、瑞士、荷兰、比利时、法国、西班牙	经维斯瓦河和第聂伯河运输到意大利、希腊和埃及，从欧洲北部的北海和波罗的海通往欧洲南部的地中海	莫拉维亚、维也纳、汉堡、布林迪西、伯尔尼、阿姆斯福特、安特卫普、卢瓦尔、波尔多
新丝绸之路	阿富汗、印度、巴基斯坦	把阿富汗作为连接中亚和南亚的纽带和中心国家，中南亚地区形成地区交通和经济紧密联系的网络，促进区域经济一体化	喀布尔、伊斯兰堡、卡拉奇、德里、海德拉巴、加尔各答
东盟自由贸易区	菲律宾、泰国、缅甸、马来西亚、印尼、越南等十国	提倡以平等合作精神共同努力，促进东南亚地区经济成长，社会进步与文化发展	马尼拉、曼谷、新加坡、吉隆坡、河内、仰光、金边
澜沧江—湄公河合作	中国、柬埔寨、老挝、缅甸、泰国、越南	加强政治安全、经济和可持续发展、社会人文三大重点领域合作	南宁、金边、万象、内比都、仰光、曼谷、河内

续表

区域战略	参与国家	空间布局(走廊)	主要节点
季风计划	印度、埃及、苏丹、沙特、也门、阿曼、斯里兰卡、泰国、马来西亚、新加坡、印尼、菲律宾等	季风计划落在广义的印度洋世界,从东非、阿拉伯半岛、印度次大陆、斯里兰卡到东南亚群岛,印度恢复与印度洋海域国家的密切联系	孟买、加尔各答、开罗、喀土穆、萨那、玛斯卡特、科伦坡、曼谷、吉隆坡、新加坡、雅加达、马尼拉
地中海联盟	法国、阿尔及利亚、摩洛哥、突尼斯、塞浦路斯、埃及、以色列、约旦、黎巴嫩、马耳他、叙利亚、土耳其,并扩张至43国	由法国总统萨科齐提出,建立在经济、能源、移民、民主制等方面的合作关系,并与欧盟建立自由贸易关系	马赛、摩纳哥、阿尔及尔、开罗、特拉维夫、贝鲁特、大马士革、安卡拉、伊斯坦布尔等
欧洲“容克”计划	德国、法国、荷兰、意大利、波兰、西班牙、卢森堡、比利时等欧盟国家	2014年11月,欧盟委员会正式对外公布了欧盟投资计划,也就是“容克计划”,该计划旨在促进欧盟境内投资、促进经济增长、加快产业转型以及提升欧洲竞争力	柏林、慕尼黑、法兰克福、阿姆斯特丹、巴黎、华沙、罗马、米兰、马德里、卢森堡等

资料来源：作者据公开材料整理。

表4　“一带一路”沿线部分国家区域发展战略与布局

区域战略	主导国家	空间布局(走廊)	主要节点
光明大道	哈萨克斯坦	“光明大道”经济计划将建设从首都阿斯塔纳辐射全国各地的公路、铁路和航空线路等交通网络	阿斯塔纳、阿拉木图等
海上高速公路	印度尼西亚	包括扩建北苏门答腊、雅加达、东爪哇、南苏拉威西和巴布亚5个大型枢纽港,提高物流效率,发展工业园区等	雅加达、锡博尔加、泗水、肯里等
草原之路	蒙古	“草原之路”计划由5个项目组成,包括连接中俄的997公里高速公路、1100公里气化铁路、扩展跨蒙古国的铁路及天然气和石油管道	乌兰乌德、纳乌什基、乌兰巴托、苏赫巴托、扎门乌德、呼和浩特、二连浩特、集宁
振兴计划	埃及	经济结构调整;建设基础设施和学校、医院等公共设施;明确产业发展目标;实施城市化发展政策	开罗、亚历山大、苏伊士、吉萨、塞得港、阿斯旺、卢克索

资料来源：作者据公开材料整理。

从城市群角度考察，六大经济走廊的发展存在显著差异，当前较成熟完善的丝路城市走廊很可能是中巴、孟中印缅及中国—中南半岛这三大经济走廊，其他经济走廊与城市走廊仍有待培育。从国内区域发展战略来看，伴随“一带一路”战略推进的还有长江经济带和京津冀协同发展战略，这是我国当前区域经济发展的最大背景，也是“一带一路”战略实施需要重点考虑的国内区域要素。此外，“十三五”期间国家发改委重点推进的19个城市群规划也形成了与“一带一路”相呼应的区域城市群发展结构。通过中外区域战略规划、城市群发展互动，实现更高级别、更广范围的互联互通，打造由“点”及“线”的丝路城市走廊。

“一带一路”贯穿亚欧非大陆，一头是活跃的东亚经济圈，一头是发达的欧洲经济圈；同时，“一带一路”建设还秉持开放性原则，将来会有越来越多的国家（地区）参与其中，故“一带一路”研究范围不应局限于一般文献讨论的65个国家（地区）。本文对“一带一路”沿线进行了区域划分，共分为南亚、东南亚、中亚、西亚、东北亚、中东欧、地中海地区等七大区域，广义上涵盖了85个国家。在《国际城市发展报告（2016）》总报告中，已经对南亚、东南亚、中亚、西亚四个区域的城市化与城市体系概况进行了研究，下文将重点对东北亚（蒙俄）、中东欧、地中海地区三个区域的城市发展进行研究。

二 东北亚（蒙俄）“丝路城市”发展态势

东北亚作为一个地理概念，主要是指亚洲的东北部地区，即亚洲—东亚所属的次区域，包括日本、韩国、朝鲜、蒙古，以及中国的东北、华北地区，俄罗斯所属的远东地区。从区域规模上看，东北亚的陆地面积为1600多万平方公里，约占亚洲总面积的36%。特别是东北亚的沿海地区自然条件相对较好，主要包括鄂霍次克海和日本海及渤海湾这三大海域，辽阔的海域北起俄罗斯远东的堪察加半岛、白令海，南至萨哈林岛（库页岛）中俄边境的图们江出海口一带，还囊括了朝鲜半岛的东海岸、日本列岛大部和中国的辽东半岛等海域。历史上，“东北亚丝绸之路”源起于北魏，在明清时期发展到顶峰，与郑和七下西洋发生于同一时期，由明朝永乐年间亦失哈九上北海而开辟，这段史实却被淹没于历史长河中。这条明清“东北亚陆海丝绸之路”，主要包括了中国的东北部、俄罗斯的远东地区，以及日本、朝鲜和蒙古等地区。我国倡导的“一带一路”战略为欧亚之间沿线区域加强经济社会往来搭建了重要的桥梁和纽带。2015 年我国发布《推动共建丝绸之路经济带和 21 世纪海上丝绸之路的愿景与行动》明确了“一带一路”涵盖的国家范围，其中东北亚地区主要包含了俄罗斯和蒙古两个重要国家。中蒙俄三国横贯欧亚大陆，相依为邻，彼此之间的边境线极长，资源禀赋各具优势。经济全球化后期，资本、技术、人员实现跨界流动，本地资源与外地资源的界限日渐消失，依赖本地资源发展的观念被打破，对更大区域资源的获取能力和支配能力成为区域竞争力的主要标志。若这条“东北亚丝绸之路”能够复兴，沿线国家经济协调发展，将极大地促进东北亚地区经济的蓬勃发展，这将是“一带一路”战略的又一亮点。

（一）城市化率较高的东北亚（蒙俄）地区

东北亚的城市化发展一直保持着较高的水平。这里是亚洲经济、文化较为发达的区域，其中俄罗斯属于一般发达国家，蒙古则是发展程度较高的发展中国家。

1950 ~ 1991 年，伴随着苏联的工业化发展，东北亚城市化进程加快了步伐。四十年间苏联的城市化率由 44.1% 跃升至 73.4%。蒙古国受到苏联和中国等社会主义国家的支援，经济得到了较快发展，城市化水平由接近亚洲平均水平的 20% 攀升至高于世界平均水平的 57%（见图 2）。

20 世纪 90 年代随着苏联解体，近二十年时间里东北亚地区城市化发展速度下降，但城市化率始终高于世界和亚洲的平均水平。苏联解体初期，俄罗斯出现了短暂的“逆城市化”趋势，并在 1994 年达到高潮。1995 年后，正常的城市化进程才重新开始，出现了农村人口向城市的净转移。随后的二十几年时间里，俄罗斯的城市化率始终保持在 73.5% 左右。直到近期俄罗

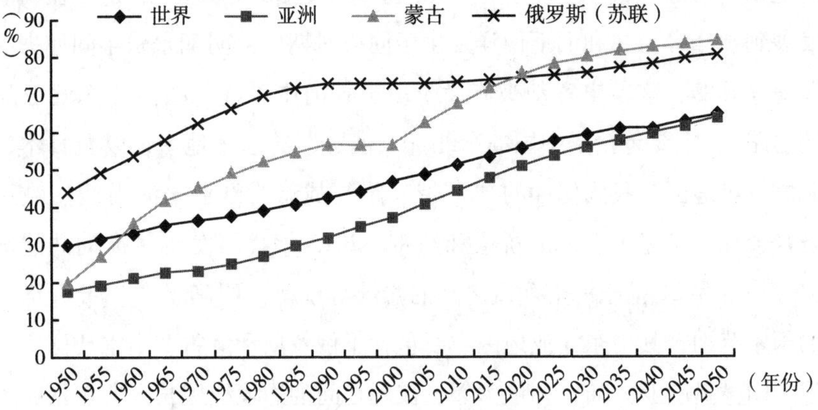

图2　1950～2050年东北亚（蒙俄）城市化水平发展历史与预测

资料来源：United Nations，Department of Economic and Social Affairs，Population Division（2014）。

斯才出现真正意义上的“郊区化”趋势。蒙古国的经济发展对苏联的依赖性很强。在苏联解体后，蒙古的经济也遇到困境，城市化率随之停滞不前。1990年至2000年的十年间，蒙古的城市化率一直保持在57%上下。进入21世纪，由于极端天气和经济萧条，蒙古大量牧民迁入首都乌兰巴托，城市化率随之攀升。截至2014年年底蒙古国总人口为288.1万，其中城市人口占71%，农村人口占29%，城市化率达到71%。

据联合国（2014）预测，东北亚城市化水平将继续提升。到2050年时，俄罗斯可能已经达到“郊区化”的城市发展阶段，城市化率达到81.1%；而蒙古的城市化率还将继续提高，预计将会达到81.8%。总体来看，东北亚地区的发展相对平稳，城市化率一直在亚洲乃至世界上处于一个较高的层次。

（二）东北亚（蒙俄）城市发展概况

从统计数据上看，东北亚两国城市化水平均相对较高。但从现实情况来看，两国的城市发展程度截然不同（见图3）。

1. 蒙古呈现“一城独大”现象

蒙古国呈现突出的一城独大局面。据联合国（2014）统计，蒙古国全国人口约为288万，而首都乌兰巴托就有近200万人口。虽然乌兰巴托的城市化率逐年升高，但它没有与其城市化水平相匹配的经济水平和基础设施条件。乌兰巴托城市设施老旧，街道路面老化严重，自来水供应不稳定，尚有相当规模的居民区没有上下水管道系统。蒙古政府允许市外移民在乌兰巴托城郊扎下蒙古包或搭建临时住宅，因此乌兰巴托市四周常年被设施相对简陋的蒙古包群所包围。

自1930年开始，蒙古国受到苏联等社会主义国家的支援，开始建设现代工业，同时也修建了铁路和公路，经济得到了较快发展。随着工业化进程的推进，蒙古的城市化率也逐步攀升。然而，蒙古国的这种经济繁荣是建立在苏联援助的基础之上，对苏联经济的依赖性极强，蒙古并没有建立起属于自己的独立的工业体系。20世纪90年代，苏联解体后，蒙古的经济面临困境。从2000年起，牧区连续遭受自然灾害，极端的气候条件加上经济萧条，迫使数十万牧民告别他们熟悉的大草原，来到首都乌兰巴托谋生。过量的乡村人口迁移到城市，这已然超过了乌兰巴托经济发展的承受能力，呈现“伪城市化”现象。

2. 工业化推动俄罗斯城市有序发展

苏联时期的工业化进程使得城市化发展进程加速并达到顶峰。苏联解体至今的20余年间，虽然俄罗斯城市建设还在缓慢推进，但以农村人口向城市流动为重要标志的城市化进程已基本处于结束阶段，近年来城市“郊区化”现象在俄罗斯已初露端倪。

苏联时期，工业化发展迅速，城市化随之快步推进。在当时，国家主要以城市规划的手段调节城市化进程。为了满足高速发展的工业，苏联将农村人口直接迁移至城市。苏联学界主张城市均衡分布发展，认为社会主义国家不应沿袭早期工业化国家的城市设计理念，以免重蹈早期工业化国家城市人口过度集中的覆辙。但是苏联受工业化主导的急速城市化，使得人口迅猛涌向大城市，造成城市生活设施供给严重不足，而同时工业化急需大量资金投

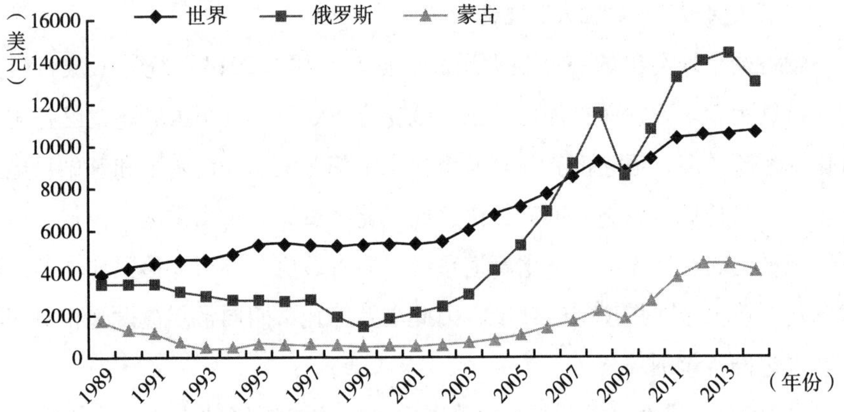

图3　1989～2014年东北亚（蒙俄）人均GDP发展情况

资料来源：World Bank, National Accounts Data , and OECD National Accounts Data Files,（2016）, http://data.worldbank.org/indicator。

入，国家再无余力扩建和维修城市生活设施。

苏联解体后，受自然与经济的双重影响，俄罗斯出现了短暂的“逆城市化”现象。但这并不是城市化的高级发展形势。俄罗斯近年来才开始出现真正意义上的“郊区化”。一些人逐渐在郊区购置设施较为完善的别墅，将其作为季节性第二居所使用。然而由于社会经济资源以及主要工作岗位仍集中在城市中心地带，“郊区化”发展对俄罗斯的交通网络及郊区基础设施建设提出了挑战。

（三）东北亚（蒙俄）城市等级规模与体系发展

1. 城市规模普遍较小，缺少特大城市

东北亚地区城市数量较多，但城市规模普遍较小。据联合国统计，2015年，东北亚地区俄蒙两国人口数在1000万以上的1级城市仅莫斯科一座，人口数为1217万，是第二大城市圣彼得堡的2倍有余。人口数500万～1000万的2级城市出现空档。3级城市（人口100万～500万）的城市有圣彼得堡、车里雅宾斯克、新西伯利亚、喀山、下诺夫哥罗德、叶卡捷琳堡等13座。4级、5级及以下城市长期以来占据总城市数的80%以上。超过全国20%的人口集中在少量的3级以上城市（见图4、表5）。

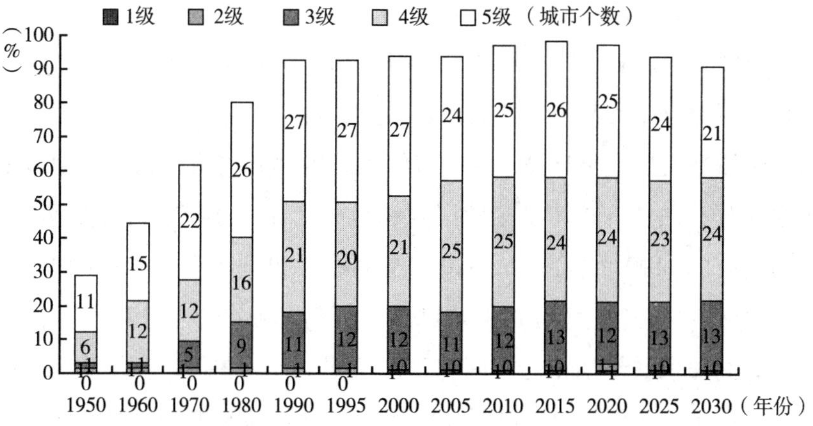

图4　1950～2030年东北亚（蒙俄）城市规模发展及预测

注：1级=城市人口1000万及以上；2级=城市人口500万～1000万；3级=城市人口100万～500万；4级=城市人口50万～100万；5级=城市人口30万～50万。城市数量只统计30万人口规模以上（1～5级）的城市。

资料来源：United Nations, Department of Economic and Social Affairs, Population Division (2014)。

表5　东北亚主要城市人口规模及城市等级发展与预测

城市	城市人口规模(万人)						城市等级					
	1950	1970	1990	2000	2015	2030	1950	1970	1990	2000	2015	2030
莫斯科	536	711	899	1001	1217	1220	2	2	2	1	1	1
圣彼得堡	290	398	499	472	499	496	3	3	3	3	3	3
新西伯利亚	72	117	143	143	150	152	4	3	3	3	3	3
叶卡捷琳堡	63	104	135	130	138	141	4	3	3	3	3	3
乌兰巴托	7	30	57	77	138	185	—	—	4	4	3	3
下诺夫哥罗德	80	118	142	133	121	106	4	3	3	3	3	3
萨马拉	66	106	124	117	116	117	4	3	3	3	3	3
喀山	51	88	109	110	116	119	4	4	3	3	3	3
鄂木斯克	44	83	114	114	116	118	5	4	3	3	3	3
车里雅宾斯克	57	88	113	108	116	119	4	4	3	3	3	3
罗斯托夫	48	80	102	106	110	111	5	4	3	3	3	3
乌发	42	78	108	105	107	109	5	4	3	3	3	3
伏尔加格勒	46	82	100	101	102	103	5	4	4	3	3	3
克拉斯诺亚尔斯克	29	66	91	91	101	105	—	4	4	4	3	3

注：1级=城市人口1000万及以上；2级=城市人口500万～1000万；3级=城市人口100万～500万；4级=城市人口50万～100万；5级=城市人口30万～50万。城市数量只统计30万人口规模以上（1～5级）的城市。表中城市等级原数据有误，现已更正了数据。

资料来源：United Nations, Department of Economic and Social Affairs, Population Division (2014)。

2. 城市网络稀疏，空间分布不均

从空间分布来看，东北亚地区的城市和城市人口分布相当不均衡。这种不均的城市分布既与当地的区位、历史、自然条件有关，同时也与其经济发展阶段和发展水平有关。从城市体系的内部结构看，东北亚地区的大城市主要分布在经济较为发达的国家和地区，而中小城市分布较为均匀。俄罗斯现有的1100个城市中，310个分布在中央联邦区，198个位于伏尔加河沿岸区，145个坐落在西北联邦区，西伯利亚分布了130个，南方联邦区、北高加索联邦区和远东联邦区均不足百个。在12个百万人口以上的特大城市中，伏尔加河沿岸联邦区拥有4个，乌拉尔、西伯利亚和南方联邦区各2个，中央联邦区和西北联邦区各1个，远东联邦区和北高加索联邦区则没有一座百万人口以上的城市。俄罗斯城市间距离较远的状况依然存在。截至目前，西伯利亚地区城市间的平均距离在200公里以上，欧洲部分城市间的平均距离为45～75公里。从东北亚地区城市人口分布密度看，东北亚地区城市是全球城市人口分布较为集中的地区之一，城市人口分布密度的平均数已超过100人/平方公里。但是从东北亚地区内部看，东北亚地区内部人口密度差异大，如蒙古国的城市人口密度为18.1人/平方公里。

3. 融入全球化进程相对落后

东北亚的俄罗斯与蒙古两国融入全球化的进程并不顺利，这使得该区域城市的全球化程度也相对落后。根据英国拉夫堡大学全球化与世界城市（GaWC）项目的研究，α、β、γ三级世界城市以及“高度满足条件”和“满足条件”二级准世界城市的5级评价中，东北亚城市功能与国际化影响相对较弱。在2000～2012年发布的GaWC城市等级体系中，仅有莫斯科与圣彼得堡两座城市入选。从2000到2012年，莫斯科由β+级升为α级世界城市，圣彼得堡则由高度满足条件的准世界城市升级为γ+级世界城市。总体而言，东北亚城市全球化程度相对较低，世界级城市尤其是高等级世界城市数量偏少（见表6）。

表 6　全球化与世界城市（GaWC）历次评级中的东北亚（蒙俄）城市位次

评级年份	莫斯科	圣彼得堡
2000 年	β +	高度满足条件的准世界城市
2004 年	β +	满足条件的准世界城市
2008 年	α	γ -
2010 年	α	γ
2012 年	α	γ +

资料来源：GaWC，The World According to GaWC 2000，2004，2008，2010，2012，http://www.lboro.ac.uk/gawc/。

（四）东北亚（蒙俄）城市发展的挑战与丝路城市需求

1. 东北亚地区融入全球化的诉求强烈，丝路城市发展拥有绝佳利益契合点

如前文所述，东北亚地区城市网络密度小，这使得该区域经济一体化发展相对滞后，同时也在一定程度上影响了该地区的全球化进程。然而，随着经济全球化的深化发展，资本、技术、人员实现跨界流动，本地资源与外地资源的界限日渐消失，依赖本地资源的发展观被打破，对更大区域资源的获取能力和支配能力成为区域竞争力的关键所在。东北亚地区融入全球化的诉求较为强烈，因此三国共建丝路经济带拥有良好的利益契合点。2014 年 9 月，中国国家主席习近平在中蒙俄三国首脑会晤时提出共建“丝绸之路经济带”，中蒙俄经济走廊的构想旋即获得俄蒙两方积极响应。

近年来俄罗斯因乌克兰危机招致西方国家的经济制裁，其国家经济战略开始转向亚太。在中方提出“一带一路”战略的同时，俄罗斯也于 2014 年提出“跨欧亚发展带”构想并出台了《远东跨越式经济开发区相关法规》，作为开发西伯利亚及远东区域的措施和保障。蒙古国没有出海口，是一个真正的内陆国家，它被俄罗斯和中国这两个仅有的邻国完全包围，其经济发展始终难以离开中俄两大邻国的帮助与影响。蒙古国通过实施“新铁路计划”以及“草原之路计划”，打通俄罗斯与中国过境的运输通道，积极融入区域一体化的建设中来。

2. 中国与俄罗斯、蒙古三国各具优势，互惠互补可沿丝路城市打造完整的价值链条

蒙古和俄罗斯的资源丰富，中俄两国的技术和资金可以满足彼此的利益需求，三国经济各有所长，优势互补。只要找准自身的经济优势，极有可能凭借自身特点打造出自给自足的完整价值链条，并在此基础上融入全球价值链当中。国家之间地缘关系紧密，近年来彼此之间已经在经济贸易方面展开了不同程度的交流与合作。根据 WTO 最新统计数据（2015），中国是俄罗斯最大的贸易伙伴。与此同时，中国和俄罗斯分别为蒙古国的最大和第二大投资合作伙伴。无论在投资、贸易还是政策环境方面，东北亚地区均有良好的共建环境。目前，中蒙俄都处于国内经济发展的关键时期，贸易、投资和跨界承包等领域发展速度很快。俄罗斯总统普京曾表示，希望借助中国之力“吹起俄罗斯经济发展之帆”，蒙古国政府则多次、在多个场合表示希望与中国扩大在矿产资源领域的合作。东北亚区域一体化最需要的是因地制宜，有机结合各自的优势，打造一条崭新的丝绸之路经济走廊。

3. 中蒙俄政治关系稳定，三国各具优势，丝路城市合作具有和平环境

在国家关系上，中蒙俄有相似的经济政治环境，发展经历相近，发展阶段不同。另外，中蒙俄三国间不存在悬而未决的政治和历史遗留问题。东北亚三国在许多问题上，有着共同的目标和需求。无论是经济发展，还是国家安全问题，三方具有一致的利益和信念。在二十多年的发展中，中蒙俄建立了广泛的社会、经济和政治基础。在这种稳定的政治环境保护之下，东北亚获得了更高的战略融合度，目前是开展战略性重大合作项目的良好契机。

4. 北极航道推进，带来新兴战略支点城市发展机遇

随着东北亚国家积极研究和推动北极航道，海参崴作为俄罗斯在太平洋沿岸最重要的港口城市，其城市地位和战略枢纽作用日益显现。该城市位于俄中朝三国交界之处，三面临海，城市海岸线达 100 多公里，拥有优良的天然港湾，是俄罗斯太平洋舰队司令部所在地。海参崴人口约为 63 万，城市总面积为600平方公里，拥有俄罗斯科学院西伯利亚分院远东分部、太平洋渔业与海洋学研究所及多所高等学校，以及马林斯基剧院滨海分院。

三　中东欧“丝路城市”发展态势

中东欧（Central and Eastern Europe，CEE）地区包括波兰、捷克、斯洛伐克、匈牙利、斯洛文尼亚、克罗地亚、罗马尼亚、保加利亚、塞尔维亚、黑山、马其顿、波黑、阿尔巴尼亚、爱沙尼亚、立陶宛、拉脱维亚共16个成员国[①]。这些国家经历了冷战后二十年的转型，已经完成了从计划经济向市场经济的转轨。时至今日，许多中东欧国家仍处在欧盟（英法德意西等国）、美国和俄罗斯的阴影中，因此，与西欧、中欧德国、南欧和北欧的许多国家相比，中东欧国家的经济发展和城市化进程较为缓慢。

中东欧地区处于连接欧亚的特殊地理位置，是古代中国产品陆路进入欧洲的重要门户，在古代丝绸之路上就扮演着重要贸易通道和重要中转站的角色。作为中国近现代产品的重要消费市场，加之中东欧地区与中国拥有共同的重要贸易合作伙伴——欧盟，并且深入参与欧洲一体化进程，使得其贸易和政治地位更加突出。因此，研究和探讨中东欧地区城市发展情况对理解和推进“一带一路”战略建设有着重要的意义。

（一）中东欧城市化发展现状

1. 整体城市化水平不高

面对过去所留下的负债和市场带来的新挑战，中东欧城市的增长稍显迟滞与缓慢。在欧洲最具综合竞争力的前15位城市中，中东欧没有一个城市位居其列（前15位城市依次为伦敦、巴黎、阿姆斯特丹、法兰克福、斯德

① 根据中国和中东欧地区推进的“16+1”合作机制，明确中东欧地区作为一个地缘关系概念，包含波兰、捷克、斯洛伐克、匈牙利、斯洛文尼亚、克罗地亚、罗马尼亚、保加利亚、塞尔维亚、黑山、马其顿、波黑、阿尔巴尼亚、爱沙尼亚、立陶宛、拉脱维亚16个国家。

哥尔摩、柏林、苏黎世、布鲁塞尔、巴塞罗那、都柏林、马德里、哥本哈根、米兰、莫斯科、伊斯坦布尔)。

表7　1950～2030年中东欧地区城市数量与等级规模的发展与预测

城市等级	项目	1950	1965	1980	1995	2010	2015	2030
1	城市数量(个)	0	0	0	0	0	0	0
	城市人口占比(%)	0	0	0	0	0	0	0
	城市人口总数(百万)	0.0	0.0	0.0	0.0	0.0	0.0	0.0
2	城市数量(个)	0	0	0	0	0	0	0
	城市人口占比(%)	0	0	0	0	0	0	0
	城市人口总数(百万)	0.0	0.0	0.0	0.0	0.0	0.0	0.0
3	城市数量(个)	1	4	6	6	6	6	6
	城市人口占比(%)	5	10	13	12	12	12	12
	城市人口总数(百万)	1.6	5.3	8.8	9.1	8.9	9.0	9.4
4	城市数量(个)	5	5	6	7	7	8	8
	城市人口占比(%)	11	7	6	6	6	7	7
	城市人口总数(百万)	3.5	3.5	4.2	4.9	4.6	5.0	5.1
5	城市数量(个)	5	7	13	21	16	14	17
	城市人口占比(%)	6	5	6	7	7	7	7
	城市人口总数(百万)	1.9	2.7	4.2	5.4	5.6	5.2	5.4
6	城市人口占比(%)	78	77	75	75	75	75	74
	城市人口总数(百万)	25.1	39.0	52.2	58.2	56.8	56.8	57.1
合计	城市数量(个)	11	16	25	34	29	28	31
	城市人口总数(百万)	32.1	50.5	69.4	77.6	75.9	76.0	77.0

注：1级=城市人口1000万及以上；2级=城市人口500万～1000万；3级=城市人口100万～500万；4级=城市人口50万～100万；5级=城市人口30万～50万。其中城市数量只统计30万人口规模以上（1～5级）的城市。

资料来源：United Nations，Department of Economic and Social Affairs，Population Division（2014）。

表7显示，从城市的等级和数量来看，预计到2030年，中东欧人口大于30万的城市只有31个，人口占比26%；没有第1等级与第2等级的城市，第3级与第4级的城市，分别为6个和8个，人口占比分别为12%和7%；5级城市数量也只有17个，人口占比仅为7%；绝大多数都是人口小于30万的6级城市，城市人口占比74%。

2. 东欧剧变后城市等级体系变化不明显

表7和图5显示，从发展速度和趋势来看，1950～1995年，中东欧城市经历了较快发展，尤以3级、4级、5级城市增长最为明显。1995年以来，3级和4级城市人口比重略有下降。从城市等级体系看，1995年以后的城市等级体系并未发生明显的变动，1995年与2015年的城市人口规模曲线几近重叠。

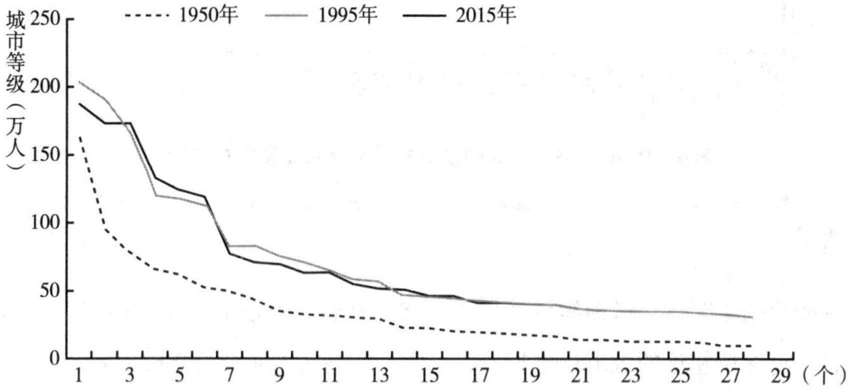

图5　中东欧城市规模分布与变化

资料来源：United Nations，Department of Economic and Social Affairs，Population Division（2014）。

3. 城市化水平显著低于欧洲其他区域

图6反映了中东欧城市化水平在世界和欧洲的地位。可以看出，尽管中东欧的城市化率显著高于世界平均水平，但是与西欧、中欧德国、北欧、南欧等欧洲发达地区相比，仍然明显偏低，半个多世纪以来始终保持15个至20个百分点的差距，未来也不会有太大的改观。而由于亚洲、拉丁美洲等世界其他区域城市的快速发展，中东欧城市化率与世界平均水平的差距正在逐步缩小，目前维持在5%左右的差距。

从图7看，1950～2015年，城市化率发生较大变化的国家有阿尔巴尼亚、黑山、保加利亚、斯洛文尼亚、马其顿等较为欠发达的国家和地区，呈快速增长态势；捷克、波兰、匈牙利等原经济较为发达的东欧国家，其城市

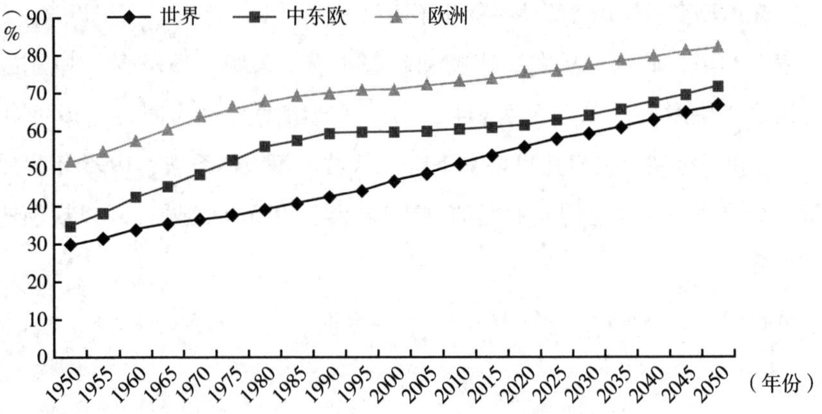

图 6　1950～2050 年中东欧城市化水平的发展历史与预测

资料来源：United Nations，Department of Economic and Social Affairs，Population Division（2014）。

化率变化则不明显，呈现缓慢的增长态势。从预测情况看，至 2050 年，中东欧各国将保持相近的城市化增长率，其中，斯洛文尼亚有可能成为后起之秀。

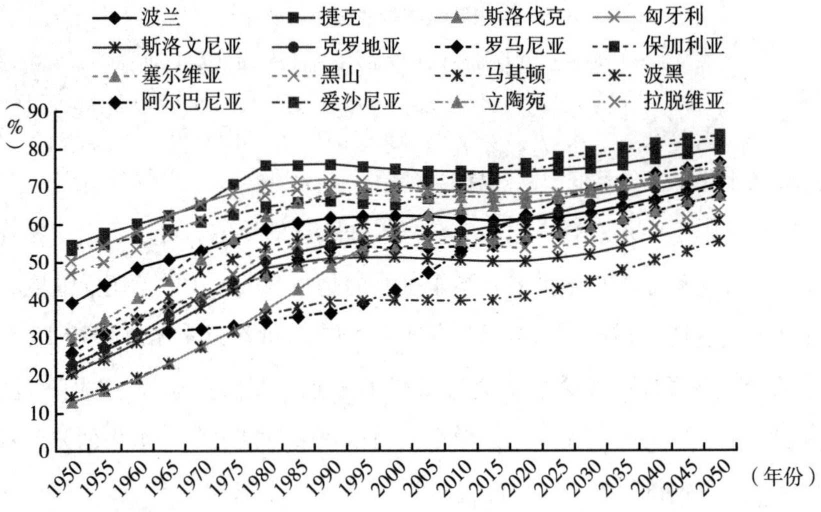

图 7　1950～2050 年中东欧各国城市化水平的发展历史与预测

资料来源：United Nations，Department of Economic and Social Affairs，Population Division（2014）。

（二）中东欧的城市体系

1. 金字塔形的城市体系

由于中东欧的城市规模普遍小于人口快速增长的亚洲、拉丁美洲城市，在发展和预测城市人口的时候，很难将标准定在百万级以上。表 8 显示，中东欧地区没有规模超过 200 万的大城市，且斯洛文尼亚和黑山两国无人口超过 30 万的城市。中东欧国家城市的等级体系呈现明显的金字塔形特征。2015 年，中东欧国家人口大于 100 万的城市一共有只有 6 个，波兰、捷克、匈牙利、罗马尼亚、保加利亚和塞尔维亚仅有一个，且均未超过 200 万，其余较大规模城市的人口多在 50 万以下，呈现明显的金字塔形。同时，这一格局在 2030 年并不会得到明显的改善，各城市基本是在自身人口基数的基础上缓慢增长，城市规模的金字塔形状及其结构没有明显改变。

表 8　中东欧地区城市（人口 30 万以上）的发展与预测

单位：10 万人

国家	城市		1950	1980	2010	2015	2030
波兰	Bydgoszcz	比得哥什	1.60	3.43	3.65	3.59	3.76
波兰	Gdańsk	格但斯克	1.86	4.44	4.61	4.60	4.85
波兰	Katowice	卡托维兹	1.71	3.50	3.12	3.03	3.14
波兰	Kraków(Cracow)	克拉科克	3.39	6.99	7.59	7.60	7.97
波兰	Łódz	罗兹	6.08	8.25	7.35	7.03	7.07
波兰	Lublin	卢布林	1.15	2.97	3.50	3.46	3.63
波兰	Poznań	波兹南	3.16	5.42	5.57	5.45	5.61
波兰	Szczecin	什切青	1.76	3.88	4.10	4.07	4.28
波兰	Warszawa(Warsaw)	华沙	7.68	15.65	17.03	17.22	17.91
波兰	Wrocław	弗罗茨瓦夫	2.93	6.02	6.33	6.28	6.54
捷克	Brno	布尔诺	2.86	3.70	3.85	3.90	4.28
捷克	Praha(Prague)	布拉格	9.35	11.79	12.61	13.14	14.37
斯洛伐克	Bratislava	布拉迪斯拉发	1.94	3.77	4.14	4.01	4.04
匈牙利	Budapest	布达佩斯	16.18	20.57	17.34	17.14	18.11

续表

国家	城市		1950	1980	2010	2015	2030
克罗地亚	Zagreb	萨格勒布	3.13	6.48	6.88	6.87	7.32
罗马尼亚	Bucuresti(Bucharest)	布加勒斯特	6.52	18.65	18.89	18.68	19.39
罗马尼亚	Cluj – Napoca	克卢日 – 纳波卡	1.28	2.77	3.24	3.27	3.59
罗马尼亚	Timisoara	蒂米什瓦拉	1.20	2.83	3.19	3.20	3.49
保加利亚	Plovdiv	普罗夫迪	1.37	3.19	3.40	3.38	3.24
保加利亚	Sofia	索菲亚	5.22	10.74	12.00	12.26	12.30
保加利亚	Varna	瓦尔纳	0.90	2.75	3.28	3.42	3.59
塞尔维亚	Beograd(Belgrade)	贝尔格莱德	4.32	10.73	11.60	11.82	11.96
波黑	Sarajevo	萨拉热窝	1.24	3.13	3.36	3.18	3.39
马其顿	Skopje	斯科普里	1.20	4.00	4.89	5.03	5.28
阿尔巴尼亚	Tiranë(Tirana)	地拉那	0.85	1.94	4.11	4.54	6.01
爱沙尼亚	Tallinn	塔林	2.23	4.45	3.94	3.91	3.82
立陶宛	Vilnius	维尔纽斯	2.22	4.94	5.26	5.17	4.91
拉脱维亚	Riga	里加	4.90	8.40	6.65	6.21	5.06

资料来源：United Nations，Department of Economic and Social Affairs，Population Division（2014）。

2. 首都城市的极化现象显著

表8显示，2015年，中东欧国家人口大于100万的6个城市均是首都，它们分别是波兰首都华沙、捷克首都布拉格、匈牙利布达佩斯、罗马尼亚首都布加勒斯特、保加利亚首都索菲亚和塞尔维亚首都贝尔格莱德。此外，还有一些人口大于30万的中东欧国家城市，这些城市也是国家首都，如斯洛伐克首都布拉迪斯拉发、克罗地亚首都萨格勒布、波黑首都萨拉热窝、马其顿首都斯科普里、阿尔巴尼亚首都地拉那、爱沙尼亚首都塔林、立陶宛首都维尔纽斯、拉脱维亚首都里加等。这也从另一个方面印证了中东欧在整个欧洲的经济、政治地位不如其他区域。值得注意的是，并非所有的首都城市都将在未来的15年内出现快速增长。相反的，有一些首都城市的人口规模会经历萎缩。例如，塔林、维尔纽斯、里加等城市的人口预测数将普遍减少。

3. 城市化水平的国别差异较为明显

从中欧地区的三个主要国家来看，2015 年，斯洛伐克没有 3 级城市，但其 6 级城市人口占比（86%）显著高于捷克（78%）和波兰（73%）。波兰作为经济较为发达的中欧大国，其 3 级城市人口占比仅为 7%，显著低于捷克（17%）；但 5 级城市的人口占比（8%）高于捷克（5%）。再看东欧的 13 个国家和地区，其 3 级城市的城市人口占比显著高于中欧，2015 年，匈牙利为 24%，保加利亚为 23%，塞尔维亚为 23%，只有罗马尼亚稍低，为 16%。这反映了东欧国家大城市的人口集聚程度更高。(见表 9、表 10)。

表 9　部分中欧国家城市等级规模的变化与预测

国家	城市等级	项目	1950	1965	1980	1995	2010	2015	2030
波兰	3	城市数量(个)	0	1	1	1	1	1	1
		城市人口占比(%)	0	8	8	7	7	7	8
		城市人口总数(百万)	0.0	1.2	1.6	1.7	1.7	1.7	1.8
	4	城市数量(个)	2	2	4	4	4	4	4
		城市人口占比(%)	14	8	13	12	12	11	12
		城市人口总数(百万)	1.4	1.3	2.7	2.8	2.7	2.6	2.7
	5	城市数量(个)	2	3	4	5	5	5	6
		城市人口占比(%)	7	8	7	8	8	8	8
		城市人口总数(百万)	0.7	1.2	1.5	2.0	1.9	1.9	2.0
	6	城市人口占比(%)	79	77	72	73	73	73	72
		城市人口总数(百万)	7.5	12.0	14.9	17.3	17.0	16.9	17.0
捷克	3	城市数量(个)	0	1	1	1	1	1	1
		城市人口占比(%)	0	17	15	15	16	17	17
		城市人口总数(百万)	0.0	1.0	1.2	1.2	1.3	1.3	1.4
	4	城市数量(个)	1	0	0	0	0	0	0
		城市人口占比(%)	19	0	0	0	0	0	0
		城市人口总数(百万)	0.9	0.0	0.0	0.0	0.0	0.0	0.0
	5	城市数量(个)	0	1	2	2	1	1	2
		城市人口占比(%)	0	5	5	5	5	5	5
		城市人口总数(百万)	0.0	0.3	0.4	0.4	0.4	0.4	0.4
	6	城市人口占比(%)	81	77	80	80	79	78	77
		城市人口总数(百万)	3.9	4.7	6.2	6.1	6.1	6.2	6.3

续表

国家	城市等级	项目	1950	1965	1980	1995	2010	2015	2030
斯洛伐克	5	城市数量(个)	0	0	1	1	1	1	1
		城市人口占比(%)	0	0	15	14	14	14	14
		城市人口总数(百万)	0.0	0.0	0.4	0.4	0.4	0.4	0.4
	6	城市人口占比(%)	100	100	85	86	86	86	86
		城市人口总数(百万)	1.0	1.6	2.2	2.6	2.6	2.5	2.5

资料来源：United Nations，Department of Economic and Social Affairs，Population Division（2014）。

从城市人口占比来看，东欧有一些国家几乎都是城市化区域。例如，斯洛文尼亚、黑山6级城市的城市人口占比都为100%，并且始终保持这一比例，这可能与其经历东欧剧变后，国土面积狭小，内部经济、政治环境较为单一有关。也有一些国家的城市人口占比显著低于平均水平，如保加利亚为64%，马其顿为58%，爱沙尼亚和拉脱维亚都只有55%，这反映了东欧内部国家之间城市发展水平的差异（见表10）。

表10　部分东欧国家城市等级规模的变化与预测

国家	城市等级	项目	1950	1965	1980	1995	2010	2015	2030
匈牙利	3	城市数量(个)	1	1	1	1	1	1	1
		城市人口占比(%)	33	32	30	28	25	24	25
		城市人口总数(百万)	1.6	1.9	2.1	1.9	1.7	1.7	1.8
	6	城市人口占比(%)	67	68	70	72	75	76	75
		城市人口总数(百万)	3.3	4.0	4.8	4.9	5.2	5.3	5.5
斯洛文尼亚	6	城市人口占比(%)	100	100	100	100	100	100	100
		城市人口总数(百万)	0.3	0.5	0.9	1.0	1.0	1.0	1.1
克罗地亚	4	城市数量(个)	0	0	1	1	1	1	1
		城市人口占比(%)	0	0	29	27	28	27	28
		城市人口总数(百万)	0.0	0.0	0.6	0.7	0.7	0.7	0.7
	5	城市数量(个)	1	1	0	0	0	0	0
		城市人口占比(%)	36	34	0	0	0	0	0
		城市人口总数(百万)	0.3	0.5	0.0	0.0	0.0	0.0	0.0
	6	城市人口占比(%)	64	66	71	73	72	73	72
		城市人口总数(百万)	0.5	1.0	1.6	1.9	1.8	1.8	1.9

续表

国家	城市等级	项目	1950	1965	1980	1995	2010	2015	2030
罗马尼亚	3	城市数量(个)	0	1	1	1	1	1	1
		城市人口占比(%)	0	16	18	16	16	16	16
		城市人口总数(百万)	0.0	1.2	1.9	2.0	1.9	1.9	1.9
	4	城市数量(个)	1	0	0	0	0	0	0
		城市人口占比(%)	16	0	0	0	0	0	0
		城市人口总数(百万)	0.7	0.0	0.0	0.0	0.0	0.0	0.0
	5	城市数量(个)	0	0	0	7	2	2	2
		城市人口占比(%)	0	0	0	5	5	5	6
		城市人口总数(百万)	0.0	0.0	0.0	0.7	0.6	0.6	0.7
	6	城市人口占比(%)	84	84	82	78	78	79	78
		城市人口总数(百万)	3.5	6.0	8.5	9.7	9.2	9.3	9.2
保加利亚	3	城市数量(个)	0	0	1	1	1	1	1
		城市人口占比(%)	0	0	20	21	22	23	25
		城市人口总数(百万)	0.0	0.0	1.1	1.2	1.2	1.2	1.2
	4	城市数量(个)	1	1	0	0	0	0	0
		城市人口占比(%)	26	21	0	0	0	0	0
		城市人口总数(百万)	0.5	0.8	0.0	0.0	0.0	0.0	0.0
	5	城市数量(个)	0	0	1	2	2	2	2
		城市人口占比(%)	0	0	6	11	12	13	14
		城市人口总数(百万)	0.0	0.0	0.3	0.7	0.7	0.7	0.7
	6	城市人口占比(%)	74	79	75	68	65	64	61
		城市人口总数(百万)	1.5	2.9	4.1	3.8	3.5	3.4	3.0
塞尔维亚	3	城市数量(个)	0	0	1	1	1	1	1
		城市人口占比(%)	0	0	26	21	22	23	24
		城市人口总数(百万)	0.0	0.0	1.1	1.1	1.2	1.2	1.2
	4	城市数量(个)	0	1	0	0	0	0	0
		城市人口占比(%)	0	28	0	0	0	0	0
		城市人口总数(百万)	0.0	0.8	0.0	0.0	0.0	0.0	0.0
	5	城市数量(个)	1	0	0	0	0	0	0
		城市人口占比(%)	32	0	0	0	0	0	0
		城市人口总数(百万)	0.4	0.0	0.0	0.0	0.0	0.0	0.0
	6	城市人口占比(%)	68	72	74	79	78	77	76
		城市人口总数(百万)	0.9	2.0	3.1	4.3	4.2	4.1	3.9
黑山	6	城市人口占比(%)	100	100	100	100	100	100	100
		城市人口总数(百万)	0.1	0.1	0.2	0.3	0.4	0.4	0.4

续表

国家	城市等级	项目	1950	1965	1980	1995	2010	2015	2030
马其顿	4	城市数量(个)	0	0	0	0	0	1	1
		城市人口占比(%)	0	0	0	0	0	42	42
		城市人口总数(百万)	0.0	0.0	0.0	0.0	0.0	0.5	0.5
	5	城市数量(个)	0	0	1	1	1	0	0
		城市人口占比(%)	0	0	39	38	41	0	0
		城市人口总数(百万)	0.0	0.0	0.4	0.4	0.5	0.0	0.0
	6	城市人口占比(%)	100	100	61	62	59	58	58
		城市人口总数(百万)	0.3	0.6	0.6	0.7	0.7	0.7	0.7
波黑	5	城市数量(个)	0	0	1	1	1	1	1
		城市人口占比(%)	0	0	21	29	22	21	20
		城市人口总数(百万)	0.0	0.0	0.3	0.4	0.3	0.3	0.3
	6	城市人口占比(%)	100	100	79	71	78	79	80
		城市人口总数(百万)	0.4	0.8	1.1	1.0	1.2	1.2	1.3
阿尔巴尼亚	4	城市数量(个)	0	0	0	0	0	0	1
		城市人口占比(%)	0	0	0	0	0	0	26
		城市人口总数(百万)	0.0	0.0	0.0	0.0	0.0	0.0	0.6
	5	城市数量(个)	0	0	0	0	1	1	0
		城市人口占比(%)	0	0	0	0	25	25	0
		城市人口总数(百万)	0.0	0.0	0.0	0.0	0.4	0.5	0.0
	6	城市人口占比(%)	100	100	100	100	75	75	74
		城市人口总数(百万)	0.2	0.6	0.9	1.3	1.2	1.4	1.7
爱沙尼亚	5	城市数量(个)	0	1	1	1	1	1	1
		城市人口占比(%)	0	42	43	43	45	45	46
		城市人口总数(百万)	0.0	0.3	0.4	0.4	0.4	0.4	0.4
	6	城市人口占比(%)	100	58	57	57	55	55	54
		城市人口总数(百万)	0.5	0.5	0.6	0.6	0.5	0.5	0.4
立陶宛	4	城市数量(个)	0	0	0	1	1	1	0
		城市人口占比(%)	0	0	0	23	26	26	0
		城市人口总数(百万)	0.0	0.0	0.0	0.6	0.5	0.5	0.0
	5	城市数量(个)	0	1	2	0	0	0	1
		城市人口占比(%)	0	23	24	0	0	0	25
		城市人口总数(百万)	0.0	0.3	0.5	0.0	0.0	0.0	0.5
	6	城市人口占比(%)	100	77	76	77	74	74	75
		城市人口总数(百万)	0.7	1.0	1.6	1.9	1.5	1.5	1.4

续表

国家	城市等级	项目	1950	1965	1980	1995	2010	2015	2030
拉脱维亚	4	城市数量(个)	0	1	1	1	1	1	1
		城市人口占比(%)	0	51	50	48	47	45	40
		城市人口总数(百万)	0.0	0.7	0.8	0.8	0.7	0.6	0.5
	5	城市数量(个)	1	0	0	0	0	0	0
		城市人口占比(%)	54	0	0	0	0	0	0
		城市人口总数(百万)	0.5	0.0	0.0	0.0	0.0	0.0	0.0
	6	城市人口占比(%)	46	49	50	52	53	55	60
		城市人口总数(百万)	0.4	0.6	0.8	0.9	0.8	0.7	0.8

资料来源：United Nations, Department of Economic and Social Affairs, Population Division (2014)。

4. 在世界城市排名中提升明显

尽管与亚洲和拉丁美洲相比，中东欧地区城市化进程稍显迟滞，但其在全球化与世界城市评级中的位次不断提前。对比2000年与2012年的评级情况，可以发现，布拉格、华沙、布达佩斯、布加勒斯特、布拉迪斯拉发、索菲亚这6个城市除布拉格维持α-级世界城市、布达佩斯维持β+级世界城市外，其余城市的评级都提高了1~3个等级。其中，华沙由β+级晋级为α-级城市，布加勒斯特、布拉迪斯拉发、索菲亚则分别由γ+级跻身为β+级、由γ-级跻身为β-级及由γ-级跻身为β-级。贝尔格莱德和里加有着非常出色的表现，分别直接由未列入表中的城市和高度满足条件的准世界城市晋级为β-级；萨格勒布也由高度满足条件的准世界城市晋级为γ+级。维尔纽斯、塔林、卢布尔雅那均由满足条件的准世界城市正式跻身于评级体系中，克拉科克也由未列入表中跻身于评级体系中。此外，还有一些从未列入表中的城市，如弗罗茨瓦夫、波兹南、地拉那、斯科普里，直接成了高度满足条件的准世界城市（见表11）。

（三）“一带一路”中中东欧城市的发展机遇

1. 中东欧国家与中国的密切联系

在“一带一路”的路线中，中东欧地区连通最发达的欧盟一体化市场

表 11　中东欧城市在全球化与世界城市评级中的位置

城市	国别	2000 年评级	2012 年评级
布拉格	捷克	α－	α－
华沙	波兰	β＋	α－
布达佩斯	匈牙利	β＋	β＋
布加勒斯特	罗马尼亚	γ＋	β＋
布拉迪斯拉发	斯洛伐克	γ－	β－
索菲亚	保加利亚	γ－	β－
里加	拉脱维亚	高度满足条件的准世界城市	β－
贝尔格莱德	塞尔维亚	未列入表中	β－
萨格勒布	克罗地亚	高度满足条件的准世界城市	γ＋
维尔纽斯	立陶宛	满足条件的准世界城市	γ
塔林	爱沙尼亚	满足条件的准世界城市	γ
卢布尔雅那	斯洛文尼亚	满足条件的准世界城市	γ
克拉科克	波兰	未列入表中	γ－
弗罗茨瓦夫	波兰	未列入表中	高度满足条件的准世界城市
波兹南	波兰	未列入表中	高度满足条件的准世界城市
地拉那	阿尔巴尼亚	未列入表中	高度满足条件的准世界城市
斯科普里	马其顿	未列入表中	高度满足条件的准世界城市

资料来源：GaWC 历次报告，参见 http：//www. lboro. ac. uk/gawc。作者做了归纳整理。

（中欧、西欧）和最主要的能源产地（中亚、西亚），其东连西通的地缘优势明显。中东欧具有与新兴经济体可比拟的成本优势和增速优势，且市场发育更成熟、经济更发达、产品竞争力更强。作为亚欧大陆经济带的重要组成部分，中东欧地区具有的产业及区位优势决定了其在“一带一路”中发挥着重要的区域性支点作用。2009～2014 年，中国对中东欧地区的进口额、出口额和进出口总额整体上呈现增长态势，始终呈现顺差状态，与中东欧地区的经贸合作异常活跃（见图 8）。此外，从 2015～2030 年中国对中东欧地区的贸易额预测可以看出，中国目前对与中东欧的经贸合作呈相对积极和乐观的态度（见表 12）。

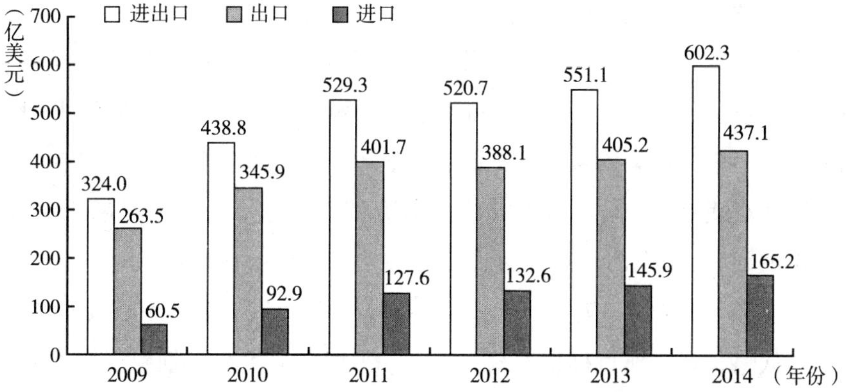

图 8　2009～2014 年中国与中东欧 16 国贸易往来情况

资料来源：姚玲，《中国与中东欧国家经贸合作现状及发展前景研究》，《经贸研究》2016 年第 3 期，第 46～53 页。

表 12　2015～2030 年中国与中东欧贸易额预测

单位：亿美元

类别	2015～2020 年						2021～2030 年	
年份	2015	2016	2017	2018	2019	2020	2021	2022
贸易额	562. 4	618. 6	680. 5	748. 6	823. 4	905. 8	1032. 6	1177. 1
类别	2021～2030 年							
年份	2023	2024	2025	2026	2027	2028	2029	2030
贸易额	1341. 9	1529. 8	1743. 9	1988. 1	2266. 4	2583. 7	2945. 5	3357. 8

资料来源：姚玲，《中国与中东欧国家经贸合作现状及发展前景研究》，《经贸研究》2016 年第 3 期，第 46～53 页。

2. 制定多样化的经贸合作发展战略

中东欧地区国家众多、发展情况不同、发展诉求各异，在“一带一路”合作关系的建设中，该地区内部关系不对称、利益多元化的挑战不容低估。中东欧的高收入国家有斯洛文尼亚、捷克、爱沙尼亚、斯洛伐克、拉脱维亚、立陶宛、波兰、匈牙利和克罗地亚 9 国，中高收入国家包括罗马尼亚、保加利亚、黑山、塞尔维亚、马其顿、波黑和阿尔巴尼亚 7 国。从中东欧各国经济、贸易、投资的情况看，我们可以区分出一些重点合作区域，以重点击破、带动全局的战略进行经贸合作。

表 13 显示，中东欧 16 国根据经济、贸易、投资情况可分为三大区域：波罗的海三国包括爱沙尼亚、拉脱维亚、立陶宛，均是发达经济体和高收入国家；维谢格拉德集团与斯洛文尼亚构成中东欧工业发达板块，包括波兰、捷克、斯洛伐克、匈牙利与斯洛文尼亚 5 国；巴尔干半岛国家包括罗马尼亚、保加利亚、塞尔维亚、克罗地亚、波黑、黑山、马其顿和阿尔巴尼亚 8 国，工业和传统农业并存，特色产业突出。对该地区三大集团国应采取不同的合作战略，在合作目标、方式、内容、预期效果上应做细致规划。例如，中国目前是全球重要的新兴市场，正处于工业化和城市化快速发展阶段，消费和产业结构升级步伐加快，可望与维谢格拉德集团与斯洛文尼亚强化经贸合作，实现优势互补和共享发展机遇。

表 13　2013 年中东欧 16 国经济、贸易与投资概况

单位：亿美元

国　家	国内生产总值	对外贸易总额	吸引外资流量	对外投资流量
阿尔巴尼亚	129.2	72.3	10.9	0.3
波黑	178.5	159.8	5.6	0.0
保加利亚	545.2	638.8	17.1	2.1
克罗地亚	578.5	346.8	34.5	18.9
捷克	2088.0	3065.3	59.1	-5.3
爱沙尼亚	248.9	347.7	9.8	2.4
匈牙利	1334.2	2076.1	40.4	33.8
拉脱维亚	308.4	323.3	4.7	1.4
立陶宛	464.3	674.0	2.2	-0.4
马其顿	107.7	109.2	3.5	-0.2
黑山	44.2	28.4	5.0	0.3
波兰	5260.3	4125.9	138.8	52.0
罗马尼亚	1916.0	1392.5	32.3	-0.8
塞尔维亚	455.2	351.6	20.0	3.6
斯洛伐克	977.4	1674.9	4.8	-1.2
斯洛文尼亚	480.1	673.9	15.6	-0.1
合　计	15116.1	16060.5	404.3	106.8

资料来源：姚玲：《中国与中东欧国家经贸合作现状及发展前景研究》，《经贸研究》2016 年第 3 期，第 46～53 页。

四 地中海地区“丝路城市”发展态势

作为我国“一带一路”战略的重要承载地之一，环地中海盆地地区北连欧洲、南接北非、东通西亚阿拉伯地区。其中欧洲和非洲都是“一带一路”战略的目标地，因此，环地中海地区的城市特别是一些重要城市和港口也将成为“一带一路”战略跨向欧洲和非洲的重要桥头堡。从我国“一带一路”战略所覆盖的国家（地区）看，广义地中海地区54个国家全部位于其中，其中包括法国、意大利、西班牙、葡萄牙和土耳其5个国家都为亚开行成员国，由此更可以反映出地中海地区对于我国“一带一路”战略推进和实施的重要性。

在2008年，法国时任总统萨科齐率先主导成立“地中海联盟”，志在推动欧盟和地中海沿岸国家及巴勒斯坦民族权力机构，在经济、能源、移民、民主制度等多方面建立合作关系，以建立欧盟与地中海国家的自由贸易区为远期目标。随着欧盟与地中海沿岸非欧盟国家联系的强化，地中海盆地地区逐渐成为一个基于地理紧邻和社会经济联系密切的特定松散发展体，不断强化彼此间在政治、经济及文化等领域的合作和交流。但发达国家之间的“角力”以及地区内部国家在宗教、历史等问题方面的冲突，使地中海地区国家难以形成类似欧盟这样紧密的经济发展体。

在历史上，地中海地区与“一带一路”战略具有较为密切的关系，德国历史学家郝尔曼在20世纪初出版的《中国与叙利亚之间的古代丝绸之路》一书中，根据新发现的文物考古资料，把丝绸之路延伸到地中海西岸和小亚细亚，确定了丝绸之路的基本内涵，即中国古代经过中亚通往南亚、西亚及欧洲、北非陆上贸易交往的通道，而西亚、欧洲和北非地区都与地中海地区地理范围临近乃至重合。陆上丝绸之路东起长安，西至伊朗、伊拉克、叙利亚等达地中海，以罗马为终点。海上丝绸之路由于当时苏伊士运河尚未开挖，贸易范围更多限于红海地区的非洲东部城市。考察环地中海地区的城市化发展及其城市体系，对于“一带一路”战略在欧洲和非洲的推进具有重要参考价值。在整个20世纪及21世纪头十年，地中海盆地人口布局经历巨大变化，从多种人口发展动力体系角度分析，城市化和逆城市化都发挥了重要作用，进而形塑了当前地中海地区的城市规模与功能等级体系。

地中海地区工业发达国家的城市化进程与发展中国家相比有不同的发展模式。在19世纪的时候，欧洲城市在工业化进程的支撑下，引导了城市化的发展：大量地中海地区居民从农村地区搬迁到城市，推动了大城市的发展，并相应带动中小城市的成长。因此，整个地中海北岸地区城市化进程的扩散毫无疑问都与工业化发展的进程密切相关。而地中海亚非地区主要受第三产业部门的发展影响，工业化进程落后，城市化的进程表现为寄生性城市中心的蔓延扩散。

（一）地中海地区城市化发展动态

1. 地中海地区空间体系划分与相互关系

从空间边界角度来看，地中海地区的空间一直被表述为既分离又互连，也即在地理特性以及社会经济特性的地理空间表现方面兼顾统一性和多元性，其中大尺度空间统一性更强，而小尺度空间则表现为多元性。当前，基于不同研究需求，对于地中海地区边界范围的描述有很大不同（包括演示经济、政治－历史、地理、文化和环境等多种角度）。根据Stefania Girone（2012）的研究，当前广义地中海地区包括54个国家，可分为三个中观区域，即狭义地中海盆地、其余欧盟国家以及其他阿拉伯国家，其中狭义地中海盆地地区包括25个国家，包括法国、西班牙、意大利、斯洛文尼亚、克罗地亚、波黑、塞尔维亚、黑山、马其顿、阿尔巴尼亚、马耳他、塞浦路斯、黎巴嫩、巴勒斯坦、土耳其、突尼斯、葡萄牙、希腊、约旦、以色列、埃及、利比亚、阿尔及利亚、摩洛哥、叙利亚，这也是本文研究中对地中海地区的空间范围定义①，具体见表14和图9。

---

① 本文对狭义地中海地区的空间定义更多是基于地中海经济圈的概念，经济圈更强调区域联系和组织整体性，因此狭义地中海地区范围与中东欧地区有空间重叠，包括斯洛文尼亚、克罗地亚、波黑、塞尔维亚、黑山、马其顿、阿尔巴尼亚七个中东欧国家。

表 14　广义地中海地区主要区域及国家

区域	主要国家
狭义地中海盆地(25 国)	法国、西班牙、意大利、斯洛文尼亚、克罗地亚、波黑、塞尔维亚、黑山、马其顿、阿尔巴尼亚、马耳他、塞浦路斯、黎巴嫩、巴勒斯坦、约旦、突尼斯、葡萄牙、希腊、土耳其、以色列、埃及、利比亚、阿尔及利亚、摩洛哥、叙利亚
其余欧盟国家(19 国)	奥地利、比利时、保加利亚、丹麦、爱尔兰、爱沙尼亚、芬兰、德国、拉脱维亚、立陶宛、卢森堡、荷兰、波兰、英国、捷克、罗马尼亚、斯洛伐克、瑞典、匈牙利
其他阿拉伯国家(10 国)	沙特阿拉伯、巴林、阿联酋、伊拉克、科威特、阿曼、卡塔尔、也门、毛里塔尼亚、苏丹

资料来源：作者据公开材料整理。

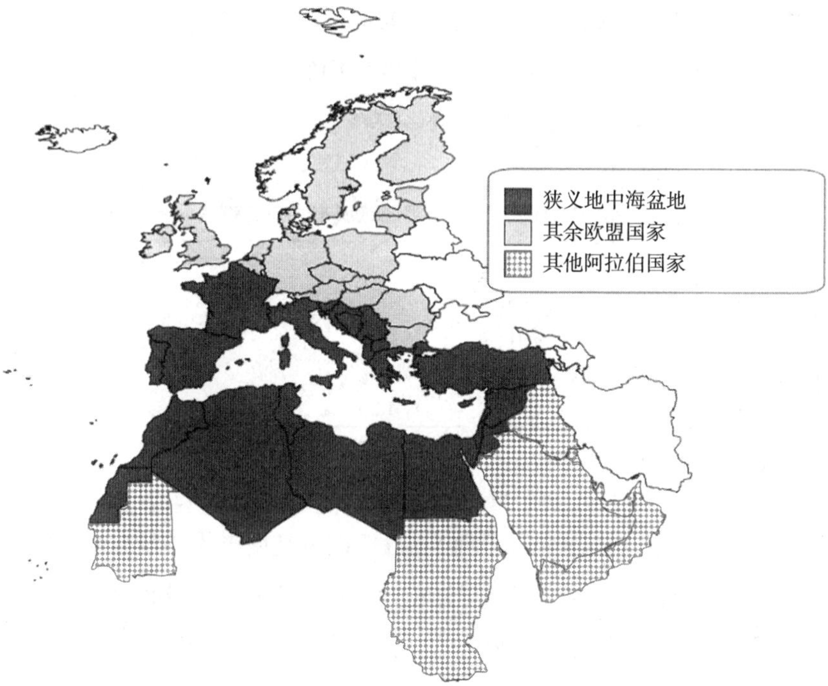

图 9　广义地中海地区与狭义地中海地区（地中海盆地地区）

在过去的几十年中，在地中海地区既有巨大城市集聚带如伊斯坦布尔、开罗等城市的形成和发展，又有地中海地区欧洲部分特大城市的发展停滞和收缩。所以在当前，地中海盆地的城市化进程主要发生在亚洲和非洲的相关区域，而逆城市化进程则主要发生在欧洲的地中海国家。

2. **地中海地区城市化进程与城市体系变化**

尽管各国可能存在不同的城市人口划分标准，但表 15 还是大概揭示了地中海地区的城市人口总量情况，对于狭义地中海盆地地区的分析显示了过去 20 年中城市人口是快速增长的情况。从总量指标上考察，狭义地中海盆地地区仍是城市人口增长最多的地区。但从城市人口的增长速度来看，狭义地中海盆地地区年均增长 1.5%，增长速度低于相邻的其他阿拉伯国家，后者年均增长 3.3%；而其余欧盟国家的年均增长率仅为 0.27%。就城市化率情况考察，增长最快的是其他阿拉伯世界国家，城市化率增长了近 8 个百分点；其次是狭义地中海盆地地区，从 1990 年的 60.2% 增长到 2010 年的 64.7%，增长超过 4 个百分点。在其余欧盟国家，增长了大约 2 个百分点，从 1990 年的 73.1% 增长到 2010 年的 74.9%。

表 15　广义地中海地区三大中观区域城市人口与城市化率变化

国家	城市人口(万人)			城市化率(%)		
	1990	2000	2010	1990	2000	2010
狭义地中海盆地	24093.5	28018.5	32498.6	60.2	62.4	64.7
其余欧盟国家	21517	22115.3	22722	73.1	73.6	74.9
其他阿拉伯国家	4126.6	5903.7	8010.7	50.4	54.1	57.8

资料来源：根据 Stefania Girone（2012）计算。

在整个考察期（1990～2010 年），欧盟国家是城市化率最高的地区，但增速相对其他阿拉伯国家城市的增速迟缓，与狭义地中海盆地地区相比也较缓慢。但在 2010 年，地中海盆地的绝大部分国家的城市化率都已经超过 50%（见表 16）。

对狭义地中海盆地的内部进行考察，地中海盆地欧洲部分城市人口从 1990 年的 13273 万增长到 2010 年的 15166 万，年均增长率达到 0.67%；地中海盆地亚洲部分城市人口从 1990 年的 5099 万增长到 2010 年的 8509 万，

表16　1990～2010年狭义地中海盆地地区分国家的城市人口与城市化率

单位：万人，%

国家	城市人口			城市化率		
	1990	2000	2010	1990	2000	2010
地中海盆地	24093.5	28018.5	32498.6	60.2	62.4	64.7
欧洲部分	13273.4	14004.9	15166.0	66.7	68.4	70.4
葡萄牙	478.4	556.4	651.0	47.9	54.4	60.7
西班牙	2927.5	3068.0	3491.2	75.4	76.3	77.4
法国	4201.6	4483.8	4861.6	74.1	75.8	77.8
意大利	3784.7	3878.2	4.35.4	66.7	67.2	68.4
克罗地亚	244.1	250.5	261.8	54.0	55.6	57.8
斯洛文尼亚	97.1	100.7	95.9	50.4	50.8	48.0
波黑	169.1	163.7	191.6	39.2	43.2	48.6
塞尔维亚	482.2	517.9	519.9	50.3	51.6	52.8
黑山	28.2	39.2	35.7	8.0	58.5	59.5
马其顿	110.3	126.4	138.6	57.8	62.9	67.9
阿尔巴尼亚	119.8	128.6	155.6	36.4	41.7	48.0
希腊	597.9	655.6	688.8	58.8	59.7	61.4
马耳他	32.5	35.9	38.9	90.4	92.4	94.7
亚洲部分	5099.0	6800.3	8509.5	61.0	65.9	69.5
土耳其	3394.9	4412.6	5411.9	59.2	64.7	69.6
塞浦路斯	45.4	54.0	62.0	66.8	68.6	70.3
叙利亚	622.4	852.4	1175.4	48.9	51.6	54.9
黎巴嫩	247.2	324.4	368.8	83.1	86.0	87.2
以色列	407.9	556.3	667.0	90.4	91.4	91.7
巴勒斯坦	146.2	225.1	317.7	67.9	71.5	72.1
约旦	235.0	375.5	506.7	72.2	78.3	78.3
非洲部分	5721.1	7213.3	8823.1	48.6	51.2	53.6
埃及	2397.2	2836.4	3404.1	43.5	42.6	42.8
利比亚	330.4	408.2	508.6	75.7	76.4	77.9
突尼斯	476.2	606.6	717.5	57.9	63.4	67.3
阿尔及利亚	1316.8	1824.6	2355.5	52.1	59.8	66.5
摩洛哥	1200.5	1537.5	1837.4	48.4	53.3	56.7

资料来源：Population Division of the Department of Economic and Social Affairs of the United Nations, “World Population Prospects: The 2015 Revision and World Urbanization Prospects: The 2014 Revision”。

年均增速达到2.6%；地中海盆地非洲部分城市人口从1990年5721万增长到2010年的8823万，年均增速为2.2%。尽管欧洲部分依然是地中海地区城市人口最为密集的区域，但亚洲和非洲部分成为地中海盆地城市人口增长最快的地区。

从城市化率增长情况看，地中海盆地欧洲部分从1990年的66.7%增长到2010年的70.4%，20年增长3.7个百分点；地中海盆地亚洲部分从1990年的61%增长到2010年的69.5%，20年增长了8.5个百分点；地中海盆地非洲部分从1990年48.6%增长到2010年的53.6%，20年增长了5个百分点。尽管城市化水平最高，但地中海盆地欧洲部分增速逐渐趋缓；而地中海盆地亚洲部分城市化率提升最快，2010年的平均水平更是接近70%，与欧洲部分相差不大；而非洲部分城市化率增速处于中间水平，但城市化率整体水平依然偏低。

表17　狭义地中海盆地地区主要大都市人口总量与等级体系顺序

城市集聚带	城市人口规模(万人)						等级排名					
	1950	1970	1990	2000	2010	2020*	1950	1970	1990	2000	2010	2020*
巴黎	652.2	835.0	933.0	969.2	995.8	1003.1	1	1	1	2	3	3
开罗	249.4	558.5	906.1	1053.4	1250.3	1445.1	2	2	2	1	1	1
罗马	188.4	313.5	345.0	338.5	333.3	333.0	3	5	6	7	9	12
米兰	188.3	301.7	306.3	298.5	294.0	293.8	4	6	8	10	13	16
巴塞罗那	180.9	348.2	410.1	456.0	505.7	518.2	5	4	5	5	5	6
马德里	170.0	352.1	441.4	504.5	576.4	593.4	6	3	4	4	4	4
那不勒斯	149.8	200.0	220.8	223.2	225.3	225.4	7	8	12	14	18	18
里斯本	130.4	181.7	253.7	267.2	289.0	305.8	8	10	11	13	14	15
亚历山大	103.7	198.7	306.4	360.0	442.1	521.0	9	9	7	6	6	5
伊斯坦布尔	96.7	277.2	655.2	874.4	1053.0	1169.5	10	7	3	3	2	3
卡萨布兰卡	62.5	150.5	268.2	304.3	326.7	371.6	11	11	9	9	10	9
阿尔及尔	51.6	125.4	190.8	275.4	357.4	423.5	12	13	14	11	8	8
特拉维夫	41.8	102.9	202.6	275.2	325.6	360.0	13	14	13	12	11	11
大马士革	36.7	91.4	169.1	204.4	267.5	329.3	14	16	16	17	16	13
贝鲁特	32.2	92.3	129.3	148.7	194.1	211.9	15	15	19	20	19	19
阿勒颇	31.9	72.1	155.4	222.2	296.8	364.9	16	18	17	15	12	10
安卡拉	28.1	134.1	256.1	317.9	390.8	440.3	17	12	10	8	7	7
伊兹密尔	22.4	87.6	174.1	221.6	272.4	308.5	18	17	15	16	15	14
拉巴特	14.5	49.4	117.4	150.7	179.3	208.3	19	19	20	19	20	20
的黎波里	10.6	39.8	150.0	187.7	232.2	271.3	20	20	18	18	17	17

*为预测数据。

资料来源：Population Division of the Department of Economic and Social Affairs of the United Nations, "World Population Prospects: The 2015 Revision"。

我们对表 17 中 20 个大都市的城市化各方面的特点进行认真分析。就城市人口总量规模看，在第一个阶段的 1950 年，除开罗已经占据第 2 名的位置外，欧洲的大都市普遍都位居前列，而亚非城市都位居后列。经过 60 年发展，亚非大都市开始爬升到前列：2010 年，巴黎已经下降两个位置位居第 3，而开罗爬升到第 1 的位置，伊斯坦布尔从 1950 年的第 10 名爬升到第 2 名。在未来阶段，阿拉伯世界城市中心包括亚历山大、安卡拉以及阿尔及尔将会在 2020 年分别位居第 5、第 7 和第 8 的位置，这也意味着这些城市将会在地中海地区中占据越来越重要的位置。

总之，前文所进行的综合分析都揭示了过去 60 多年中地中海地区城市集聚体的演化过程，从 20 世纪的 50 年代到 80 年代，地中海欧洲地区的城市人口快速增长，而非洲 - 亚洲地中海岸区的城市发展较为落后（除了埃及首都）。但在 80 年代以后，亚非地中海地区的国家实现了城市人口的快速增长，相应改变了其经济、社会政治发展状况，这种趋势延续到了当前，在未来也将持续。地中海盆地亚非国家将会出现许多发达的城市集聚区，并将聚集非常可观的人口规模，而北岸的欧洲地区则将持续增长缓慢。

（二）地中海地区特大城市优势度指数考察

地中海地区的历史就是一部城市史，对于地中海地区的居民而言城市就是一个大磁铁，拥有不可抗拒的吸引力，更重要的是该地区的城市传统也是全球独一无二的。经过城市化率的分析，本文参考联合国 Urban Population Prospects 报告中的分类标准，对地中海地区的各类城市集聚区进行定义，在该过程中，人口规模成为区别和定义城市聚落的重要尺度。

特大城市：人口超过 1000 万；

大都市区：人口在 500 万到 1000 万之间；

大城市集聚区：人口在 100 万到 500 万之间；

中等城市：人口在 50 万到 100 万之间；

小城市：人口少于 50 万。

为了更仔细地分析每个国家不同城市集聚区的构成，本文就狭义地中海盆地地区的25个国家作为参考，计量国家人口主要积聚于首都城市还是其他非首都且有优势的城市，最后就以上五类城市予以分析。从一般研究路径而言，测量一个城市或城市中心的区域优势程度也即优势度指数公式为：$Id_1 = p_{au}/p_n \times 100$，该公式是将总人口分为目前居住在城市集聚区的人口（p_{au}）与国家总人口的比重（p_n）。

在2010年所有的地中海国家首都城市中 Id_1 最高的国家是马耳他，有48.9%的全国人口涌入瓦莱塔；其次是黎巴嫩，首都贝鲁特集中了全国44.8%的人口。所有国家中优势度指数较低的国家和城市如巴勒斯坦的拉马拉，只有1.6%；另外欧洲的意大利水平相对较低，罗马只集中了全国5.7%的人口（见图10）。

就欧洲地区主要非首都城市的人口规模考察，其地位几乎与首都城市一致，例如根据2010年的数据，葡萄牙的波尔图港口人口达到130万，Id_1 也

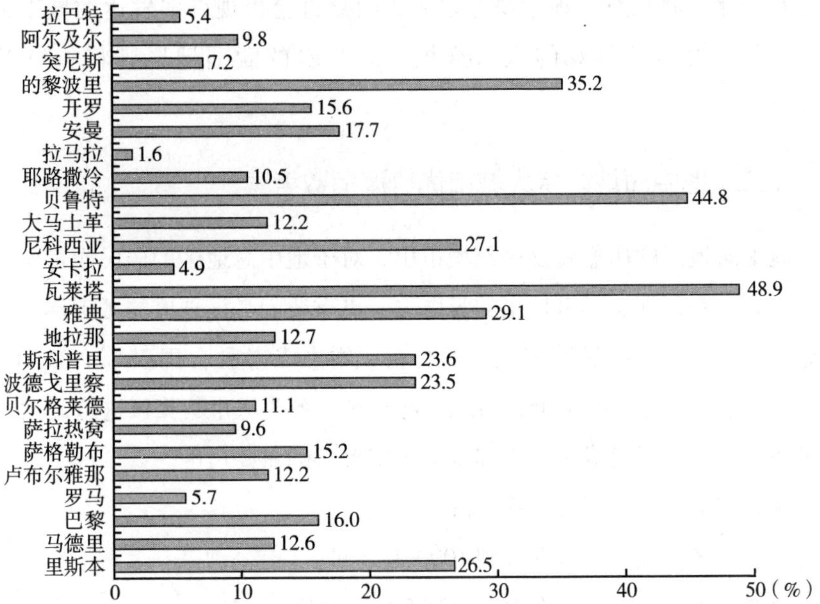

图10　狭义地中海盆地地区25个首都城市的优势度指数

资料来源：根据 Stefania Girone（2012）计算。

达到12.9%；在西班牙，巴塞罗那和瓦伦西亚总共拥有580万的城市人口，其中巴塞罗那的 Id_1 高达11.2%，与首都马德里的 Id_1 12.6%相差无几。在法国，波尔多、里尔、里昂、马赛－普罗旺斯、尼斯－戛纳、图卢兹这些城市总人口达到650万，但还是与巴黎的优势度指数（Id_1 =16.0%）存在一定的差距。在意大利，米兰、那不勒斯、帕勒莫、都灵四个城市拥有770万城市人口，在这四个城市中米兰的 Id_1 为5.0%，接近罗马5.7%的数据。

如果考察地中海亚非地区，就会发现土耳其人口规模最大的几个城市亚达那、安塔利亚、布尔萨、加济安泰普、伊斯坦布尔、伊兹密尔和科尼亚，总共拥有1910万人口，同安卡拉一起构成土耳其人口最为稠密的城市，其中伊斯坦布尔的 Id_1 达到13.6%，远高于首都城市安卡拉的4.9%。在叙利亚，阿勒颇和胡姆斯总共有400万居民，其中阿勒颇的优势度指数高达13.9%，稍稍超过了首都大马士革的12.2%；在以色列有海法和特拉维夫两个大城市，海法有420万城市居民，优势度指数为14.3%，特拉维夫为44.8%，这两个城市的优势度指数都超过了首都耶路撒冷的10.5%；埃及的亚历山大有440万人口，优势度指数为5.6%，低于首都开罗15.6%的水平；利比亚班加西有120万人口，优势度指数高达19.5%，而的黎波里则高达35.2%；阿尔及利亚奥兰有85.2万人，优势度指数为2.4%，首都阿尔及尔优势度指数则达到9.8%；最后是摩洛哥的卡萨布兰卡、非斯和马拉喀什，总共拥有520万城市人口，其中卡萨布兰卡的优势度指数最高，达到10.1%，其次才是首都拉巴特，优势度指数为5.4%（见图11）。

根据以上指数情况，可以将地中海地区国家城市化发展模式分为三种情况（见表18）。

模式一：国家中只有一个优势度非常高的城市（斯洛文尼亚；卢布尔雅那；克罗地亚：萨格勒布；波黑：萨拉热窝；塞尔维亚：贝尔格莱德；黑山：波德戈里察；马其顿：斯科普里；阿尔巴尼亚：地拉那；马耳他：瓦莱塔；塞浦路斯：尼科西亚；黎巴嫩：贝鲁特；巴勒斯坦：拉马拉；约旦：安曼；突尼斯：突尼斯）。

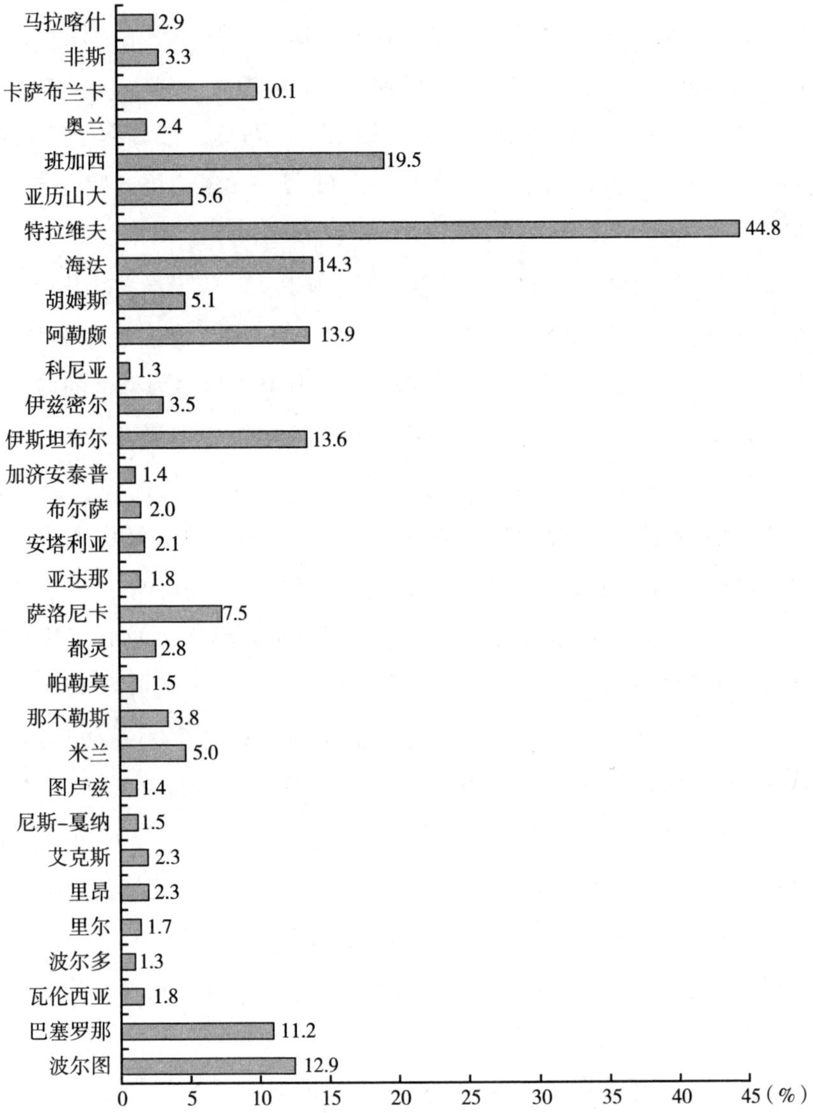

图 11　狭义地中海盆地地区国家其他重要城市优势度指数

资料来源：根据 Stefania Girone（2012）计算。

表 18　狭义地中海盆地地区分国别首都城市及主要城市优势度指数

国家	首都	优势度指数(%)	其他重要城市	优势度指数(%)
葡萄牙	里斯本	26.5	波尔图	12.9
西班牙	马德里	12.6	巴塞罗那	11.2
			瓦伦西亚	1.8
法国	巴黎	16.0	波尔多	1.3
			里尔	1.7
			里昂	2.3
			艾克斯	2.3
			尼斯－戛纳	1.5
			图卢兹	1.4
意大利	罗马	5.7	米兰	5
			那不勒斯	3.8
			帕勒莫	1.5
			都灵	2.8
斯洛文尼亚	卢布尔雅那	12.2		
克罗地亚	萨格勒布	15.2		
波黑	萨拉热窝	9.6		
塞尔维亚	贝尔格莱德	11.1		
黑山	波德戈里察	23.5		
马其顿	斯科普里	23.6		
阿尔巴尼亚	地拉那	12.7		
希腊	雅典	29.1	萨洛尼卡	7.5
马耳他	瓦莱塔	48.9		
土耳其	安卡拉	4.9	亚达那	1.8
			安塔利亚	2.1
			布尔萨	2
			加济安泰普	1.4
			伊斯坦布尔	13.6
			伊兹密尔	3.5
			科尼亚	1.3
塞浦路斯	尼科西亚	27.1		
叙利亚	大马士革	12.2	阿勒颇	13.9
			胡姆斯	5.1
黎巴嫩	贝鲁特	44.8		
以色列	耶路撒冷	10.5	海法	14.3
			特拉维夫	44.8

续表

国家	首都	优势度指数(%)	其他重要城市	优势度指数(%)
巴勒斯坦	拉马拉	1.6		
约旦	安曼	17.7		
埃及	开罗	15.6	亚历山大	5.6
利比亚	的黎波里	35.2	班加西	19.5
突尼斯	突尼斯	7.2		
阿尔及利亚	阿尔及尔	9.8	奥兰	2.4
摩洛哥	拉巴特	5.4	卡萨布兰卡	10.1
			非斯	3.3
			马拉喀什	2.9

资料来源：Stefania Girone（2012）。

模式二：国家中有两个及以上优势度较高的城市，其中一个较为突出（葡萄牙：里斯本；法国：巴黎；希腊：雅典；土耳其：伊斯坦布尔；以色列：特拉维夫；埃及：开罗；利比亚：的黎波里；阿尔及利亚：阿尔及尔；摩洛哥：卡萨布兰卡）。

模式三：国家中主要城市优势度相差无几，如西班牙的马德里和巴塞罗那，意大利的罗马和米兰，叙利亚的大马士革和阿勒颇。

通过简单分类，以上三种模式可总结为两种路径：①全国的社会经济活动主要是围绕一个大中心展开，这个中心可能并不是首都城市（单中心模型）。②全国社会经济活动主要围绕两个或者更多的中心展开，这些中心可能还是中大型城市（多中心模型）。这其中多数被考察的国家都为单中心结构，多中心结构仅为西班牙、意大利和叙利亚。最后从人口规模的维度对狭义地中海盆地地区城市进行分类，又得出以下结论。

①有两个城市可以入围特大城市行列，包括土耳其的伊斯坦布尔，人口为1050万，埃及的开罗人口为1250万。

②大都市区尺度的城市包括西班牙的马德里和巴塞罗那，两个城市总人口规模达到1080万，另外还有法国的巴黎，其人口规模为990万。

③就100万~500万人口规模城市考察，有14个国家出现大城市集聚

区，包括葡萄牙、西班牙、法国、意大利、土耳其、摩洛哥、阿尔巴尼亚、以色列和叙利亚等国家，其中土耳其和意大利最多，分别有5个和4个。

④有13个国家有中等规模城市，包括西班牙、意大利、法国、土耳其、埃及、突尼斯、利比亚、摩洛哥等国家，其中意大利有12个中等以上规模城市（总计人口达770万），也是地中海地区拥有中等以上规模城市最多的国家。

⑤地中海地区所有国家都有小城市的发育成长。

随着区域经济的发展，当前的空间布局情况还会发生重大变化，中小城市将会变得越来越多，他们也将是地中海地区城市空间增长的主要形式。因此，地中海地区的城市化进程会不断进化，并表现出全新的组织形式。

（三）地中海地区城市国际联系度比较分析

由于地理临近及历史上形成的发展联系，特别是基于“地中海联盟”等区域松散发展体，从整体上看，地中海地区目前主要与欧洲地区特别是欧盟联系紧密，整体上该区域在全球化背景下与其他地区城市联系相对不足。GaWC关于世界城市体系的研究，是基于全球化发展背景对全球城市之间联系度考察的结果，可以反映地区城市与世界其他地区城市的联系程度，本文借助GaWC的研究成果，进一步对地中海地区城市的全球化参与程度进行考察。

综合比较从2000～2012年GaWC中地中海地区入选名单的情况，首先从规模看，从26个增长到46个，且各级别城市的规模分布更加均衡，除了Alpha级别城市之外，其他包括Beta级别、Gamma级别和Sufficiency都有总量的大幅跃升，充分体现了地中海地区的城市在2000～2012年这12年中取得的巨大发展成就，城市体系更加完整，从高到低金字塔形体系已经基本形成。入选城市规模总量的增多，反映出地中海地区城市同全球其他地区城市联系的紧密程度增强，级别越高的城市与其他地区城市的联系越紧密。

从狭义地中海盆地地区内部区域考察，在Alpha级别城市中依然是以地中海北岸欧洲部分城市为主，在2000年的时候4个城市都属于欧洲部分城市，到2012年时5个城市中也仅有伊斯坦布尔一个亚非部分城市；在Beta级别城市中，2000年时包括了2个欧洲城市、3个亚非城市，在2012年时，Beta级别城市中欧洲城市为5个，亚非地区有7个（非洲3个、亚洲4个）；Gamma级别城市中，2000年时有1个欧洲城市、3个亚非城市（亚洲2个、非洲1个），到2012年时有8个欧洲城市，2个亚非城市，欧洲城市成长性在Gamma级别城市中更为突出；在Sufficiency级别城市中，2000年时有10个欧洲城市、3个亚非城市，到2012年时，有15个欧洲城市和4个亚非城市，欧洲城市同样表现出更好的成长性。

因此，从地中海地区分区域城市进入GaWC的名单增长情况看，欧洲城市表现出更好的成长性，这也反映出地中海地区欧洲部分城市同全球范围内其他地区城市的联系度，要高于地中海地区的亚非城市，而这毫无疑问取决于城市自身经济实力及全球化参与程度（见表19）。

表19　2000年和2012年GaWC研究中地中海城市（25国）的地位及其变化

级别	2000年	2012年
Alpha +	巴黎	巴黎
Alpha	米兰、马德里	米兰、马德里
Alpha −	巴塞罗那	伊斯坦布尔、巴塞罗那
Beta +	伊斯坦布尔、里斯本	里斯本、罗马、开罗、雅典、特拉维夫、贝鲁特
Beta	罗马、开罗	卡萨布兰卡
Beta −	贝鲁特	里昂、突尼斯、安曼、尼科西亚、贝尔格莱德
Gamma +		萨格勒布
Gamma	特拉维夫、里昂	马赛、安卡拉、瓦伦西亚、卢布尔雅那
Gamma −	卡萨布兰卡、尼科西亚	南特、波尔多、阿尔及尔、塞维利亚、都灵
High sufficiency	萨格勒布、安曼、毕尔巴鄂、瓦伦西亚、马赛、突尼斯	波尔图、里尔、毕尔巴鄂、斯科普里、地拉那
Sufficiency	里尔、波尔多、卢布尔雅那、利马索尔、都灵、塞维利亚、博洛尼亚	佛罗伦萨、图卢兹、博洛尼亚、里昂、亚历山大、波尔多、热那亚、蒙特利埃、科尔多瓦、耶路撒冷、尼斯、那不勒斯、伊兹密尔、海法

资料来源：GaWC，http：//www. lboro. ac. uk/gawc/。

（四）地中海地区城市发展挑战及与丝路城市合作需求

从前文考察，近20年中地中海地区城市化发展取得长足进步，特别是亚洲和非洲地区原先较为落后的地区，城市化发展已经进入快速提升通道，区域城市规模、功能等级体系都已经日益成熟，基础设施的完善、社会经济联系的加强、人口流动的畅通等要素和条件，都为区域城市化发展的升级奠定了坚实基础。但区域经济发展的不平衡、历史的冲突、宗教信仰的矛盾等以及由这些问题导致的在北非、西亚地区发生的政治、军事、社会等混乱状态，特别是近些年“颜色革命”导致的人口大规模流动、难民问题等，可能进一步引发区域政治、经济、社会问题乃至军事的全面对抗，出现更大的矛盾和冲突，这也对城市经济的发展、社会的稳定及城市化的升级带来负面影响。

1. 处于全球化边缘地位与经济发展缓慢，导致城市化缺乏动力支撑

“二战”以后的全球化发展并非绝对的全球化，从最早新国际劳动分工到全球生产网络的发展，更多是从欧美发达国家到亚洲新兴工业国家及金砖国家的劳动密集型产业、高科技产业以及劳动密集型服务部门的转移，他们共同分享全球化发展的益处。与之相比较，西亚、北非作为全球化发展被置于边缘地位的地区，随着全球化进一步深化和地缘政治大洗牌，由此也引发西亚和北非地区“板块震动”。以突尼斯为例，该国失衡的经济结构多年来一直没有得到根本解决，以出口和旅游为主要增长点的经济深受不景气的全球大环境影响，国内就业环境日趋恶化。突尼斯官方公布的数据显示，该国失业率为14%。突尼斯颜色革命的“导火索”——自焚青年就是因大学毕业后找不到工作，才走上街头卖蔬菜和水果。突尼斯向来鼓励公民接受高等教育，大学生找工作曾经不是问题，然而失业现象越来越严重。另外，西亚、北非地区国家多以油气资源等为主导，没有其他有竞争力的产业，经济发展的支撑力和免疫能力都很差，随着新一轮国际金融危机的爆发，各种矛盾和冲突日趋严重。

2. 分配制度不公导致贫富悬殊，民生问题导致城市问题频发

虽然在过去20多年中，地中海地区国家包括西亚北非地区国家国民经济都保持了一定增长，但贫富严重分化。以埃及为例，穆巴拉克家族身价大概相当于埃及 2012 年国内生产总值的 1/3。开罗美国大学的社会学家阿明曾指出，当前埃及全国人口分为三个层次：第一是富人集团，20% 的人口占有 55% 的社会财富；第二个层次是中产阶级，20% 的人口占 27% 的社会财富；第三个层次是穷人，60% 的人口仅仅占有 18% 的社会财富。穷人在就业、住房、医疗、教育等方面得不到公平待遇，公共服务的缺失，更加引发了新的危机时期和社会经济转型时期的矛盾。另外，由于多以威权制度为主，西亚北非地区的政治制度多缺乏监督体系，政治腐败等问题突出，导致对民生问题漠视，财富多集中在少数人手里，人民生活困苦。全球性金融危机爆发，导致通货膨胀、失业增加、人民生活水平下降，贫富分化进一步加剧等一系列民生问题，激化了民众与政府早就存在的对立情绪。在所有民生问题中，尤其以就业问题最为严重，突尼斯、埃及等国家爆发的冲突都与人口多、就业问题难、失业率居高不下等有密切关系。

3. 地区政治社会不稳定，难民移民问题成为新的城市问题

2015 年 11 月 20 日，中国常驻联合国代表刘结一大使在第 70 届联大地中海难移民问题会议上发言时表示，国际社会当前正面临“二战”以来最大规模难民危机，地中海地区难民危机的根源在于地区不稳定和发展不平衡。叙利亚、伊拉克、索马里等多个国家和地区持续动荡，恐怖主义和暴力极端主义等非传统安全威胁日趋严重，不断引发新难民移民潮。联合国难民署 2015 年 6 月 18 日发布最新《全球趋势》报告显示，2014 年全球输出难民人数最多的国家是叙利亚，而欧洲则成为全球难民人数增加最快的地区，2014 年共有近 22 万人穿越地中海偷渡到欧洲，是 2011 年高峰期的 3 倍多。难民不仅规模庞大，而且流动情况复杂，难民问题具体为反复迁徙和跨境活动、生活状况恶劣，难民在就业、教育、医疗等方面都受到限制甚至歧视。而难民也成为欧洲最头疼的问题，部分欧洲国家对难民移民的排外情绪有所上升，当地人道救援不堪重负。难民涌入欧洲，政治上刺激极端势力渗透，经济上使得欧洲财政不堪重负，社会上造成族群对立，极易引发暴力冲突。难民摊派指标谈判难以达成一致，英国甚至建议遣返所有偷渡移民而非安置难民。难民问题正成为新一轮欧洲乃至地中海地区城市发展新的问题所在（见图12）。

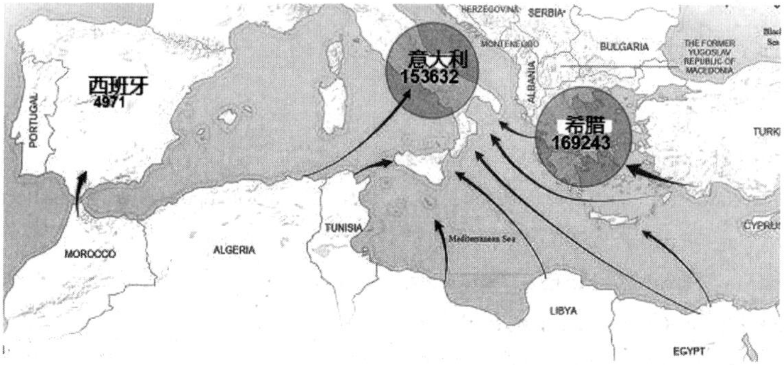

图12　2014年地中海地区难民迁移路线和规模

4．“一带一路”带来新的发展机遇，有望优化地中海地区发展格局

“一带一路”战略以“五通三同”为核心内涵，包括政策沟通、道路联通、贸易畅通、货币流通、民心相通以及利益共同体、责任共同体和命运共同体。从发展目标和实施路径看，“五通三同”都能从根本上解决当前地中海地区城市发展所面临的主要挑战，其中“五通”是主要推进路径，以政策沟通推进各国在发展政策、技术标准、质量标准等方面都达成共识，推进项目建设顺利进行；以道路联通克服货物交通、人员交流等带来的不便，强化区域联系；以贸易畅通强化经济联系，推进相互投资和拓宽贸易；以货币流通强化市场运作机制来筹集资金，保障重大项目的建设；以民心相通增进彼此合作和理解，强化区域发展协作。

由此来看，通过“五通”全民推进务实合作，最终亦可以打造地中海地区政治互信、经济融合、文化互容的区域发展共同体，解决经济发展动力、民生公共服务以及政治社会稳定等问题，从而可稳定并优化地中海地区发展格局，改善城市发展环境和发展条件，特别是针对地中海亚非地区国家当前经济发展动力不足、民生问题突出、政治社会混乱、难民移民增多等问题，“一带一路”战略都能给予更好地解决，优化地中海地区“北优南劣”发展格局，进而塑造新的区域城市规模与等级体系。

参考文献

Arthru O'Sullivan：《城市经济学》，苏晓燕等译，中信出版社，2003。

Ben Derudder, Peter Taylor, Pengfei Ni. “Pathways of Change：Shifting Connectivities in the World City Network, 2000－08,” *Urban Studies* 2010（8）.

David Jin, David C. Michael, Paul Foo, Jose Guevara, Ignacio Pena, etc, “Winning in Emerging－Market Cities：A Guide to the World's Largest Growth Opportunity”, The Boston Consulting Group, Inc., 2010（9）.

Department of Economic and Social Affairs United Nations, “World Population Prospects, 2015 Revision”.

Department of Economic and Social Affairs United Nations, “World Urbanization Prospects, 2014 Revision”.

Ernst, D., H. Lee, J. Kwak, “Standards, Innovation, and Latecomer Economic Development：Conceptual Issues and Policy Challenges,” *Telecommunications Policy*, 2014, 38：853－862.

Foreign Policy, “Metropolis Now：Images of the World's top Global Cites”, http：//www.foreignpolicy.com/node/373401. 2010－10.

GaWC, http：//www.lboro.ac.uk/gawc/.

Girone S, “Old and New Assets in the Issue of Urbanization：the Mediterranean Basin between the EU and the Arab World,” *RIEDS－Rivista Italiana di Economia, Demografia e Statistica－Italian Review of Economics, Demography and Statistics*, 2012, lxvi：19－38.

ISPRE, KRIHS, NIRA, *Proposal for Promotion of the Realization of the BESETO Corridor Vision：Toward Sustained Development in the Northeast Asia Region*, March 2007.

Leontidou L, *The Mediterranean City in Transition：Social Change and Urban Development*, Cambridge：Cambridge University Press, 1990.

McKinsey Global Institute. “Growth and renewal in the United States：Retooling America's economic”, 2011（2）.

陈科：《中心城－外围组团用地形态－客运需求－交通配置一体化研究》，博士学位论文，西南交通大学，2012。

陈志恒：《东北亚地区城市特色及发展潜力分析》，《东北亚论坛》2003年第5期。

樊秀峰：《流通视角：丝绸之路经济带建设国内段实施路径》，《中国流通经济》2015 年第 4 期。

高际香：《俄罗斯城市化与城市发展》，《俄罗斯东欧中亚研究》2014 年第 1 期。

郭爱君、毛锦凰：《丝绸之路经济带：优势产业空间差异与产业空间布局战略研究》，《兰州大学学报》（社会科学版）2014 年第 1 期。

黄云：《跨国运输通道是民族经济外向扩展之道》，《云南民族大学学报》（哲学社会科学版）2011 年第 1 期。

霍建国：《共建丝绸之路经济带与向西开放战略选择》，《国际经济合作》2014 年第 1 期。

李健：《全球生产网络与大都市区生产空间组织》，科学出版社，2011。

刘慧等：《“一带一路”战略对中国国土开发空间格局的影响》，《地理科学进展》2015 年第 5 期。

莫晨宇：《广西发展通道经济的研究》，《东南亚纵横》2007 年第 9 期。

沈正平、马晓东：《中国新亚欧大陆桥经济带城市竞争力比较研究》，《经济地理》2002 年第 1 期。

田文、刘厚俊：《产品内分工下西方贸易理论的新发展》，《经济学动态》2006 年第 5 期。

王志宝、李国平：《东亚地区城市体系研究》，《世界地理研究》2011 年第 4 期。

卫玲、戴江伟：《丝绸之路经济带——超越地理空间的内涵识别及其当代解读》，《兰州大学学报》（社会科学版）2014 年第 1 期。

姚玲：《中国与中东欧国家经贸合作现状及发展前景研究》，《经贸研究》2016 年第 3 期。

于洪洋、欧德卡、巴殿君：《试论“中蒙俄经济走廊”的基础与障碍》，《东北亚论坛》2015 年第 1 期。

张春林：《丝绸之路经济带框架下促进新疆对外开放与经济发展的建议》，《中国经贸导刊》2013 年第 11 期。

周茂权：《点—轴开放理论的渊源与发展》，《经济地理》1992 年第 12 期。

朱显平、邹向阳：《中国—中亚新丝绸之路经济发展带构想》，《东北亚论坛》2006 年第 5 期。

B.2
全球化遭遇挫折，国际城市升级能力分化加剧
——2017 年国际城市 2.0 评价报告

邓智团　于天旭　杨传开　屠启宇

摘　要：　基于《国际城市发展报告》提出的国际城市 2.0 评价指标体系，本文从综合能力升级等 7 个维度对所观察的 40 个城市进行分析。结果表明，综合升级能力、社会升级能力、生态升级能力、治理升级能力和空间升级能力整体呈现趋同的趋势，且为左偏分布，升级能力得分较高的城市相对较多；而涉及创新的经济升级能力和文化升级能力高分城市依然较少，文化升级能力低分城市集聚，表明当前国际城市经济和文化间的升级能力差距逐步扩大，强者越强，弱者赶超压力增大。综合能力趋同、创新能力极化的总体趋势，表明城市政府亟须重视经济与文化在创新方面的提升。

关键词：　国际城市 2.0 评价　升级能力　偏态分布　分化

国际城市 2.0 指标，于 2014 年由本发展报告课题组开发，本质上就是考察相关城市的升级能力。我们认为进入 21 世纪第二个 10 年以来，城市发展理念、发展范式已发生重大变化。即从以前的经济集中、资本控制为主向经济发展、社会包容和谐、环境优美、政治善治、文化引人入胜等方面转变，而这些方面又必然对城市空间结构和形态产生影响。特别是过去的

2015 年和 2016 年，全球发展面临新挑战，英国脱欧、特朗普当选新一届美国总统，被视作发达国家对全球化的反思和负面应急反射，全球化进程遭遇挫折，国际城市发展环境正发生显著变化，以全球城市为代表的国际城市升级能力将面临更大挑战。

一 国际城市评价体系

基于城市升级的内涵与动力认识，指标设计思路确定为经济、社会、文化、治理、生态和空间 6 个方向，进而根据以上国际城市的六个基本特征，形成国际城市评价指标体系的基本框架（见图 1）。

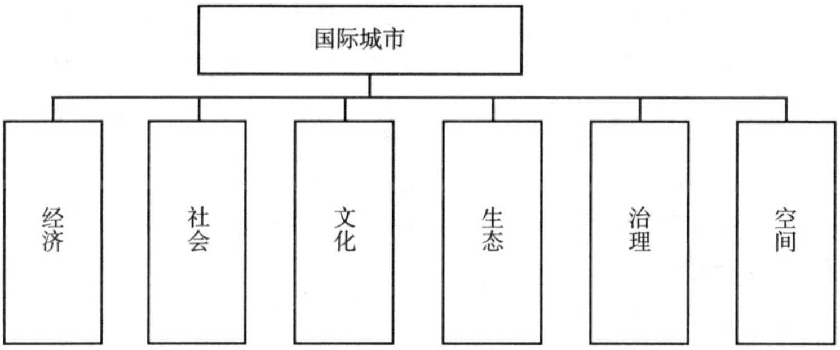

图 1 国际城市评价值指标体系框架

在此基础上，考虑到城市统计指标的可获取性和数据质量，建立由 6 个一级指标和 18 个二级指标组成的国际城市评价指标体系（见表 1）。

国际城市评价指标的选取除了依据国际城市基本特征外，还遵循了以下一些原则。

（1）公开性。基础数据以公开发布指标为准，便于社会各界进行核实和索引。

（2）标准化。基础数据尽量以各国统一的统计指标为基础，以保证指标口径的一致性。

（3）简洁化。在由基础指标形成三级指标的过程中，尽可能遵守统计规范，即使用规范的指标名称、规范的合成方法，以真实反映指标值的变化和波动。

表 1　国际城市评价指标体系

单位：%

一级指标	二级指标(X_{ij})	指标性质	权重(a_j)
经济	金融市场指数	指数、正向指标	5.93
	经济指数	指数、正向指标	4.82
	智力资本和创新指数	指数、正向指标	5.93
社会	公平指数	指数、正向指标	6.67
	生活成本指数	指数、正向指标	5.37
	城市准入门槛指数	指数、正向指标	4.63
文化	创作环境	指数、正向指标	4.26
	美术馆、博物馆数	数值、正向指标	5.37
	旅游目的地(10 亿美元)	数值、正向指标	7.04
生态	宜居指数	指数、正向指标	6.57
	环境指数	指数、正向指标	5.37
	污染指数	指数、逆向指标	4.72
治理	健康、保障指数	指数、正向指标	5.52
	安全指数	指数、正向指标	4.48
	政治权利指数	排名、逆向指标	6.67
空间	交通和基础设施指数	指数、正向指标	6.20
	通勤时间指数	指数、逆向指标	5.93
	城市面积占大都市区面积比重	数值、适中指标	4.54

城市的选择主要基于表 2 中各报告中的前 50 名城市，具体指标选择这些机构在某些单项领域的权威数据，最终形成现有的 18 个二级数据和 40 个考察城市。如新华社中经社控股集团指数中心和标普道琼斯指数有限责任公司共同发布的《新华－道琼斯国际金融中心发展指数（2014）》，普华永道会计师事务所的《机遇之都》（*Cities of Opportunity*），森纪念基金会都市战略研究所的《全球城市实力指数 2015 年度报告》，万事达的《万事达全球旅游目的地城市指数 2015》，全球最大数据网络公司之一的能比奥的《城市生活质量指数 2016 年中期》，以及莱坊顾问公司的《世界财富报告 2015》

和经济合作与发展组织秘书处的《经济合作与发展组织大都市地区的土地和人口》。

表 2　国际城市 2.0 指标数据说明

二级指标	含义	参考数据来源	发布机构
金融市场指数	金融市场指数是对国际金融中心城市的发展核心优势的测度。金融市场指标包括 4 个子要素，分别是资本市场、外汇市场、银行市场和保险市场。着重反映资本市场、外汇市场、银行市场、保险市场等金融市场的规模、稳定性和成熟度	《新华－道琼斯国际金融中心发展指数(2014)》	新华社中经社控股集团指数中心和标普道琼斯指数有限责任公司共同发布
经济指数	对市场规模、市场吸引力、经济活力、人力资本、商业环境、规章和风险进行评估	《全球城市实力指数 2015 年度报告》(*Global Power City lndex 2015*)	森(Mori)纪念基金会都市战略研究所
智力资本和创新指数	智力资本和创新是社会发展和经济增长的“发动机”。通过研发占国内生产总值的百分比来测算	《机遇之都 7》(*Cities of Opportunity 7*)	普华永道会计师事务所（Pricewalerhouse Coopers LLP)
公平指数	公平涉及经济发展利益的系统性分配，通过法律框架确保一个“公平的竞争环境”，保护穷人等弱势群体的权利	《世界城市年度状况报告 2012/2013》(*State of the World's Cities 2012/2013*)	联合国人居署(United Nations Human Settlements Programme，UN－Habital)
生活成本指数	通过城市的市民体验判断一个城市的生活质量	《机遇之都 7》(*Cities of Opportunity 7*)	普华永道会计师事务所
城市准入门槛指数	该指标反映了城市的世界结网程度，以及其在社会、经济、文化等方面的吸引力	《机遇之都 7》(*Cities of Opportunity 7*)	普华永道会计师事务所
美术馆、博物馆数	在主流旅游书中介绍的美术馆、博物馆数	《全球城市实力指数 2015 年度报告》(*Global Power City lndex 2015*)	森纪念基金会都市战略研究所
创作环境	基于具体目标城市工作居住人员以及曾在多个目标城市工作居住过的人员的问卷	《全球城市实力指数 2015 年度报告》(*Global Power City lndex 2015*)	森纪念基金会都市战略研究所

续表

二级指标	含义	参考数据来源	发布机构
旅游目的地（10亿美元）	在该城市停留至少一个晚上以上的国际游客产生的消费支出	《万事达全球旅游目的地城市指数2015》（*Master Card Global Destination Cities Index 2015*）	万事达公司（MasterCard Worldwide）
宜居指数	对工作环境、生活成本、安全和保障、生活环境、生活设施进行评估	《全球城市实力指数2015年度报告》（*Global Power City Index 2015*）	森纪念基金会都市战略研究所
环境指数	对生态、污染、自然环境进行评估	《全球城市实力指数2015年度报告》（*Global Power City Index 2015*）	森纪念基金会都市战略研究所
污染指数	评估城市的总体污染，涉及水污染、空气污染	《城市生活质量指数2016年中期》（*Quality of Life Index by Country 2016 Mid Year*）	能比奥（Numbeo）城市数据门户网站
健康、保障指数	考察市民的活力、凝聚力和先进的社会经济成就	《机遇之都7》（*Cities of Opportunity 7*）	普华永道会计师事务所
安全指数	犯罪指数是对某一个城市或国家整体犯罪水平的评估。安全指数是犯罪指数的反面	《城市生活质量指数2016年中期》（*Quality of Life Index by Country 2016 Mid Year*）	能比奥城市数据门户网站
政治权利指数	该数据考察城市对全球思想和观点的影响力，具体涵盖了对城市中国家政治组织总部、国际非政府组织总部、大使馆和智库数量的评估	《世界财富报告2015》（*Global Wealth Report 2015*）	莱坊（Knight Frank）顾问公司
交通和基础设施指数	指标关注整个城市交通和基础设施的作用，使人们高效地结合在一起，加深了城市的生活方式	《机遇之都7》（*Cities of Opportunity 7*）	普华永道会计师事务所
通勤时间指数	关于花费在工作通勤上的时间、消耗时间的不满程度，交通的 CO_2 排放量和在交通系统中的整体低效率的综合指数	《城市生活质量指数2016年中期》（*Quality of Life Index by Country 2016 Mid Year*）	能比奥城市数据门户网站

续表

二级指标	含义	参考数据来源	发布机构
城市面积占大都市区面积比重(%)	该指标用来评估城市的紧凑程度	《经济合作与发展组织大都市地区的土地和人口》(*Land and Population of the OECD Large Metropolitan Areas*)	经济合作与发展组织秘书处(Secretary-General of the OECD)

二　国际城市评价方法

国际城市评价采用统计综合评价方法，即在国际城市评价指标体系的基础上，应用综合评价方法将不同量纲的指标加以综合而形成无量纲化的二级评价值，将这些评价值按照经济、社会、文化、生态、治理、空间等六个模块合成为六个一级评价值（一级指数），然后再将这六个一级指数合成为总指数。各级评价值指数的计算方法如下。

（1）数据收集。一是从联合国人居署（United Nations Human Settlements Programme，UN－Habitat）的《世界城市年度状况报告 2012/2013》等报告中获取原始数据；二是针对部分数据缺失（缺失数据在 18% 左右）的情况，采用专家打分法进行补充，数据值取专家打分的平均值。

（2）标准化处理。为方便对数据进行统一比较，对数据进行无量纲标准化处理。本报告采取较为常用的极值（min－max）标准化方法。处理过程如下。

对于正向指标的处理公式：

$$y_{ij} = \frac{x_{ij} - \min\limits_{1 \leqslant i \leqslant m} x_{ij}}{\max\limits_{1 \leqslant i \leqslant m} x_{ij} - \min\limits_{1 \leqslant i \leqslant m} x_{ij}} \times 100, (1 \leqslant i \leqslant m, 1 \leqslant j \leqslant n)$$

对于逆向指标的处理公式：

$$y_{ij} = \frac{\max\limits_{1 \leqslant i \leqslant m} x_{ij} - x_{ij}}{\max\limits_{1 \leqslant i \leqslant m} x_{ij} - \min\limits_{1 \leqslant i \leqslant m} x_{ij}} \times 100, (1 \leqslant i \leqslant m, 1 \leqslant j \leqslant n)$$

对于适中指标的处理公式：

$$y_{ij} = \frac{\max\limits_{1\leqslant i\leqslant m}|x_{ij} - X_0| - |x_{ij} - X_0|}{\max\limits_{1\leqslant i\leqslant m}|x_{ij} - X_0| - \min\limits_{1\leqslant i\leqslant m}|x_{ij} - X_0|} \times 100, (1 \leqslant i \leqslant m, 1 \leqslant j \leqslant n)$$

其中，y_{ij}为标准化数据；x_{ij}为原始数据；X_0 为适中参考值；m 为城市数，本文为40；j 为指标数，本文为18。其中经专家打分和讨论，本报告的唯一适中指数“城市面积占大都市区面积比重”的适中参考值为38%。

标准化后的变量值范围在0～100，数据基本呈正态分布，最大值为100，最小值为0（见表3）。

表3　各指标统计数值

	综合	经济	社会	文化	生态	治理	空间
平均值	49.90	44.70	62.33	29.09	51.34	57.16	54.76
中位值	50.10	45.93	63.72	24.14	51.89	54.45	56.47
最大值	78.73	99.10	95.56	89.68	95.13	90.58	72.96
最小值	17.02	7.94	7.52	1.64	7.87	13.48	21.38
标准差	12.60	21.97	15.35	20.86	18.92	18.75	11.20
偏度	-0.36	0.41	-0.96	1.55	-0.28	-0.47	-0.91
峰度	3.76	2.93	5.68	5.16	2.96	2.68	3.92
JB 检验	1.83	1.16	18.07	23.79	0.53	1.64	6.98
信度(概率值)	0.40	0.56	0.00	0.00	0.77	0.44	0.03

资料来源：作者计算整理。

（3）指标权重赋值。通过专家打分法，取得各个指标的权重。

（4）指标得分计算。通过计算得到各个指标的得分情况，通过加总得到各个分类的得分，以及总得分，并对得分进行排序，得到各个分类指标以及总得分的排名数据。得分计算公示为：

$$Z_i = \sum a_j \cdot y_{ij}$$

Z_i 为第 i 个城市的分项得分或综合升级能力得分，a_j 为第 j 个指标的权重，y_{ij}为标准化后的第 i 个城市第 j 指标的标准化数据。

三　计算结果与分析

利用柱形分布图和层级划分，在观察的40个城市中，包括综合升级能力、社会升级能力、生态升级能力、治理升级能力和空间升级能力均呈现向好的态势，升级能力得分较高的城市较多；而涉及创新的两个方面的升级能力评价，包括经济升级能力和文化升级能力，则得分较低，处于Ⅳ、Ⅴ层级的城市占大多数，表明当前国际城市提升创新升级能力难度较大，亟须政府层面重视经济升级能力和文化升级能力的提高。

（一）排名概览

2017年度国际城市2.0指标包括反映城市整体升级能力的城市综合排名，以及6项次级排名，分别考察经济升级能力、文化升级能力、社会升级能力、生态升级能力、治理升级能力和空间升级能力。按排名的差距划分成5个集团：第Ⅰ集团（$\alpha \geqslant 0.8$）、第Ⅱ集团（$0.8 > \alpha \geqslant 0.7$）、第Ⅲ集团（$0.7 > \alpha \geqslant 0.6$）、第Ⅳ集团（$0.6 > \alpha \geqslant 0.5$）、第Ⅴ集团（$\alpha < 0.5$），其中$\alpha$为某个城市某项指标得分与40个城市中该指标第一位城市得分的比值。2017年40个观察城市的整体情况表现如下。

综合升级能力：西方城市在整体上仍占据优势，与2016年排名相比基本相似。前10名中除东京和新加坡外，都是欧美城市，东京同比排名提升1位。多数亚洲城市处于第Ⅲ、Ⅳ集团。金砖国家城市在转型升级方面有待进一步提升，圣保罗、莫斯科、孟买、约翰内斯堡都在第Ⅴ集团，与2016年相比无明显差异。在贯穿欧亚和非洲的“丝路城市”中，亚洲区域的城市相对较少，除新加坡和香港排名靠前外，北京排名居中，上海处在中间靠后的位置，其他城市有吉隆坡和孟买，但排名依然靠后。

经济升级能力：传统意义上的伦敦、纽约和东京三大全球城市经济升级能力最强，得分远高于其他城市，且处于第Ⅰ集团。香港与2016年相比，下滑至第Ⅱ集团。半数以上的城市的经济升级能力得分不及排名第一位的伦敦的一半。东亚城市排名靠前的有香港、新加坡、北京、上海和首尔。其他亚洲地区的“丝路城市”，如台北、吉隆坡和孟买的得分仍然不高。

社会升级能力：前10位均被亚洲城市和欧洲城市所占据，中国北京位于第1位。北美城市表现较差，排名最高的仅为第17位（波士顿），处于第Ⅲ集团，相比2016年有较大提升。北美多数城市与除中国以外的其他金砖国家的城市一起处于排名末端。总体而言，处于欧洲和亚洲的“丝路城市”的社会升级能力总体较好。

文化升级能力：在40个观察城市中，文化升级能力明显呈金字塔形。城市分布差距明显。根据划分规则，第Ⅰ集团有伦敦、纽约、巴黎三个城市，第Ⅱ集团没有城市，第Ⅲ集团仅有东京一个城市，巴黎和东京相比2016年均提升了一个层级。第Ⅳ集团仅有维也纳一个城市。经济升级能力排名靠前的国家，文化升级能力大多同样靠前，但对于排名中等及偏后的国家，这一相关性较差。有35个城市的得分相对集中，均处于第Ⅴ集团。

生态升级能力：维也纳得分及名次排名提升较大，与其他城市拉开了一定差距。第一层级的城市下降为3个，整体等级同2016年相比，第Ⅳ、Ⅴ等级城市增多，部分城市得分降低，呈现长尾状态。圣保罗、约翰内斯堡、孟买、上海、莫斯科和北京等6个金砖国家城市排名依旧居于末位，生态水平亟待提升。

治理升级能力：第一层级均为重要的首都城市或一些重要的政治中心城市，如美国的首都华盛顿、联合国办公地纽约，欧盟办公地布鲁塞尔，众多国际组织办公地的日内瓦和巴黎等欧美城市。东京相对2016年排名提升至第一名。进入第一集团的亚洲城市仅有东京。

空间升级能力：40个观察城市的空间升级能力总体表现较好，在六个维度评价中得分差距最小。第Ⅰ集团的城市达到15个，第Ⅱ集团有13个城市，相比2015年均有所增加。约翰内斯堡、莫斯科、孟买3个金砖国家城市处于第Ⅴ集团（见表4）。

表 4　国际城市 2.0 选定 40 个城市排名与分组

综合升级能力				经济升级能力			
排名	城市	得分	分组	排名	城市	得分	分组
1	伦敦	78.73	Ⅰ	1	伦敦	99.10	Ⅰ
2	东京	72.59		2	纽约	90.15	
3	巴黎	69.48		3	东京	88.52	
4	纽约	67.42		4	香港	75.20	Ⅱ
5	新加坡	64.12		5	新加坡	71.82	
6	维也纳	64.05		6	巴黎	65.57	Ⅲ
7	华盛顿	57.14	Ⅱ	7	多伦多	60.36	
8	柏林	57.07		8	北京	58.88	Ⅳ
9	日内瓦	56.88		9	旧金山	58.38	
10	苏黎世	56.66		10	悉尼	57.31	
11	阿姆斯特丹	56.07		11	法兰克福	55.49	
12	香港	55.45		12	苏黎世	55.36	
13	斯德哥尔摩	54.45	Ⅲ	13	阿姆斯特丹	52.63	
14	哥本哈根	54.31		14	上海	51.86	
15	法兰克福	54.17		15	波士顿	51.73	
16	首尔	54.05		16	芝加哥	51.51	
17	旧金山	52.18		17	洛杉矶	47.43	Ⅴ
18	悉尼	51.72		18	首尔	46.99	
19	慕尼黑	51.36		19	华盛顿	46.70	
20	布鲁塞尔	50.34		20	慕尼黑	46.33	
21	北京	49.85		21	日内瓦	45.52	
22	墨尔本	49.00		22	斯德哥尔摩	45.11	
23	多伦多	48.86		23	柏林	43.40	
24	波士顿	48.21		24	温哥华	41.33	
25	台北	47.36		25	哥本哈根	38.07	
26	洛杉矶	46.74	Ⅳ	26	布鲁塞尔	36.07	
27	芝加哥	46.45		27	大阪	35.11	
28	巴塞罗那	46.02		28	维也纳	35.05	
29	马德里	45.99		29	台北	33.49	
30	温哥华	45.81		30	墨尔本	32.07	
31	大阪	45.66		31	莫斯科	24.95	
32	上海	44.53		32	巴塞罗那	23.66	
33	米兰	43.65		33	布宜诺斯艾利斯	20.70	
34	福冈	39.68		34	马德里	19.81	

续表

综合升级能力				经济升级能力			
排名	城市	得分	分组	排名	城市	得分	分组
35	布宜诺斯艾利斯	38.15	V	35	米兰	18.72	V
36	吉隆坡	33.77		36	吉隆坡	18.40	
37	莫斯科	32.84		37	福冈	17.46	
38	圣保罗	26.68		38	约翰内斯堡	10.16	
39	孟买	21.29		39	圣保罗	9.57	
40	约翰内斯堡	17.02		40	孟买	7.94	

社会升级能力				文化升级能力			
排名	城市	得分	分组	排名	城市	得分	分组
1	北京	95.56	Ⅰ	1	伦敦	89.68	Ⅰ
2	伦敦	85.73		2	纽约	89.10	
3	巴黎	82.40		3	巴黎	81.96	
4	上海	80.99		4	东京	60.52	Ⅲ
5	东京	79.71		5	维也纳	45.04	Ⅳ
6	苏黎世	76.46		6	洛杉矶	43.16	V
7	法兰克福	75.76	Ⅱ	7	新加坡	39.84	
8	哥本哈根	72.67		8	旧金山	39.52	
9	维也纳	71.61		9	首尔	39.37	
10	日内瓦	70.66		10	柏林	39.23	
11	阿姆斯特丹	70.01		11	巴塞罗那	37.32	
12	布鲁塞尔	69.91		12	北京	36.85	
13	香港	68.34		13	华盛顿	35.57	
14	大阪	68.07		14	阿姆斯特丹	33.00	
15	新加坡	67.98		15	上海	28.96	
16	慕尼黑	67.71		16	慕尼黑	28.02	
17	波士顿	65.52	Ⅲ	17	悉尼	27.61	
18	华盛顿	65.21		18	芝加哥	25.22	
19	首尔	64.93		19	马德里	25.17	
20	墨尔本	64.62		20	吉隆坡	25.13	
21	台北	62.82		21	墨尔本	23.15	
22	福冈	62.48		22	台北	22.57	
23	纽约	62.48		23	莫斯科	21.97	
24	温哥华	61.97		24	米兰	21.35	
25	莫斯科	60.87		25	香港	20.66	
26	悉尼	59.74		26	波士顿	18.98	
27	米兰	59.26		27	多伦多	17.13	
28	斯德哥尔摩	58.63		28	圣保罗	16.46	

续表

社会升级能力				文化升级能力			
排名	城市	得分	分组	排名	城市	得分	分组
29	巴塞罗那	56.68	Ⅳ	29	布鲁塞尔	16.30	Ⅴ
30	旧金山	56.37		30	斯德哥尔摩	15.14	
31	马德里	56.02		31	温哥华	14.50	
32	布宜诺斯艾利斯	52.03		32	大阪	12.36	
33	柏林	48.70		33	法兰克福	12.32	
34	孟买	48.25		34	布宜诺斯艾利斯	11.87	
35	吉隆坡	47.87		35	哥本哈根	11.64	
36	芝加哥	46.54	Ⅴ	36	孟买	10.26	
37	多伦多	43.77		37	约翰内斯堡	9.27	
38	洛杉矶	40.61		38	苏黎世	8.68	
39	圣保罗	36.62		39	福冈	7.27	
40	约翰内斯堡	7.52		40	日内瓦	1.64	

生态升级能力				治理升级能力				空间升级能力			
排名	城市	得分	分组	排名	城市	得分	分组	排名	城市	得分	分组
1	维也纳	95.13	Ⅰ	1	东京	90.58	Ⅰ	1	新加坡	72.96	Ⅰ
2	斯德哥尔摩	76.96		2	维也纳	83.51		2	日内瓦	72.00	
3	苏黎世	76.79		3	柏林	79.73		3	芝加哥	70.55	
4	温哥华	74.25	Ⅱ	4	华盛顿	79.32		4	苏黎世	67.52	
5	日内瓦	73.91		5	日内瓦	77.57		5	布鲁塞尔	66.41	
6	墨尔本	71.86		6	伦敦	77.32		6	华盛顿	65.26	
7	哥本哈根	69.67		7	新加坡	75.99		7	台北	64.88	
8	柏林	68.92		8	巴黎	74.10		8	伦敦	63.37	
9	法兰克福	68.11		9	多伦多	73.48		9	旧金山	62.67	
10	阿姆斯特丹	67.06		10	哥本哈根	73.41		10	柏林	62.43	
11	慕尼黑	64.66	Ⅲ	11	布鲁塞尔	73.21		11	斯德哥尔摩	62.17	
12	东京	60.75		12	纽约	72.93		12	阿姆斯特丹	61.80	
13	多伦多	58.57		13	马德里	72.51		13	哥本哈根	60.43	
14	巴黎	57.85		14	香港	72.43	Ⅱ	14	巴塞罗那	60.40	
15	伦敦	57.17		15	首尔	70.69		15	大阪	60.10	
16	新加坡	56.15	Ⅳ	16	斯德哥尔摩	68.73		16	吉隆坡	57.66	Ⅱ
17	悉尼	55.51		17	悉尼	58.83	Ⅲ	17	洛杉矶	57.58	
18	马德里	55.33		18	法兰克福	56.03		18	米兰	57.56	
19	福冈	55.18		19	苏黎世	55.17		19	法兰克福	57.31	
20	台北	52.16		20	北京	54.51		20	福冈	56.59	

续表

生态升级能力				治理升级能力				空间升级能力			
排名	城市	得分	分组	排名	城市	得分	分组	排名	城市	得分	分组
21	大阪	51.61	Ⅳ	21	巴塞罗那	54.38	Ⅲ	21	墨尔本	56.35	Ⅱ
22	米兰	50.88		22	米兰	54.11	Ⅳ	22	东京	55.45	
23	华盛顿	50.80		23	慕尼黑	54.11		23	首尔	55.42	
24	波士顿	50.03		24	洛杉矶	53.17		24	巴黎	55.03	
25	旧金山	49.37		25	波士顿	52.59		25	维也纳	53.99	
26	首尔	46.90	Ⅴ	26	阿姆斯特丹	51.90		26	香港	53.90	
27	巴塞罗那	43.70		27	布宜诺斯艾利斯	49.18		27	布宜诺斯艾利斯	51.48	
28	布宜诺斯艾利斯	43.61		28	台北	48.21		28	悉尼	51.30	
29	纽约	42.70		29	旧金山	46.78		29	上海	50.73	Ⅲ
30	香港	42.20		30	大阪	46.74		30	波士顿	50.43	
31	布鲁塞尔	40.13		31	墨尔本	45.94		31	慕尼黑	47.35	
32	芝加哥	39.78		32	莫斯科	45.65		32	纽约	47.17	
33	洛杉矶	38.49		33	温哥华	45.59		33	马德里	47.10	
34	吉隆坡	33.58		34	芝加哥	45.13	Ⅴ	34	圣保罗	47.07	
35	圣保罗	29.51		35	福冈	39.12		35	北京	45.40	
36	约翰内斯堡	26.68		36	上海	38.58		36	多伦多	39.86	Ⅳ
37	孟买	19.30		37	圣保罗	20.88		37	温哥华	37.22	
38	上海	16.04		38	孟买	20.64		38	约翰内斯堡	34.99	Ⅴ
39	莫斯科	14.50		39	吉隆坡	19.98		39	莫斯科	29.11	
40	北京	7.87		40	约翰内斯堡	13.48		40	孟买	21.38	

（二）排名分析

1. 综合升级能力

作为所有指标中用来反映城市整体升级能力的城市综合排名，是由经济升级能力、社会升级能力、文化升级能力、生态升级能力、治理升级能力、空间升级能力等六个指标加权计算得到。

通过利用柱形分布图（见图 2），对 2017 年 40 个观察城市综合升级能力的分布进行分析，可见大体与 2016 年分析的结果相似，城市得分相比 2016 年更为连续，也更为集中，中间分值者较多。与 2016 年相比，城市的综合升级能力得分有所上升，均值以及中值均有小幅上升。2017 年综合排名分数在 70 分以上的城市有两个，且位于第一名的伦敦得分 78.73 分，高于2016 年的75.28 分。2017 年低于35 分的城市有5 个，末位约翰内斯堡得分 17.02 分，低于 2016 年的 19.14 分。偏度为负值，整体分布呈现左偏，左侧长尾，离散程度强于右侧。

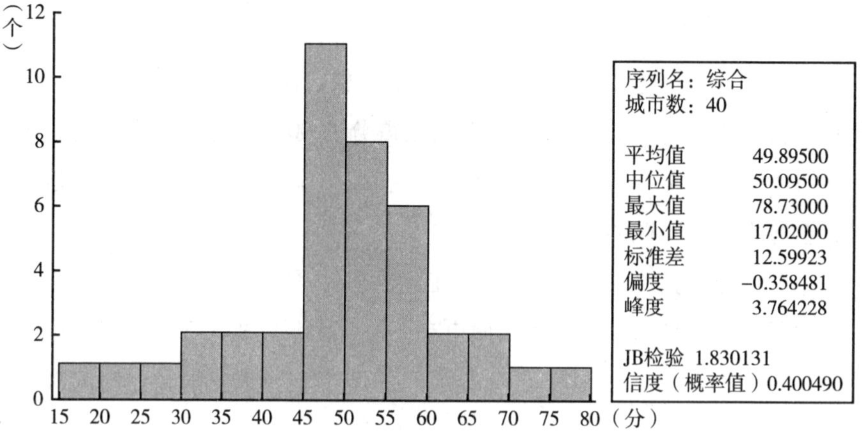

图 2　40 个城市综合升级能力得分排名的柱形分布

在此基础上，依据40 个城市的综合升级能力得分及分布情况，按得分从高到低可以分为 5 个集团：第 Ⅰ 集团（α≥0.8）、第 Ⅱ 集团（0.8 > α ≥ 0.7）、第Ⅲ集团（0.7 > α ≥0.6）、第Ⅳ集团（0.6 > α ≥0.5）、第 Ⅴ 集团（α <0.5），其中 α 为某个城市某项指标得分与40 个城市中该指标第一位城市得分的比值，其他 6 个分项指标得分排名在分组过程中，采用同样的方法，均划分为五个层次，每个层级不考虑城市的个数，只考虑城市的相对得分。

第一层级包括伦敦（78.73 分）、东京（72.59 分）、巴黎（69.48 分）、纽约（67.42 分）、新加坡（64.12 分）、维也纳（64.05），共 6 个城市，且得分差距逐步缩小，东京 2016 年得分为68.37 分，2017 超过70 分，增速较快，跃居至第二位。传统意义上的全球顶级城市纽约，其得分和排名相对较低。细分指标包括公平指数、生活成本指数、宜居指数、环境指数、污染指数、安全指数及交通和基础设施指数等7个指标得分甚至低于40个城市的平均值。

第二层级包括华盛顿（57.14分）、柏林（57.07分）、日内瓦（56.88分）、苏黎世（56.66分）、阿姆斯特丹（56.07分）、香港（55.45分），共6个城市。相比2016年11个城市有所下降，且苏黎世、日内瓦由第一层级降至第二层级。

第三层级城市包括斯德哥尔摩、哥本哈根、法兰克福、首尔、旧金山、北京、台北等13个城市。其得分在伦敦得分的60%～70%区间。这一区间的城市主要是欧美发达国家的次级中心城市，中国的北京和台北处于这一层级，上海下降至第四层级。

第四层级包括洛杉矶、芝加哥、巴塞罗那、马德里、温哥华、大阪、上海、福冈等9个城市，其中亚洲城市有上海、大阪、福冈3个，此区间的得分是伦敦得分的50%～60%。这个区间的城市主要是美国和亚洲的次级区域的中心城市。

第五层级为布宜诺斯艾利斯、吉隆坡、莫斯科、圣保罗、孟买和约翰内斯堡6个城市，得分在伦敦得分的50%以下。从区域分布来看，除布宜诺斯艾利斯、吉隆坡以外均来自金砖国家。可以看出，金砖国家城市发展水平及拉美地区城市较世界发达国家城市仍有一定的差距，整体竞争力仍然有限（见图3）。

2. 经济升级能力

经济升级指标设计基于的理论设想是国际城市功能正逐步由资本控制和流量节点向资本和创新双重功能的转化，然而国际贸易保护主义的兴起、全球资本流量的下降，创新尤其科技创新对城市发展的影响日渐增大，由此国际城市2.0的发展动力应是资本流量和科技创新的有效融合。按照这种思路，这里的二级指标应该有3个，为金融市场指数、经济指数、智力资本和创新指数。金融市场指标主要用来测度资本流量，包括4个子要素，分别是资本市场、外汇市场、银行市场和保险市场，反映规模、稳定性和成熟度；

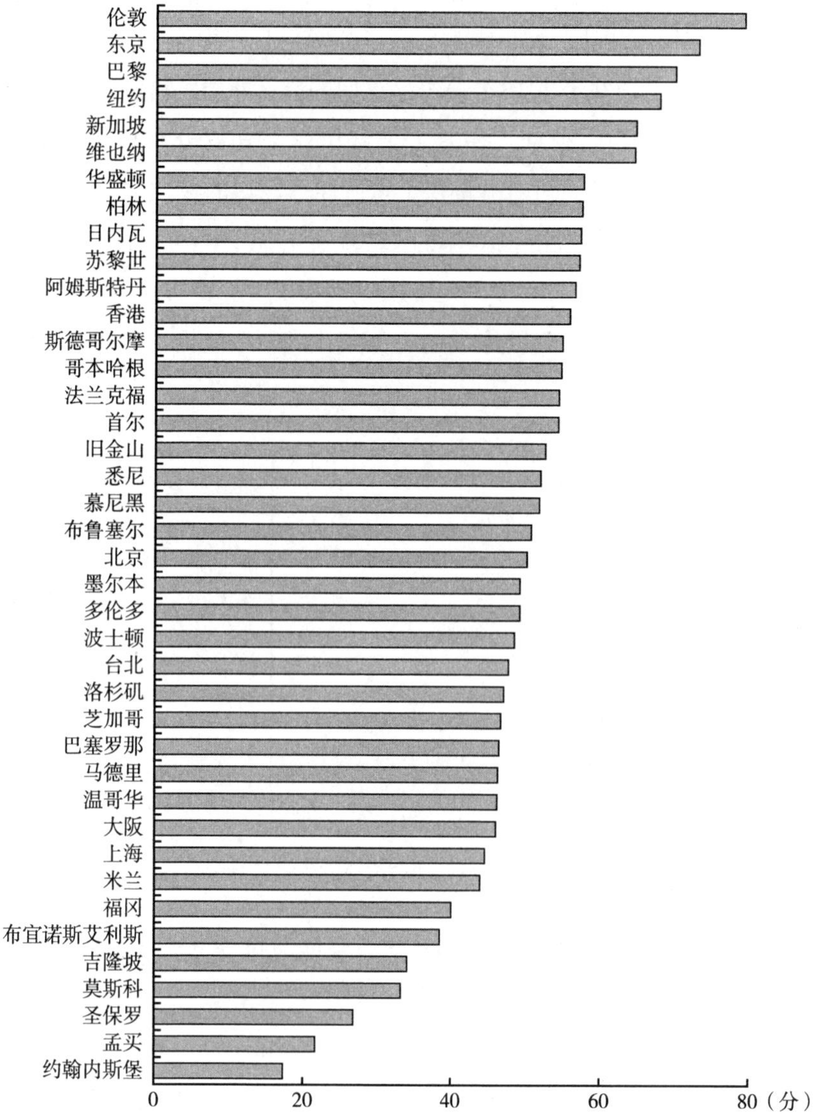

图3　综合升级能力排名

经济指数是对市场规模、市场吸引力、经济活力、人力资本、商业环境、规章和风险进行评估；智力资本和创新指数是通过研发占国内生产总值的百分比来测算。

通过柱形分布图对经济升级能力得分数据进行分析（见图4），可以发现，与2016年情况相比，城市得分在高得分区分布较为均匀，仅有80~85分区间存在断层，填补了2016年高分区域间的巨大断层，得分在75分以上的城市有伦敦、纽约、东京、香港4个城市，且分数分布较为均匀。在25~30分低分区域间也同样存在断层，虽然高分区域的极化情况有所缓解，但整体城市样本的标准差由2016年的21.05上升至2017年的21.97，城市经济发展计划现象依然显著。第一位的伦敦得分为99.10分，最后一名孟买得分为7.94分，其得分不足伦敦的1/12，与2016年相比最值间的极差增大。

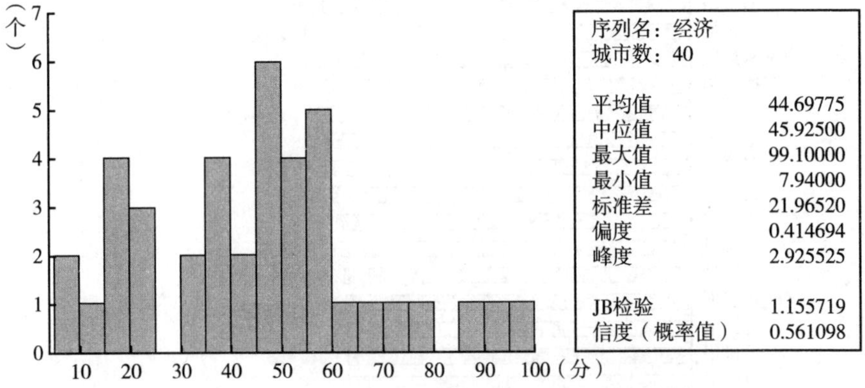

图4　40个城市经济升级能力得分排名的柱形分布

在此基础上，依据40个城市的经济升级能力得分及分布情况，按得分从高到低可以分为五个层级。

第一层级包括伦敦（99.10分）、纽约（90.15分）、东京（88.52分）3个城市。伦敦分数相比2016年（93.48分）有显著提高，东京分数小幅下降至88.52分，纽约也有小幅下降。

第二层级包括香港（75.20分）、新加坡（71.82分）2个城市。香港分数绝对值比2016年（74.93分）有所提高，但与第一排名的伦敦相对值有所下降，且分数与第一层级的三个城市差距巨大，故从第一层级下降至第二层级。

第三层级包括巴黎（65.57 分）、多伦多（60.36 分）2 个城市，其得分相当于伦敦的 60% ~70% 。巴黎从第二层级降至第三层级，多伦多分数有小幅下降。

第四层级包括北京、旧金山、悉尼、法兰克福、苏黎世、上海、波士顿、芝加哥等 9 个城市。这一区间主要是欧美的次级中心城市，以及我国的北京和上海。

第五层级包括洛杉矶、首尔、华盛顿、慕尼黑、日内瓦、大阪、柏林、温哥华、台北、莫斯科等 24 个城市，占比为整体样本城市数目的 3/5。其得分均低于首位伦敦得分的 50% 。表明样本观察城市的经济发展整体上有待进一步提升，与顶级城市的差距依然十分明显，仍有较大的上升空间（见图 5）。

总体来看，因世界经济复苏乏力，国际城市经济升级能力分化加剧，部分城市凭借智力资本和创新能力相对优势提升明显。第一等级的城市从 2016 年的 4 个减少为 3 个，而第五等级城市的数量从 2016 年的 20 个增加到了 24 个。得分最高的伦敦，其相对优势有进一步增强的趋势，而纽约和东京虽然保持在第一等级中，但相对优势有所减弱，巴黎从第二等级城市下降为第三等级城市，而金砖国家的莫斯科、约翰内斯堡、圣保罗和孟买等城市其相对升级能力有所下降。这从侧面反映了，在世界经济整体复苏乏力的情况下，发达国家城市抗风险能力和经济韧性较发展中国家城市更具优势。特别是在创新资本方面，发达国家城市凭借充足的智力资本和极具竞争力的创新能力，较好地帮助这些城市减轻了经济衰退带来的影响。中国四个主要城市北京、上海、香港和台北的表现也有明显的不同，北京相对上升较多，而上海相对下降，香港相对位置没有变化，但升级能力下滑到了第二层级，台北相对位置不变。主要原因是上海智力资本和创新指数相对位置下降明显，而北京相对位置上升较多。

3. 社会升级能力

社会指标的设计主要依据包容性程度。包容性发展已成为社会主流价值，这种价值落实到城市方面需要量化测度，这里选取了三个二级指标，如

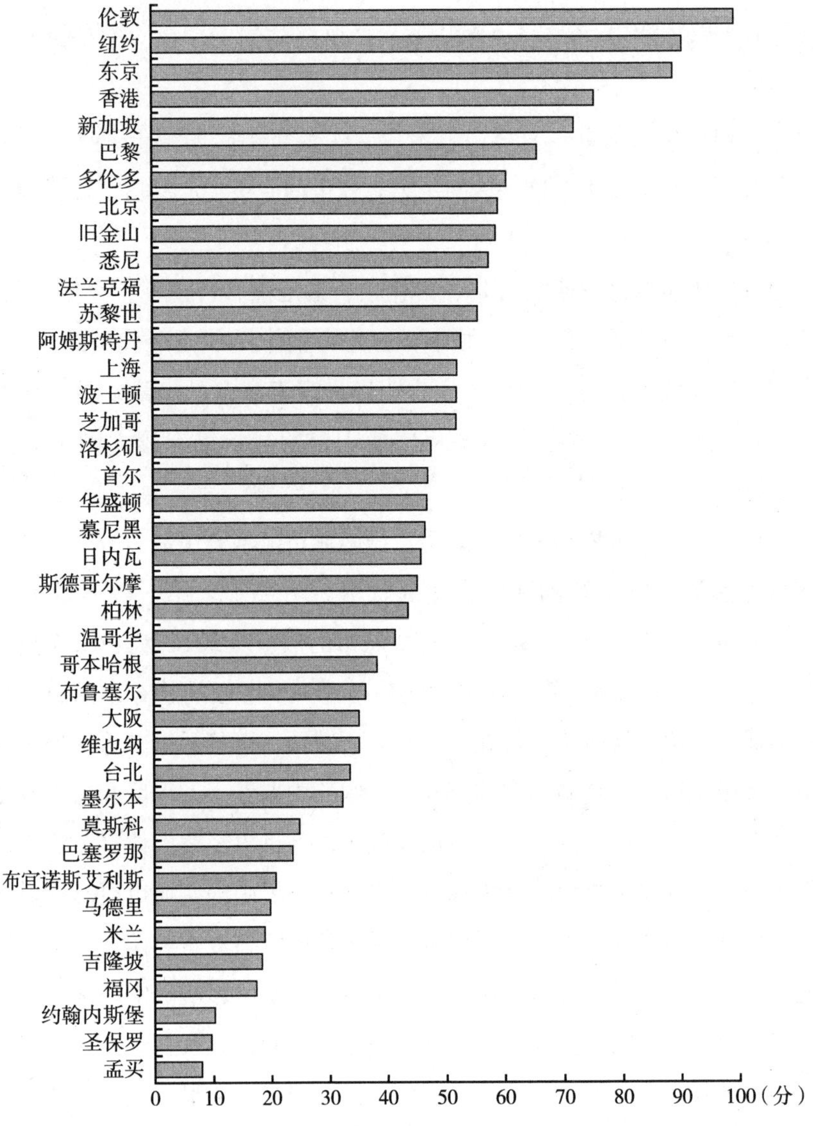

图 5　经济升级能力排名

公平指数、生活成本指数、城市准入门槛指数。公平指数涉及经济发展利益的系统性分配，通过法律框架确保一个“公平的竞争环境”，保护穷人等弱势群体的权利；生活成本指数意在通过城市的市民体验，判断一个城市的生活质量；而城市准入门槛指数反映了城市的世界结网程度，以及其在社会、经济、文化等方面的吸引力。

利用柱形分布图对文化升级能力得分进行分析（见图6），城市得分在低得分区域存在明显间断。在此基础上，依据40个城市的城市社会升级能力得分及分布情况，按照得分从高到低可分为五个层级。

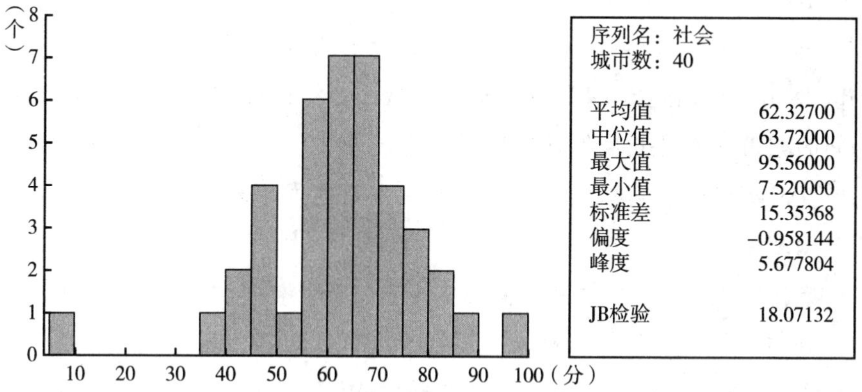

图6　40个城市社会升级能力得分排名的柱形分布

第一层级包括北京（95.56分）、伦敦（85.73分）、巴黎（82.40分）、上海（80.99分）、东京（79.71分）、苏黎世（76.46分）6个城市。伦敦和巴黎的排名及分数相比2016年都有一定程度的上升。上海由78.38分上升至80.99分，但排名由第二名降至第四名。北京和上海的得分相对较高，这与基尼系数低（基于官方公布的统计数据）以及北京、上海提供低价的基本公共服务供给有关，北京的公平指数和生活成本指数均为40个城市中的最大值。而同级的东京、伦敦、苏黎世和巴黎则都为发达国家的顶级城市。

第二层级包括法兰克福（75.76分）、哥本哈根（72.67分）、维也纳（71.61分）、日内瓦（70.66分）、阿姆斯特丹（70.01分）等10个城市。与2016年相比仅有3各城市有了大幅提升。该层级包括香港、大阪、新加坡3个亚洲城市，其余均为欧洲国家的重要中心城市。

第三层级包括波士顿（65.52 分）、华盛顿（65.21 分）、首尔（64.93 分）、墨尔本（64.62 分）、台北（62.82 分）、福冈（62.48 分）等 12 个城市。2016 年第三层级有 18 个城市，部分城市在 2017 年升级至第二层级，苏黎世上升至第一层级。当前全球范围内，社会发展呈现了很好的状态，且上升幅度明显，中高分区域城市增加。

第四层级包括巴塞罗那（56.68 分）、旧金山（56.37 分）、马德里（56.02 分）、布宜诺斯艾利斯（52.03）、柏林（48.70 分）、孟买（48.25 分）、吉隆坡（47.87 分）7 个城市，约占样本总量的 1/6。这一区间的城市主要是欧美发达国家的重点城市，但也包括来自发展中国家的印度孟买等，表明社会的发展与所在国家的发展相关性要低于经济发展与国家间的关系。

第五层级包括芝加哥（46.54 分）、多伦多（43.77 分）、洛杉矶（40.61 分）、圣保罗（36.62 分）、约翰内斯堡（7.52 分）5 个城市。这些城市的得分均低于北京的 50%。这些城市公平指数和生活成本指数的得分都远低于观察城市的平均值。美国的洛杉矶和芝加哥处于这一层级，主要与城市过高的生活成本和较高的城市准入门槛相关。尽管南非的约翰内斯堡城市准入门槛不高，但其成为所有观察城市中社会指数得分最低的城市，与其极低的公平指数和过高的城市生活成本相关（见图 7）。

4. 文化升级能力

文化指标依据的理念是文化已经成为城市发展的软实力，文化也不再仅仅为经济服务，而是基于对文化本身真正的尊重。那么文化本身又表现在哪些方面呢？指标设计者给出 3 个二级指标，创作环境、美术馆和博物馆的数量、旅游目的地（10 亿美元）。文化作品的创作环境表现的是创作氛围，资料来源于具体目标城市工作居住人员以及曾在多个目标城市工作居住过人员的问卷；美术馆、博物馆的数量是在主流旅游书中介绍的美术馆、博物馆数；旅游目的地指在该城市停留至少一个晚上以上的国际游客产生的消费支出。

可利用柱形分布图对文化升级能力得分进行分析（见图 8），城市得分

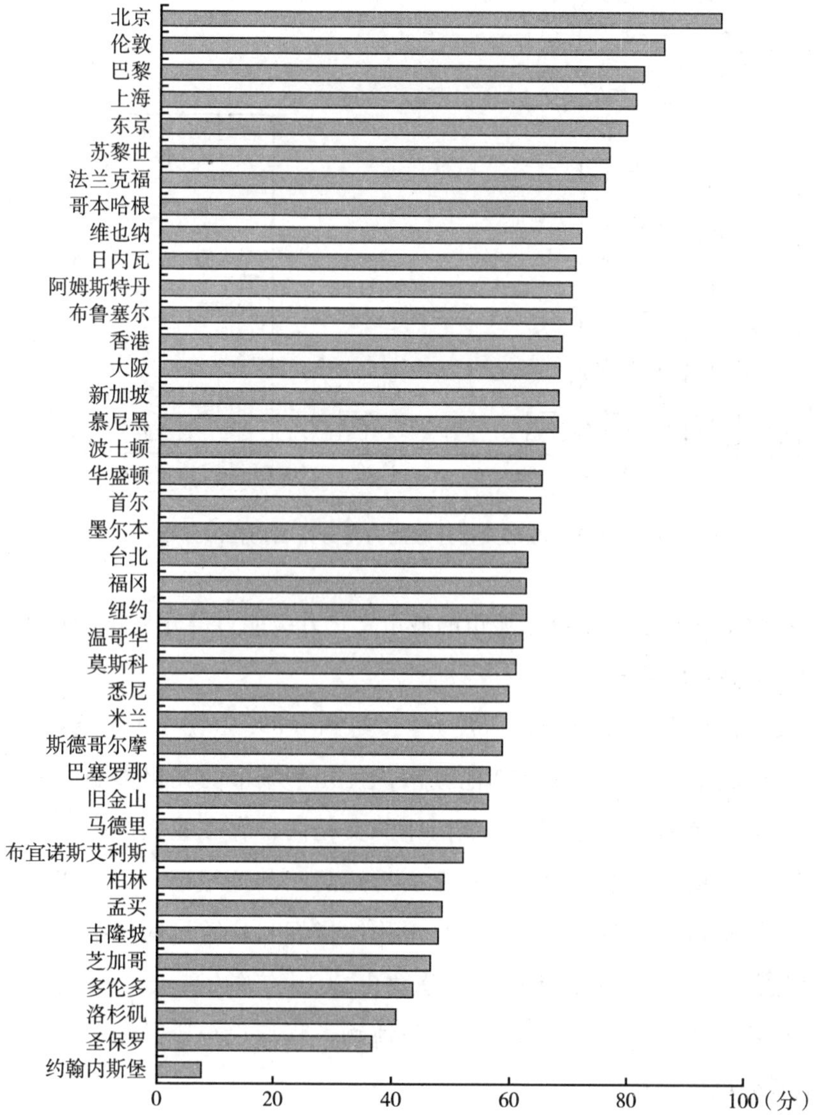

图7　社会升级能力排名

在中、高得分区域存在明显断裂，且中、低分区域的城市数量较多，80 分以上的城市有 3 个，50 ~ 80 分的区域出现明显断层，仅有一座城市，城市大都集中分布在 10 ~ 40 分的区域内。样本城市的偏度为 1.55，远大于 0，呈现明显的右偏分布，平均值29.09分大于中位数24.14分。整体的文化升级分数较低，有较大的提升空间。

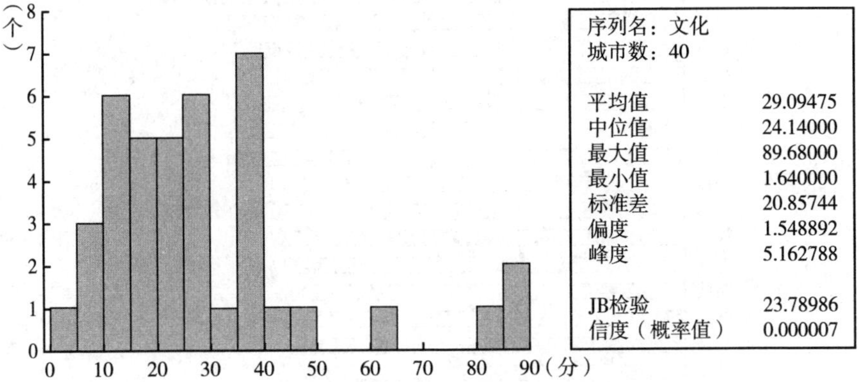

图8　40个城市文化升级能力得分排名的柱形分布

在此基础上，依据40个城市的城市文化升级能力得分及分布情况，按照得分从高到低可分为五个层级。

第一层级包括伦敦（89.68分）、纽约（89.10分）、巴黎（81.96分）3个城市。其得分远超其他城市，且几个城市的文化影响力一直较大。位于欧美的伦敦和巴黎与美国纽约文化同样存在较大的差异。主要原因是伦敦的美术馆和博物馆指标要远远高于其他城市。虽然纽约的创作环境指标得分较高，但美术馆与博物馆指标和旅游目的地指标较伦敦相对较低。巴黎上升幅度较大，分数由2016年的69.45分升至81.96分，创作环境得分较低，但美术馆与博物馆指标得分紧随伦敦，旅游目的地得分也比较高。

第二层级无城市。从文化升级能力得分分布来看，缺乏得分相当于伦敦得分70%～80%的城市。2016年位于此层级的巴黎升至第一层级。

第三层级包括东京（60.52分）一个城市，得分相当于伦敦的67%。东京2016年得分为46.92分，上升幅度较大，且由第四层级上升至第三层级。

第四层级包括维也纳（45.04 分）一个城市，得分相当于伦敦的50%。

第五层级包括洛杉矶、新加坡、旧金山、首尔、柏林、巴塞罗那、北京、华盛顿、阿姆斯特丹等35 个城市，得分均低于伦敦的50%。其中洛杉矶得分43.16 分，为唯一超过40 分的城市。北京排名第12 位，有所下降，上海上升至第15 位，台北排在第22 位，莫斯科位于第23 位，孟买排在第36 位，约翰内斯堡排在第37 位。这些城市得分较低的原因主要是美术馆和博物馆指数及旅游目的地指数得分相对伦敦非常低。当然旅游目的地指数本身可能存在缺陷，像美国和中国之类幅员辽阔的大国，大量的旅游者是国内游客，而以伦敦、巴黎为代表的地域面积相对较小的国家，大量的游客都是国际游客，且国际游客花费较高，因此其得分较高（见图9）。

5. 生态升级能力

生态指标的设计采用以人为本的立场，充分尊重了人生活在其中的实际感受，因此二级指标采用了宜居指数、环境指数和污染指数。宜居指数主要评估工作环境、生活成本、安全和保障、生活环境和生活设施；环境指数主要评估生态和自然环境；污染指标主要评估城市的总体污染，涉及水污染和空气污染，其中，空气污染影响作用较大。

利用柱形分布图对生态升级能力得分进行分析（见图10），可以发现，城市生态升级能力得分在中间区域分布较多。得分在50 分以上的城市有24 个，占比为3/5，低于40 分的城市仅有9 个，低于30 分的城市仅有6 个。样本城市得分的均值为51.34 分，中值为51.89 分。JB 检验值为0.53，概率值为0.77，可认为近似服从正态分布。该柱状图分布表明该指标的状况要好于社会和文化指标的情况。

在此基础上，依据40 个城市的城市生态升级能力得分及分布情况，按照得分从高到低可分为五个层级。

第一层级包括维也纳（95.13 分）、斯德哥尔摩（76.96 分）、苏黎世（76.79 分）3 个城市。斯德哥尔摩、苏黎世的得分均在维也纳的80%以上。这些城市都是生态环境非常优越的城市。

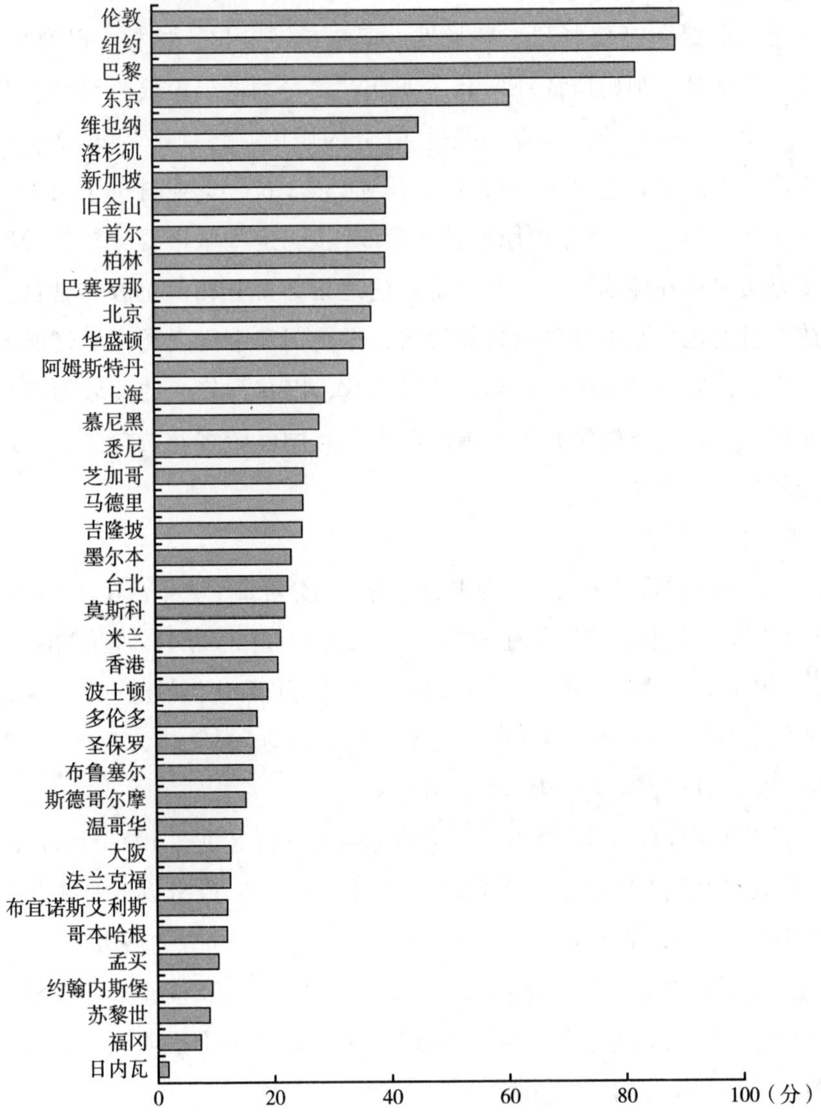

图9　文化升级能力排名

第二层级包括温哥华（74.25 分）、日内瓦（73.91 分）、墨尔本（71.86 分）、哥本哈根（69.67 分）、柏林（68.92 分）、法兰克福（68.11 分）、阿姆斯特丹（67.06 分）7 个城市。其得分相当于维也纳的 70% ~

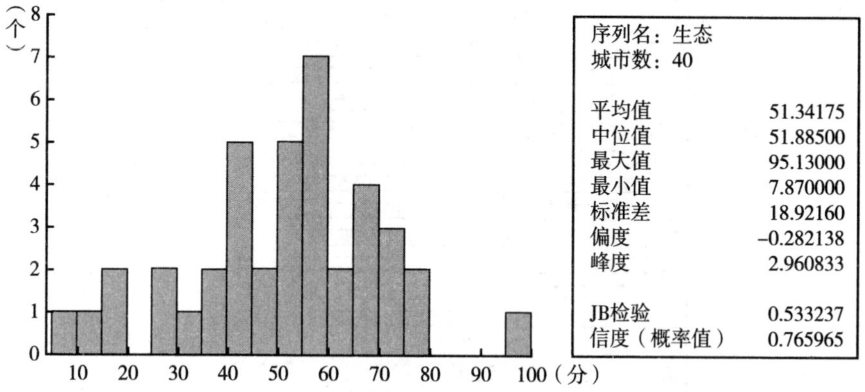

图10　40个城市生态升级能力得分排名的柱形分布

80%。

第三层级包括慕尼黑（64.66分）、东京（60.75分）多伦多（58.57分）、巴黎（57.85分）、伦敦（57.17分）5个城市。其得分相当于维也纳的60%～70%。

第四层级包括新加坡（56.15分）、悉尼（55.51分）、马德里（55.33分）、福冈（55.18分）、台北（52.16分）、大阪（51.61分）等10个城市。其得分相当于维也纳的50%～60%。

第五层级包括首尔（46.90分）、巴塞罗那（43.70分）、布宜诺斯艾利斯（43.61分）、纽约（42.70分）、香港（42.20分）、布鲁塞尔（40.13分）等15个城市。其得分均低于维也纳的50%。其中中国上海（16.04分）排名第38位、北京（7.87分）排名最末位。北京的污染指数得分为所有观察城市中最低的，而莫斯科的生态指数得分较低与其宜居指数和环境指数得分较低有关（见图11）。

6. **治理升级能力**

治理指标设计主要考察城市的安全、公民社会活力，以及该城市的国际影响力，主要采取健康保障指数、安全指数和政治权利指数。健康保障指数主要考察市民的活力、凝聚力和先进的社会经济成就；安全指

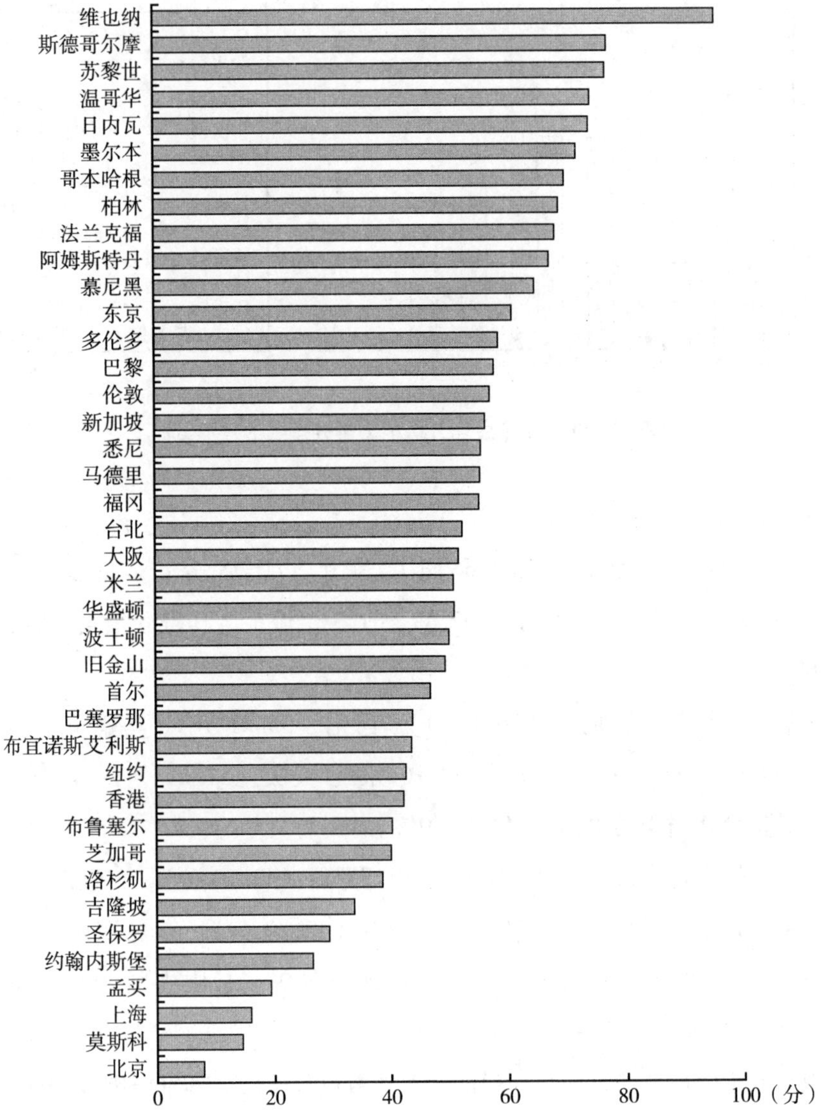

图 11　生态升级能力排名

数是犯罪指数的反面，是对某一个城市或国家整体犯罪水平的评估；而政治权利指数主要是考察该城市对全球思想和观点的影响力。具体涵盖了对城市中的国家政治组织总部、国际非政府组织总部、大使馆和智库数量的评估。

利用柱形分布图对治理能力得分情况进行分析（见图12），可以发现，中间分值者和高分值者较多。有一个城市得分高于90分，得分高于70分的城市有15个，低于40分的城市有6个。整体的平均值为57.16分，中值为54.45分，得分相对较高。

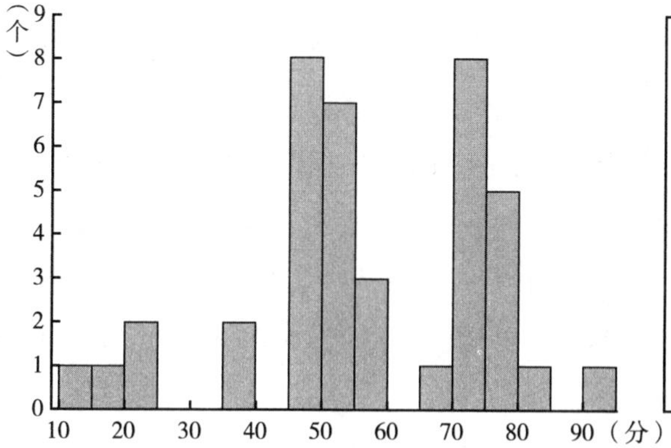

图12　40个城市治理升级能力得分排名的柱形分布

在此基础上，依据40个城市的城市治理能力得分及分布情况，按照得分从高到低可分为五个层级。

第一层级包括东京（90.58分）、维也纳（83.51分）、柏林（79.73分）、华盛顿（79.32分）、日内瓦（77.57分）、伦敦（77.32分）、新加坡（75.99分）、巴黎（74.10分）等13个城市。东京与柏林具有较为均衡的、高的安全保障指数而使其得分较高。纽约、日内瓦、巴黎、新加坡等城市都拥有较多的政治机构和国际组织，因此其政治权力指数较高。华盛顿有较高的政治权利排名，且其安全指数得分较高。

第二层级包括香港（72.43分）、首尔（70.69分）、斯德哥尔摩（68.73分）3个城市。相比2016年的7个城市数量有所下降。

第三层级包括悉尼（58.83分）、法兰克福（56.03分）、苏黎世（55.17分）、北京（54.51分）、巴塞罗那（54.38分）5个城市。得分处于东京的60% ~70%。

第四层级包括米兰（54.11分）、慕尼黑（54.11分）、洛杉矶（53.17分）、波士顿（52.59分）、阿姆斯特丹（51.90分）、布宜诺斯艾利斯（49.18分）、台北（48.21分）、旧金山（46.78分）等12个城市。得分处于东京的50% ~60%。这些城市主要是受限于其政治权利指数得分相对较低。

第五层级包括芝加哥（45.13分）、福冈（39.12分）、上海（38.58分）、圣保罗（20.88分）、孟买（20.64分）、吉隆坡（19.98分）、约翰内斯堡（13.48分）7个城市。得分处于东京的50%以下。上海位于第36位，上海的政治权力排名低于北京，但上海在健康、安全和保障指数方面的得分要高于北京。但整体而言，金砖国家城市的政治权利指数得分相对较低之外，健康、安全和社会保障指数得分差距也较大，这是总体上治理升级能力得分较低的根本原因（见图13）。

7. 空间升级能力

城市经济、社会、文化、环境、政治都会落实到城市的空间，而对空间的测量主要基于三个方面：交通和基础设施指数、通勤时间指数、城市面积占大都市区面积比重。交通和基础设施指数关注整个城市交通和基础设施的作用，考察使人们高效互动的效果，加深城市生活方式；通勤时间指数是一个关于花费在工作通勤上的时间、消耗时间的不满意程度、交通的 CO_2 排放量和交通系统整体低效率的综合指数；城市面积占大都市区面积比重主要用来评估城市紧凑程度。

可以利用柱形分布图对空间升级能力得分情况进行分析（见图14），可以发现，40个城市的得分相对集中，中间分值者和高分值者较多。整体的峰值为 -0.91，呈现左偏分布，左侧长尾状态，中位值大于平均值。与2016年呈现明显的橄榄形分布相比，70分以上的城市增加至3个，40 ~50分区间的城市由10个下降至5个，且40 ~45分区间出现断层。空间指数排名第一的城市为新加坡（72.96分）；最末位城市为孟买（21.38分），低于30分城市有莫斯科和孟买2个。

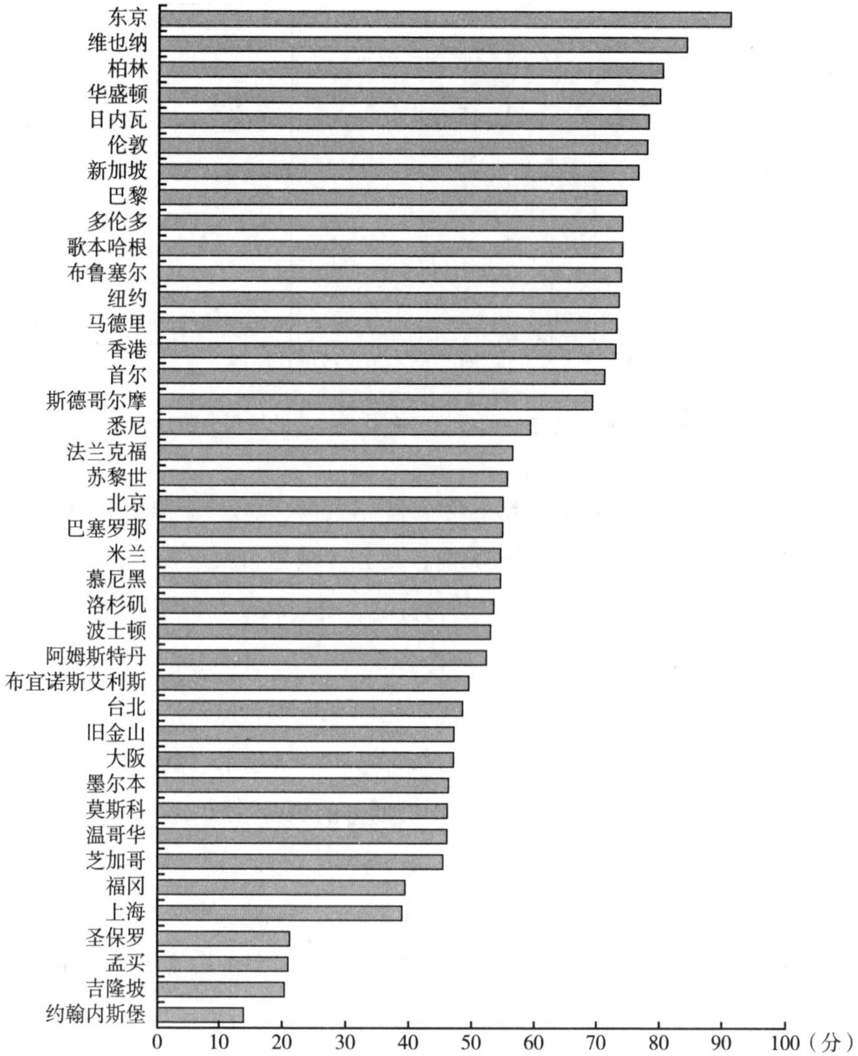

图 13　治理升级能力排名

在此基础上，依据 40 个城市的城市空间升级能力得分及分布情况，按照得分从高到低可分为五个层级。

第一层级包括新加坡（72.96 分）、日内瓦（72.00 分）、芝加哥

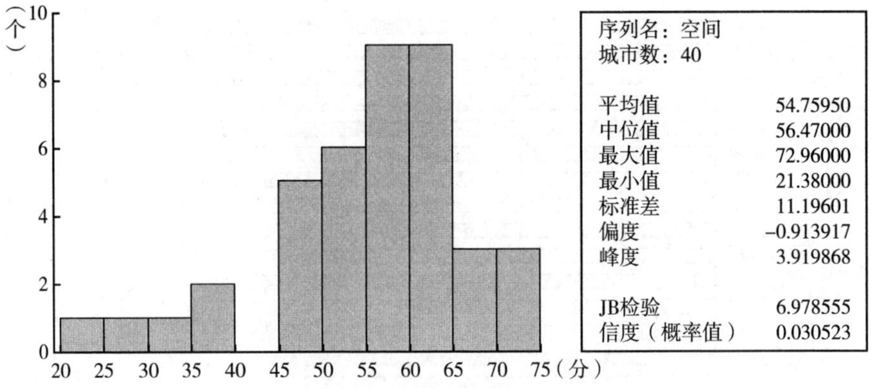

图 14　40 个城市空间升级能力得分排名的柱形分布

(70. 55 分)、苏黎世（67. 52 分)、布鲁塞尔（66. 41 分)、华盛顿（65. 26 分）等 15 个城市。整体等级比较靠前，高分区域分布城市较多。该指标整体表现良好。新加坡因通勤时间指数得分高，交通和基础设施指数及城市面积占大都市区面积比重得分也较高而排名靠前。

第二层级包括吉隆坡（57. 66 分)、洛杉矶（57. 58 分)、米兰（57. 56 分)、法兰克福（57. 31 分)、福冈（56. 59 分)、墨尔本（56. 35 分）等 13 个城市。这些城市空间升级能力为新加坡的分的 70% ~80% 。

第三层级包括上海（50. 73 分)、波士顿（50. 43 分)、慕尼黑（47. 35 分)、纽约（47. 17 分)、马德里（47. 10 分)、圣保罗（47. 07 分)、北京（45. 40 分）7 个城市。这些城市空间升级能力得分为新加坡得分的 60% ~ 70% 。

第四层级包括多伦多（39. 86 分)、温哥华（37. 22 分）2 个城市。温哥华城市面积占大都市区面积比重过低，使其得分较低，虽然其有较好的生态环境，并减少了通勤时间，但同时其效率又过低。

第五层级包括约翰内斯堡（34. 99 分)、莫斯科（29. 11 分)、孟买（21. 38 分）3 个城市。这一层级均为金砖国家城市，得分低于新加坡得分的 50% （见图 15)。

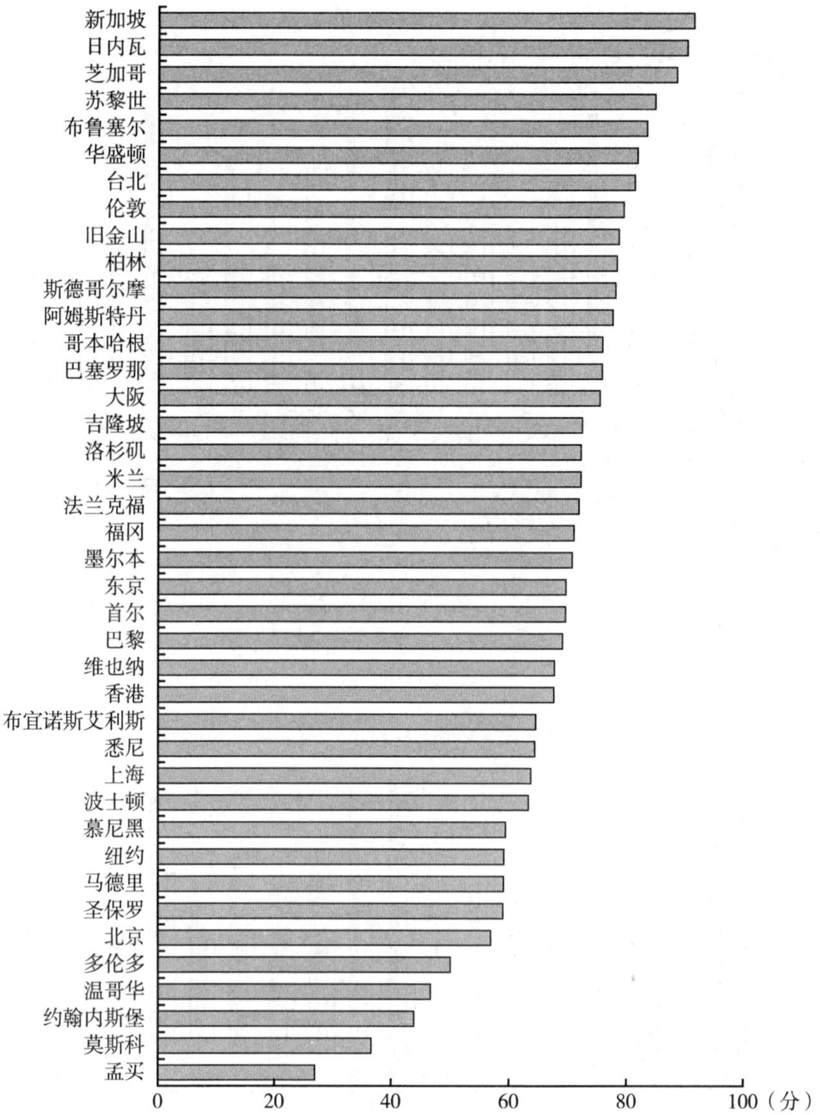

图15　空间升级能力排名

典型城市

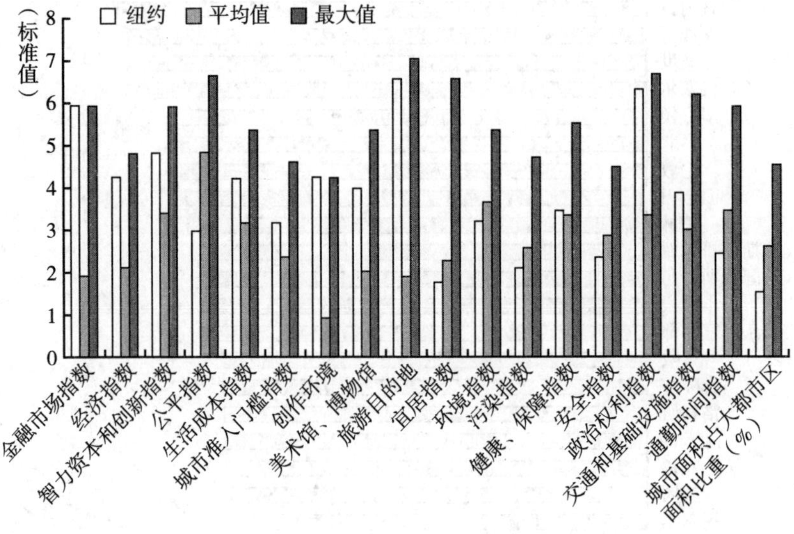
纽约
平均值
最大值
（标准值）
8
7
6
5
4
3
2
1
0
金融市场指数
经济指数
智力资本和创新指数
公平指数
生活成本指数
城市准入门槛指数
创作环境
美术馆、博物馆
旅游目的地
宜居指数
环境指数
污染指数
健康、保障指数
安全指数
政治权利指数
交通和基础设施指数
通勤时间指数
城市面积占大都市区面积比重（%）

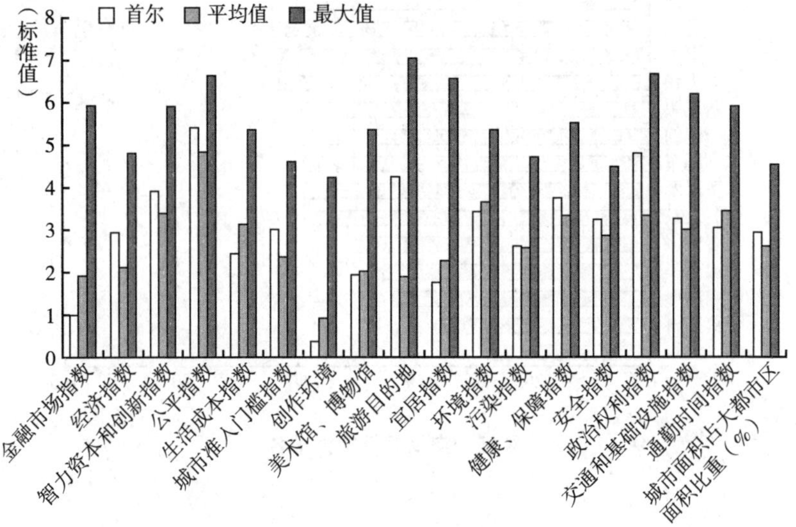
首尔
平均值
最大值
（标准值）
8
7
6
5
4
3
2
1
0
金融市场指数
经济指数
智力资本和创新指数
公平指数
生活成本指数
城市准入门槛指数
创作环境
美术馆、博物馆
旅游目的地
宜居指数
环境指数
污染指数
健康、保障指数
安全指数
政治权利指数
交通和基础设施指数
通勤时间指数
城市面积占大都市区面积比重（%）

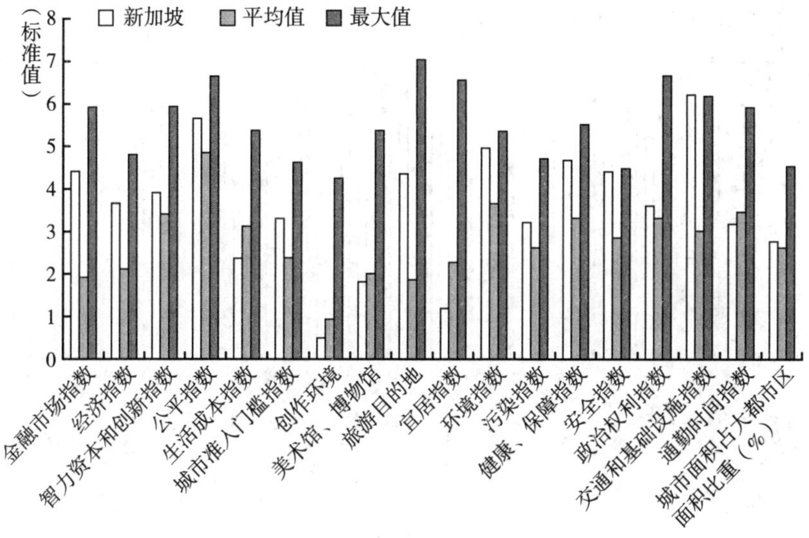
新加坡
平均值
最大值
（标准值）
8
7
6
5
4
3
2
1
0
金融市场指数
经济指数
智力资本和创新指数
公平指数
生活成本指数
城市准入门槛指数
创作环境
美术馆、博物馆
旅游目的地
宜居指数
环境指数
污染指数
健康、保障指数
安全指数
政治权利指数
交通和基础设施指数
通勤时间指数
城市面积占大都市区面积比重（%）

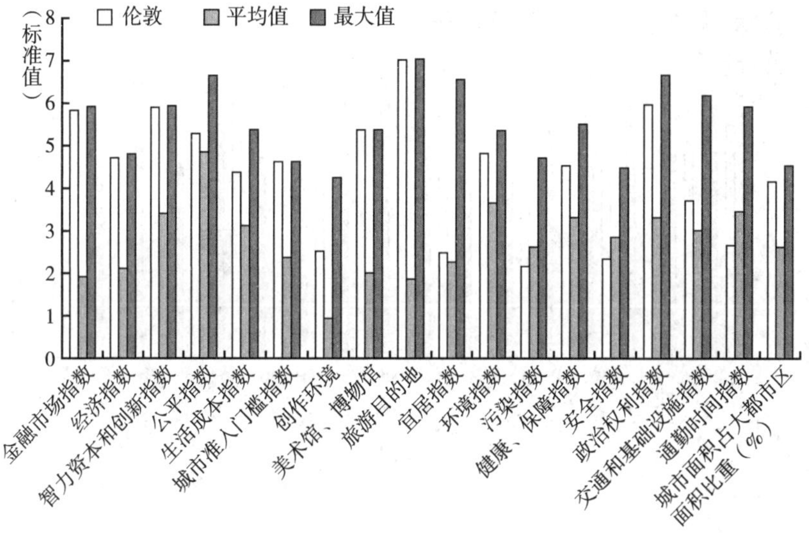
伦敦
平均值
最大值
（标准值）
8
7
6
5
4
3
2
1
0
金融市场指数
经济指数
智力资本和创新指数
公平指数
生活成本指数
城市准入门槛指数
创作环境
美术馆、博物馆
旅游目的地
宜居指数
环境指数
污染指数
健康、保障指数
安全指数
政治权利指数
交通和基础设施指数
通勤时间指数
城市面积占大都市区面积比重（%）

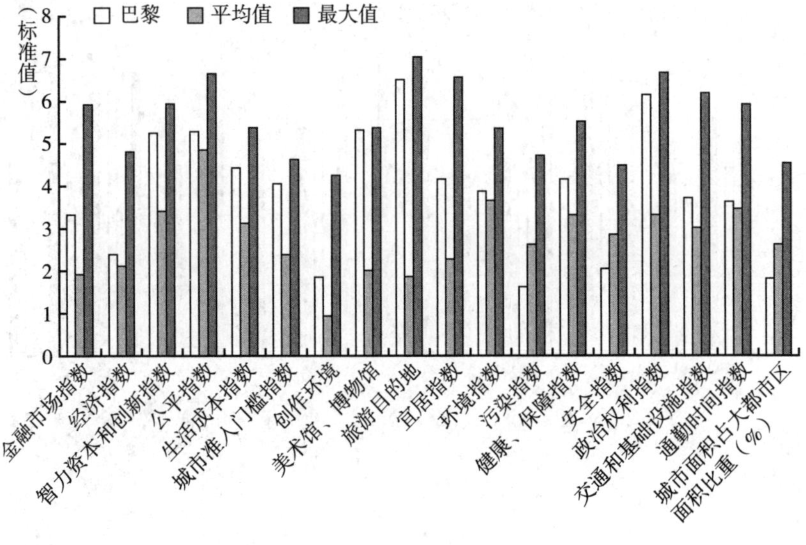

（标准值）
□ 巴黎 ■ 平均值 ■ 最大值
0
1
2
3
4
5
6
7
8
金融市场指数
经济指数
智力资本和创新指数
公平指数
生活成本指数
城市准入门槛指数
创作环境
美术馆、博物馆
旅游目的地
宜居指数
环境指数
污染指数
健康、保障指数
安全指数
政治权利指数
交通和基础设施指数
通勤时间指数
城市面积占大都市区面积比重（%）

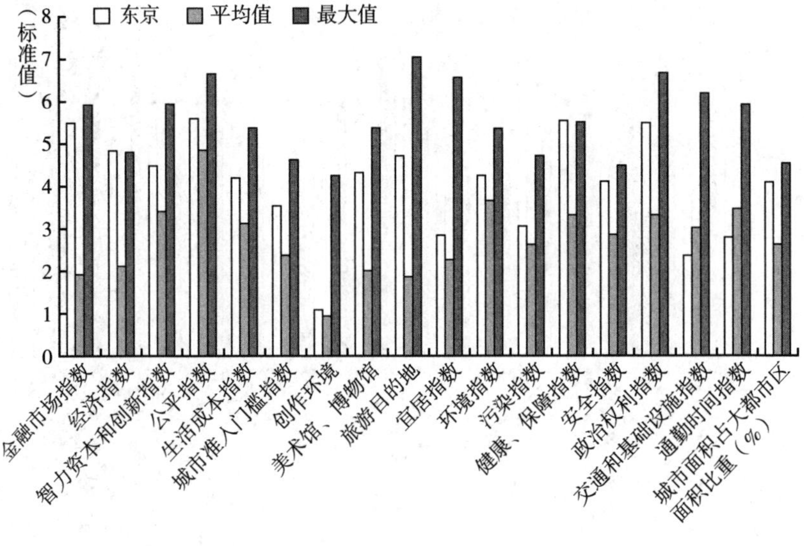

（标准值）
□ 东京 ■ 平均值 ■ 最大值
0
1
2
3
4
5
6
7
8
金融市场指数
经济指数
智力资本和创新指数
公平指数
生活成本指数
城市准入门槛指数
创作环境
美术馆、博物馆
旅游目的地
宜居指数
环境指数
污染指数
健康、保障指数
安全指数
政治权利指数
交通和基础设施指数
通勤时间指数
城市面积占大都市区面积比重（%）

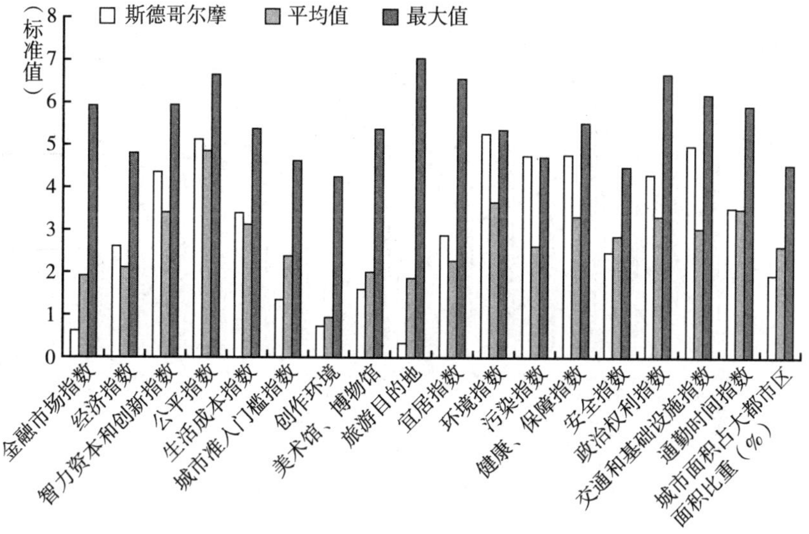
斯德哥尔摩
平均值
最大值
（标准值）
8
7
6
5
4
3
2
1
0
金融市场指数
经济指数
智力资本和创新指数
公平指数
生活成本指数
城市准入门槛指数
创作环境
美术馆、博物馆
旅游目的地
宜居指数
环境指数
污染指数
健康、保障指数
安全指数
政治权利指数
交通和基础设施指数
通勤时间指数
城市面积占大都市区面积比重（%）

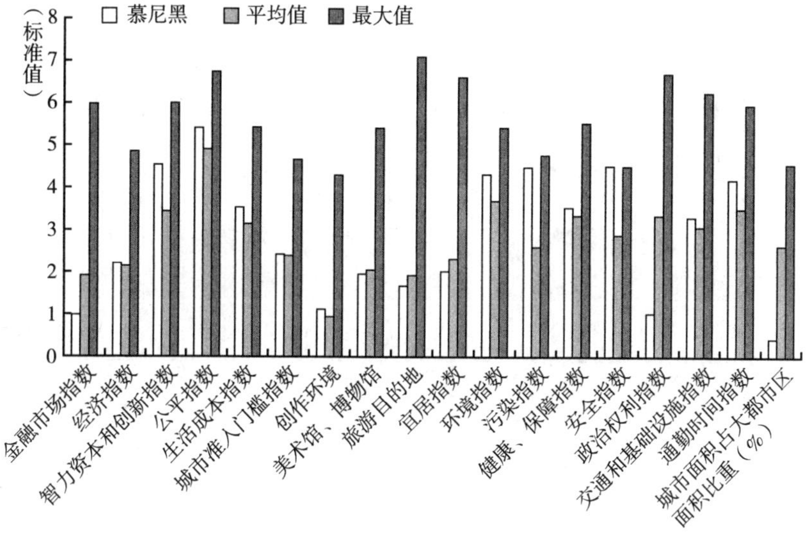
慕尼黑
平均值
最大值
（标准值）
8
7
6
5
4
3
2
1
0
金融市场指数
经济指数
智力资本和创新指数
公平指数
生活成本指数
城市准入门槛指数
创作环境
美术馆、博物馆
旅游目的地
宜居指数
环境指数
污染指数
健康、保障指数
安全指数
政治权利指数
交通和基础设施指数
通勤时间指数
城市面积占大都市区面积比重（%）

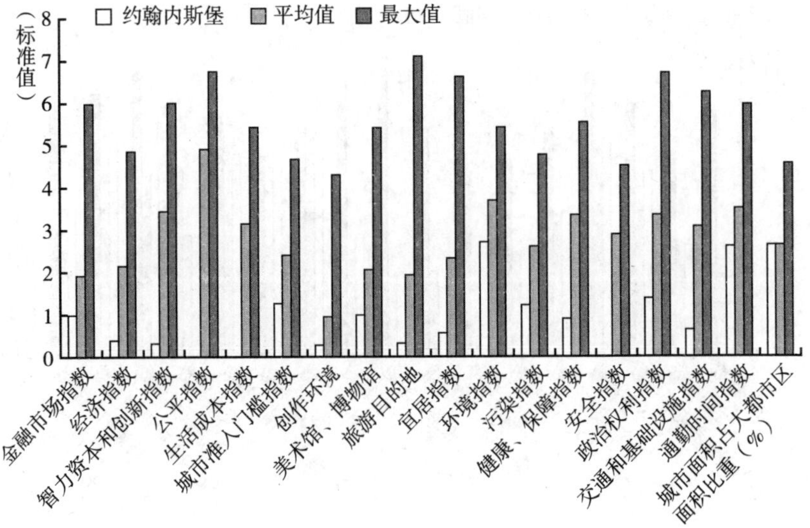
约翰内斯堡
平均值
最大值
（标准值）
0
1
2
3
4
5
6
7
8
金融市场指数
经济指数
智力资本和创新指数
公平指数
生活成本指数
城市准入门槛指数
创作环境
美术馆、博物馆
旅游目的地
宜居指数
环境指数
污染指数
健康、保障指数
安全指数
政治权利指数
交通和基础设施指数
通勤时间指数
城市面积占大都市区面积比重（%）

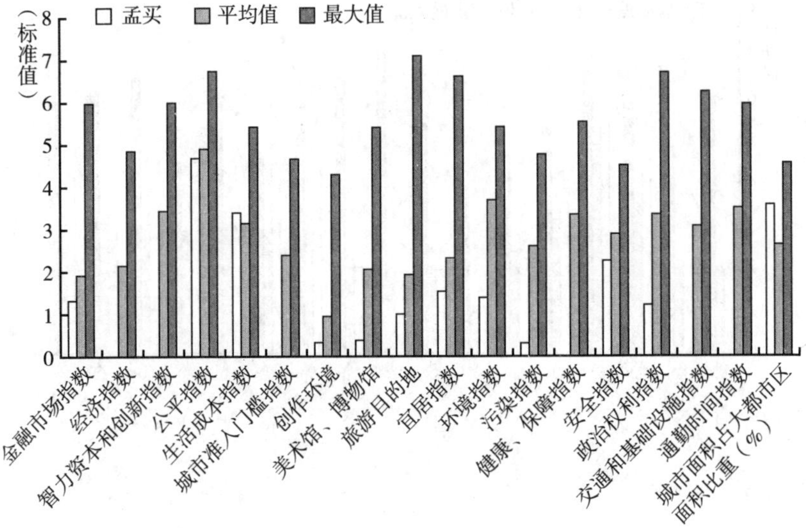
孟买
平均值
最大值
（标准值）
0
1
2
3
4
5
6
7
8
金融市场指数
经济指数
智力资本和创新指数
公平指数
生活成本指数
城市准入门槛指数
创作环境
美术馆、博物馆
旅游目的地
宜居指数
环境指数
污染指数
健康、保障指数
安全指数
政治权利指数
交通和基础设施指数
通勤时间指数
城市面积占大都市区面积比重（%）

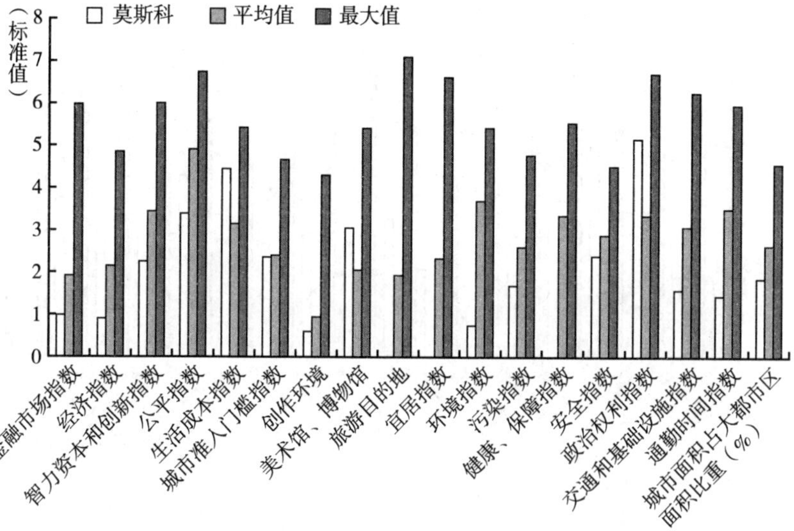

（标准值）
莫斯科
平均值
最大值
0
1
2
3
4
5
6
7
8
金融市场指数
经济指数
智力资本和创新指数
公平指数
生活成本指数
城市准入门槛指数
创作环境
美术馆、博物馆
旅游目的地
宜居指数
环境指数
污染指数
健康、保障指数
安全指数
政治权利指数
交通和基础设施指数
通勤时间指数
城市面积占大都市区面积比重（%）

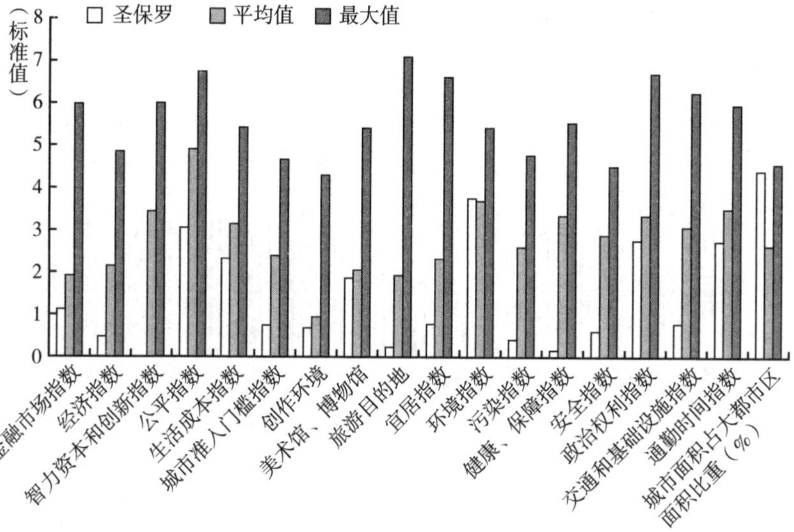

（标准值）
圣保罗
平均值
最大值
0
1
2
3
4
5
6
7
8
金融市场指数
经济指数
智力资本和创新指数
公平指数
生活成本指数
城市准入门槛指数
创作环境
美术馆、博物馆
旅游目的地
宜居指数
环境指数
污染指数
健康、保障指数
安全指数
政治权利指数
交通和基础设施指数
通勤时间指数
城市面积占大都市区面积比重（%）

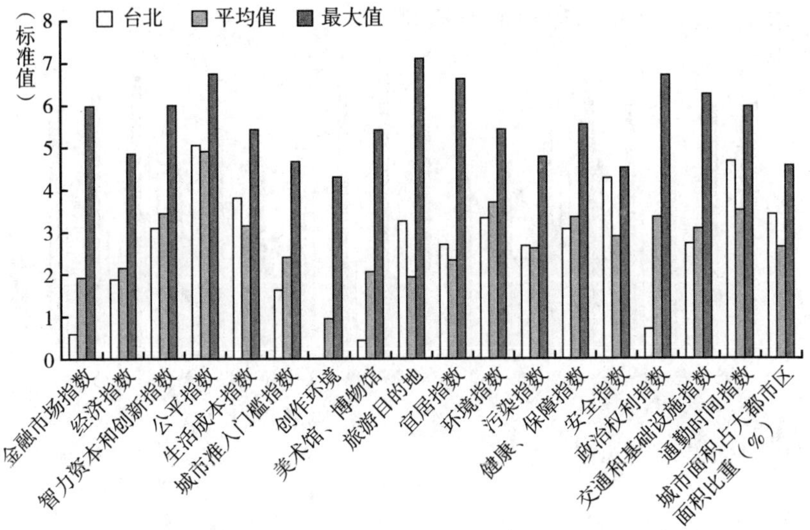
台北
平均值
最大值
（标准值）
8
7
6
5
4
3
2
1
0
金融市场指数
经济指数
智力资本和创新指数
公平指数
生活成本指数
城市准入门槛指数
创作环境
美术馆、博物馆
旅游目的地
宜居指数
环境指数
污染指数
健康、保障指数
安全指数
政治权利指数
交通和基础设施指数
通勤时间指数
城市面积占大都市区面积比重（%）

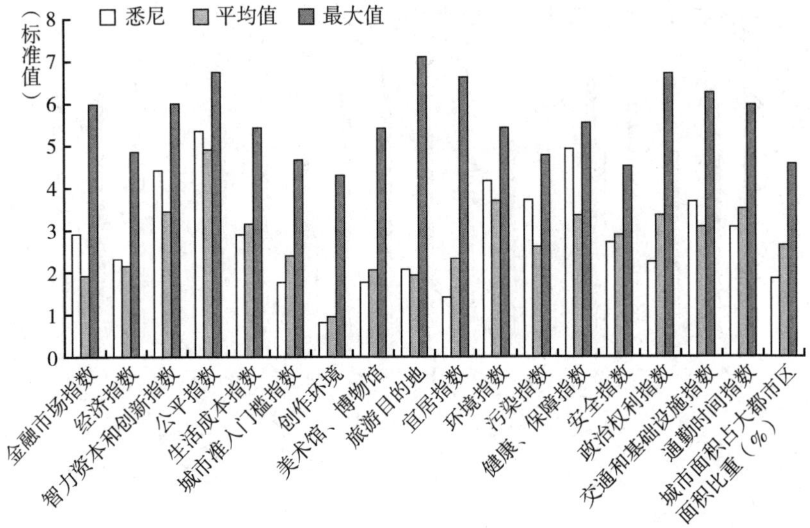
悉尼
平均值
最大值
（标准值）
8
7
6
5
4
3
2
1
0
金融市场指数
经济指数
智力资本和创新指数
公平指数
生活成本指数
城市准入门槛指数
创作环境
美术馆、博物馆
旅游目的地
宜居指数
环境指数
污染指数
健康、保障指数
安全指数
政治权利指数
交通和基础设施指数
通勤时间指数
城市面积占大都市区面积比重（%）

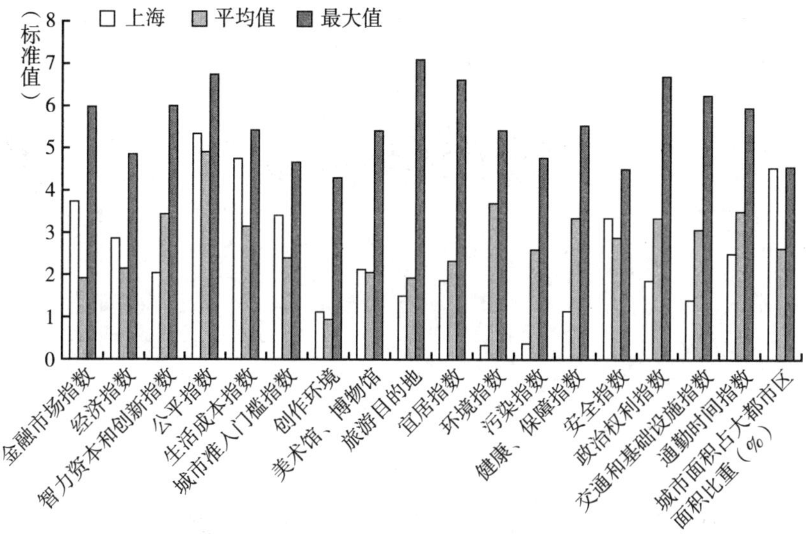
上海
平均值
最大值
（标准值）
金融市场指数
经济指数
智力资本和创新指数
公平指数
生活成本指数
城市准入门槛指数
创作环境
美术馆、博物馆
旅游目的地
宜居指数
环境指数
污染指数
健康、保障指数
安全指数
政治权利指数
交通和基础设施指数
通勤时间指数
城市面积占大都市区面积比重（%）

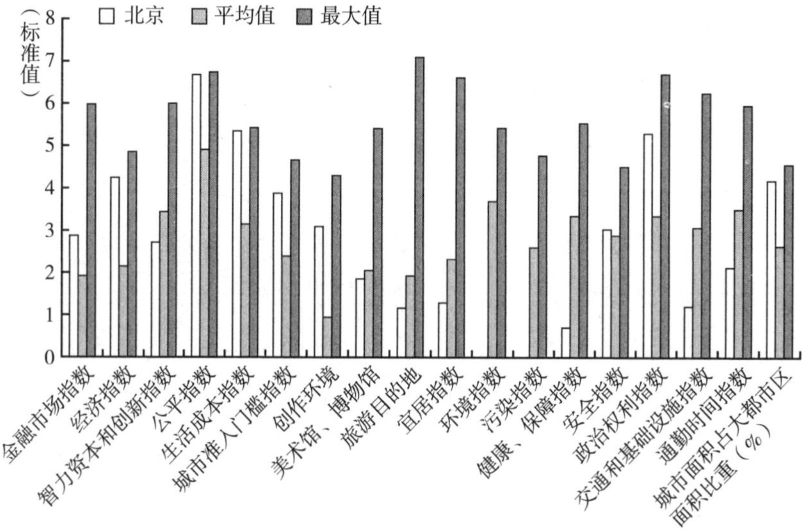
北京
平均值
最大值
（标准值）
金融市场指数
经济指数
智力资本和创新指数
公平指数
生活成本指数
城市准入门槛指数
创作环境
美术馆、博物馆
旅游目的地
宜居指数
环境指数
污染指数
健康、保障指数
安全指数
政治权利指数
交通和基础设施指数
通勤时间指数
城市面积占大都市区面积比重（%）

城市创新篇

Urban Innovation

B.3 全球创新网络中的知识策源地格局

李　健

摘　要：　全球创新网络是随着知识和科技全球化发展所形成的新事物。全球创新网络远比全球生产网络复杂，其包括侧重知识策源的知识创新网络、侧重成果转化的创新创业服务网络和由全球生产网络升级而来的开发产业化网络。这其中，知识创新网络是全球创新网络的基础层，具有知识策源的功能，主要由全球科研学术界的刊物出版、学术会议、合作科研和留学访学活动构成。本文选择美国科学情报研究所出版的SCI（《科学引文索引》）期刊文献检索工具作为研究对象，探讨SCI期刊空间布局所揭示的全球知识创新网络组织结构和地理空间格局，深化对全球创新网络及其节点内涵的认识，进而提出对中国城市创新的启示。

关键词：　全球知识创新网络　SCI期刊　地理格局

当前，创新发展已经成为世界许多国家及其城市的核心发展路线，创新发展本身具有“广义创新”与“狭义创新”之分，其中“狭义创新”主要体现为科技创新，“广义创新”则包括科技创新及知识创新、模式创新、文化创意、创业发展等更多内涵。城市作为创新系统的综合发展载体，不能仅仅局限于“狭义创新”的范围，而应扩展到“广义创新”的综合范围，这也意味着上海建设具有全球影响力的科技创新中心的发展，必须是一个广义创新和综合创新的概念。

其中，作为科技创新的基础，知识产出与知识流动一直是传统区域创新系统研究中关注的重点内容。在知识产出向科技创新转化过程中，不仅具有复杂的转化机制，而且在知识产出和获取方面都有复杂的现状基础。这包括知识创新网络组织不仅要有较好的开放性，还必须在网络组织基础上有较好的流通渠道和较好的获取载体，进而通过“官产学研”的紧密配合，实现向科技创新、产业化运作的转化。因此，在当前关于国际城市创新综合竞争力的研究中，高校质量、科学领域表现、高等级科研论文数量等都成为重要衡量指标，而且在 2Thinknow、日本森集团 GPCI 等关于创新发展的研究中尤为突出。

在已有关于城市知识能量的比较研究中，多采用直接或间接测度知识体系或载体的模式，包括学术会议交流、学术论文合作、学者国际交流等维度的研究。但这些研究存在统计和计算方面的巨大困难，因此多为区域性分析或者某个领域典型的研究。本文在基于流通渠道和获取载体的分析框架基础上，选取 SCI 期刊地理分布作为综合分析对象。研究首先提出假定条件：第一，全球知识创新网络具备完全开放性的特征，SCI 期刊是吸取全球知识的重要载体，而只有具备吸取知识功能的完善载体才能实现知识集聚，体现网络组织开放有效性的特征。第二，知识的获取存在地理邻近性的特征，即所在城市在吸收知识并转化为科技创新方面具有优势，而距离所在城市越远，其获取知识和信息方面越处于劣势。SCI 期刊所在的城市则是具有最强的知识和信息获取能力，并由此形成全球城市知识创新网络中获取能力的差异层级，这构成本研究分析的基本思路。

一　数据来源和研究路径

本文所选取的数据是美国科学情报研究所出版的SCI（《科学引文索引》，*Science Citation Index*）期刊文献检索工具在2015年6月发布的3786种期刊目录。样本研究城市主要根据3786种期刊目录所在的城市为分析对象，探究基于SCI期刊目录的国际城市的地理空间布局及其所代表的知识和信息获取能力。SCI期刊目录收录了全世界出版的数、理、化、农、林、医、生命科学、天文、地理、环境、材料、工程技术等自然科学各学科的核心期刊共计3700多种。通过严格的选刊标准和评估程序来挑选刊源，使得SCI收录的文献能够包含全世界最重要和最有影响力的研究成果。

因此，可以认为研究数据来源和样本选择都具有较强代表意义和可执行性。从来源期刊质量上看，SCI期刊目录可划分为SCI和SCI－E，本研究只选择SCI收录期刊。研究只是对SCI期刊目录中不同城市地理布局的期刊数量进行比较，因此并不具备量纲的差异，研究只进行数量的比较，以探讨地理空间的布局差异。在分析路径方面，一方面是基于城市层面的比较，另一方面则是基于国家层面和洲际层面的综合分析，探讨全球知识创新网络的等级组织结构及其所体现的全球地理格局，把握当前作为创新重要内涵的知识创新网络治理结构。

二　基于SCI期刊布局的洲际和国家知识集聚能力比较

从3786种SCI期刊分洲际的空间布局来看（见表1），北美洲有2196种期刊、欧洲有1397种期刊，这也是全球科技创新能力最强的两个大洲。而SCI期刊空间布局的集中，一方面显示了这两个大洲自身强大的科研能力；另一方面则说明其在获取全球科技知识方面的杰出能力，而这正是科技创新的核心来源。亚洲共有145种SCI期刊，远远落后于北美洲和欧洲两个大洲，但相比于大洋洲的32种、南美洲的9种以及非洲的7种期刊要多。SCI期刊在世界各大洲地理布局情况，与全球创新能力地理大格局基本相符。

在全部入围的42个国家和地区中，北美地区有美国、加拿大2个国家；欧洲则有英国、荷兰、德国、瑞士等25个国家；亚洲有日本、中国、中国台湾、印度等8个国家和地区；大洋洲有澳大利亚和新西兰2个国家；南美洲有巴西、阿根廷、智利、墨西哥4个国家；非洲有南非1个国家。

表1　洲际层面SCI期刊地理布局

单位：种

洲际	期刊数	洲际	期刊数
北美洲	2196	南美洲	9
欧　洲	1397	非　洲	7
亚　洲	145	综　合	3786
大洋洲	32		

资料来源：作者整理。

因此，从培育和夯实科技创新能力的角度出发，亚洲与大洋洲、南美洲、非洲仍需要提升自己的科研能力。但是从另外一个角度而言，提升自身的科研知识集聚能力是非常重要的途径。特别是基于知识累积效应带来的对科技创新能力的巨大支撑，发达的北美洲和欧洲已经做出表率。

而从国家角度看，美国SCI期刊数量为2157种，遥遥领先其他国家，占全部SCI期刊总量的57.0%。英国位居其次，SCI期刊总数为617种，荷兰和德国分别有380种和112种，瑞士也有95种。这些国家的SCI期刊高度集聚，一方面是基于英语语言优势，另一方面是科技出版较为发达，但最根本的原因还是基于国家强大的知识科研能力，并能够在此基础上实现对全球知识的集聚和获取，为科技创新发展提供源源不断的动力。

在其余国家中，日本、法国、加拿大、爱尔兰、新加坡、奥地利、澳大利亚等也有较多数量的SCI期刊，但比领先的第一集团已经远远落后，从66种到21种不等。中国有17种入围SCI期刊，处于中间位置，但离第一集团和第二集团差距很大。另外，巴西、意大利、挪威、新西兰、苏格兰、中国台湾、印度也都有超过10种的SCI期刊，而波兰、韩国、捷克、南非、以色列、芬兰等国家都少于10种（见表2）。

表2 国家层面SCI期刊地理布局

单位：种

国家	期刊数	国家	期刊数	国家	期刊数
美国	2157	意大利	15	沙特阿拉伯	3
英国	617	挪威	13	墨西哥	3
荷兰	380	新西兰	11	瑞典	3
德国	112	苏格兰	11	匈牙利	3
瑞士	95	中国台湾	10	俄罗斯	2
日本	66	印度	10	斯洛伐克	2
法国	51	波兰	9	智利	2
加拿大	39	韩国	9	阿根廷	1
爱尔兰	33	捷克	7	爱沙尼亚	1
新加坡	23	南非	7	比利时	1
奥地利	22	以色列	7	丹麦	1
澳大利亚	21	芬兰	6	克罗地亚	1
中国	17	西班牙	5	罗马尼亚	1
巴西	16	希腊	5	威尔士	1

注：还有7个只有1个SCI期刊的国家没有列出。

资料来源：作者整理。

三 基于SCI期刊布局的城市知识集聚能力比较

与洲际及国家层面相比较，城市层面的SCI期刊空间布局差异更大。纽约、马尔登（波士顿附近的城市）、牛津、阿姆斯特丹、伦敦和费城这六个城市的SCI期刊数都超过200种，其中纽约和马尔登这两个美国城市的SCI期刊数分别达到545种和507种，其余四个城市在200~300种。荷兰的多德雷赫特和美国的圣迭戈这两个城市则分别超过100种。而美国华盛顿和新泽西州也都有接近100种的SCI期刊。这些城市的SCI期刊众多当然是因为这些城市有发达的科技期刊出版集团，但同样也基于这些城市强大的科研能力及由此产生的巨大知识集聚能力。

在表3所列出的60个城市（前59名另加上海市）多位于北美洲和欧洲地区。亚洲城市只有东京有较好的排名，其他城市包括北京、京都、台北、班加罗尔和上海都排名靠后，这也表明这些城市知识集聚能力较差。这60个城市代表全球知识创新网络中最强的60个节点（上海为特定增加城市），总共有3418种期刊落户于这60个城市（每个城市至少有5种SCI期刊，上海除外），占全部SCI期刊总数的比重高达90%。其中出版20种以上SCI期刊的城市数量为26个，出版50种以上SCI期刊的城市数量为12个，出版200种以上SCI期刊的城市数量为6个，出版500种以上SCI期刊的城市只有2个（纽约和位于波士顿大都市区的马尔登市），显示出全球创新网络中知识策源实力极为不均衡的分布特征（见图1）。

表3 城市层面SCI期刊地理布局

单位：种

城市	期刊数	城市	期刊数	城市	期刊数	城市	期刊数
纽约	545	帕洛阿尔托	42	海德堡	17	奥克兰	9
马尔登	507	贝塞斯达	35	慕尼黑	17	京都	9
牛津	297	巴黎	34	阿宾顿	16	莱顿	8
阿姆斯特丹	250	克莱尔	34	亚历山大	15	台北	8
伦敦	245	斯图加特	32	北京	14	华沙	7
费城	218	渥太华	28	洛杉矶	14	麦迪逊	7
多德雷赫特	117	奥克森	27	卡里	12	普罗维登斯	6
圣迭戈	113	芝加哥	27	爱丁堡	12	班加罗尔	6
华盛顿	97	洛桑	26	波士顿	12	博尔德	6
新泽西州	78	劳伦斯	22	圣保罗	12	得克萨斯州	6
巴塞尔	61	维也纳	21	新德罗谢尔	12	杜塔克	6
圣路易斯	55	柏林	19	新加坡	12	赫尔辛基	6
布里斯托尔	47	雷斯顿	19	维多利亚	11	克利夫兰	6
东京	47	耶拿	19	利兹	11	坎布里奇	5
剑桥	43	赫特福德	18	阿宾登	10	上海	3

资料来源：作者整理。

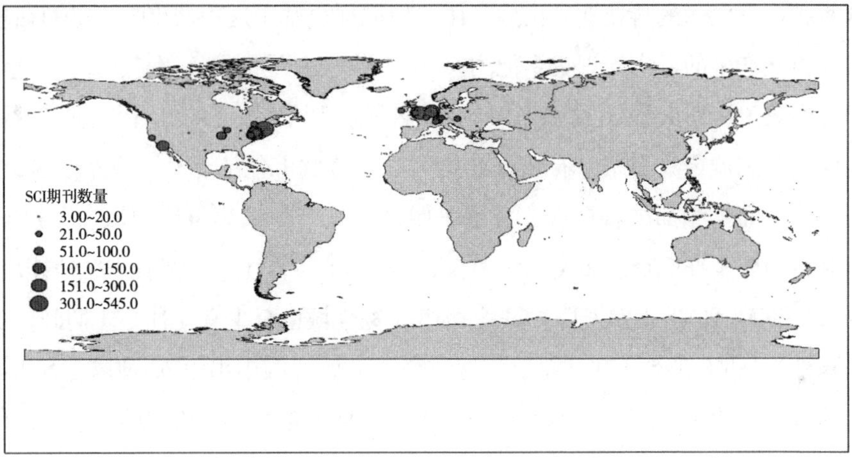

图 1　分城市 SCI 期刊地理布局

资料来源：作者整理。

四　基于 SCI 期刊全球地理布局的思考和启示

通过对美国科学情报研究所出版的 SCI 期刊文献检索工具在 2015 年发布的 3786 种期刊目录进行不同层面的全球地理空间布局的考察，可以发现，在当前，知识生产和传播能力比制造业、科技创新等经济活动具有更高地理空间集聚性。根据当前学术界已有的研究，在知识经济时代的生产活动具有更高公平特征，因为相比于原材料、商品乃至资金，知识流动具有更大的自由性和随意性。但从本研究看事实并非如此，由于知识本身具有更好的私密性、控制性以及对传统要素需求较少，全球知识创新网络尽管在全球范围内有广泛联系，但其在某些重要节点的集聚性特征非常明显，更远超全球生产网络在制造业方面的地方集聚水平与全球科技网络在研发领域方面的地方集聚水平。

从洲际空间尺度考察，欧洲和北美洲两大洲共有 3593 种 SCI 期刊，占全部总量的比重高达 94.9%；从国家空间尺度考察，美国、英国两个国家共有 2774 种 SCI 期刊，占全部总量的比重高达 73.3%；从城市空间尺度考察，纽约、马尔登、牛津、阿姆斯特丹、伦敦、费城、多德雷赫特、圣迭戈、华盛顿、新泽西州这排名前十位的城市共有2467种SCI期刊，占全部总量比重高达65.2%。三组数字清晰揭示了SCI期刊空间布局的集聚性及其所代表的知识集聚和获取能力的垄断性、控制性。

1. 全球知识创新网络具有比全球生产网络、全球科技网络等级特征更为明显的组织治理结构

在SCI期刊空间集聚方面，美国的城市与欧洲地区的国家和城市已经遥遥领先于亚洲、大洋洲、南美洲及非洲地区。这表明在创新驱动的新经济发展时代，美国和欧洲已经在知识储备方面走在前沿。作为发展中大国，中国的创新驱动、转型发展不能仅停留在科技创新层面，必须在基础研究方面迎头赶上。中国不仅应是科技创新大国，还必须是知识创新大国。这要求在创新型国家战略、各层级科技创新中心建设的进程中重视基础学科发展和知识产出，在创新源头上培育强的创新竞争力。

2. 基于19世纪以来欧美国家在经济、科技、文化、军事等方面取得的巨大成绩，英语语言成为世界性语言

语言的便捷加上经济、科技、文化、军事等多方面的领先优势，使得当前全球大多数SCI期刊分布在美国、英国这两个国家。相比之下，德国、日本以及法国三个国家，即使在科研教育、技术研发等方面处于相近甚至超越的水平，但在SCI期刊数量方面处于绝对的劣势地位。中国如何避免该类问题值得关注。实际上中国与德国、日本、法国等国家最大不同之处，在于中国是大国以及大中华圈的存在，经济基础、国内外市场、语言应用等方面都处于优势地位。因此，中国未来完全有可能打破英美主导的现有国际期刊发展格局，特别培育以中文为主导语言的国际领先科技期刊体系，在国内学术引导、期刊发展建设、对外交流等诸多方面创新发展政策、实现发展突破。

3. 从SCI期刊空间布局所反映出的全球知识创新网络中节点层级结构看，出版机构发挥了重要作用

这种全球闻名的出版机构一般历史悠久，规模较大或专业性很强，编辑出版力量雄厚，自身也具有较高的学术研究水平，可有计划地组织世界各地的学科带头人撰稿。例如在美国有专门出版科技类的普莱南出版公司（Plenum Publishing Corporation）、擅长科技手册和百科全书的马塞尔·德克尔公司（Marcel Dekker，Inc.）、出版科技和人文科学的戈登和布里奇科学出版公司（Gordon & Breach Science Publishers Ltd.）、出版年鉴类的简氏出版公司（Jane's Publishing Company Ltd.）、出版医学和生物类利平科特－雷文出版公司（Lippincott－Raven Publishers）、出版医学类的莫斯比出版社（Mosby Publisher）等著名出版社和公司。这些著名出版社在吸取好的稿源、推进期刊发展等方面都具有突出的优势。中国要在未来全球知识创新网络节点体系中实现突破，除了在科研发展、期刊建设等领域建设之外，还必须通过政府支持、市场主导、学术引领等为基本导向，推进国际知名出版公司的建设和发展，特别是科技类出版公司，从而为科技知识的生产和集聚提供最好的产出服务平台。

参考文献

Institute for Scientific Information. Science Citation Index，http：//www. isinet. com.

Ernst. D，A New Geography of Knowledge in the Electronics Industry? Asia's Role in Global Innovation Networks，Policy Studies #54，August 2009，East－West Center，Honolulu，USA.

2Thinknow consulting company，*Innovation Cities Top 100 Index 2011*：*City Rankings*，2011. 10 http：//www. innovation－cities. com/.

黄亮：《国际研发城市的特征、网络与形成机制研究》，博士学位论文，华东师范大学，2014。

李健：《创新驱动发展：世界城市体系重构的新动力》，《国际城市发展报告（2013）》，社会科学文献出版社，2013。

B.4
美国大都市区宽带应用发展趋势*

苏 宁

摘 要： 本文以美国布鲁金斯学会的《美国大都市区的宽带使用率与网络鸿沟》研究报告为基础，探讨城市宽带应用发展的特征与主要趋势。文中对美国大都市区网络宽带使用情况进行了梳理，在此基础上分析了美国宽带应用的区域性与社会性差异以及大都市宽带使用的主要特点、趋势、影响因素，并提出城市宽带网络发展的关键环节。

关键词： 美国 大都市区 宽带 数字化

2015年12月，美国布鲁金斯学会发布《美国大都市区的宽带使用率与网络鸿沟》（*Broadband Adoption and Gaps in U. S. Metropolitan Areas*）报告，对美国大都市区网络宽带的使用情况进行了分析。该报告对2013～2014年美国社区统计数据与大都市区层面的宽带使用率进行了合并分析，以及对影响宽带使用率的因素进行了探讨，并在此基础上深入剖析了美国大都市区互联网使用方面的网络鸿沟问题。

一 美国宽带应用的区域性与社会性差异

2014年，美国家庭办理互联网宽带业务的比例已经达到75.1%，数量

* 本报告主要基于布鲁金斯学会研究报告《美国大都市区的宽带使用率与网络鸿沟》的评介，并对中国城市进行分析，特此致谢。

超过8700万，即3/4的美国家庭享受互联网宽带服务，这充分说明了可靠、高效的数字网络连接对于美国社会的重要性。① 但网络应用在美国的社会和大都市区空间分布都存在较大的差异性。

1. 社会群体差异

在对经济繁荣发挥核心推动作用的同时，不同社会群体的宽带使用率呈现了巨大的不平衡特征，进而限制了许多民众的发展。例如，2014年，在年均收入低于2万美元的家庭中只有46.8%的家庭安装了宽带。而同期，年均收入在5万美元以上的家庭，有88.8%安装了宽带。同时，在学历为高中以下的个人中，只有54.1%的群体订购了宽带服务，而在拥有学士学位以上的人群中，有91.5%申请了宽带服务。年龄较高的群体在宽带使用率上也相对较低，65岁以上民众的宽带使用率为64.5%，低于全美平均水平，而就业人群的这一比例为69.7%。

2. 区域差异

从空间上看，美国宽带使用率因不同地区的市场差异而产生很大不同，特别在美国100个大都市区之间呈现了较大差异性。从整体上看，美国100个大都市区的宽带使用率平均达到77.8%，高于美国平均75.1%的使用率。但不同大都市区之间的使用率差距甚至高达30个百分点。例如，圣何塞（88.2%）、西雅图（84.8%）以及波士顿（82.7%）等科技中心城市的宽带应用率就大大超过雷克兰（64.1%）、格林斯波洛（64%）以及麦克阿伦（58.1%）等城市。

二　美国大都市区宽带使用的影响因素

在对美国国家统计署的数据进行分析的基础上，布鲁金斯学会的研究表明，2014年，收入水平、教育程度、远程办公等因素对美国大都市区的宽带使用率起到了最重要的影响。统计数据显示，大都市区年均收入超过5万

① Adie Tomer and Joseph Kane. , *Broadband Adoption and Gaps in U. S. Metropolitan Areas*, The Brookings Institution, 2015 - 12.

美元的家庭数每增加1%，或获得高中以上学历的个人数量每提高1%，宽带使用率就提高0.3个百分点。远程办公对宽带使用的影响力也超出了人们的想象，大都市区的居家办公者在总就业者中所占比例每提高1%，宽带使用率就提高1个百分点。从2014年美国大都市区宽带使用率分布看，收入、教育较高与高科技就业密集的城市，如西雅图以及艾奥瓦城等大学城，具备最高的宽带使用率。孟菲斯、拉莱多等收入、教育、高科技就业水平较低的大都市区则表现欠佳。

在上述影响因素之外，相关研究也发现了地区宽带质量、发展模式以及产业结构与宽带的使用率之间的关系。尽管媒体报道总是认为高速网络的建设有助于提高地区的宽带订购数量，但分析表明，较快的下载速度与宽带订购数量的提升并不直接相关。在大都市区中，居住在城市区域中的居民在总人口量中的比例，与宽带使用率有很强的相关性。这种相关性与其他一系列因素有共同的影响力，这些因素包括：人口密集区域的大型基础设施密度、乡村区域的服务价格以及运用计算机及网络设备与周边居民的网络效果等。

另外，随着宽带连接对于许多服务产业的重要性不断增加，技术、管理、教育行业从业人员在提升宽带网络使用率方面的作用不断凸显，这部分群体的贡献率能够达到5%。产业发展在网络普及方面的作用不断发展，这使得就业结构与宽带普及之间的关系成为值得关注的研究课题。在大都市区层面，民众的就业结构与居住区域仍是宽带使用的重要影响变量。

三 大都市区宽带使用的变化趋势

美国社区调查数据表明，与2013年相比，2014年美国宽带使用家庭增加了260万个，使用宽带的家庭数量占总家庭数的比例从73.3%提高到75.1%。同时，不拥有计算机的家庭数量占总家庭数的比例从16.2%下降到14.9%。[①] 上

① John Horrigan. *Adoption of Information and Communications Technologies in the United States: Narrowing Gaps, New Challenges*, Miami: Knight Foundation, August 2013.

述年度的数据变化显示了一个趋势，即美国民众对高速互联网通信以及数字硬件设备的依赖不断增加，这种趋势带来了宽带需求的快速增长。

1. 大都市区宽带使用的总体增长

美国 100 个大都市区的宽带应用增长与全美整体宽带发展趋势基本符合，绝大多数都市区的宽带使用率都有较大的提升。2013～2014 年，大都市区的宽带使用家庭数增加了 180 万个，在全美总增量中占 69.2%。而这一增量主要集中在人口最多的一些大都市区中，仅纽约、洛杉矶、休斯敦、西雅图与芝加哥五个大都市区的新增宽带使用家庭数就达到 42.6 万个。

与 2013 年相比，美国 100 个大都市区中的 58 个，在宽带使用率上有较大提升，其中 39 个大都市区的增长幅度超过美国平均 1.8% 的增长率。其中增长最为迅速的 3 个大都市区增长率均超过 3%，但这三个大都市区在 2013 年的使用率处于相对较低水平。这三者分别为：弗莱斯诺（Fesno，66.1%～71.5%）、杨斯顿（Youngstown，63.6%～68.9%）、图尔萨（Tulsa，70%～74.2%）。这些城市的发展也归功于一些促进计划的实施，如弗莱斯诺市住房署就与该市政府合作进行了宽带使用推进计划。同时，一些已经拥有较高宽带使用率的城市也有所增长，如圣迭戈、檀香山、奥格登等市在 2013 年宽带使用率普遍达到 80% 及以上的情况下，2014 年仍有所提升。

在美国 100 个大都市区中，仍有 42 个城市的宽带使用率增长不明显或下降。其中大部分的增长率不到 1%，同时有 11 个大都市区出现负增长。下降幅度最大的城市主要集中在南部，格林斯波洛下降幅度最大，为负增长 4.8%，其后为奥古斯塔（Augusta）（－1.3%）和雷克兰（－1.1%）。

2. 前 20 大都市区的宽带使用特征

美国宽带使用家庭最多的前 20 大都市区，基本与美国大都市区的家庭数量规模排名一致。前十名分别是纽约、洛杉矶、芝加哥、达拉斯、华盛顿、费城、休斯敦、亚特兰大、迈阿密、波士顿。其中，华盛顿、亚特兰大的宽带使用家庭排名高于家庭规模排名，反映出这两个城市的家庭宽带普及程度较高。前 20 大都市区的宽带使用率绝大多数高于美国平均 75.1% 的使用率。只有底特律为73.9%，低于全美平均数值，这与其近年来经济的低迷有很大关系。在反映网络质量的下载速度方面，纽约在前20大都市区中位列第一，达到37Mbps，其他超过30Mbps下载速度的前20大都市区还有洛杉矶、华盛顿、费城、波士顿、菲尼克斯、里福赛德（Riverside）、坦帕（Tampa）。这些城市大部分以其服务业和经济功能见长，而并非高科技城市。这反映出，在大都市区中，网络设施的建设质量，与其城市的经济需求和活力高度相关。

四　宽带发展路线图的关键步骤

美国国家层面与地方层面的宽带使用率明确表明，该国向数字经济的转型正开展得如火如荼。国家层面的个人宽带订购率每年均保持增长的势头，进而使数以百万的美国人口得以使用数字信息网络。同时，圣何塞、华盛顿等领先的大都市区表现出全美都市区层面宽带使用率具有提升的潜力。

当然，在宽带应用如同自来水与电力基础设施一样得到普及之前，要完成向“完全数字经济”（all - digital economy）转变的任务仍有很大难度。正如电力在20世纪的发展一样，确保每一位美国人都能拥有可靠的网络连接，是美国在21世纪保持全球经济领导力的重要影响因素。为了达成这一目标，有如下几个方面的措施有助于形成行动路线图。

1. 针对特定收入阶层的网络资助计划应被置于优先地位

联邦层面应推进部分此类计划的实施，其中一些资助已经在执行过程之中。联邦提出的生活连线（Lifeline）项目与家庭连接（Connect Home）项目都有助于提高低收入家庭的宽带获取能力。同时，地区性的计划应符合地方性需求。各级政府与私人网路服务商之间需要更强有力的合作，多方共同促进社区的网络投资。①

---

① Mike Snider, “Comcast Upgrades its Internet Essentials Plan,” *USA Today* August 4, 2015.

2. 在大都市区推广数字技能课程与培训至关重要

如数字素养（digital literacy）课程及培训项目等举措，能够帮助青年学生为数字化的未来做好准备，同时也为成年人提供提升数字技能的机会。图书馆等社区机构在这一培训体系的作用中十分重要，这些机构能够通过提供公共互联网服务和培训服务等提供帮助。美国联邦近期推进的 eRate 项目就旨在帮助社区提升其学校与图书馆相关方面的服务能力。

3. 公共与私营部门的雇主应继续促进远程办公的规模，以提升宽带及交通的便利和效用

许多美国的大都市区尽管具备最高的宽带使用率，但仍存在全美最为严重的交通拥堵问题。华盛顿与圣何塞的情况可反映这一问题。而远程办公能够一方面有助于更多家庭使用网络，另一方面能够优化相关区域的交通使用状况。

五 美国大都市区宽带发展趋势对中国城市数字化发展的启示

1. 宽带使用率的提升是促进城市服务经济、数字经济增长的重要抓手

从美国的经验看，宽带的普及和接入，不仅是信息化发展的基础，更成为促进大都市区服务经济发展以及适应未来数字经济挑战的决定性条件。美国的大都市区宽带使用率普遍在 75% 以上，部分大都市区甚至接近 90%，反映出宽带已经成为大都市发展的重要基础设施，并带有公共产品属性。中国相关城市应借鉴美国的经验，将宽带使用率作为提升自身推进经济转型，发展数字经济的重要指标和基础。同时，在提高宽带普及的同时，提升宽带服务的质量和使用效率。

2. 关注宽带普及率不平衡带来的社会性“数字鸿沟”

美国的研究表明，宽带与数字经济发展速度的加快，也将同步带来宽带资源分布的社会性和空间性的不均衡。收入水平、受教育程度都会影响不同阶层的网络普及程度，而在数字资源成为经济发展要素的发展前景下，网络资源的分布不均衡，将有可能带来社会性的“数字鸿沟”。这也是布鲁金斯学会研究报告关注的重点。中国当前城市的宽带发展正处在加速阶段，应该利用多种手段促进宽带资源分布的均衡，特别是在使用的可承受性和经济性上有所作为，防止数字鸿沟在城市中出现。在这方面，美国联邦政府和地方层面的网络资助项目及相关措施有借鉴意义。

3. 提高数字性劳动技能培训的水平和规模

美国的大都市区网络发展和数字经济推进，十分重视劳动者数字技能的提高。特别是“数字素养”概念的提出和在大都市区层面就业领域的应用，对于数字经济的发展，以及培养适应这一新经济类型的劳动者而言，具有十分关键的作用。中国城市的劳动就业培训，仍将重点置于传统产业之上，而缺乏对新经济形态的前瞻性布局。因此，在城市的劳动培训体系中引入数字素养概念，增加城市劳动技能培训中的数字性产业相关内容，将有重要的意义。

4. 重视远程办公对数字经济和交通运行的积极作用

美国的网络经济发展，提升了远程办公的规模和效用。相关报告呼吁公共与私营部门提高远程办公的质量和规模，并指出这一办公形态对网络发展和交通体系具有双重促进作用。这一思考方向值得关注。在中国城市诸多的交通问题中，单向通勤带来的负面影响最大。在数字经济快速发展的背景下，远程办公能够在工作效率、交通管理、环境保护、居住空间布局等多方面为城市运行和发展带来积极作用，需要政府和企业等多方合作进行机制设计和推广。

参考文献

Adie Tomer and Joseph Kane, *Broadband Adoption and Gaps in U. S. Metropolitan Areas*, The Brookings Institution, December 2015.

Julia Greenberg, “Why Helping the Poor Pay for Broadband Is Good for Us All,” Wired, May 31, 2015.

Thom File and Camille Ryan, "Computer and Internet Use in the United States: 2013," United States Census Bureau, November 2014.

Government Accountability Office, "Broadband: Intended Outcomes and Effectiveness of Efforts to Address Adoption Barriers Are Unclear," Washington, 2015.

DavidBeede and Anne Neville, " Broadband Availability: Beyond the Rural/Urban Divide," Broadband Brief, Washington: National Telecommunications and Information Administration, Number 2, 2013.

B.5

欧洲城市创业体系建构新特点

肖黎春

摘　要：本文主要聚焦欧洲城市组织对地方创业及地区经济发展中的工作和技能的推进。文中提出支持性的生态系统对城市创业具有重要支撑作用，总结了创业城市计划的整体规划以及城市创新体系建设的主要阶段及特点。认为欧洲城市创业体系建构可分为形成、初创、规模扩大三个阶段，针对不同阶段的体系建构，需要采取不同的推进举措。

关键词：欧洲城市　创业　创新体系

作为一个覆盖135个欧洲主要城市的组织网络，欧洲城市组织着力分享自己的专业知识和建议，从而使欧盟成为一个对创业公司更有利的地方。欧洲城市组织的工作核心是促进就业和培养企业家精神以及促进中小企业发展。在2015年2月的欧洲城市网络工作宣言中，欧洲城市组织强调了一系列有关创造工作岗位、就业和经济发展的问题。2016年6月，“地区经济中的工作和技能”被欧盟的城市议程中确定为优先主题之一，并着手展开工作。该主题聚焦于：创造、吸引和留住企业；资助创业技能；确保这些技能能够满足产业市场的需要。

一　欧洲城市创业体系的发展状况

1. 创业企业的支持性生态系统

欧洲大多数创业公司都创立在城市中，在这里创业者和小企业能够寻求到发展的机会、服务和基础设施。

城市政府对当地的经济情况（包括行业、机会、优势、弱势和需求）及区域环境有着深入地了解，因而他们处于最有利的位置，可以制定最合适的战略来创造有利的创业生态。

大多数市政府为本地创业者和小企业量身定制了政策和计划，以满足他们的特殊需要。这些政策具体如下。

①为创业公司、创业者和小公司提供支持，例如开发和管理公司的创业孵化机构以及“第二阶段”经营场地。通过为创业公司提供广泛的支持，可以实现产业集群发展。例如，活力巴塞罗那（Barcelona Active）项目为新公司提供帮助和指导，包括从制订商业计划、给予法律建议到寻找合适经营地点等一系列措施。

②促进创业公司之间的联系，鼓励建立交流网络。以下是来自欧洲会员城市的一些实例。

里斯本创业孵化网络（Lisbon Incubators Network），将孵化机构、加速机构、制造实验室（fab labs）、联合办公空间、商业天使（business angels）、风投机构和其他利益相关方联系起来。此举在于吸引人才和创新者来里斯本，他们在此可以将自己的想法转化为利润丰厚的企业。

华沙创意设计活动（Warsaw's Creative Mikser），主要是服务于有创造力的企业家的交流活动。

格罗宁根的“创立在格罗宁根”（Founded in Groningen），是一个专为中小企业和创业者服务的在线门户网站。

屯特（Netwerkstad Twente）的创意马拉松，帮助企业针对可预见的挑战寻找解决方案。

③提高创业者技能，组织企业教育和培训。例如，安特卫普市与当地大学合作，制订了“起飞安特卫普”（Take off Antwerp）计划，将主流的企业家精神融入大学的所有课程中。

④通过提供财政激励政策，方便创业公司获得融资。伦敦共同投资基金就是一例。该项目由伦敦企业专家组建立一项2500万英镑（3300万欧元）

的投资基金计划，以解决现有中小企业的资金缺口。该基金计划在 2014 ~ 2017 年投资超过 8000 万英镑（10500 万欧元）给 150 多家位于伦敦的科学、技术或数码公司。

⑤通过帮助本地小企业和创业公司获得公私采购渠道，方便企业进入市场。

2. 欧洲“创业城市”规划的创建

欧洲城市组织计划推动建立一个欧洲“创业城市”规划，这将推进相关城市支持创业企业的知识迁移。该规划有助于促进欧洲城市间推广成功的举措，以支持初创企业的发展。规划包括以下措施：案例研究、城市专题调研、用于扩大和推广良好实践的方法论、城市能力建设等。

鉴于在城市与城市间交流和同行学习规划方面的丰富经验，欧洲城市组织准备与欧盟委员会合作开发这一规划，该规划将聚焦创业和创新生态系统在城市的发展。

3. 本地中小企业特使计划

欧洲城市组织计划推进由地方中小企业特使组成的网络，负责确保本地需求能被充分地传达给欧盟委员会。这些特使将为初创公司、企业家和中小企业提供与欧盟支持相关的当地需求的直接信息。这个网络将补充现有的中小企业特使网络。该网络目前由成员国代表组成，但往往缺乏来自地方层面的信息。

总体上看，在建设有利于创立和发展创业企业的地方生态中，城市发挥着关键作用。上述相关举措特别能帮助他们最大限度地发挥这一潜力：其一，“创业城市”规划使城市分享他们做出明智投资、促进本地经济发展方面的成功经验；其二，当涉及为小企业的繁荣创造最合适的环境时，本地中小企业特使将把当地需求传递到欧盟层面。

4. 提升欧洲基金之间的协调性以支持创业

欧洲城市组织认为，应使欧洲结构和投资基金（ESIF）的结合更加便利，尤其是欧洲社会基金（ESF）和欧洲地区发展基金（ERDF）的结合，将能够使城市更好地支持初创公司和企业家。尽管基金间的协调较为复杂，欧洲城市组织仍欢迎欧盟委员会近期在这方面进行推进。

5. 推动创新、研究与开发

欧洲城市组织指出，欧洲许多潜在的企业家十分有创意，但缺乏实际的手段来将这些创意变成盈利项目。因此，欧洲城市应该集中支持创业公司和研究中心的合作，以更好地支持研究和科技开发。

二　城市创业体系建构的阶段性目标及特点

1. 形成阶段

在欧洲，应推进提高组织和个人创建新公司的技能的举措，应关注企业家的精神层面和技能等层面。提高企业家商业能力的举措应贯穿于企业家的教育阶段和职业发展阶段。这些举措如下。

①创建“意识提升”运动，以激发创业行为。特别要注意克服对失败的恐惧和耻辱感。

②在各级教育中引入创业和业务技能。应该给学生创业者特殊地位，使他们拥有更多的灵活性和时间，促进学业与公司的管理相结合。

③推进高校、中小企业和企业孵化机构之间的合作，以加强研发和商业性创造之间的协同作用。

2. 初创阶段

在欧洲层面，应为开创新公司创造良好的创业生态系统，具体措施如下。

①提高建立新公司的便利性。

其一，创建本地“一站式商店”，为企业家和潜在的企业家提供信息和支持服务。

其二，为初创项目创建本地孵化中心、加速项目和联合工作空间。城市可以在为创业公司创建工作空间中发挥重要作用。

其三，促进网络和知识共享，包括：欧盟的孵化机构和加速机构之间的交流计划；为创业公司、中型和大型企业之间的交流与合作提供匹配平台；

为扩大企业规模提供交流专业知识的网络。

②为创业公司和小企业获得政府采购提供便利。

其一，鼓励和简化创业公司和中小企业参与政府采购。欧盟关于政府采购的新指示包含了将政府招标划分成多个较小合同的条款，这使得中小企业更容易中标。欧盟委员会应该在合同划分上提供专业指导，以便各城市能最充分的利用这一机会。

其二，推动欧盟委员会支持培训项目组织的发展。对多级别的政府官员进行培训，使之进一步关注如何正确实施欧盟在政府采购上的新指示，以帮助创业公司和中小企业获得政府采购合同；培训创业公司，关注如何投标政府采购合同，解决企业对所涉及的行政负担的担忧问题。

③改善融资环境。

欧盟层面开发的金融工具，包括欧洲风险投资基金、贷款、小额贷款、私募和股权等，都受到创业企业的欢迎，并且方便初创企业获得。其未来发展的重点领域如下。

其一，与当地政府部门合作建立当地联络点或信息平台，为希望利用这些金融工具的创业公司提供信息和帮助。

其二，欧盟委员会的 2014 ~ 2020 企业竞争力和中小企业计划（COSME）是个有益的资助计划，但其预算和联合融资利率应该增加。目前，创业公司想要利用 COSME 进行联合融资，需要确保 50% 的匹配资金，这使得该计划只能惠及那些已经找到投资者的创业公司。

其三，欧盟所资助的扶持创业公司的项目必须有 2 ~ 3 年的支持时间。经验表明，仅有少于一年的支持时间将无法促使欧盟为创业公司提供资金上的帮助。而且，当创业公司要失败时，应该允许欧盟切断资助。

采取税收优惠政策，鼓励风险投资、私募股权投资和商业天使投资创业企业的发展。

银行和投资者对创业公司的资助往往有所疑虑。欧盟应下大力气，以增进金融利益相关者对创业公司潜力的了解，还可通过宣传成功案例和组织各种针对投资者的活动。

其他融资渠道，如众筹等应该在欧盟层面得到鼓励。这些有效的举措，通常被用于地方层面以支持创新的年轻企业。当获得股权融资变得困难时，这些渠道也是获得资本的有效手段。

从属于“地平线2020”（Horizon 2020）项目的新“卓越徽章”质量认证对创业公司很有帮助。这一认证由“地平线2020”项目授予有希望的项目，这些项目要接受苛刻和独立的评估过程，并获得最高的评价分数。由于预算有限，这些项目不一定能确保获得资助。该标签还没有被金融家们普遍认可为成功的保证，因此需要更进一步的推广。

3. 规模扩大阶段

在欧盟层面，使成功企业进一步扩展其业务的主要举措如下。

①支持企业的国际化。

创业公司需要信息和支持，以便应对本国和欧盟以外的市场。欧盟层面可以采取如下措施。

其一，加强欧洲企业网络（Enterprise Europe Network）建设。该网络在地方层面为小企业提供“一站式服务”，在促进中小企业在单一市场及其他市场的扩大中发挥了重要作用。这一网络提供各种有关欧盟的计划和举措方面的有用信息，但企业家们的了解程度仍然有限。该网络需要足够的资源以促进中小企业进入市场。城市与创业公司和企业家已经形成了一定的联系，促使城市可以扮演扩散者的角色，在地方层面传播关于企业国际化的信息。

其二，确保网站具有多种不同语言的版本，以供企业家以及所有潜在的企业家和企业访问使用。

其三，进一步发展针对年轻企业家的伊拉兹马斯（Erasmus）计划，以惠及更多企业家。

②支持集群发展和集群的国际化。

城市可以通过整合人力资源、资金支持、基础设施建设和合作推广支持集群的发展。同时，在促进集群发展和国际化方面，对于城市的支撑仍有潜力可挖。例如，进一步加强欧洲范围内集群之间的联系等。更多地支持具有互补性的地方生态系统的城市之间的合作，使其能够向国际投资者联合展示他们的创业企业。

三　欧盟城市创业促进的启示

第一，把大力发展中小企业、创新型企业提升到城市战略高度，改善中小企业的生存环境。一般而言，大企业人力物力都远胜中小企业，而且与城市政府的关系更加密切，这些企业不需政府的过多关注也能健康良好的发展。而中小企业恰是最需要城市政府支持的。在这一方面，可以借鉴欧盟的经验，在政府招标中对中小企业予以更多的支持。

第二，加强对中小企业的税收、金融扶持政策。世界各国的中小企业融资都比较困难，而中国似乎尤其严重，城市政府应该出台政策鼓励金融机构为中小企业优先提供所需资金。

第三，促进中小企业走出去。通过出口信贷担保政策、促进企业国际合作政策、提供优惠贷款政策等方式扶持中小企业开拓国际市场。另外，中国还应通过发展重要双边关系，加强重点目标市场的规划、积极参与多边谈判和对外交涉等多种途径，支持中小企业更好地开拓国际市场。

第四，出台激励中小企业技术创新的政策，包括建立专门基金支持中小企业研发和创新活动，培育企业家精神，加强知识和技能培训，为中小企业研发活动提供税收优惠等。

参考文献

Http：//www. eurocities. eu/eurocities/documents/How－can－we－make－the－EU－a－better－place－for－start－ups－WSPO－ACBHAU.

王同娟：《欧盟中小企业政策对我国的启示》，硕士学位论文，山东大学，http：//www. doc88. com/p－1923039983902. html，2009。

许小平、董英：《欧盟中小企业的就业政策及其对中国的启示》，《兰州大学学报》（社会科学版）2007 年第 6 期。

刘琰：《欧盟的中小企业发展政策及对我国的启示》，《金田》2014 年第 1 期。

刘泉红、刘健：《国外中小企业政策比较及对我国的启示》，《中国经贸导刊》2011 年第 19 期。

城市经济篇

Urban Economy

B.6

促进城市共享经济的发展之道*

陶希东

摘　要：　本文基于美国城市研究所（The Urban Institute）2016年6月发布的关于城市共享经济的研究报告，在分析当前各国状况的基础上，讨论了城市如何利用新兴技术发展共享经济，以及从中产生克服经济排斥的新举措，并对我国城市培育共享经济提出了相关建议。

关键词：　共享经济　共享平台　经济排斥

* 本文基于美国城市研究所的研究报告 *What if Cities Could Create a Truly Inclusive Local Sharing Economy* 的评介，并对中国城市进行分析，特此致谢。

一 共享经济大幅提升城市发展的包容性

共享经济是一个利用线上共享平台即时连接商品和服务的拥有者和消费者的系统。这能够提高资源的使用效率，降低昂贵资产的成本，同时增强社会连接。共享经济并不是什么新鲜事物，非正式共享早已成为贫民、移民和少数民族城市生活的特色之一。

新技术把这种共享变得更正式，使其货币化，让陌生人通过这个新的市场把没有被充分利用的商品或服务共享出去。随着共享经济的扩张，逐渐在多个行业领域对传统的商业模式构成了挑战。从交通到金融，从住房到家庭护理，共享经济已经让受本地经济困扰的群体受益。

共享经济需要更多的人参与，参与的人越多，共享经济运转的越好，市场份额也就越大。但是目前共享经济的市场潜能并没有发挥出来。不仅如此，由于低收入等弱势群体经常被排除在外，共享经济备受诟病。对从业者而言，共享经济提供了兼具弹性与营利性的兼职、创业机会。但是数据表明，共享经济里的某些行业的薪水低于同行业的非共享经济体。同时，由于共享经济体里公司的从业者都是以合同工的形式存在，这些从业者无法获得与雇员相同的福利保障。

共享经济是否能够让每个人都获益？由于共享服务在城市市场中发展得最为迅猛，共享经济体里的公司越活跃，就越要受到地方政府的管制。地方政府正处在打造一个“更具包容性的共享经济”的独特地位。目前考虑到共享经济的负面因素，许多政策制定者都在法制、法规、处罚条例上多管齐下，引发了多场令人瞩目（且通常徒劳）的“共享大战”。但是，为了实现公正的目标，地方政府最好还是把利益相关各方召集起来，共同设计能够利用共享经济帮助被排斥的群体回到经济竞争中的当地政策及激励机制。

二 城市利用共享经济提升效益的途径

城市可以利用共享经济为城市低收入者群体创造更多的机会，在社会经济层面上鼓励基于信任和交换的新社区的建设。不过，出于一些原因，我们很少见到关于包容性的正面宣传。那些较有影响力的公司不断呼吁为共享经济体中的竞争者设置更加严苛的条款，同时还利用“共享经济可能存在将弱势群体排除在外的风险”来呼吁公平，从而限制共享平台的发展。地方政府一定要警惕与传统产业模式不符、逃税漏税或是不遵从当地保护消费者健康安全条例的大的共享公司。缺乏公司和政府间的协调，可能会造成当地政府只对共享经济的某个方面进行打击，对不断出现的共享实践进行“打地鼠”式的追责。

这就导致了多数城市并未使必要的利益相关者参与进来，以及并未考虑关于如何打造更具包容性的共享经济，利用共享的优势、资产及资源来克服经济排斥等进行有前瞻性的对话。

城市领导人可以就包容共享经济召开圆桌会议，以此明确地方共享战略。慈善机构、政府部门可以同现有的共享企业一起与城市领导召集圆桌会议。地方政府可以把圆桌会议安排到某个市政部门里（比如创新技术研发中心）或是成立一个独立的机构。这些圆桌会议的结构和所属权应因地制宜，取决于地方领导力和可利用的资源。对“已在当地成立的共享服务”或是“当地新的共享企业的商业发展投资”的评估可在为圆桌会议引入新的资源的同时，推行他们的建议。

通过把政策制定者、科研工作者、共享公司、当地企业、当地组织等不同的群体召集起来，可以让大家放下目前干扰政策制定的“对抗性”的心态。圆桌会议还可以帮助协调与共享经济有关的规章制定相关的问题。最重要的是，可以宏观地把城市低收入者群体既作为从业者也作为消费者来考虑。这样全社会就会意识到共享经济在增加就业机会和降低生活成本方面的潜力。

从分析到设置目标，再到采取行动，圆桌会议可以通过几个步骤来帮助地方共享经济变得更具包容性。圆桌会议可以梳清当前共享经济的发展状况，既包括正式共享又包括民间非正式共享。在许多城市，特别是城市的低收入地区，居民们早已参与了非正式共享，这其中包括非商业借贷、互助保险等。只要用心设计有技术支持的共享平台，这些平台就可以用来支持、扩展非正式共享模式，而非取代他们。市政机关还可以考量一下共享平台如何能够改善如公共交通在内的基本城市服务，帮助城市领导人应对灾难，为公共事务融资，扶持小企业发展。

通过研究大的共享企业的进入壁垒，可以回应以下问题，即：低收入社区以及公共交通十分不利的种族隔离区能否通过 Uber（优步）或 Lyft（来福车）这样的乘车共享平台享受到交通便利？租金负担重的低收入居民是否在利用 Airbnb（空中食宿）这样的房屋共享平台来减轻自己的生活压力？失业或未充分就业的人是否在利用 TaskRabbit（跑腿兔）或 Handy（智能手机租借服务）项目来兼职赚钱或是全职谋生？低收入或是少数民族企业家们是否能够通过像 Kickstarter（众筹网站）这样的众筹平台或是 ShareDesk（共享桌）这样的办公室共享平台来降低成本？

通过研究者和各界利益相关方的参与，“使共享更具包容性”的圆桌会议可以发现现有的服务共享平台如何能够使城市低收入者群体受益，找出现在还没有出现但以后应该被大力支持的 P2P 平台服务。

基于以上信息，圆桌会议可以设定出一个高级目标和一些可量化的细分目标。这些路线图也要因地制宜。例如，在隔离问题严重的城市，工作重心应该放在利用共享服务来增加人口流动，或是扶持经济萧条地区的创业上。在失业率上升或是常年居高的城市，应该更关注利用现有及新兴的共享平台来促进就业，制造更多的优质工作机会。在房价高、空置率低的城市，应该把降低住房成本、增加居住稳定性作为工作重点。在房屋空置率很高的城市，把未充分利用的房屋、社区服务设施共享出去才是重点。在大多数城市和地区，这些目标都是可以共存的。这些目标要能够服务于当地的实际需求，并且与当地的其他规划和关键目标统一起来。

让城市低收入者群体作为消费者参与到共享经济中需要一些更有创造性的做法。虽然低收入者更倾向于通过共享平台兼职工作赚取额外收入，但是他们不太会以消费者的身份参与其中。已有的研究为此找到了很多原因。低收入消费人群没有使用共享服务必备的网络通道和信用卡；而且，由于共享企业都还相对新兴，他们一般会倾向于把更有消费能力的人作为目标人群，因为通过这些人可以获得更高的利润率。

政府可以为城市低收入者群体提供帮助。政府可通过 P2P 平台提供给他们支付得起的贷款，还可以帮助城市低收入者群体达到参与共享经济消费所需要的经济水平。欧美的 P2P 借贷平台发展迅猛，增长率达到 250%。但是，这些服务机构至今都没能帮忙解决许多低收入人群和少数民族家庭所面临的信用受限的问题。

为使供不应求的市场变得更包容，政府可以要求共享企业把业务扩展到低收入地区，或是对低收入消费者降低价格，以此来交换政府的合同或是政策上的支持。政府还可以启动其自身的共享服务，比如多伦多的工具图书馆就可以为低收入家庭提供电动工具和 3D 打印；或者，政府还可以捐赠公共设施，像温哥华的孵化器厨房那样为社区组织提供低成本的商用厨房空间。

此外，包容性的共享平台可以帮助政府在新技术和程序应用演化方面寻求新的机会。要想成功利用这些机会，还要定期回顾他们的计划、文件记录等，并不断地进行试验。

三　城市低收入者群体可以成为共享经济的受益者

本文的焦点是“城市低收入者群体”，他们可以从经济共享中直接获益。共享经济有潜力解决低收入人群受到的各种排斥，包括失业、低质量工作、经济脆弱性、安全保障问题和种族隔离等。那些难以进入传统劳动力市场的群体，比如移民、缺乏工作技能者、少数民族，将会在共享经济中获得工作，提高生活水平。那些需要很多自由时间的工作人员，比如家庭照料者和单亲家庭，也可以从共享经济中获得很多利益，特别是能够提高他们的劳动水平或使他们得到安全保障。低收入家庭的消费者也可以受益于包容性共享经济，共享经济可以使他们减少资产性和服务性支出，比如汽车、工具、金融产品和幼儿护理等。

参与共享的公司也将受益于更具包容性的经济体制。随着许多城市开始实行灵活监管策略并鼓励服务业在新型市场的拓展，许多公司的工人和消费者数量都开始增加。城市之间的合作能够形成新的经济流，提高公司的盈利水平，然后进一步吸引传统行业的公司加入共享队伍，使企业履行更多的社会责任。

政府也可以从共享经济中受益。城市政府利用共享技术，减少了公共服务的开支，例如利用空闲的公共资源带来收入。一些城市已经开始尝试建立共享平台，来减少商务支出，比如通过给别的城市共享特殊装备，来换取汽车共享服务。节省出来的经费可以重新分配到城市的基础建设中，使城市从各个方面解决经济排斥问题。

四　建设共享经济的城市最佳实践案例

一些城市正在用共享平台来解决特殊领域的经济排斥问题。洛杉矶推出一个试点项目，将电动汽车共享给弱势群体。明尼阿波利斯推出自行车共享计划，他们在低收入社区设置服务站，为低收入家庭提供会员服务。纽约也花费资金用以支持在低收入社区开展的驻地主导发展项目，包括操场、公共停车场、社区公园和街道照明设施。西雅图为 Uber 和 Lyft 的司机授予了集体谈判权。虽然这些试点项目令人鼓舞，但是他们倾向于制定和执行零敲碎打的规则，只能处理单方面的经济排斥，没法和整个城市的计划和目标联系起来。

一些城市组织成立了工作组，分析学习共享平台对当地经济的影响。例如，在 2012 年，旧金山建立分享经济工作小组，并倡导“围绕逐渐增长的‘共享型经济’，重新思考经济效益、创新型企业和政策问题”。然而旧金山工作组很快受到了外界的批评，因为他们并没有提出可操作性的建议。西好莱坞和丹佛等城市和城区创建了共享经济任务组，但他们只关注更新两个领域的规则，即经济骑行共享和短期房屋租赁。上述主体并没有考虑法规以外更重要的事，比如主动构建共享型经济，解决经济排斥问题等。

首尔是建立共享型经济的代表。该市一直致力于建立对每个人都有利的共享型社会，并制定了切实可行、较为全面的措施。2012 年，首尔市长推行了“共享城市”计划，通过一系列新的政策法规和投资策略，加快推进了共享型经济计划的实施，并取得了社区居民的信任。首尔的方法不同于其他大多数城市，它致力于建设共享型企业，推出了融合条例。该市对初创的共享型企业提供了技术援助和财政支持，同时通过公开听证、讲习班、教育和建立“共享俱乐部”等方法带动公民积极参与。最重要的是，相关项目将促进社会融合，且解决经济排斥问题放在重中之重的位置。首尔政府已经帮助一些企业建立了共享平台，比如连接寻找便宜住房的困难学生和有空余房间的独居老人的平台，或者为正在寻找工作但无法负担得起正装费用的年轻人建立衣服共享平台等。

五 对我国城市发展的启示

近几年，我国互联网创业火热，许多城市的政府都逐步提出了“资源共享”“公共服务共享”等计划，希望建立能够为民众带来福利的共享经济平台。我国城市通过鼓励创建一系列共享平台（如滴滴打车、ofo 单车、摩拜单车），节省并利用了闲置资源，创造了众多新的就业岗位，取得了一系列成果。然而相比于美国，我国的思考和实践还有很多不足。

首先，我国城市创建共享平台更多基于商业价值，并没有考虑“共享”更深层的意义。这是我们需要反思的问题。我们要建设共享城市，让每个人都享受到社会发展的成果，如果仅仅靠这些商业平台是远远不够的。商业平台的目标在于商业利润，往往难以惠及最需要被共享的弱势群体。我们的政府应该深入了解那些弱势群体被发展成果“隔绝”在外的深层原因，然后和非营利组织、企业等各个方面共同制订统一的计划，这样才能为我们的社会带来真正有价值的福利。

我们不但要制定为城市低收入者群体提供就业、创业机会的战略，而且要把这些目标变得可操作化。为了解释现有共享企业的存在，可能需要更新现有法律法规。同时还需要地方政府重新思考应该如何支持地方创新，如何行使政府的基本职能。很多时候，战略会融合制度性和非制度性的措施。比如，政府可以通过以下方式来提供支持：为共享经济从业者中的城市中低收入人口提供灵活便捷的福利，允许共享产业中的从业者组成工会，要求共享企业向新员工传达其权利和义务，把合同工重新划分为雇员，其薪资和社会保障要满足相关规定。政府还可以通过提供培训、技能提升项目、启动资金、减少许可证等壁垒来帮助新的共享企业发展。有了管理制度和激励政策的完美搭配，共享经济就能提供更多高薪工作，为城市中低收入人口创造更多机会。

另外，要确定一个城市在什么样的条件下可以创建包容共享的经济，我们需要了解创建过程中遇到的各种障碍，这些阻碍着城市低收入者群体在共享平台中受益。比如，是否拥有智能手机或是否接入网络都可能妨碍低收入者对共享平台的访问。韩国有 97% 的人口都接入了互联网，相比之下，中国只有 50.3%（中国互联网信息中心第 37 次调查报告）。还有一些难以识别和解决的问题，比如信任问题。最近的研究表明，哪怕建立了共享平台，如果不能取得弱势群体的信任，他们也无法受益。低收入群体对于涉及金钱、隐私的共享平台都表现得非常犹豫。政府需要制定措施让民众信任共享平台。

参考文献

Solomon Greene, JohnMcGinty. *What if Cities Could Create a Truly Inclusive Local Sharing Economy.* June 2016.

"The Sharing City Seoul" Project. http://english.seoul.go.kr/policy-information/key-policies/city-initiatives/1-sharing-city/. July 201.

TangTianbo, Wu Xiaojuan, "Shared Economy: A Subversive Economic Mpdel under the Background of Internet +." *Scientific Development*, No. 85, Dec. 2015.

B.7
香港经济的新困境与未来展望

闫彦明

摘　要： 全球金融危机爆发后，香港出现了经济增长下滑、社会问题凸显、全球排名下降等一系列新问题，其根本原因主要在于香港产业结构有待优化、城市创新活力减弱、生活成本上升等。本文针对当前香港发展中出现的新问题以及阶段性困境，探索性地提出了创新转型的对策思考。

关键词： 香港　创新　产业结构

作为长期以来以经济开放、贸易自由、富有活力等著称于世的香港，近两年在经济发展方面呈现一定的“疲态”。其经济增速、就业率、进出口、支柱产业发展等不同程度亮起“警示灯”，这意味着香港作为成熟的全球城市将可能面临新的转型。香港在后金融危机时期所表现出的阶段性困境，凸显了当前全球城市经济竞争的激烈程度，并将可能引发城市新一轮的创新与变革，这个转型过程对大陆城市也是极具启示意义的。

一　香港经济发展面临的新挑战

1. 经济增长乏力

从统计数据看，2015 年香港整体经济增长率为 2.4%，是连续第 4 年低于过去 10 年 3.4% 的平均增幅。从图 1 的曲线可以发现，其经济发展主要呈现三个特点：一是自 1997 年东南亚金融危机以来，香港经济已经几度起落，其中2008年全球金融危机后，虽然2010年前后有过复苏，但近年来经济又出现增速持续下滑的情况。二是多年来经济增长的贡献结构始终不稳定，当前“三驾马车”的主要格局是内需的贡献远远大于进出口的贡献，因此投资、消费成为“三驾马车”的主要动力。三是全球金融危机后香港的进出口受到显著冲击，虽然在2015年得到了好转。但总体状况仍令人担忧：2015年货物出口自2009年以来首次明显下跌，跌幅达到1.7%；服务贸易也在经历多年较快增长后，在2015年同比下跌0.6%。

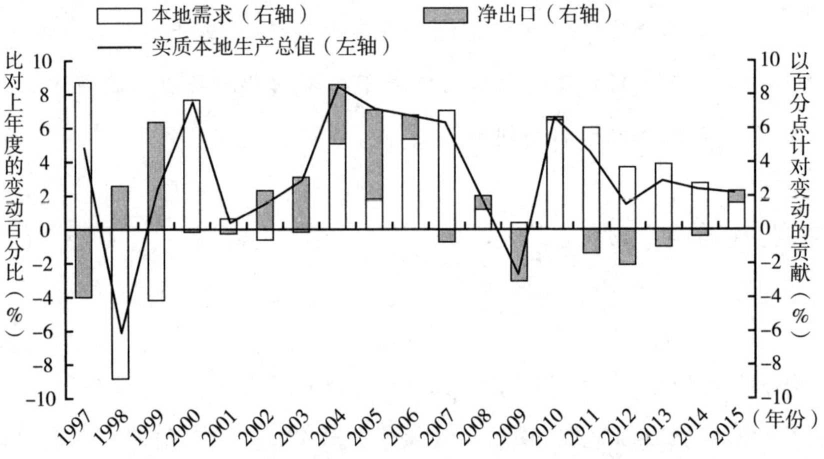

图1　1997～2015年香港实际GDP增长情况及贡献结构

资料来源：香港特别行政区政府统计处网站。

从2016年的发展情况看，第一、二季度香港的经济增长率分别为0.8%、1.7%，均低于预期目标。而根据香港特区政府税务局在2016年公布的信息，在2015～2016财政年度，共收到2913亿港元税款，较上一年度减少近4%（约106亿港元），主要减少的项目是印花税。从这些指标情况，并结合区域经济发展状况来看，香港经济增长极有可能步入一个新的滞缓和调整期。

2. 多项国际排名下降

近来，相关国际城市排名显示，作为全球自由港的香港，排名出现下降态势，这也影响到香港城市的吸引力。

（1）国际金融中心排名下滑。伦敦金融城发布的第 19 期全球金融中心指数显示，香港以 753 分排名第四，新加坡以 2 分的微弱优势取得第三名，而此前香港的排名较为稳定地位列全球第三。

（2）国际航运中心排名下滑。据 2015 年香港港口吞吐量数据，全年货柜吞吐量报 2011.4 万箱，下跌 9.5%，已连续四年下跌，全球排名又下跌 1 位至第 5 名（前 4 名分别为：上海港、新加坡港、深圳港、宁波－舟山港）。同时值得特别关注的是，2015 年前十大港口中，货物吞吐量出现负增长的仅有香港港和新加坡港，其中新加坡港增幅为－8.7%，香港则是增速垫底。这反映出在全球经济不景气的背景下，以货柜中转运输为主的港口，面临更大压力。①

（3）创新能力排名下降。世界经济论坛公布的“2015～2016 年全球竞争力报告”显示，在全球 140 多个国家及地区的竞争力排名中，香港连续三年排名第 7 位；在分项指标中，香港的“创新竞争力”排名则跌至全球第 23 名，持续下降的创新竞争能力可能成为香港城市发展首先要面对的挑战。

（4）城市吸引力排名下降。香港思汇政策研究所从 2015 年 9 月至 2016 年 1 月在香港、上海、新加坡分别抽取了 1500 人进行调查。其中“假设可以自由选择在世界上任何一个地方居住”问题的结果显示：42% 的香港人选择“离开”，而这一比例在新加坡为 20%，上海仅为 17%。虽然这个调查结果的统计样本结构可能存在问题，但从一定程度上反映出，香港作为宜居城市的吸引力有所下降。

3. 旅游、零售等重点经济领域下降明显

一向有自由港之称的香港，长期以来吸引着全球的旅游爱好者，并带动了香港旅游、餐饮、住宿、商贸等产业部门的持续繁荣。但这些传统强项领域，近年来的发展形势严峻。

---

① 资料来源：《香港货柜吞吐量连跌 4 年全球排名下滑今年或续恶劣》，大公网，2016 年 7 月 11 日。

（1）旅游市场增长快速下滑。目前旅游业占香港地区生产总值的比重约为5%，是香港重要的支柱产业，除了税收等方面贡献外，其最突出的贡献是为香港提供了约27万个就业机会。但根据香港旅游发展局2016年4月公布的数字，当月访港旅客同比减少2.1%至468.6万人次，连续第11个月下跌，这说明香港旅游业仍处于“寒冬”阶段。香港酒店业主联会的信息也显示，从2015年年中起，香港酒店业的入住率开始出现下跌，到了2016年2月香港酒店平均入住率下跌6%至7%，入住率仅有八成，平均价格也下跌12%，其中三四星级酒店的跌幅更超过20%。再从作为香港旅游业风向标的香港迪士尼乐园的运营情况看，从2015年上半年以来，其访客数量也是不断下降：运营方公布的年报显示，2015年香港迪士尼访客人数同比下跌9%至680万人次，拖累乐园的业绩净亏损1.48亿港元。香港旅游业遭遇寒冬的一个重要原因在于，2014年之后，大陆自由行消费快速减少，而大陆游客群体又具有规模大、消费能力强等特点，其赴港旅游的减少给香港旅游业带来了不小的影响①。

（2）2016年一季度零售业创近年来最大降幅。与旅游业密切相关的，是包括大陆消费者在内的港外消费需求，这两者具有高度的关联性。根据香港特区政府统计，2015年全年香港零售业总销货价值同比下降3.7%，连跌10个月；跌幅超过了“非典”肆虐的2003年。2016年香港零售业进一步延续了颓势，一季度社会零售总额同比下跌12%，这差不多是全球金融危机以来的最大降幅。以地标性商业项目香港时代广场为例，其2016年上半年出租率维持在99%，但租户销售额则下跌15.7%至港币39亿元，跌幅比2015全年的12.8%有所扩大。零售市场在很大程度上具有经济发展“晴雨表”的功能，除了外部消费需求下降的因素，本港居民购买欲望下降也对此产生影响。图2显示了2010年至2016年1～4月香港地区社会零售总额月度增长率变动情况，其中2014年以来以负增长为主。

① 根据中国旅游研究院2015年8月发布的《大陆出境旅游发展年度报告2015》，在2014年香港入境旅游市场份额中，大陆游客所占比重高达77.60%。

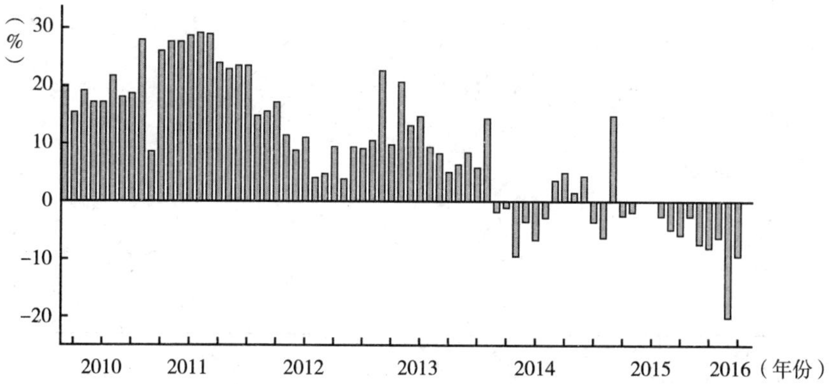

图 2　香港社会零售总额增长率出现“跳水”

资料来源：香港特别行政区政府统计处网站。

（3）商业、住宅市场步入拐点。多年来，香港房地产市场保持着良好的发展态势，房租和房价同步上涨，其中房价不断创出新高。据统计，2014 年香港楼市物业总市值达 20.6 万亿港元，约合 2.6 万亿美元。但进入 2015 年后，局势急转直下，租赁价格与房价均不同程度下降，被媒体称为“25 年来最疲软的房地产市场”。根据中原地产公司汇总的市场数据（见图 3），到 2016 年一季度末，香港房价已较上年 9 月的峰值下跌 12% 左右。香港金管局的另外一项数据也显示，一季度香港负资产住宅（尚未还清的房贷比房产市值高）按揭数量飙涨 15 倍。

4. 汇率、失业率等经济指标表现不理想

（1）汇率出现走弱态势。2015 年底以来，香港金融市场的资本流出有所加速，这与大陆遭遇的情况类似，其与美元加息预期增强有密切关系。从具体情况看，香港股票、债券市场都面临持续的资金流出状况。受资本流出及经济走弱等因素影响，2016 年 1 月初，香港人民币离岸市场汇价（CNH）暴跌逾 2%；中旬，港币对美元汇率遭遇十多年来最大单日跌幅，一度跌至 7.7989 港元/美元，创近四年新低。年中，美元港币汇率大体在箱体区间内震荡波动。

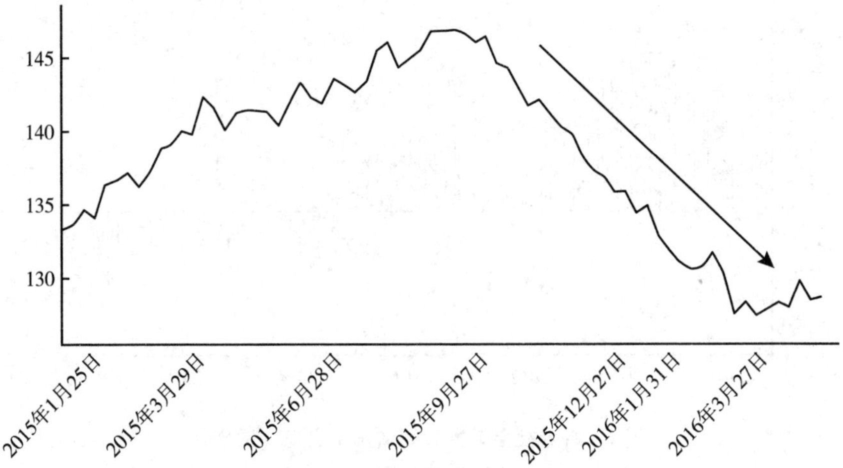

图3　香港房地产出售价格快速下降

资料来源：中原地产代理有限公司网站信息。

（2）失业率有所上升。根据香港特区政府2015年年报的分析，由于访港旅游业及出口表现继续停滞，劳动力市场也可能走软；而有关私营机构的预测指出，2016年香港的失业率会上升到3.5%。从特区政府统计处公布的2016年前三个月的失业率数据看，情况不容乐观，该指标3.4%的水平已创2013年底以后的新高，大部分行业的失业率均见上升。另据香港特区立法会的研究认为，创业是推动香港经济增长及创造职位的主要动力，但雇主在香港本地工作人口中所占的比例，在过去20年间几近减半，2015年更跌至仅占3%；香港本地雇主人数持续萎缩，主要可归根于制造业及贸易行业的机遇减退、冒险精神减弱、物业租金高企以及融资限制等因素[①]。自2016年初以来，金融机构裁员风潮也可见一斑：2016年1月，汇丰银行宣布全球26万名员工全面冻薪，汇丰香港区以及旗下恒生银行共约3万名员工受到影响；瑞银（UBS）5月底宣布解雇香港及新加坡若干私人银行家；6月，东亚银行宣布裁员180名，裁员人数占该行在香港总员工人数的3.8%；同

① 《香港整体失业率今年初升至3.4%为两年来新高》，中国新闻网，2016年6月21日。

时，东亚银行的全资附属公司东亚证券将于 7 月 8 日前关闭其全部 22 个在香港的零售网点。

二　香港经济问题的动因分析

主要经济指标出现不同程度的转折，可能预示着香港经济发展正在面临一场深刻的变革，这种状况的形成具有多方面的深层次原因。从外因来看，主要是全球经济复苏进程仍不明朗、中国大陆经济步入新常态发展阶段、美国加息预期与制造业资本回归等；从内因来看，主要是香港产业竞争力下降、发展动力主要依靠财富驱动而非创新驱动、城市文化与人口流动相对固化等。本文侧重分析其内因。

1. 制造业竞争力下降：产业结构面临调整

在经历了长达数十年的黄金发展期之后，香港产业结构呈现高度的服务业化特征，而过去低廉的税收、开放的环境等对于服务贸易的繁荣产生了巨大推动作用。但随着全球经济复苏乏力与竞争加剧，香港产业优势也有所弱化，特别体现为制造业部门竞争力有所下降、服务业比重过高等问题，从长远看缺乏新型产业业态的支撑和引领。

进一步结合表 1、表 2 的情况分析，2010 年、2013 年、2014 年，香港服务业总体占比在 92.5% 左右，而制造业部门仅占 1.3% ~1.8% 的比重（且 2015 年以来比重持续下降），建筑业的比重则略有上升，服务业比重过高则容易产生“产业空心化”（Hollowing - out of Industry）的弊端；从服务业部门来看，多年来虽然保持大体稳定的态势，但一些传统强势部门的竞争力存在下降的趋势；在信息服务、专业服务等高端服务业领域，香港也并未形成能够在全球有强大影响力的领军企业、行业。整个经济体系中几乎没有高增长性的新兴行业，这使得经济体系相对固化、活力不足。

在制造业方面，纽约、伦敦、新加坡等城市则都保持了不同比例的比重，且通过积极的产业政策引导相关高端制造业的发展。而在 20 世纪 90 年

表 1　主要年份香港各产业在本地生产总值内所占比例

单位：%，10 亿港元

按经济活动划分的本地生产总值(以当时价格计算)	2010	2013	2014
农业、渔业、采矿及采石	0.1	0.1	0.1
制造	1.8	1.4	1.3
电力、燃气和自来水供应及废弃物管理	2.0	1.7	1.6
建造	3.3	4.0	4.4
服务	93.0	92.9	92.7
其中：			
进出口贸易、批发及零售	23.8	25.0	24.1
住宿*及膳食服务	3.2	3.6	3.6
运输、仓库、邮政及速递服务	7.9	6.0	6.2
信息及通信	3.2	3.6	3.5
金融及保险	16.3	16.5	16.6
地产、专业及商用服务	10.8	10.8	10.9
公共行政、社会及个人服务	17.0	17.0	17.2
楼宇业权	10.6	10.4	10.5
总计	100.0	100.0	100.0
以基本价格计算的本地生产总值	1737.3	2097.8	2204.0

*住宿服务包括酒店、宾馆、旅舍及其他提供短期住宿服务的机构单位。

资料来源：香港特别行政区政府统计处网站。

表 2　主要年份香港本地生产总值

单位：%

按经济活动划分的本地生产总值	2011	2015	2016 一季度
以实质计算的主要经济活动增加价值的按年变动百分率			
制造	+0.7	-1.5	-0.3
建造	+18.3	+2.0	-1.4
服务	+5.2	+1.9	+1.5
其中：			
进出口贸易、批发及零售	+9.1	-1.1	-2.1
住宿*及膳食服务	+8.3	-0.9	-0.7
运输、仓库、邮政及速递服务	+7.2	+1.9	+2.8
信息及通信	+2.8	+4.0	+3.3
金融及保险	+6.5	+6.3	+5.5
地产、专业及商用服务	+2.6	+2.2	+1.1
公共行政、社会及个人服务	+1.8	+2.6	+2.6

*住宿服务包括酒店、宾馆、旅舍及其他提供短期住宿服务的机构单位。

资料来源：香港特别行政区政府统计处网站。

代前后，香港制造业加速向中国大陆和周边地区转移过程中，学界、政府机构并没有提出具有针对性的规划、政策来“挽留”一些适合发展的制造业部门。实际上，制造业在吸纳就业、技术创新、拉动投资等方面有其独特作用，高度服务业化的经济体系可能存在一定的结构性问题。

2. 资产泡沫与财富危机

香港作为一个高度国际化的城市，同时也是全球财富持续集聚的城市。在过去的数十年中，国际资金的沉淀，助推着城市房地产市场、股票市场的繁荣，香港由此逐步进入了所谓的财富驱动阶段。在汇率制度方面，自1983年10月17日香港就开始采取了盯住美元的汇率制度，随着近年来美元汇率走强，港元跟随美元升值，也客观上助推了资产泡沫的上升，因此货币和汇率制度也是泡沫形成的助推器。

在房地产领域，据统计，2014年香港楼市物业总市值曾达20.6万亿港元，约合2.6万亿美元，按照市价大致可以买下将近2个纽约或3个新加坡的楼宇。在资本市场领域，根据香港《文汇报》报道，香港回归19年来，港股市值由1997年的3.203万亿元，增长6.6倍至2015年底的24.42万亿元；股票市场每日成交额也由1997年的154.6亿元，增长5.8倍至2015年底的1046亿元，如此高增长的状况在成熟金融市场中是比较少见的。

在经济低速增长的格局下，财富以超常规的态势不断增长、集聚，其结果不可避免会导致财富泡沫和危机。财富泡沫的直观表现是虚高的资产价格，包括高房价、高股价等，其隐蔽表现是企业、居民、政府的高负债。例如，越来越多的居民基于升值预期而涌向楼市，在助长高房价的同时，也承担了可观的债务。香港金管局文件显示，2014年香港本港“家庭负债占本地生产总值比例”创新高的达到64.2%，其中约45%为按揭贷款，接近“供楼负担比例”50%的警戒线；同时，累积平均按揭还款年期升至接近28年，也创下期限长度的历史新高。

与大陆较为严格的资本项目管制不同，香港作为开放度高的经济自由港，资金进出均极为便利。一旦美国开启加息模式，或者受其他因素的影响，资金大规模撤离香港及房、股、汇三市同步下跌的极端情况极有可能出现；一旦楼市泡沫爆破，将对银行系统、居民财产带来巨大冲击。进一步看，多年来高资产价格的根本原因在于香港制造业外迁及过度倚重贸易和金融，导致社会逐利行为盛行、资产泡沫不断滋生。而这种状况的另外一个恶果是，高房价、高租金、高消费带来的城市生活成本不断上升，这对吸引企业、人才也是不利的。

3. 城市文化中创新元素不足

中国社会科学院城市与竞争力研究中心发布的2015年“城市竞争力蓝皮书”指出，从综合增量竞争力分项指数来看，香港整体很好，但“守成有余，创新不足”的城市发展局面始终没有改变；香港过于看重贸易、金融、航运、旅游、专业服务这五大产业，而对不少规模较小、新兴但极有潜力的产业关注不足。这些分析深刻地指出香港多年来在城市文化方面存在的欠缺之处，而这也是香港青年人存在焦虑的重要因素。

区域创新动力不足的原因归纳起来主要有三个方面：其一，社会结构相对固化且老龄化程度不断提升。香港作为成熟的发达经济体，“纺锤形”社会已在长期发展中不断完善、稳固，中产阶层占据社会群体中的大部分，这种状况往往不利于在全社会形成奋发、向上的氛围，这与20世纪80年代香港一片创新、创业的景象存在巨大的差异；同时，香港居民平均寿命全球排名靠前，老龄化程度日趋严重，也阻碍着创新文化的形成。

其二，高昂的房租和生活成本，阻碍了大多数人来港创业的梦想。香港的许多地区都是“寸土寸金”，在市中心交通发达的地方，房价、租金更是让年轻人望而却步，再加上香港的人力成本、商务成本都很高，对于初创公司而言都形成了客观上的阻碍。

其三，在缺乏制造业支撑的产业结构中，技术创新缺乏基础。相比服务业来说，制造业在积淀知识技术、资金设备、人才管理等方面具有显著优势，是商标专利的重要产出领域。从这个角度看，香港服务业比重偏高的现状，在一定程度上是不利于技术创新的。

三 后危机时期香港参与全球城市竞争的展望与思考

在全球经济尚未有效摆脱金融危机阴霾的背景下，香港长期以来积累的深层次问题在不断地显现。一些相对悲观的学者甚至提出，“2016 年香港将进入硬着陆阶段、并将成为香港历史上最主要的下降拐点”，甚至会出现“惨烈断崖”状况等观点。虽然局势未必有如此糟糕，但国际排名下降、经济下滑、增长乏力、活力不足等已经是不争的事实。作为一个老牌的“全球城市”，香港所面临的这种新困境，实际上颇具代表性。通过深入反思，将有助于为中国内陆城市——特别是北京、上海、深圳、广州等“一线城市”的发展带来启示。

第一，重振制造业。从国际范围来看，无论是美国“重返制造业”、德国“工业 4.0”，还是中国大陆提出的“制造业 2025”，都充分体现了制造业部门在国民经济和城市发展中的重要作用。制造业对于城市发展的意义，除了在吸纳就业、贡献税收、扩大内需、拉动投资等方面的作用以外，更为重要的在于其对创新资源的集聚方式与服务业相比有较大区别，比如物联网、云计算、3D 打印、机器人等一些重大的技术革新都与制造业息息相关，因此城市的产业结构应当避免出现服务业比重过高的状况。

第二，集聚创新资源。对于许多成熟的国际化大都市而言，高企的房价和生活成本成为阻碍初创型企业、创新人才和创新机构良性成长的关键因素，而政府部门是否充分重视并采用有效的政策也非常关键。在香港周边，如中国台湾、新加坡、韩国等都已成立创新科技部门，而香港仍缺乏类似具有针对性的部门。为了解决这个问题，2015 年 11 月，香港特区立法会财务委员会通过了“成立创新及科技局”的拨款申请，这被认为是香港在推动科技创新产业发展方面的重要举措；据报道，即将成立的创新及科技局将推动麻省理工学院与香港之间的广泛合作，并在内地和海外物色其他合作机会。为推动大陆科技与香港地区的合作，2015 年 10 月，国家科技部批准香港城市大学、香港理工大学和香港科技大学建立“国家工程技术研究中心香港分中心”，由此香港将设有6个分中心、16个国家重点实验室伙伴实验室。另外，香港也于2015年底，引入美国麻省理工学院，计划在香港设立创新中心。

第三，在CEPA框架下，加强与内地城市的战略合作。目前，中国大陆是香港最重要的贸易合作方，而中央政府也从战略高度不断加大内陆地区与香港之间的经贸往来。对于香港而言，未来一段时期，需要借助开放、自由的经济环境优势，深入推进与内地各省市之间的合作，来巩固香港的国际金融、航运中心地位。2015年11月，香港特区政府和国家商务部签署了《内地与香港CEPA服务贸易协议》，于2016年6月1日起正式实施，这是首个内地全境以准入前国民待遇加负面清单方式全面开放服务贸易领域的自由贸易协议，标志着内地全境与香港基本实现服务贸易自由化。对于香港来说，该《协议》的签署为香港服务业全面进入内地市场形成了政策条件，而在辐射内地过程中，香港的服务贸易优势将更趋显著。

参考文献

Global Financial Centres Index，伦敦金融城政府网站，2016年3月。

屠启宇主编《国际城市发展报告（2015）》，社会科学文献出版社，2015。

倪鹏飞主编《中国城市竞争力报告2015：巨手，托起城市中国新版图》，社会科学文献出版社，2015。

闫彦明：《全球科创中心的前沿在哪里》，《解放日报》2015年5月12日。

B.8

伦敦文化创意产业发展新动向

邓智团

摘　要：伦敦的文化创意产业发展是当前城市产业创意化的先行者。经过20余年的努力，伦敦文化创意产业取得显著成效。相比而言，伦敦文化创意产业的范畴较窄，其占英国的比重从2009年开始一直保持在10%以上，成为仅次于金融产业的第二大产业部门。而且伦敦创意产业内部行业的增加值占全英国的比重基本在一半以上，其文化创意产业在英国的地位十分重要。而含义更广的创意经济则放大了创意就业对伦敦经济的促进作用。

关键词：创意产业　创意经济　结构　空间分布　伦敦

20世纪90年代初，英国政府推出英国文化发展战略，推动"创造性"成为英国新文化政策的核心，随后英国政府成立专门的研究指导小组，推出相关政策、发布多项专业报告，确保了国家层面对文化创意产业的支持。21世纪初，伦敦市政府首次发布《伦敦：文化资本——市长文化战略草案》，正式明确提出发展文化战略，将推动伦敦建设成为世界级的文化中心。伦敦发展局支持的10个"创意中心"开始运行。经过10几年的努力，伦敦的文化创意产业获得了飞速的发展，并呈现了一些新的发展态势。研究和考察伦敦文化创意产业发展的新趋势，对把握当前世界文化创意产业发展的最新前沿，以及推动我国城市文化创意产业的健康快速发展有重要的参考借鉴意义。

一　伦敦创意产业的内涵与规模

1. 内涵与范围

创意产业的概念出现相对较早，1998 年《英国创意产业路径文件》明确提出“所谓创意产业，就是指那些从个人的创造力、技能和天分中获取发展动力的企业，以及那些通过对知识产权的开发可创造潜在财富和就业机会的活动”。

而在文化创意产业范围的界定上，英国政府有三个原则作为基本标准：就业人数多或参与人数多；产值大或成长潜力大；原创性高或创新性高。并下分了 9 个领域作为文化创意产业的基本范围：广告与营销（Advertising and Marketing）；建筑（Architecture）；手工艺（Crafts）；设计：产品设计、图形设计和时尚设计（Design：Product，Graphic and Fashion Design）；电影、电视、录像、广播和摄影（Film，TV，Video，Radio and Photography）；IT、软件和计算机服务（IT，Software and Computer Services）；出版（Publishing）；博物馆、美术馆与图书馆（Museums，Galleries and Libraries）；音乐、表演和可视艺术（Music，Performing and Visual Arts）。与其他国家或地区的文化创意业范畴相比，该定义有细微差异。如与美国文化创意业相比，多了博物馆以及手工艺等，与我国相比则少了文化创意类的相关制造生产等（见表 1）。

表 1　文化创意产业的范畴比较

国家或城市	范畴
伦敦(英国)	广告与营销;建筑;手工艺;设计:产品设计、图形设计和时尚设计;电影、电视、录像、广播和摄影;IT、软件和计算机服务;出版;博物馆、美术与图书馆;音乐、表演和可视艺术
美国	文化艺术、音乐唱片、出版业、影视业、传媒业、网络服务业
新加坡	第 1 类艺术与文化:摄影、表演及视觉艺术、艺术品与古董买卖、手工艺品;第 2 类设计:软件设计、广告设计、建筑设计、室内设计、平面产品及服装设计;第 3 类媒体:出版、广播、数字媒体、电影

续表

国家或城市	范畴
上海	第一类文化创意服务业:媒体业、艺术业、工业设计业、建设设计业、时尚创意业、网络信息业、软件与计算机服务业、咨询服务业、广告与会展服务业、休闲娱乐服务业;第二类文化创意相关产业:文化创意相关产业
北京	文化艺术,新闻出版,广播、电视、电影,软件、网络及计算机服务,广告会展,艺术品交易,设计服务,旅游、娱乐,其他辅助服务9个大类
中国国家统计局	文化产业:新闻出版发行服务、广播电视电影服务、文化艺术服务、文化信息传输服务、文化创意和设计服务、文化休闲娱乐服务、工艺美术品的生产、文化产品生产的辅助生产、文化用品的生产和文化专用设备的生产

资料来源：作者整理。

2. 规模：仅次于金融服务业的第二大支柱产业

2012 年，伦敦创意产业增加值达到 346 亿英镑。1997 ~ 2012 年，英国整体经济增长了 70%，创意产业增长了 90% 多，其发展速度远快于总体经济。伦敦的创意产业总值占英国创意产业总值的比重非常大，在 2000 年就达到了 24.68%，到 2011 年上升到 49.8%；而伦敦地区增加值占英国的比重维持在 21% 左右的水平。从中不难发现，文化创意产业在伦敦的地位要超过伦敦整体经济在英国的地位。创意产业占地区增加值比重也远高于英国整体水平。伦敦的这一比重几乎都在 10% 以上，为英国全国平均比重 4.8% 的两倍（见表 2）。伦敦文化创意产业规模的增长非常迅速，经过 10 余年的发展，目前已经成为第二大支柱产业，仅次于金融服务业。

表 2　2009 ~ 2012 年伦敦创意产业的增长及占英国比重变化

单位：亿英镑，%

地区	类目	2009	2010	2011	2012
伦敦	增加值总额	2821	2957	3149	3256
	年均增长率	—	4.82	6.50	3.40
	创意产业增加值	297	317	341	346
	年均增长率	—	6.73	7.57	1.47
	创意产业占比	10.50	10.70	10.80	10.60

续表

地区	类目	2009	2010	2011	2012
英国	增加值总额	13450	14007	14416	14759
	年均增长率	—	4.14	2.92	2.38
	创意产业增加值	633	659	685	727
	年均增长率	—	4.10	3.95	6.13
	创意产业占比	4.70	4.70	4.80	4.90
伦敦/英国	创意产业	46.9	48.1	49.8	47.6
	地区增加值	21.0	21.1	21.8	22.1

资料来源：依据 Lara Togni（2015）计算整理。

二　伦敦创意产业的构成与分布

1. 创意产业的构成

伦敦创意产业的内部构成主要划分为 9 个行业：其中占比最高的为“IT、软件和计算机服务业”，其占伦敦创意产业的比重超过 30%，达到 31.1%；其次为“电影、电视、录像、广播和摄影业”，该行业占伦敦的比重为 25%，而出版行业、广告与营销行业及音乐、表演和可视艺术业的比重均在 10% 左右。比例相对较低的为建筑业（3.9%）、博物馆、美术馆与图书馆业（1.7%），以及设计：产品设计、图形设计和时尚设计业（2.7%）。占比最低的行业为手工艺行业，仅占伦敦创意产业的 0.5%。

伦敦创意产业的内部构成与英国大体相当。差别较大的为，英国的电影、电视、录像、广播和摄影业占英国创意产业的比重为 17.9%，低于伦敦该行业的比重（25%），而 IT、软件和计算机服务业占英国创意产业比重高达 41.5%，几乎占整个英国创意产业的一半，要远高于伦敦该行业的比重（31.1%）。

从伦敦创意产业各组成部分占英国的比例来看，两者创意产业的结构又有较大差异。伦敦创意产业整体占英国创意产业的比重近一半，达 47.6%。其中，广告与营销、电影、电视、录像、广播和摄像、出版及音乐、表演和可视艺术等行业在全英国的占比都在 50% 以上，而建筑、手工艺、设计、

IT 和博物馆等行业的比重都低于 50%。在所有行业中，伦敦占英国全国比重最高的为音乐、表演和可视艺术业，伦敦该行业的增加值达到 31.6 亿英镑，占全英国的比重达 75.8%。第二高的为电影、电视、录像、广播和摄影业，占比为 66.4%。从这里可以看出，英国的电影、电视、录像、广播和摄影业和音乐、表演和可视艺术业基本上都集中在伦敦，而博物馆、美术馆与图书馆业及 IT、软件和计算机服务业则相对分散。

从创意产业的人均劳动产出来看，伦敦的水平要远高于全英国。伦敦的 IT、软件和计算机服务业、出版业和手工艺业的水平要高出英国平均水平 50% 左右，而音乐、表演和可视艺术业的人均产出水平为英国该行业平均水平的 2 倍还要高。同时，从人均劳动产出来看，英国最高的为电影、电视、录像、广播和摄影业，年产出达到人均 6.7 万英镑，而伦敦人均劳动产出最高的行业是 IT、软件和计算机服务业，年产出达到人均 9.4 万英镑。人均产出最低者也有差别，英国为音乐、表演和可视艺术业，人均为 1.95 万英镑，伦敦则为博物馆、美术馆与图书馆业，其人均产出为 3.68 万英镑（见表 3）。

表 3　2012 年伦敦与英国创意产业增加值构成

行业	创意产业增加值				创意产业人均劳动产出(英镑)		
	伦敦 GVA（百万英镑）		英国 GVA（百万英镑）		伦敦	英国	伦敦/英国
	绝对值	比例(%)	绝对值	比例(%)			倍数
广告与营销	3631	10.5	6628	9.1	54773	42953	1.275
建筑	1349	3.9	3302	4.5	49924	46710	1.069
手工艺	159	0.5	325	0.4	61799	41290	1.497
设计:产品设计、图形设计和时尚设计	947	2.7	2271	3.1	42375	29757	1.424
电影、电视、录像、广播和摄影	8633	25.0	13011	17.9	84392	66998	1.260
IT、软件和计算机服务	10777	31.1	30195	41.5	93914	62040	1.514
出版	5341	15.4	10616	14.6	89669	57930	1.548
博物馆、美术馆与图书馆	601	1.7	2214	3.0	36754	30148	1.219
音乐、表演和可视艺术	3163	9.1	4175	5.7	42171	19536	2.159
合计	34601	100	72737	100	555771	397362	1.399

资料来源：Lara Togni（2015）。

2. 空间格局

从伦敦创意产业就业的空间分布来看，主要集中在伦敦西部和北部地区。在外伦敦区域布局非常少。其核心以西部和北部的富勒姆、西斯特敏斯特、肯辛顿切尔西、卡姆登、伊斯灵顿、哈肯尼为主，内伦敦南部的兰贝斯和萨瑟克等区也是创意产业就业人口占比相对较高的区域。在外伦敦，仅西部的豪恩斯洛和里士满两个区（自治市）的创意产业就业人口比重相对较高，事实上从2009～2014年，这些区域的创意产业就业人口比重略有下降（见图1，图2）。

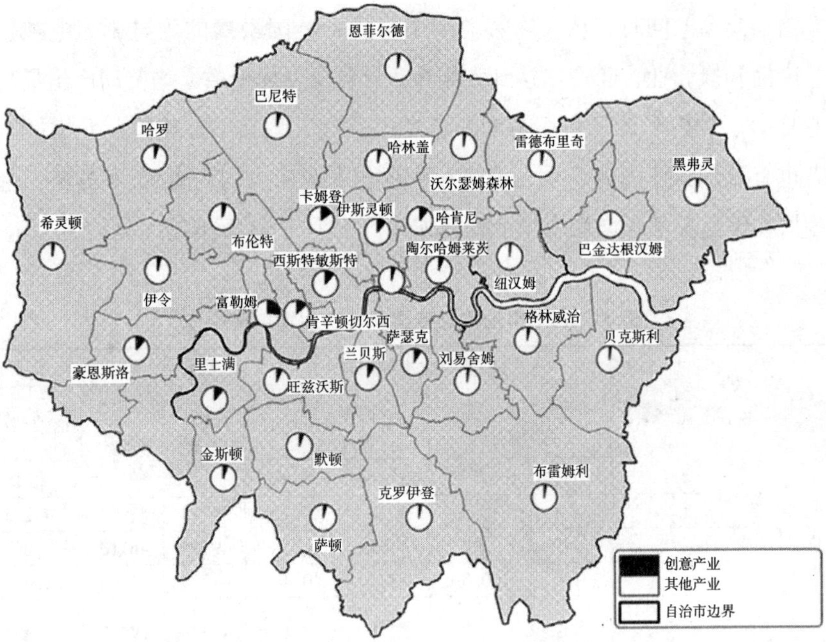

图1　伦敦创意产业的空间分布（2009）

资料来源：Lara Togni（2015）。

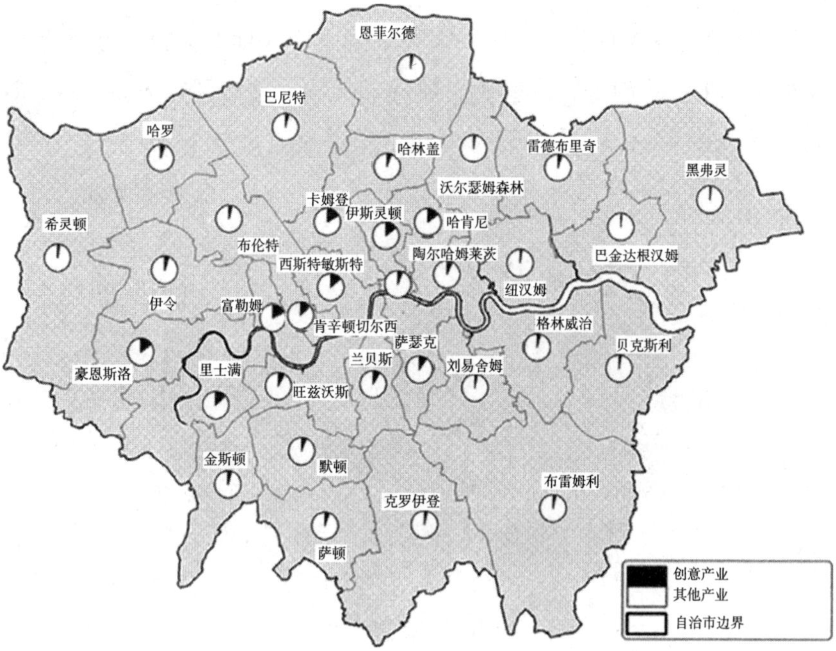

图 2　伦敦创意产业的空间分布（2014）

资料来源：Lara Togni（2015）。

三　伦敦创意产业与创意经济的数据比较

1. 创意产业与创意经济的分野

要想探讨伦敦创意产业的就业情况需要了解一个基本概念：创意产业就业和创意就业。创意经济就业人口有三种类型（ONS，2014）：第一类，产业和岗位都是创意性质的就业；第二类，非创意产业中的创意岗位就业人口；第三类，创意产业中的非创意岗位就业人口。而构成创意产业的就业人口只包括第一类和第二类。创意经济的概念要大于创意产业的内涵，相应其就业人口也较创意产业多。

根据英国国家统计局的数据（2014），伦敦创意产业的就业人口约为57.6万人（其中，创意岗位为33.2万人，非创意岗位为24.4万人），而创意经济的总就业人数则需要在创意产业就业人数的基础上再加上非创意产业中的创意岗位就业人数（22万），总计可达79.6万人（见图3）。

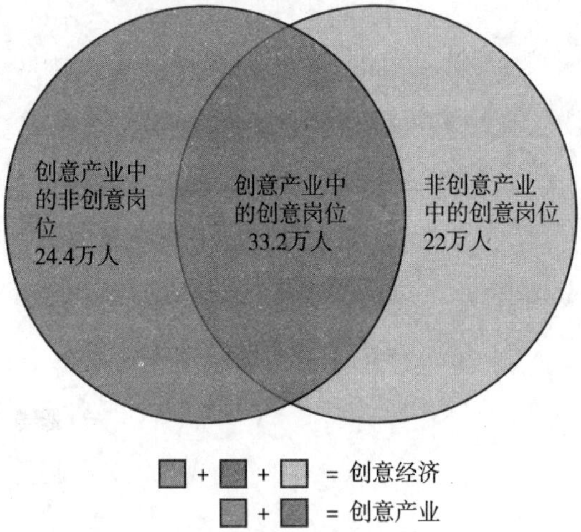

图3　伦敦创意经济与创意产业的区别与构成（2014）

资料来源：ONS Annual Population Survey, 2014.

2. 伦敦创意经济的规模与贡献

伦敦文化产业收入规模较大。创意与文化产业的总收入有250亿~290亿英镑。对艺术的商业投资达5290万英镑，信托与基金会的投资达2820万英镑，个人投资1.45亿英镑。2010年伦敦创意经济的从业人数为65.8万人，表现最为明显的领域是电视制作和时尚设计领域，如伦敦集聚了全英国60%以上的电视制作公司、85%以上的时尚设计师和40%以上的出版业从业人员。

根据最新的数据，伦敦创意产业的岗位数从2011年的49.7万个，上升到2014年的57.5万个。而创意经济的就业人数上升更快，从2011年的69万个，迅速增加到2014年的79.6万个，占所有就业岗位数的比重达16.3%。要远高于英国其他区域的7.4%（见表4）。

表 4　2011 年、2014 年伦敦创意经济与创意产业岗位数量比较

单位：万个，%

区域	分类		2011		2014	
			岗位数	占比	岗位数	占比
伦敦	岗位和产业都属于创意		29.6	6.7	33.2	6.8
	创意产业中非创意岗位或未知		20.1	4.5	24.4	5
	创意岗位但不属于创意产业或未知		19.2	4.3	22.1	4.5
	工作和岗位都不属于创意或未知		375.9	84.5	407.7	83.7
	其中	创意产业中的岗位	49.7	11.2	57.5	11.8
		创意经济中的岗位	69.0	15.5	79.6	16.3
	合　计		444.8	—	487.4	—
英国其他区域	岗位和产业都属于创意		52.8	2.1	63.8	2.4
	创意产业中非创意岗位或未知		53.6	2.1	59.5	2.2
	创意岗位但不属于创意产业或未知		66.8	2.6	72.5	2.7
	工作和岗位都不属于创意或未知		2394.4	93.3	2457.7	92.6
	其中	创意产业中的岗位	106.4	4.1	123.3	4.6
		创意经济中的岗位	173.2	6.7	195.8	7.4
	合　计		2567.6	—	2653.5	—

资料来源：ONS，*Annual Population Survey*，2014.

四　启示

伦敦作为创意产业发展较为领先的城市，创意产业成为推动伦敦城市整体顺利转型的重要动力。其创意产业发展表现出来的一些新趋势和新特征，对当前我国城市推动创意产业发展进而促进城市整体转型有着重要参考价值。

1. 文化创意的范畴不宜过于宽泛

文化创意产业的发展，目的不在于其规模的简单扩展，而在于通过文化创意产业的发展，提升整个城市的文化与创意水平，推动城市整体转型。因此，应重视与文化创意紧密相关领域的发展，以及其发展对城市发展品质和品位的杠杆撬动作用，而不是关注文化创意产业本身规模的大小。在这个意义上，思考文化创意产业的范畴，能避免将与文化创意本质相去较远的产业纳入文化创意产业。

2. 加快根植于特大城市的文化创意产业的发展

从伦敦与英国文化创意产业发展的比较来看，城市和国家的文化创意发展的重点存在较大差别。文化创意产业中的一些行业与特大城市紧密相关，其行业发展依托特大城市的发展。而有些产业则对特大城市并没有显著偏好。因此，在制定城市文化创意产业发展政策过程中，应比较和分析出适合特大城市和某一个特定城市自身定位和特质的文化创意行业，寻求区域间差异化的文化创意产业发展路径，因地制宜、错位发展，可促进城市文化创意产业的快速发展。

3. 加强中心城区对文化创意的空间集聚作用

从伦敦文化创意产业的空间集聚情况来看，文化创意产业与地区经济存在相互强化的现象。文化创意产业相对而言仍较偏好中心城区，特别是中心城区中富裕家庭相对集中的区域，在中心城区之外区域则较偏好生态环境较好的区域。因此，城市在促进文化创意产业发展过程中，要强化中心城区对文化创意产业的集聚作用。在推动文化创意产业改善城区环境的同时，也通过城区环境的改善推动文化创意产业的发展，形成城区发展与文化创意产业发展的良性互动。

4. 重视创意产业对其他产业的影响和提升作用

创意产业和创意经济事实上是两个交叉但又有较大不同的主体。从伦敦经验来看，创意经济的范畴要大于创意产业，其还包括非创意产业中的创意就业。创意产业的发展，可以直接或间接地为非创意产业提供创意思想和创意人才，进而推动非创意产业中创意就业人数的增加，提升非创意产业中的创意水平，进而提升非创意产业的增加值，促进非创意产业的转型升级。因此，重视创意产业对非创意产业的溢出效应，有利于推动整个城市产业系统的升级，推动城市整体功能升级。

参考文献

LaraTogni, "The creative industries in London," *GLA Economics Working Paper 70*, Greater London Authority, October 2015.

ONS, *Annual Population Survey*, 2014.

GLA Economics, "Gross Value Added per Workforce Job in London and the UK," *GLA Economics Working Paper 63*, 2015.

NESTA, *The Creative Economy and the Future of Employment*, 2015.

邓智团：《伦敦全球城市发展研究》，上海社会科学院出版社，2016。

城市社会篇

Urban Society

B.9

发达国家以建设包容城市消除经济排斥*

陶希东

摘　要：　随着全球经济的进一步发展，人们的生活水平也越来越高，但是欠发达地区的民众比以往更加难以改变自身的境况，他们正遭受着不同程度的经济排斥，解决这一问题已经刻不容缓。本文借助美国城市研究所2016年6月发布的关于解决经济排斥问题的研究报告，在分析当前各国状况的基础上，对我国提出了相关建议。

关键词：　经济排斥　城市公平　信息技术

---

* 本文主要基于美国城市研究所的 *From Economic Exclusion to Urban Inclusion* 研究报告的评介，并对中国城市进行分析，特此致谢。

在高收入国家，城市一直带动着经济的增长，人们在城市里创建各种类型的创新中心，为国家创造了巨大的财富。但是，可以很明显地看到，这些经济发展的成果并未得到很好的共享。在很多大城市，各阶层的收入差距越来越被拉大，但这只是问题的一个方面。生产力提高了，但很多地区的贫困仍然存在。最近，在高收入国家的一些城市，人们纷纷抗议弱势群体正在面临结构性障碍和不稳定因素。

这些参加抗议活动的人认为城市里越来越多的人无法获取成功的机会。弱势群体一直无法得到较高收入的工作、良好的教育和可以使自己得到发展的机会，这使他们深陷贫困。这已经不能叫作经济的不平等，可以说是一种“经济排斥”。毫不夸张地说，这种现象不仅危及个人发展，也严重地威胁着城市的良性发展和国家的繁荣稳定。

本文主要分析经济排斥的主要表现形式，以及解决这一问题的主要方案。城市的领导者对这一问题已经表示出积极的响应，并愿意合作探索新的解决途径。同时，研究表明，信息技术可以开拓新的可能性，进而创建更具包容性和开放性的城市经济方式。

一 经济排斥问题最终会伤害到城市自身

经济排斥是一个多维的进程。这个过程中，一些特定的群体逐渐被剥夺平等参与经济生活的权利，他们会长期处于经济劣势的地位并且他们的下一代也无法改变这一境况。“排斥”这一概念的提出，是希望引起有关部门对弱势群体不利地位的关注，必须用一些强制性的手段才有可能解决。经济排斥不同于收入和财富的不平等，它会带来更多的问题。调查显示，有色人种、移民群体、难民和妇女尤其容易受到排斥。总体上看，经济排斥主要发生在四个方面。

（1）劳动市场的排斥或劳动力市场的结构变化导致弱势群体很难找到一份工作，并且这种排斥未来很有可能发生在弱势工人群体中。因为这些群体难以保证在日益增长的知识经济中保持自身竞争力。

（2）低质量工作只能提供微薄的薪水并带来额外的工作时间，缺乏工作保障，缺乏职业发展机会。全球化和技术的发展可能会进一步降低底层工作者的工资。

（3）金融危机使经济变得脆弱。经济弱势家庭缺乏足够的资产抵御失业或疾病等紧急情况，针对这些家庭的社会保障力度也在近年变得越来越弱。

（4）机会排斥往往发生在低收入人群中，也发生在一些缺乏工作机会、高等学校和健康设施的地区。在很多大城市，富人和穷人之间的地域隔离也日益加剧。

这些因素在不同的城市会有不同程度的表现，但是他们之间必然是相互影响并彼此固化的。比如，一个低收入和工作不稳定的家庭，很难获得稳定的住所。而且近年来，这些不良的状况正在持续恶化。由于全球经济衰退，许多发达国家削减了公共开支，增加了公共部门的裁员力度，削弱了公共安全网络的作用，这导致了政府公共服务能力的进一步下降，无法满足日益增长的公共服务需求。

在劳动力市场，许多传统的中等技术工人因自动化和全球化而失业。到2020年，持续增长的经济会导致3200万底层技术工人失去工作。当前兴起的“零工经济”（gig economy）创造了许多自我就业的机会并释放了创新，但也使风险从雇主转移到了员工身上，造成了更多的工作安全问题。

在欧洲和美国，人口老龄化和年轻人需求多样化已经消耗了太多的社会资源，同时移民和人口结构问题也日益突出，再加上反移民情绪的日益高涨，欧洲开始面临巨大的难民危机。

二　多维多方参与系统化地消除经济排斥

尽管有诸多挑战，弱势群体的被排斥问题依然有着较为乐观的解决前景。我们已经看到解决经济排斥问题可以给被排斥群体创造发展机会。一些研究机构试图对经济排斥重新定义，他们认为经济排斥不但影响经济增长，也会对每个个体造成负面影响，而不仅仅是影响底层民众。因此解决排斥问题迫在眉睫。另外一些研究机构则重点强调了对弱势群体人生结局的关注。一些雇主开始关注低收入员工的工作环境和工作质量。而在一些发达国家，对于经济排斥问题的运动和抗议也从未停止。

许多城市的领导者已经针对经济排斥问题采取了诸多措施（见表1）。如通过培训的方式提高工作技能，帮助他们找到更合适的工作，提供房屋补贴和免税政策，以及鼓励企业家在贫困地区创建企业等。

表1　解决经济排斥问题的措施

问题	劳动市场排斥	低质量工作	机会隔离	经济脆弱
措施	工作技能培训 工作支持 补贴和过渡性就业计划 均等机会法律	小企业援助 建设企业区 新的劳动标准 当地雇用条例	社区投资策略 住房补贴 建立包容区域 公交导向发展	慈善援助 个人发展储蓄计划 经济知识普及 房主援助

资料来源：Solomon Greene，*Open Cities – From Economic Exclusion to Urban Inclusion*。

一些城市领导人尝试超越既定解决方案，寻求新的方法。比如通过紧缩措施、下降税基和增加服务需求等。他们正在推动城市创新，以便更好地利用资源，提高效率。解决经济排斥，不能从某一个维度解决，应该寻求更加全面的方法，这样才能有更深入的影响。因此，过时的官僚结构和公共或私营部门之间的严格划分应让位给新的可以解决经济排斥的系统方案，以便形成更有效和多维度协同的治理形式。

1. 区域合作策略

一种前景广阔的发展趋势是从区域竞争转向区域合作。“大都市理事会”在2014年强调，应当鼓励各地区利益相关者进行正式或非正式的跨越管辖区的合作，以解决住房、交通和基础设施问题。芝加哥住房计划委员会（CHI）建议将市长、公共住房管理机构和民间组织领导人的权力聚集起来，共同解决住房的流动性障碍问题，为更多的低收入家庭提供好的工作机会、教育机会和交通条件。

2. 法律政策配合

各国政府处理经济排斥的政策往往因为政治僵局而失败，因此城市领导者力求填补当地的法律和实施程序之间的鸿沟，以便掌握主导权。美国的一些城市出台了专门针对弱势群体工作质量的当地法律，包括提高最低工资，提供带薪病假，招聘时禁止询问是否有犯罪前科等。政府为了提高政策效率和创建更高的治理水平，开始尝试冒险的、非传统的治理方式。在有的地区，一些针对当地的措施甚至影响到了国家的政策。比如西班牙的几个市长为难民创建了“安全城市网”，这一举措使得西班牙政府放宽了对难民的限制。

3. 系统化策略

某些城市形成了一体化的系统，有针对性的解决经济和工作安全问题，同时为被排斥群体解决住房问题。美国的几个城市，包括纽约、费城和里士满，已经创建了反贫困的机构和协调程序，用以收集更多的数据，并从私人或公共机构募集资金，以使政策顺利执行。在欧洲，《莱比锡宪章》和《欧洲 2020 年战略》明确提出针对减少贫困和提高经济包容性的综合战略。他们也建立了跨机构的基于区域的合作模式，例如在德国的社会综合城市（Socially Integrative City）和在法国的新城政治模型等都具有探索意义。

4. 公－私合作策略

城市领导者已经意识到，公共机构已经无力独自处理贫困、失业、低薪等问题，所以必须让私营机构也加入解决经济排斥问题的队伍中，让他们发挥更强有力的作用。公共机构和私营机构应通力合作，尽快确定培训需求，简化认证程序。在美国，社区利益协议中规定私营房产开发商对低收入社区群众的住房和就业负一定的责任。

三　利用信息技术创新性地消除经济排斥

新的信息技术使数据存储成本大幅下降，而且具备了更强大的数据处理能力，在以前看来稀缺的信息均可通过互联网广泛共享。这些信息技术在商业领域引发无数创新，并且从内到外重新塑造这个世界的经济结构。一些领导者正在利用移动电话、地理信息系统、传感器等先进技术，改进城市的管理和服务体系，创建“智能城市”（smart cities），倡导“公民技术”（civic technology）。

然而，这些信息技术并未用来解决经济排斥问题。而从未来的发展趋势上看，信息技术不但可以创造商业价值，也能够为社会带来更多的益处。前文中提到的方法虽然可以在一定程度上解决经济排斥问题，但还是不够“高技术”。所以信息技术或许会成为更好的方法。

1. P2P（Peer To Peer）技术创造更多的就业岗位，增强社会的互动关系，并减少运输、信贷和基本服务的费用

通过线上社区，人们可以交换意见，相互贷款等，这是一种变革的组织关系。这种模式可以帮助小企业发展，也可以为城市基础设施建设融资。另外，社交媒体提升了揭露公司不端行为和赞同更具包容性的劳动实践倡导者的能力。

2. 大数据和用户数据可以被用来提升效率，创造机会

一些城市开始分析和整合各个机构的数据资源，如学校、社会服务机构和司法系统。通过这些数据，政府可以更好地识别遭受经济排斥的人员和社区，联系到他们并提供相应的服务，进而改善整个服务链。明智的城市管理者会恰当地运用移动技术、开放数据平台和众包信息打造高效的城市服务体系，使道路修复、公共安全、救灾体系等一系列公共服务内容，都得到大的提升。同样，私营机构也可以利用大数据等信息技术将自己的生产力和利润最大化，以便给员工提供更多的福利，这也是为社会公共利益创造了正向的价值。

3. 信息技术还可以帮助揭示闲置资源和产能过剩，进而可以通过分享闲置资源和改变产能用途的方式解决经济排斥问题

住房、汽车等昂贵的资源都可以通过信息技术进行资源共享，以实现更多的收入来源并减少支出。许多商业机构和非营利机构都试图通过微型公寓、汽车共享等方式，使住房和交通问题更加实惠便捷。因此，很多城市一直在探索如何将多样性的居民创造性的集聚起来，进行“公民共享”（civic commons）。

四 对我国城市应对经济排斥问题的启示

我国经过三十多年的改革开放和快速稳定的发展，经济、文化、教育等方面都有了巨大的提升，人民的生活水平也稳步提高。然而在当前社会转型的特殊时期，社会经济结构不够完善，资源配置不够合理，导致我国城市，尤其是大城市，已经出现较为明显的经济排斥现象。主要表现在机会不均等，资源区域化差异较大，社会阶层固化等。针对这些问题，结合国外最新研究经验，我们提出以下建议。

1. 城市政府应进一步重视经济排斥问题，以保持社会稳定

我们一直认为，经济排斥只是社会不公平问题，只要经济持续发展，排斥问题便迎刃而解。其实并不是这样，研究证明，经济排斥问题能够逐步影响整个社会的经济发展，并含有潜在的爆发性危机，城市管理者必须高度重视并投入较大精力去解决，它不单单是弱势群体的个人发展问题，也关乎国家的稳定和繁荣。

2. 完善针对经济排斥问题的法律，维护被排斥群体的利益，为他们改善和创造发展条件

经济排斥现象的形成是多维度综合形成的，所以解决这一问题也需要从各个角度着手。城市政府应和社会机构合作，系统研究经济排斥的成因，补足其中的法律漏洞，才能够提升执行力度和可行性，真正有效地解决问题。特别是关乎人身健康的工作条件、工作环境问题，以及歧视问题等。

3. 通过工作技能培训、给予就业指导等方式提高弱势群体的生存技能

市场经济社会容易出现穷人越来越穷，富人越来越富的“马太效应”。底层民众由于资源、环境等各方面的问题，会进入恶性循环，无法获得发展。在这种境况下，城市政府和公共服务机构需要介入，提高他们自身的能力，进而获得更好的工作，进入良性循环。提供免费的工作技能培训和良好的就业指导，可以在一定程度上改变弱势群体的生存条件。

4. 充分运用信息技术，建立共享经济模式，为被排斥群体创造更多的发展机会

信息技术经过突飞猛进的发展，已经为全世界创造了巨大的经济价值，我国也不例外。近年来，互联网创业如雨后春笋般发展，互联网公司也在中国企业界占据了非常重要的位置。在这样的背景下，我们应充分运用信息技术，一方面可以将发展的成果通过互联网分享给需要帮助的群体；另一方面也可以通过 P2P（Peer To Peer）或 O2O（Online To Offline）等新的互联网经济模式，为弱势群体创造更多更好的就业机会。

5. 从重塑经济结构的角度出发，建立更好的社会经济体系

中国城市处于社会转型时期，经济结构也需要转型，在完成了“一部分人先富起来”的历史任务之后，我们就需要考虑公平和分享的原则。健康发展的经济体系应该是以所有公民的利益为前提的体系，而不是以某些人或某些群体为主。

参考文献

Solomon Greene, Rolf Pendall, Molly Scott, and Serena Lei, *Open Cities – From Economic Exclusion to Urban Inclusion*, June 2016.

Chen Jixue, *Research on The New Current Social Vulnerable Groups Problem*, NanJing University. July 2013.

LI Zhong – feng, “Social Exclusion, Economic Exclusion and Market Exclusion,” *Journal of Chongqing University*. No. 6, 2009.

B.10

日本培育“都市型社区综合养老护理系统”

春 燕

摘 要： 老龄化是当今世界许多国家共同面临的社会现象，老龄化带来了一系列的社会问题，对于城市发展提出了新的要求。本文归纳日本综合研究所等机构发布的研究报告，综合分析日本都市型社区综合养老护理系统发展趋势，从新社区形态视角对高龄化区域的综合养老体系发展特征进行了梳理，并提出对中国城市养老的参考与借鉴。

关键词： 高龄社会 地区经济影响 对策

人口老龄化是指总人口中的年轻人口数量相对减少，老年人口数量在总人口中所占比例不断上升的过程。一般意义上，一个国家或地区60岁以上老年人口占总人口数量的10%，或65岁以上老年人口占人口总数的7%时，就意味着这个国家或地区进入老龄化社会。日本是当今世界上率先进入老龄社会的国家，预计到2025年日本75岁以上的老龄人口将达2200万。随着高龄化的加速，在护理保险制度基础上构建老龄社会的介护、医疗、居住、生活支援、预防的一体化服务系统，即“地区综合养老系统”引发各界关注。以东京、大阪等城市为核心联合院校共同研究发布的《都市高龄化对策研讨会报告》以维持和提升老龄社会的生活质量QOL（Quality of Life）为目标，提出老龄社会的地区生活援助不仅是医疗和护理，还包括居住、出行、饮食、陪伴等生活中的各个方面都应统筹给予帮助的新理念。报告从城市和地区服务功能定义出发，提出“地区综合养老系统”建设是老龄社会环境下，构建“21世纪新型社区形态”护理保险制度的改革目标。

一　新型社区形态建设的三个前提

1. 都市区的地区特点

对于应对都市区的高龄化问题首先需要考虑都市区的地域特性。其中作为大都市的优势包括：①高密度的人口聚居。从地区老龄人口居住密度看，东京都是1208人/平方公里，大阪府是1034人/平方公里，而日本65岁以上老龄人口的人口密度是77人/平方公里，东京和大阪的高龄者分布分别是日本全国高龄人口平均分布的15.7倍和13.4倍。②充足的生活基础设施，如便利的交通网、活跃的企业活动，以及还有许多可以用于租赁的房产（东京都类似的资源有75.0万户、大阪府有62.5万户、神奈川县有42.9万户）和集中居住在社区的高龄化者人群。③高地价背景下完备的基础设施建设。从地价情况看，东京都特别区的地价是48万日元/平方米、横滨市是22万日元/平方米、大阪市是21万日元/平方米，分别居日本国内的前三位。但从完善的居家服务和介护人才的保障等方面看，东京都是2.73倍，名古屋等地区是3.00倍，而日本国内平均水平是1.64倍。此外，在高龄者中有高收入人群也有相对贫困的低收入人群。

2. 未来老龄社会的高龄者特征

根据《都市高龄化对策研讨会报告》，未来高龄者特征包括高学历、有较稳定的年金收入，有选择多彩生活方式的基本条件以及有较强的居家养老意识、有很强的参与工作和参与社会活动的欲望等。

（1）高学历化和稳定的家庭收入。未来高龄者多有在20世纪60年代后期进入高等学校或大学的经历。从这一时期开始，学校入学人数和学校毕业生就职人数明显上升。同时，这一时期的社会发展特征还包括都市化和高速的经济增长。从20世纪60年代、70年代开始，各地的人口开始大规模向都市转移，年轻的劳动力支撑了这一时期发展，使日本经济达到了一个高峰。在这代人当中许多人经历了高速增长期的年功序列工资和长期雇用制度。这一制度保障了这代人退休后有较为稳定的生活来源，也包括作为家庭主妇的女性。根据2012年日本内阁府进行的民情调查，未来老龄社会有超过50%老年家庭以年金收入作为生活来源，在各项生活来源中比例最高。其中，家庭年收入在240万日元~300万日元的老年化家庭为17.3%，收入在480万日元以上的占18.8%，年收入不满120万日元的约为8.3%。

（2）有选择消费文化和多彩生活方式的条件。对未来的高龄者们来讲，他们的小学生及中学生时代是电视、洗衣机、冰箱等耐用消费品急速普及的时代。而20世纪80年代机动车的普及让未来的高龄者经历了各类休闲生活的体验，包括对时代流行、旅游、文化等社会现象的认识与观察。此外，20世纪90年代经济低迷期促进消费的政策，以及从2000年开始，急速普及的网通信络与智能手机等都产生了诸多的影响。因此，未来高龄者会在消费和生活方式方面有创新生活的能力，包括利用机动车、电脑、智能手机创造丰富日常生活等。

（3）有较强的居家养老意识且对居家医疗与护理有更高需求。根据调查，未来拥有产权居住条件的老龄家庭约占所有老龄家庭的9成。对于“是否考虑从现在的住房搬迁”的问题，70%的受访者认为没有搬迁的考虑而愿意留在现居住的地方，选择以居家方式养老。受访者中选择“居家养老”的占38.2%，选择在养老人设施养老的占16.1%，也有选择在“病院等医疗机构”养老的，占12.4%，选择老人保健护理设施的占8.6%。

（4）有很强的参与工作和参与社会活动的欲望。根据对60岁以上高龄者的调查，虽然进入退休状态，离开公司的正式岗位，但仍有相当部分人员选择转为企业契约社员、临时工等非正式编制的员工继续工作。其工作的理由包括为了生存价值、维持健康，以及在“在能活动的时候希望一直能够工作”等。对高龄者的就业形态和就业时间，很多企业采取了按照具体情况具体处理的多样方式，因此也方便了高龄者的就业需求。对于社会活动的参与，未来高龄者拥有参与地区社会活动的积极意愿。很多受访人希望退休后用更多剩余时间参与各项社区活动，其中包括娱乐和体育活动，以及各种对高龄者有帮助的活动等。

3. 未来医疗需求

未来时代，医治的意义不单是医疗，保持和提升高龄者的生活质量也是医疗的主要任务。因此新的医疗内涵还应包括医疗与护理，而对于高龄者来讲，自立生活的帮助与护理及日常生活的帮助是非常重要的。

二 21世纪新型社区形态及其建设

1. 21世纪新型社区形态－区域综合养老护理系统

从高龄者的视角看，都市的优势是集聚多样性的人才、完善的生活基础设施、活跃的各类商业活动等。在未来高龄者特征和医疗、看护服务需求基础上，21 世纪的新型社区形态－地区综合养老系统包括的具体内容如下。

（1）居家的医疗养老与看护。居家养老生活包括普遍性的 24 小时定期巡回服务、复合型服务、小规模多功能型居宅看护、访问诊疗、访问看护等。在居家的医疗养老与看护中，有社会法人运营的都市公共服务设施提供的 24 小时定期的巡回式居家服务。在这方面以企业间合作、法人间的联合为主。在整个地区开展老龄社会服务，进而在整个地区实现服务人员的有效配置。此外，以市区街道为主的居家医疗与看护联合，充分发挥 ICT 的作用，建设有效信息互通共有的社区环境。行政方面，通过都道府县政府采取广域的综合措施，推进看护报酬的提升。

（2）新的居住理念。其一，实现居住选择的多样性和居住方式的多样性。同时促进居住连带服务设施的建设，促进面向高龄者的有服务附加设施的住宅建设，促进有收费服务的老人公寓建设。其二，对配备服务设施的高龄者住宅以及收费老人公寓，要通过信息提供系统，说明各个设施内有怎样的医疗和看护服务（包括说明外部提供的服务内容）。从保护居住者的利益出发，根据需要进行地方政府的指导和监督。其三，根据地方保险财政实际，对配备服务的高龄者住宅以住所地特例为标准来给予支持。对于符合住所地特例的，可以根据制度来利用住所地周边的服务设施及地域服务项目。其四，在高龄人群集中地和社区的改造再建中，再建规划要保证社区医疗和看护双向服务的设施建设。其五，利用都市的空置住房，来保障低收入和低资产高龄者的廉价住房需求和生活服务。

（3）内容丰富的养老生活（由多样的服务构成的丰富的高龄社会生活）。其一，扶持都市退职人员的再就业和对社会活动的参与，欢迎更多社会成员支持和参与看护预防事业、高龄者生活支援服务活动。其二，发挥都市资源多样和集聚的优势，动员更多社会主体参与地区建设。其三，鼓励在40～50岁时就为养老看护做准备。都市中类似健身俱乐部等民间服务设施丰富，通过人们积极的消费意识，提高整个地区的健康意识。其四，为满足高龄老人在都市生活中的各种生活需求，利用各方面有能力的社会主体提供多样性的服务。其五，最大限度发挥市区街道村的信息传播作用，宣传民间企业提供的各种项目服务。其六，通过培植协调员等方法，加强以市街村为中心的高龄社会援助体制建设，推进互助组建设。

2. 社区综合养护系统的都市设施建设

（1）对于养老院相关设施的建设用地可以采用土地租赁的方法。此外，连锁社区养老院可以租赁设施进行经营。同时，如果与都市再生机构（UR）合作，还能够利用未使用的公有土地或小学校旧址等进行设施建设。若民间企业在建设住宅、办公楼等时，可将其中一部分作为社区养老院进行建设，社区养老院的销售方法可以讨论。

（2）跨区型设施建设的区域间调整。跨区型设施建设以高龄者选择的福祉圈域建设为前提，如东京都特别区有7个圈域，东京都共分为13圈域。东京都特别区地价高、设施建设困难大等，因此在创建地区间联合和使居住者之间有更方便联系的条件下，借助发达的交通网络使高龄者可以较方便地进行跨圈域选择和出行。

如杉并区考虑在南伊豆町建设养老院，及东京与静冈县的看护保险项目计划。看护保险项目计划以尊重入所者本人的意见为前提，注意避免家族与地域产生分离。与上述事例相同，政策规定各项目在实施中，要重点把握高龄者的养老需求，使双方都对看护保险的内容及援助计划有所了解。这样居民和社区依然能够保持联系，地区之间也提供较强的联系性，希望回乡的高龄者能够自主制订计划。

（3）此外，地方市街村进行养老院建设，为避免与都市高龄者的意愿相左的设施建设，要加强计划的研讨。对于有搬家考虑的高龄者，重新建立移住地社会关系的时间较长，因此需要在看护下进行搬迁。政府更加鼓励高龄者在健康状态下进行搬迁。对于地区综合养老系统的构建，日本厚生劳动省也对该项目的自治计划给予了支援，各项计划共分为 6 期一直持续到 2025 年，通过中长期建设实现社区综合养护系统的构建。

三　从新社区形态建设看老龄化对地区经济社会的影响

1. 供给层面：“劳动力减少、全员劳动力、资本投入”的转型与创新

劳动投入的减少及对全员劳动生产率的影响，其表现已较为显著。根据人口预测，到 2025 年，日本 75 岁以上的高龄人口将比现在增长近一倍，老龄人口数量将达到 2200 万。而同期，0～14 岁“青少人口”总数则少于现阶段的青少年人口数量，预计为 1200 万，同时 15～64 岁的“生产年龄人口”数量也以每年减少 70 万人的速度下降，到 2050 年实际劳动人口数预计为 7100 万。

从对全员劳动生产率的影响看，对于经济增长中各生产要素的贡献度而言，20 世纪 80 年代，劳动力投入是形成贡献率的重要基础。在此之上，通过资本投入的增加，配合单位劳动者资本装备和教育投资的增加，促使全要素劳动生产率提升。进入 90 年代，随着全员劳动生产率的降低，劳动投入不再是贡献率的影响因素，资本投入也因泡沫经济以及设备过剩等，不再对经济贡献率发生明显作用。再从对资本投入的影响看，人口高龄化造成当前阶段储蓄提取的增加，使得家庭储蓄率下降。日本 20 世纪 80 年代中期，家庭储蓄率达到高峰，之后便一直处于下降状态，2004 年，家庭储蓄率为

3.1%，处于发达国家的中等水平。

家庭储蓄率下降一般来讲有三方面原因，一是实际所得的减少。二是物价上升，即实际购买力的下降。三是财政赤字的缩小。据 OECD 的数据显示①，高额的家庭储蓄率是其经济增长的源泉。因此，家庭储蓄率的降低必将会带来国内投资的减少，成为影响增长的重要因素。在这种情况下，尽管优先扩大需求的财政制度促进了低劳动生产率产业向劳动生产率高的产业转型，但是为缓解劳动投入减少对经济增长的压力，各方面选择的重要战略策略是提升创新能力：一是企业方面确保研发经费，促进各社会部门不断努力提升资本效率，同时把握机会进行有效的企业并购等；二是政府部门调整财政支出保证研发经费，以及进行制度改革，以服务业为核心，促进劳动生产率低的领域的发展；三是强化产学联合、构筑有实效的人才培育系统，培育人才是企业把握竞争力的关键所在。

2. 需要面：高龄者市场、所得构成差异影响的消费行为变化

从需要层面看人口老龄化，会带来高龄者市场的扩大和各种各样的消费结构变化。一是作为消费者，高龄者人口比例的上升不单纯是人数变化，其还将影响老年人口在消费市场的地位。构成这种变化的要因包括：①年金支付的限制逐渐减少，人们的收入转移格局开始形成。②在新的高龄者雇用法背景下，出生于 20 世纪 60 年代以前的就业者会进一步增加。③平均学历的提升，表现为退休支付金水平的提升。同时，拥有资产的高龄者，能通过股份或利息获得收入。随着人口高龄化、收入来源更加多元化，以雇用收入为主的高龄者的人数在不断下降，而以年金、财产所得作为收入来源的高龄者人数在不断增加，并影响了消费行为。

从近年来的消费动向看，退休家庭比工作家庭的消费更加稳定，且其消费占比还在上升。事实上，资产价格变化带动了购买力能力的变化。日本金融资产的 7 成掌握在 60 岁以上的家庭。即便是资产价格上升，考虑到

① 从 OECD 的数据看，国内储蓄率和国内投资关系，往往是储蓄率下降一个百分点则投资也会随之下降一个百分点。与国际资本的自由流动无关，国内储蓄的减少制约着国内投资。当然这也只是对过去 OECD 的数据分析，国内投资的扩大还应包括多方面因素。

未来生活需要，高龄者家庭也不会进行变现消费。在高档品和海外旅游市场中，高龄者家庭占比较大。高龄者家庭的消费行为和内容与年轻人的家庭存在差异，因此高龄者家庭的支出领域应是未来的成长领域，具体包括医疗与健康领域、家务代办等领域。此外，尽管食品支出费用总体上低于年轻家庭，但在有了可支配的时间后，趣味性和娱乐性活动的消费支出会进一步增加。

3. 金融资产方面：老龄人口增加带动地区负债额减少

从储蓄层面看，一般来讲，高龄者家庭储蓄水平高于年轻人家庭，高龄者人数的增加会在一定程度上带动储蓄水平的提高。而从负债方面看，高龄者的负债数量相对较少，因此老龄人口的增加带动了地区负债额的减少，能够在提升整体金融资产余额方面发挥作用。因此从家庭财务看，风险包容度相对较大的老龄家庭增加能够有利于规避风险。但这是在一定假设条件下的，如果家庭储蓄和投资选择发生变化，风险有可能会增加。

4. 对耐用消费品的影响：全社会耐用消费品保有量的减少

耐用消费品资产保有量今后会逐步减少。根据日本综合研究所的报告分析，现阶段60万亿日元的耐用消费财产到2025年将减少到57万亿日元。这与金融产品的结构正好相反，即高龄者拥有的耐用消费财产比年轻家庭少。老龄者数量增多使全社会耐用消费品拥有量减少。如占据耐用消费品半数的家用小汽车，高龄者由于驾驶机会的减少拥有量也逐步减少，电脑、DVD音响等也是同样情况。因此，耐用消费品持有比重的下降造成了全社会耐用消费品保有量的减少。

5. 对住宅资产的影响：空置租赁房可以转变策略，考虑转向以特殊老龄者为对象进行房屋租赁

人口老龄化对于住宅资产的影响巨大。根据日本综合研究所的分析数据，当前住宅需求缓慢增加的趋势将延续到2020年，之后出现下降趋势。以一户家庭拥有一所住宅为标准，住宅资产的增减是家庭数量的直接反映。首先，由于少子化，30~39岁年龄段的家庭在加速减少。从居住形态来看，到2020年预计民营租赁、公司宿舍这两类住房的居住户数将减少1/3，这将造成民营租赁、公营住房的空置现象。年轻人家庭的减少，以及年轻人对于购房的需求与高龄者家庭之间有着不同的考虑，为年轻人家庭设计的房屋，很难让高龄者家庭再利用。此外，有70岁以上老人的家庭，到2025年将增加58%，达到1456万户，这其中77%的居住形态是以产权居住为主，且年龄越大产权居住的比例也越大。当然，对于空置租赁房的上升情况，也可以转变策略，考虑转向以特殊高龄者为对象的房屋租赁。

四 日本新社区建设对我国城市养老服务体系建设的启示

在战后随着经济社会的发展，日本的社会及家庭结构都发生了很多改变。新型社区形态体现了以家庭为核心的价值观，即家庭仍然是老人养老的主要场所，同时也体现了在城市建设中对传统的家庭养老功能建设的重视。

从城市建设看，日本在社会养老事业发展初期，各地方没有考虑传统习惯，片面地根据养老床位的指标增长要求，追求养老的床位数量，在郊外、海边建设了许多高档和有规模的养老机构。但现实中，老龄者们多不愿意离开熟悉的环境、家和社区去养老机构，使得许多大型养老机构被废弃，造成大量社会公共资源的浪费。新型社区形态建设显示，日本已把社会养老服务体系建设的重点转移到居家养老方面，如全力支持地区养老服务中心建设。根据相关法律，日本各地方必须在每万人的区域内建设一个“居家养老支援中心”，为老人提供“保健师”“看护经理”等多样服务，建设方针的转变将对全社会的养老体系建设起到良好推动作用。

目前我国的社会养老体系建设也已开始，但如何配合社会发展及需求在城市建设中推进养老体系建设还不明确。根据日本新型社区养老体系建设经验，结合国内实际，21世纪新型社区建设有利于充分利用家庭固有资源和社区其他生活设施等。新型社区具有投资少、成本低、服务广、收费廉、见效快等特点。从本质上讲，21世纪新型社区就是在社区建立一个支持家庭养老的社会化服务体系，这符合我国传统的养老文化，是满足国内众多老人养老服务需求的重要途径。

参考文献

总务省统计局：国情调查《超高龄社会」とその地域差》，http：//www. mizuho - ir. co. jp/publication/column/2010/0323. html。

国立社会保障・人口问题研究所：《都道府县未来人口预测》，http：//www. stat. go. jp/data/mesh/topics/topi681. htm。

（株）日本総合研究所：《高龄化が日本経済に及ぼす影響》。

都市部の強みを活かした地域包括ケアシステムの構築（都市部の高龄化対策に関する検討会報告書）。

张俊浦：《日本养老经验对我国社会养老服务体系建设的启示》，《改革与战略》2014 年第 8 期。

B.11

欧盟城市创新战略聚焦“积极健康老龄化”*

胡苏云　李泽众

摘　要：欧盟面对人口老龄化与创新发展的活力挑战，在欧洲峰会上系统提出“积极健康老龄化”概念。这一概念体系将有关积极健康老龄化的一系列策略作为经济增长和社会发展的动力，并提出具体举措。主要包括实施全球化的战略部署、运用互联网等新兴力量发展满足老龄人群需求的新产品和服务等内容。具体到欧洲各城市，则是探讨如何把握银发经济下的发展机遇，建设新的健康护理系统和新的社会模式。这一系列的积极健康老龄化策略及举措对中国的人口变化发展以及城市老龄化的应对具有现实意义。

关键词：健康　老龄化　创新　欧洲　银发经济

第一届主题为“积极健康老龄化创新”的欧洲峰会于2015年3月9～10日在比利时布鲁塞尔举行。来自政府、投资和金融业、工业及学术界的逾1400人就欧洲如何把人口变化转变为经济增长和社会发展的有利因素展开了讨论，尤其关注积极健康老龄化创新问题。

欧盟认为，银发经济是不能错失的经济增长良机。人口变化使得老龄消

* 本文主要根据欧盟的2015“积极健康老龄化创新”报告内容做出评介，并对中国城市进行分析，特此鸣谢。

费者从原来被忽视的群体变为一个巨大并持续增长的市场，他们的需求在很大程度上还不能得到满足，这就为商业工业开发新产品、提供新服务以及建立新的商业模式来满足日益增多的老年人的需求创造了机会。

为此欧盟提出了银发经济策略，提出需要一个条理清晰的跨部门战略，不同的部门（包括公有部门和私有部门）必须一起努力来制订产业创新性方案，探索全球银发经济的发展趋势。同时欧盟各国城市认为有必要激励创新，并调动公共产品市场和消费者市场实现整体战略。

欧盟认为，欧洲各城市成熟的管理者以及具有创新思维的初创型企业可以通过满足老龄化人口的需求，提高自己的影响力甚至引领全球市场。各城市已经在一些领域制订了可行方案，例如健康业中的信息与通信技术、智能家用科技、交通连接以及便携式连接的护理设备。它们所面临的挑战在于如何避免欧盟内部市场分裂，以及如何让欧洲和外界无缝衔接。

欧盟认为，未来的创新模式将取决于居民、使用者和消费者。法国的长期银发经济战略和英国的长期护理革命，已经显示出银发经济作为欧盟的战略是可行的。

一　以“积极健康老龄化”推进经济增长和就业

从人力资本以及银发经济机遇角度出发，老龄化人群是欧洲的重要资源。人口变化带来了新的需求和产品服务的新市场，老龄化人群同时影响了现有产品服务的计划和设计，这些产品和服务必须满足日益增加的老龄人群的需求。面对银发经济的机遇，欧洲制订了若干能在短期内促进经济增长和创造就业机会的创新方案，如“年龄友好化家居”以及“银发旅游业”计划。

1．“年龄友好化家居”前景美好

规划和设计能满足独居人群的真正社会需求。正如健康护理系统正逐渐从机构护理转向家庭护理。一个符合要求的房屋应该包含门禁设施、独特的建筑材料（比如较柔软的地板）、照明系统（例如晚间照明指引），还有用于传达重要护理服务信息的通信设施，例如电话健康咨询、电话护理、健康监控等。

而现有的欧洲建筑不能满足独居人群家庭护理的需要。英国城市 70% ~ 80% 的房屋以及德国城市 90% 的房屋不适合独居人群居住；同时，它们也没有未来电子护理服务必需的电子设备。在德国，年龄友好化房屋的缺口已经达到 250 万间；在荷兰，估计有 33 万间房屋需要转变为年龄友好化房屋。

作为机构护理的替代品，越来越多的年龄友好化房屋要能适应独居人群的生活并且提供便携健康监控系统。除了物理上或者说空间上的改造以外，一间年龄友好化房屋也应升级其他服务来满足独居人群生活的需要，这些服务包括护理沟通（包括电话护理服务、电话健康咨询），对健康状态和生活方式的电子技术支持（例如生理状态测量传感器、手机健康应用、远程监控、生活机器人等）。

在欧洲，有超过 300 万个智能房屋系统得到使用，配备智能家居系统的房屋数量以可观的速度增长，截至 2019 年，将有 2900 万间智能房屋可以投入使用。这些智能房屋不仅能够提供安全保护设施、娱乐设施、高效能源设施，同时也为老龄人群提供独居设施和护理沟通设施。护理沟通设施能替代现有为老龄人群提供的过度依赖机构的护理模式，实现全面的护理（生理和社会性）。依赖机构的护理模式在不断增加的老龄人口需求下显得既不可持续也不可行。

2. 积极健康老龄化促进就业和经济发展的具体建议

①制定一个可持续的、跨组织、跨部门战略。通过这个战略，抓住欧洲银发经济机遇，实现经济增长和增加就业岗位。

②以年龄友好化房屋作为年龄友好化环境的一个重要表现形式（其他还有年龄友好化城市和地区以及旅游业），要针对其特点制订清晰的框架来确保发展年龄友好化房屋有一个更加安全的投资环境。

③促进房屋拥有者采取贷款或其他融资方式来升级他们的房屋，使这些房屋变为年龄友好化房屋。为涌现的新兴旅游、休闲产品和服务设立清晰的框架，框架要特别根据老龄人群的需求而制订。

④促进欧洲交通运营网络的联营，并且为 65 岁以上人群提供“欧洲一卡通”。如图 1 所示，65 岁以上的欧洲居民有超过 3 万亿欧元的消费能力。

健康老龄化能使人们的工作寿命更长、学习新的知识、过更好的生活。银发经济下也会产生更多创新，比如健康机器人、远程服务等，同时也会需要更多高科技技术型人才。

图1　银发经济下的机遇

资料来源：Innovation for Active & Healthy Ageing，*Final Report European Summit on Innovation for Active and Healthy Ageing*，Brussels，9 - 10 March 2015，European Union，2015.

二　围绕“积极健康老龄化”进行创新投资

1. 老龄化投资需要有公共创新采购

当前欧洲的老龄化创新投资还主要来自政府部门，如“欧盟展望2020”

这样的科研创新基金，是研发该领域创新服务产品的重要推动力。

这些创新方案主要还是依靠地区健康护理部门的购买，因此公共创新采购和商业采购是供给市场促进创新的重要手段，而且它们可以促进提供基于结果的解决方案，来满足地区和当地健康护理部门的需求。公共采购创新意味着鼓励健康护理部门带着目的在市场上进行购买，并且要求市场提供能满足要求的创新方案，这样的市场协约会促进积极健康老龄化的供给双方能有更好的理解和更密切的合作。

2. 私人投资有待加强和创新

私人的投资资源在创新方案的贡献中仍然是有限的，这主要源于欧盟市场的碎片化。欧盟有各种层面的不确定规则和向当地和地区负责的政府部门，这些会使投资者对于是否有能力将这些方案有效投入市场实施产生怀疑，因此也会使投资回报降低。

从科学技术层面上看，欧盟资助的一些方案展示了相当大的价值，然而这些出色的科技缺乏实用性，或者商业模式无法将它们投入实际市场。目前缺少的不是金钱，而是这些方案背后的商业模式问题，这也是为什么私人投资者不愿投资的原因。将科研创新贴近消费者的措施和理解投资者在发展初期的需求，被认为是老龄化领域最重要的吸引更多私人投资的手段。

欧洲创新科技初创企业的私人投资市场与美国的硅谷有很大区别，但是已经有新一轮从各方而来的投资资本，这些投资者开始从不同角度更专注地观察欧洲的创新者。宽带和连接技术的更新工程，会影响欧洲资本市场对积极健康老龄化创新的看法。如欧洲的智能房屋按计划会快速大幅成长，比美国要快很多，这意味着新的参与者会带着一整套涵盖娱乐、安全以及其他移动健康护理功能的解决方案加入电话护理和咨询的传统市场。这是对发展信息通信技术的创新初创企业的主要市场机遇。

3. 推进积极健康领域投资的具体建议

①成立一个数据信息机构，为积极健康老龄化的信息通信技术投资服务。应包括产生了何种投资（何种类型的投资者），详细记录投资的案例。测试各种类型投资（社会影响力投资、众筹、天使投资、风险投资等）的

效果，以及为大范围投资者、潜在投资者、重要股东展示投资之后的进度。

②支持发展银发经济的市场创新。要加强现存的基金组织，特别是H2020和健康支持项目（AAL Project）的联系以及将投资者、消费者都投入到信息通信方案的早期发展阶段，最大程度发挥生态系统的作用并与欧盟投入的科研创新项目相结合。

③探索新的协同方案，将欧盟投入的科研创新项目和私人投资相结合，特别是社会影响投资和众筹，还有与老龄化问题息息相关的新投资项目。

④鼓励主动探索服务和分享经济的交点，例如原本用于老龄人服务却得到年轻人青睐的产品等。

三　满足老年需求，创新健康护理

1. 整体性护理方案

整体性的护理方案是社会医疗护理体系的一个重要转变，包括应急社区护理制度、以病人为中心的新型管理模式、健康护理组织专业人士之间更多的交流合作与责任共担、药剂师的角色转变等诸多重要内容。建立不同于传统线性方法的创新体系，即只靠一个专业医生对护理、技术及行政人员共同提供的医疗健康服务负责。这样的转变基于三个基本要素：获取帮助抉择的准确信息、具有做出正确选择的积极诱因以及拥有传达所选内容的能力。

民众对医疗健康服务人员的要求正在逐渐提高，除了更加专业外，还要能够根据病人需要提供服务。同时，科技的高速发展也要求他们接受相应的培训。如药剂师的角色不应当仅仅是送药人，应当从配送药物转变为临床药学，更好地支持病人治疗的决心，减少全科医生资源及医疗服务的消耗，更有效地利用处方适用和药物评估的方法，并且为病人自我掌控、自我管理提供严谨的解决方案。在一定条件下，临床药师可以转变为其他角色，例如独立的开处方者。同样，以病人为核心的服务能够依托制药工具，来增加数据共享的可能性以及增强病人持续治疗的决心。

2. 创新健康护理服务的具体建议

①探索欧洲护理系统“创新基准”的建立，策划对健康护理服务具有激励效应的机制方案。

②推广最优的实践方案，将病人与被护理者考虑到新型护理模式的设计中，确保他们能够传达自身的需求。将所有行动者以合作伙伴的形式联合起来，以实现可持续健康护理服务的转变。

③政府可使用立法的方式来促进社会医疗护理一体化。关注点与措施应当瞄准主要障碍，如激励机制和补偿机制。

④预测老年人群的护理需求，以避免技术性缺口，将这些需求与已有的欧盟支持技术提升的工具相匹配。欧洲委员会则可以支持教育及培训项目的调整，突破传统专业的边界，有效利用教育资源投资，使护理人员具备适当的技术混合能力、管理技巧以及在私人护理方面的领导力；优先处理有“重要需求”的病例，例如老年医学专家和老年临床药师可以帮助减少处方过量或处方有误的问题。

四　积极健康老龄化策略的中国启示

1. 城市发展与健康密切结合

2014 年中央提出新型城镇化战略，确立坚持以人为本，以新型工业化为动力，以统筹兼顾为原则，推动城市现代化、城市集群化、城市生态化、农村城镇化，全面提升城镇化质量和水平。新型城镇化的“新”就是要由过去片面注重追求城市规模扩大、空间扩张，改变为以提升城市的文化、公共服务等内涵为中心，真正使我们的城镇成为具有较高品质的适宜人居之所。

最近提出的中国“健康 2030”规划，明确将健康融入所有政策，切实转变发展理念。优先投资于人民健康，关注点从“以治病为中心”转变为“以人民健康为中心”，在资金投入、政策导向等方面加大支持力度，努力为人民群众提供全方位、全周期的卫生与健康服务，让改革成果惠及全体人民。把人民健康放在优先发展的战略地位，将生态绿色、环境友好、健康促进作为我国长远的经济社会发展模式，从而推动决策程序的建立和政策体系的形成，推动经济增长和社会发展方式的转变。

中国未来的城市发展，不仅是城市本身的健康发展，更是要融入城市中人的健康发展，城市的硬件建设、城市的气候环境条件、城市的公共设施、城市的空间和道路布局都需要融入健康要素，将城市发展和建设与人口健康水平提升和生命质量提高密切结合，真正实现以人为本的城市发展道路。

2. 确立人口老龄化下的城市发展新思路

中国的城市发展中也日益面临老龄化的挑战，如何化被动因素为主动因素，欧盟的积极健康老龄化策略和措施为我们提出了城市发展的新思路。健康老龄化的创新不仅能有效转化为经济增长和就业创造，而且能启动新的投资项目，满足老年需求的护理创新更是有无限机遇。欧盟许多城市准备发展银发经济，尤其是法国，已经启动详尽的产业发展目录和策略，并将在2016年10月在巴黎召开银发经济大会。欧洲各城市不仅正视自身老龄化的浪潮，更是紧紧抓住全球老龄化大潮的机遇进行积极布局，尤其结合健康及其相关产业的创新制定前瞻战略。中国城市面对正在来到和即将来到的老龄化人口，更应变消极老龄化为积极老龄化，变羸弱者老龄化为健康者老龄化，变消费型老龄化为生产型老龄化，变区域老龄化的局限性为全球老龄化的机遇性，推动城市在人口老龄化因素作用下的匹配发展，真正将积极健康老龄化融进城市发展的所有战略和策略中。

3. 围绕老年人需求服务，助推城市健康护理服务业及其衍生产业发展

欧洲国家的初始拉动因素是公共投入，而当前已经在布局企业、社团、个人，以及经济、社会、文化、科技、金融投资等多元要素的投入，其产出则已面向未来和全球。中国目前的老人需求现状是“需要无限，而需求有限”，中国老人的需要转化为需求要有诸多拉动因素，最有效的拉动因素还是公共投入。但同时可以着眼弯道超越，结合研发创新（R&I），积极利用科技因素，包括信息和互联网科技等，构建全球新的护理服务及其衍生产品体系，形成具备特色的老年人健康护理产业体系和产品体系。

参考文献

Innovation for Active & Healthy Ageing , *Final Report European Summit on Innovation for Active and Healthy Ageing*, Brussels, 9 – 10 March 2015, European Union, 2015.

Zachary Zimmer, Carol Jagger, Chi – TsunChiu, Mary Beth of stedal, Florencia Rojo, Yasuhiko Saito, " Spirituality, Religiosity, Aging and Health in Global Perspective: A Review," *SSM – Population Health*, 2016.

Bousquet J, Farrell J, Crooks G, Hellings P, Bel E H, Bewick M, Chavannes N H, de Sousa J Correia, Cruz A A, Haahtela T, Joos G, Khaltaev N, Malva J, Muraro A, Nogues M, Palkonen S, Pedersen S, Robalo – Cordeiro C, Samolinski B, Strandberg T, Valiulis A, Yorgancioglu A, Zuberbier T, Bedbrook A, Aberer W, Adachi M, Agusti A, Akdis C A, Akdis M, Ankri J, Alonso A, Annesi – Maesano I, Ansotegui I J, Anto J M, Arnavielhe S, Arshad H, Bai C, Baiardini I, Bachert C, Baigenzhin A K, Barbara C, Bateman E D, Beghé B, Kh. Scaling up Strategies of the Chronic Respiratory Disease Programme of the European Innovation Partnership on Active and Healthy Ageing (Action Plan B3: Area 5) . Clinical and translational allergy, 2016, 6.

世界卫生组织:《关于老龄化和健康的全球报告》, 2016。

世界银行集团、世界卫生组织、财政部、国家卫生和计划生育委员会、人力资源和社会保障部:《深化中国医药卫生体制改革:建设基于价值的优质服务提供体系》,《政策总论》2016。

城市文化篇

Urban Culture

B.12 英国城市以创新设计引领未来发展*

胡苏云　田思禹

摘　要： 本文对英国“未来城市”研究机构发布的《未来城市：英国城市创新设计的报告》进行分析，提出了城市创新的市场机遇和五大功能建设（空间设计、物质基础设施提供、数字化和数据、商业金融以及社会治理建设）。报告指出民间社会、研究学术界和商界等要素有助于提升五大功能，以更好营造未来城市的发展环境。报告将伦敦等城市作为全球创新枢纽地的案例进行详细分析，并提出英国在世界未来城市建设中的优势和新挑战。

关键词： 城市创新　英国　挑战

* 本文主要根据英国“未来城市”研究机构的《未来城市：英国城市创新设计的报告》进行评介，并对中国城市进行分析，特此鸣谢。

英国长期致力于城市发展策略的建构。在伦敦的未来城市发展规划之后，英国的“未来城市”研究机构又发布了《未来城市：英国城市创新设计的报告》，指出了城市创新的主要方向，以及英国在未来城市发展中的主要推进方向。

一　未来的城市需要创新力量推动

1. 城市创新挑战带来市场机遇

城市人口密度增大不仅加大了洪水等灾害的影响力度，还使城市还面临住房紧张和基础设施建设不足等严峻挑战。但与此同时，城市的高密度发展又创造了利益和机会，吸引着人才和资金，通过共享资源提高效率，允许居民更加有效参与政治决策。预计这种“城市效应”会使城市居民比例从占世界人口的50%增加到70%左右。

城市的发展将会影响到每个人的生活方式。传统的城市发展模式更多地考虑当地的直接利益，而往往忽略了全球资源的稀缺性或环境问题。现今，许多城市都在竞相吸引和留住全球流动人才和投资，因此，许多城市政府都将建设成为有吸引力的工作和居住地放在优先地位。日益庞大的中产阶级则期望城市努力为居民提供良好的生活质量、繁荣的经济环境，并减少消极的环境影响。

但世界上许多城市提供基本服务都有困难，如对清洁用水、卫生、教育和医疗保健等的提供不足；大多数城市都面临着另一些挑战，如交通拥堵、空气污染等。世界各地的城市性质与规模不一，面临的挑战也具有多样性，伦敦和纽约都在努力对19世纪的用水设施和基础交通设施进行改造，以满足21世纪的需要。世界各地的人们都要求政府当局利用新技术，在预算紧缩、未来风险加剧的背景下以更好、更具成本效益的方式提供服务。

要实现这一目标，新的城市发展模式必不可少。城市创新的市场巨大，且在不断地增长。据估计，未来的20年至少需要40万亿美元投入城市基础设施建设，预计到2020年，智慧城市系统的市场将超过4000亿美元。英国技术战略委员会估计，至2030年全球城市综合解决方案市场规模可能达2000亿英镑。这些数字都表明，能为解决复杂城市问题提供创意的企业、研究人员和机构，都会因其技术、产品或服务而占领一个庞大且不断扩大的市场。

2. 城市创新发展需要五大能力建设

空间能力：利用建筑、公共空间和都市区域的空间设计和规划，以整合的方式应对城市挑战。

物质能力：基础设施工程、交通、能源、水务和废弃物处理的设计和建造，推动跨系统的效率提升。

数字能力：数据分析、软件开发和应用、城际信息通信技术系统建设推动形成对城市形态和运作的新洞见。

商业能力：以金融、治理和商业模式促使城市发展更具系统性。

社会能力：公民参与、信息共享和分散化设计使城市发展更能针对居民需要。

同时，应在公民社会、研究界和商界三要素间形成良好的生态系统，来助力创新。

3. 政府和民间良好合作，协同城市创新

（1）城市政府和民间组织是推动英国城市创新的主要参与者

国家级、市级政府支持英国城市管理创新方法，从而引导各城市对新产品和服务的需求。地方政府推进新的服务交付方式、新的技术的实施和应用，并与业务研究中心合作，促进创新与现实挑战的结合，并在当地实践新的解决方案。民间组织是英国进行城市创新、维护生态系统的重要组成部分，且市民自行开发城市管理和规划系统。中央政府则通过产业支持和资金资助来支持创新。

英国的城市政府正在采取创新的方法促进城市发展，并吸引投资试验新的综合解决方案。过去五年来，由于预算大大减少，英国的城市委员会不得不鼓励创新，以提高成本效率。英国城市委员会的工作与未来城市的解决方案有一些共通之处。包括公民参与、数字创新和融资创新。

（2）公民参与

城市管理部门正在采取新的方式，以鼓励公众提高效率，建立对当地政府部门的信任，并促使公民参与决策。许多委员会提供网络、广播或直播渠道，在相关会议召开期间允许居民观看、发推特或博客，从而提供渠道可以让当地生活、工作或学习的人针对任何委员会或合作机构负责的事务提出意见。新技术的发展使得公民可参与议会的预算决策，权衡有关事宜以增加投入的有效性。

（3）开放数据和数字创新

城市委员会招募越来越多的信息通信专家，以支撑在线服务和数据分析工作。例如利兹市委员会支持利兹数据运作，以提供城市数据共享的在线平台；曼彻斯特超级数据同步项目由三个曼彻斯特地方政府全力打造，以提高地方政府和其他用户之间的数据共享。

（4）基础设施融资创新

由于公共财政的限制，城市领导正在寻求新的方式资助城市基础设施建设。例如密尔顿凯恩斯市实施密尔顿凯恩斯关税计划，融资 4 亿英镑用于新的基础设施建设，以扩展城市特定区域。该计划将开发 1.5 万幢住宅和 50 万平方米的商业用地。项目最初由英国国家财政支付 8000 万英镑，通过与土地拥有者协商，提供基础设施进度协议，具体费用由按每户建造面积或每平方米土地开发情况支付；开发进入新阶段时，则根据开发和支付类型，征收不同的税费。

二　伦敦成为城市创新的全球枢纽

1. 伦敦的商业集聚能力

伦敦的研究能力和公民容量将支撑未来城市创新发展。空间设计、土木工程、数字经济和专业商务服务等方面的专业人士在该城集聚，形成了独特而丰富的人力资源。伦敦城市生态系统创新的特殊优势体现在以下几个方面。

（1）经济的多样性

伦敦在解决城市问题方面很有优势。首先，它吸引了来自世界各地的投资者和大型企业；它是世界上最大规模的建筑聚集区、工程和建筑环境厂商的发源地，例如，有 5 家世界 50 强的大建筑公司总部就设在城市中心。其次，伦敦也是世界金融中心。此外，伦敦在技术领域也快速发展，多用于各种创意服务，包括广告、数字媒体、平面设计和视觉艺术。同时伦敦拥有项目管理、房地产和法律服务等关键业务能力，可用于完成城市的创新项目。

（2）数字创意

从软件开发到广告，到视觉特效，伦敦具备繁荣的数字和创意产业。伦敦至少有 34000 家数字技术企业，过去十年中年均增长达 26%，自 2010 年以来，在伦敦投资的海外高新技术企业增加了 75%。伦敦开放的数据存储和伦敦东部的技术城市集群使数字服务创新有了可能，并提供了新的业务机会。许多服务设计公司在伦敦成立，如引擎（Engine）、PDD、生动工作（Live Work）、公共思维（Thinkpublic）等公司。同时，有设计委员会对一些行业提供创新咨询服务。

（3）世界一流的研究和高等教育

伦敦的高校包括一些世界顶级学术机构。国际公认的研究和教育中心包括伦敦经济学院伦敦城市学院，主要研究城市设计对社会和环境影响；伦敦大学学院的高级空间分析中心，侧重于空间数据分析、建模和可视化；帝国理工学院的数字化城市交互项目特点是工程系与商学院合作，侧重于城市数字创新。

（4）政治意愿

大伦敦市政府（GLA）及伦敦自治市议会采取城市建设的新方法。大伦敦市政府的“智能伦敦规划”概述了城市如何采用新技术，提高居民的生活水平，规划通过多项举措，促进了数字经济发展，包括投资东伦敦科技城，成立城市开放数据平台（伦敦数据库），设立伦敦智能会议，召集实业界和学术界的专家，探讨如何用技术、数据让伦敦走在世界创新的前沿。伦敦市长曾向大伦敦政府和伦敦交通局（TFL）承诺，开展高质量的城市设计工作，通过机构的协同合作，为利益相关者提供城市设计、城市遗产、街景和园林的个性化建议。

（5）展示机会

伦敦勇于开创新的城市面貌。随着资本的不断增长，公共部门不断升级基础设施，整合不同的城市系统，以新的方式提供公共服务。主要的城市开发项目包括伦敦奥林匹克公园、国王十字火车站提供的试验台，用于展示新技术的应用及其发展过程。未来阶段，伦敦将与微软、英特尔和区议会等企业与部门合作，测试新技术的应用，如空气污染传感器、为盲人和弱势群众提供全新移动城市导航平台。

伦敦市中心的规划旨在展示伦敦未来城市创新能力的包容力。重要的是使人们认识到城市及其创新活动是一项国际化的事业，从全世界获取思想、技能和解决方案，并为其他国家提供反馈意见。该规划与国际网络连接，展示了伦敦未来城市的包容力的静态特征。

2. 伦敦城市中心区创新港

伦敦创新港分为商业区、创新集聚区、大学区和研究机构、政府机构和公民组织所在处、主要城市发展和创新示范点。

（1）商业区

（2）创新集聚区

建筑设计所：英国顶尖建筑设计公司都集中在伦敦市中心。伦敦的主要合作伙伴包括福斯特总行、罗杰斯斯特肯德合伙公司和 BDP 国际投资组合公司。英国的 43000 位建筑师，有 27% 在伦敦工作。

工程与基础设施建设公司：英国工程和基础设施建设公司在伦敦总部向世界各地的城市提供服务。在伦敦中部的土木工程活动，受到房地产开发、商业服务行业和帝国理工学院土木工程研究和教育系的影响较深。全球大公司包括阿鲁普（Arup），阿特金斯（Atkins）和贝福比帖（Balfourbeatty）的总部都设在伦敦。

数字创意中心：现今至少有 34000 个数字科技企业在伦敦。在伦敦充满活力的创业场景中，谷歌的欧洲总部位于国王十字区域，英特尔和思科则与伦敦大学合作，追求未来的城市的研究与开发。

房地产公司：一批大地产商在伦敦西部美菲（Mayfai）地区。与融资密切相关的土木工程师和建筑师，以及英国房地产企业和国际企业选择了伦敦市中心，包括英国地产和土地租赁公司欧洲总部。

金融业：伦敦是世界上最大的金融中心，具有丰富的城市开发和基础设施项目融资方面的专长。在伦敦有汇丰银行、琥珀和亨德森全球投资基础设施机构。

咨询和法律服务：咨询和法律服务遍布在伦敦市中心，而霍波恩（Holborn）则集聚了众多律所。律师事务所如博丹德（Birdand）、博温（Berwin）、利顿帕森那（Leighton Paisner）提供法律服务的交易、交易结构以及主要开发和基础设施建设项目采购服务。国际咨询巨头如埃森哲和德勤也在伦敦。

政府和民间机构：作为英国首都的伦敦，汇集了政府机构，如企业创新和技能部门，英国贸易与投资部在促进未来城市的创新中也起着重要作用。地方政府机构包括大伦敦市政府和伦敦交通局已经成功地引领创新方法并提供了城市基础设施服务。

（3）大学区和研究机构

国际著名的未来创新型研究中心有：伦敦大学学院巴特利特高级空间分析中心；伦敦政治经济学院伦敦城市学院；国王大学城市群研究中心；帝国理工学院数字城市交流中心；皇家艺术学院的海伦·哈姆林设计中心。

（4）政府机构和公民组织所在处

（5）主要城市发展和创新示范点

包括国王十字车站、奥林匹克公园、木材码头、大象城堡区、九榆树地区等。

3. 伦敦市中心之外的诸多机构致力于城市创新

如英国标准研究院建立了全球公认的智慧城市标准，建筑研究院引领绿色建筑创新，西门子公司将伦敦作为其城市研究发展基地。还有一大批活跃的社区非政府组织致力于城市创新活动，如创新基金会（NESTA），应对气候变化的国际城市联合组织 C40 等研究和宣传机构影响着世界城市发展。

三　英国在世界未来城市建设中的优势和新挑战

1. 对于世界未来城市的创新，英国有着多元化的包容力

（1）多学科跨界方法

企业建立了跨学科团队为全世界城市提供产品和服务。工程师、城市设计师、数据分析师和社会学家共同合作制定城市总体规划，软件开发商、产品设计师和建筑师一起创造出新的城市导航应用软件。英国的大学、研究中心、企业和公共部门不仅在常规领域合作，也各采所长，加快城市创新步伐。

根据世界经济论坛（World Economic Forum）发布的 2015 年全球竞争力指数报告，英国创新排名为全球第 10，英国在效率方面排名第 5，在高等教育培训方面排名第 18，在大学与企业间的研发合作上排名第 3。不过，在政府采购高科技产品、科学家和工程师队伍方面，分别排在第 34 位和第 18 位。[①]

（2）项目化运作管理

英国具有跨领域的能力来运作城市项目，横跨金融和企业服务、工程设计、项目管理、建设服务等领域，特别是英国拥有商业方面的专业人士，可以管理大型城市项目，从伦敦奥运会到多哈的可持续再生项目均是如此。

（3）城市规划和更新

英国是世界上城市化程度最高的国家。国家拥有完善的土地利用规划体系，其规划思维在世界范围内被广泛借鉴。凭借丰富的城市遗产，英国已经

① Klaus Schwab，Xavier Sala - i - Martin，*The Global Competitiveness Report 2015 - 2016*，World Economic Forum。

在棕地改造技术、低碳改造方案上拥有丰富专业的经验，其在现有设施基础上结合新技术，以此应对时代的挑战。

（4）数字化创新

英国的多样化创意服务与快速增长的数字产业的结合，可以为城市提供全新的数字服务，并涵盖了从产品和平面设计，到软件和媒体的发展、高级制造业等一系列业务。

（5）城市数据，可视化和建模

（6）以人为中心的设计能力

“终端用户”获得了不同行业的关注。企业和城市委员会使用新的工具和方法，吸引市民参与公共场所和公共服务的设计。以人为中心开展城市设计，是使城市具有吸引力、功能完善的关键所在。

（7）标准制定

行业协会和政府组织已经制定了世界级的城市设计、开放数据、低碳、提供公共服务和社区治理标准。英国标准协会智能城市标准鼓励英国企业在海外市场发展新的产品和服务，在竞争中谋发展。

2. 英国城市创新的新挑战

（1）商业创新

英国城市的创新技术项目，在商界很难获得风险资本垂青。尽管在某些工程研究设施方面处于领先地位，英国的工程师仍在寻求投资者和商业顾问的帮助。在建筑和公用事业领域，英国公司很少有研发支出，而创新常常受制于管控政策和陈旧的罔顾新技术生命周期特点的商业模式。

（2）人才短缺

英国缺乏制造和工程人员，由于缺乏当地的建筑工匠，影响和制约了建筑设计的结果和质量控制。估计到2050年，英国工程领域合格工程师将短缺36800人。从长远经济发展看，也需要开发信息通信技术工程师。

（3）政治体制

虽然英国政府在努力推行城市治理，但是城市管理的基本功能和资源还是缺乏，这限制了需要有不同层级政府和不同部门之间合作的城市间的协同发展。

（4）私有化的公用设施

城市基础设施创新的推进，有赖于私有化的公用设施企业。这些公司的组织方法与所在地和城市相关性不强，因此它们很少有动力与城市政府合作来减少能源消耗和废弃物排放。需要有新的商业模式来激励这些公司创新，使它们能以新的组合方式利用现有的基础设施。

3. 全球城市创新任务依然艰巨

未来城市和技术策略委员会根据对全球 50 个城市和 450 个企业领导者调查的结果发现，城市创新面临的发展前景依然不乐观。

（1）企业创新内容不匹配需求

城市认为企业过于关注智慧数字化任务，而这些并不能反映城市功能和居民呼声。

（2）城市对创新的忽略

企业的管理者并不擅长长远的谋略，而且，企业提出的创新方案又很难在一个城市试点、测验并得到验证以推广到其他城市。

（3）新的有利于创新的市场因素并未形成合力

城市要面对大量的金融、法律、采购等方面的障碍，以及持续不断的不确定因素。而创新的协同力需要组织间的合作来形成合力以应对各种问题。如果没有运行良好的市场机制，城市创新的重要能量将无法释放。

4. 创新推进的关键领域

未来城市和技术策略委员会对创新的发展提出了三大聚焦领域。

第一，原创：发现，支持和改进城市转变的观念，产生新的城市产品和服务。

第二，求证：通过城市实验室、试点项目和新的工作方法，借助大数据进行城市全系统性创新。

第三，应用：通过帮助大城市创新项目的应用，获得金融支持，消除障碍，获取广泛的市场。

四　英国未来城市发展对中国和上海的启示

1. 城市创新面对挑战同时带来商机

城市处于应对未来气候变化、资源紧缺、失业、老龄化等问题的第一线，这些问题既是一种挑战，也能提供商机和创新机遇。

城市资源的稀缺性不仅体现在传统的住房、公共资源等领域，还更多体现在与环境相关的资源和人才资源紧缺上。例如，北京的空气污染问题较为严重，使有才华的年轻专业人士颇有顾虑，这可能会影响到北京的经济前景。未来三年内，中国政府计划投资1000亿元人民币用来改善空气质量。环境挑战和人才挑战同时出现，成为中国城市未来发展的最大挑战，需要综合应对。

2. 未来城市创新需要全方位能力提升

根据世界经济论坛发布的2015年全球竞争力指数报告，中国在140个国家和地区中排名第34位。城市创新涉及空间化、物质化、数字化、商业化和社会化，目前我们更多地关注前面三个方面，而对商业化和社会化经验欠缺，能力短缺，需要给予更多关注。英国在城市创新的公民参与、开放数据、基础设施融资创新方面的经验值得我们学习。

从数据商业化来看，开放数据在美国有几千亿美元的市场，包括300亿美元的气象数据，900亿美元的GPS数据，上千亿美元的医疗数据。[①] 中国政府已经决定开放政府数据，包括天气数据、GPS数据、金融数据、教育数据、交通数据、能源数据、医疗数据、政府投资数据、农业数据等。政府数据开放需要在保障公共安全和个人隐私的前提下，完成数据治理和数据整合，逐步向社会开放数据，并提高数据质量，公开面向所有个人和企业，有效利用政府科技资金，让利益相关企业和个人参与开放数据项目，鼓励创新，接受外部挑战，利用集体智慧，实现数据最优选择。

---

① 鲍忠铁：《开放数据，中国未来巨大的生产力》，newsbw. com，2015－05－28。

从社会化看，中国城市治理建立了三社联动模式（社区－社会组织－社工），但是从城市创新角度，还需要进行突破，第一，行政突破，由统一的机构一站式提供各类社会基本服务，联合其他力量和资源实现社会服务及其配置的优化。第二，空间突破，消弭社会服务中的地域限制；第三，技术突破，社会服务不仅线下布点合理，而且要在线上实现大部分服务功能。

3. 提升城市群的整体创新能力

英国伦敦城市群是英国人口集聚、经济发达的重要区域，是多中心城市群的代表。在空间结构上，未来伦敦城市群围绕大都市绿心环绕布局，形成了商业区、创新园区、基础设施区，以及以创新创意区为主的整体城市区域。在区域合作上，未来伦敦城市群呈现功能网络分工、交通联动发展、合作机制多元弹性等特征。伦敦城市群的多中心空间结构避免了交通拥堵、房价飙升等大城市病，成为城市空间布局的一种趋势。基于此，我国城市群建设可借鉴未来伦敦城市群规划的成功经验，主要体现在规划引导城市群空间布局、打造交通联动发展、保护生态空间以及建立多元弹性区域合作机制等方面。

4. 聚焦企业的商业创新和城市需求引领创新的匹配

企业创新和城市创新是两个不同层面，私营企业一般有内在创新动力，而城市创新的主体往往不很明确，结果不很明朗，加上两个层面的目标不一致，容易引起创新错位发展，影响创新的实际效果，这是全球城市存在的普遍问题。在中国，一方面要鼓励企业成为创新的主体和主力军，引导政府激励和推动企业创新；另一方面，更要关注企业创新和城市创新的需求匹配度，使创新真正以人为本。

参考文献

Nicola Walt, Léan Doody (Arup Team), Karl Baker, Scott Cain (Future Cities Catapult Team), *Future Cities: UK Capabilities for Urban*, *the Future Cities Catapult*, July 2014.

Klaus Schwab, Xavier Sala - i - Martin, *The Global Competitiveness Report 2015 - 2016*, World Economic Forum.

World Economic Forum, *Entrepreneurial Ecosystems Around the Globe and Early - Stage Company Growth Dynamics - the Entrepreneur's Perspective* , January 2014.

World Economic Forum, *Global Entrepreneurship and the Successful Growth Strategies of Early - Stage Companies*, 2011.

Lerner, J. , *Boulevard of Broken Dreams: Why Public Efforts to Boost Entrepreneurship and Venture Capital Have Failed - and What to Do About* It. New Jersey: Princeton University Press, 2009.

鲍忠铁:《开放数据,中国未来巨大的生产力》, newsbw. com, 2015 - 05 - 28。

B.13
墨西哥城建设学习型城市经验启示

肖黎春

摘　要：越来越多的城市社区认识到终身学习可能是社会、文化、经济和环境发展的传动器。为应对城市面临的挑战，墨西哥城积极提倡终身学习观念，努力建设学习型城市。本文介绍了学习型城市墨西哥城的案例，对快速发展中的中国城市有很多有益的启示。

关键词：墨西哥城　终身学习　学习型城市

全世界越来越多的城市社区认识到终身学习可能是社会、文化、经济和环境发展的传动器，因此他们正在开发包容的和可持续的学习型城市，用以激发人类潜能，培养个人全方位的、持续的成长，促进平等和社会正义，维持社会凝聚力，创造可持续的繁荣和经济增长。

伴随我国改革的进程，更多的促进社会可持续发展的政策被吸收借鉴，与我国快速发展的经济社会融为一体。作为对快速城市化和经济发展所带来的各种经济、环境、人口和社会挑战的回应，从 20 世纪末开始，中国政府开始推动终身学习机制，构建学习型社会。联合国教科文组织全球学习型城市网络（GNLC）是世界顶级的面向策略研究的国际网络，墨西哥城是其研究的在发展中的学习型城市技术和最佳实践 12 个案例中的一个，它的经验对快速发展中的中国城市会有所助益和启发。

墨西哥政府希望能发挥更加积极的作用，为所有年龄段的公民提供更多的学习机会。在正规教育继续由墨西哥国家政府管理的同时，建立学习型城市的过程有助于地方政府出台各种非正式的举措来应对大城市所面临的复杂挑战。与非政府组织和企业的合作关系已经帮助城市就肥胖、文盲、社会不平、自然灾害等一系列问题找到了基于创新学习的解决方案。

一　墨西哥城建设学习型城市以应对挑战

墨西哥是世界主要新兴经济体之一，墨西哥城也被称为联邦特区，是墨西哥的首都，面积为1495平方公里，人口约885.1万，城市人口密度为每平方公里5920人，城市人均GDP为23130美元，墨西哥国家人均GDP为16377美元。城市人口年龄结构，0～14岁占21.9%，15～24岁占16.7%，25～59岁占47.8%，60岁以上占13.6%。15岁以上完成学业者男性占10.8%，女性占10.3%。城市平均预期寿命是72.6岁。1997年墨西哥城获得了较大的自治权可以直接选举联邦特区政府领导和立法院的代表。尽管如此，某些领域包括教育仍大部分在中央政府的管理之下。至今，联邦特区教育部的活动主要限于推广平等和非正式教育，以及确保学生能留在教育体系内。建立学习型城市将使联邦特区教育部和特区政府在创造学习机会提供给所有年龄段的公民等计划措施中起到更积极的作用。

《联邦特区政府总体发展规划：2013～2018年》确定了目前城市所面临的若干挑战，规划希望学习型城市这一路径能够帮助应对这些挑战。

第一个挑战是上升的肥胖率，这给墨西哥城的卫生服务带来了很大的压力。根据联合国儿童基金会统计，墨西哥拥有世界上最高的儿童肥胖率（联合国儿童基金会，2015）。创建医疗教育一体化政策对于减少肥胖将是至关重要的。

第二个挑战是文盲。目前，在墨西哥城有14万名成年人（即城市人口的2.1%）不能读或写。联邦特区政府希望降低文盲率以保护这些人的公民权益。

第三个挑战是不平等。政府希望通过构建一个学习型城市解决日益加大的社会差距，一边是富有的、受过高等教育的公民，另一边是贫困的、低技能的公民。这种差距因城市的快速增长正在加剧。不佳的城市规划导致社会的弱势居民进一步边缘化，这些人常常生活在城市人口过剩但偏远的地区，那里基础设施不足、康乐设施和公共服务缺乏，没有获得学习的机会。

第四个必须提到的挑战是，墨西哥城是一个人口密度非常高的城市，地理位置处在易遭受自然灾害侵袭的地区，自然灾害如地震、洪水、山体滑坡和火山喷发等。墨西哥城也饱受气候变化、污染、资源过度开采和水资源短缺的影响。在此条件下需要有一个危机状况管理和学习计划发展战略，以确保最高的民事保护标准。这类计划在 1985 年墨西哥城遭遇毁灭性的地震之后得到了改进。

墨西哥城要成为一个学习型城市主要有两个原因。一是使城市现有学习政策和计划更加协调统一。二是促进终身学习的观念，确保其成为其他公共政策和政府行动的重要组成部分，包括那些与城市发展、环境和健康相关的政策行动。希望贯彻于所有这些领域的终身学习行动将会促成一个更多参与和更加民主的成熟的社会。

二　学习型城市的综合政策和策略

1. 学习型城市的定义

成为一个学习型城市将促使联邦特区政府在塑造和提供给公民终身学习机会的计划中发挥更积极的、更富有活力的作用。具体而言，联邦特区正在开发超出传统的正规教育课程的学习项目，包括更多关注于像艺术和营养之类的科目。成为一个学习型城市同样意味着要创建一个多样化的拥有学习、反思和实验能力的社区，并且促进公共和私人管理的文化向新的更加注重学习的方向转变。此外，公共区域被改造成具有包容性的学习的空间，促进尊重多样性并鼓励学习者分享技能和知识。

2. 愿景和目标

通过鼓励多部门参与，墨西哥城的目标是开发一个综合的公共空间网络，让所有访问的居民都有终身学习的机会以及促进多样性、多元文化和基本权利的实现。墨西哥城的主要目标是提高所有年龄段的公民的技能。这将提升个人幸福和个人满足感，减少城市中的不平等以及促进社会融合。

3. 立法框架

墨西哥宪法规定了国家有为学龄前、基础教育和中等教育阶段的孩子提供免费和义务教育的职责。2013 年和 2014 年国家教育改革的主要目的是促进孩子们获得全面的、包容的、高品质教育的权利，以及加强教师培训和能力评估。在国家层面，联邦劳工法保障员工有继续提高自己技能的权利，规定企业有义务为员工提供培训以提高他们的工作技能。

尽管联邦特区政府对教育系统的影响有限，然而 2013 ~ 2018 年总体发展规划的主要目标之一是实现公平和包容的人类发展。因此特区政府有各种法律保证公民平等的受教育权利，例如儿童教育权利法、青年教育权利法、老年人教育权利法，还有促进阅读法和鼓励科学技术发展法。

4. 治理和合作关系

联邦特区教育部负有发起、设计和构建学习型城市的主要责任。然而，构建学习型城市的过程还涉及与许多其他地方政府和国家政府机构以及利益相关者之间的横向协作。例如，很多国家机构如全国成人教育研究所、国家公共卫生研究所、国家医学科学和营养研究所都积极参与联邦特区教育部的项目。联邦特区教育部与联邦特区社会发展部、劳动和就业促进部、健康部、运动研究所、关怀老年人研究所、教育保障信托公共管理学院，以及墨西哥城历史中心当局紧密合作，开展了多个项目以推进学习型城市的建设。

为了支援学习行动，联邦特区也已经与全国一些最好的高等教育院校建立了伙伴关系。最著名的是墨西哥国家自治大学，这个学校几乎 80% 的研究都与政府相关，并且联邦特区教育部和该校已有很多合作协议。其他重要的公共和私营机构都参与了学习型城市的建设，包括国家理工学院、首都自治大学、伊比利亚美洲大学、经济研究和教学中心和拉丁美洲社会科学学院。

此外，联邦特区政府部门与非政府组织的广泛合作关系已经形成。例如与墨西哥普利麦罗（该组织致力于促进所有墨西哥人拥有高质量教育的权利)、考辛内赫特斯（Cocinay Huertos Concretos，该组织致力于推广有益健康的食品)、墨西哥牙科协会、交通和开发政策研究所（国际非营利组织，工作范围是研究城市运输解决方案以削减温室气体排放、减少城市贫困和提高城市生活质量)、墨西哥阿斯彭研究所（教育和政策研究组织)、联合国教科文组织和联合国儿童基金会的合作。

三　多方合作建设学习型城市的积极成效

作为一个学习型城市演变的一部分，以下是一些政府已经实施的重大项目。联邦特区的民事保护科提供免费的民防课程。该课程一年举行一次，整个城市参与“大规模演习”（模拟大规模撤离)。联邦特区环境部经营着一家自行车学校，教育公民在城市中使用道路的权利和义务以及骑车者需要注意和遵守的交通规则。该项目实施着城市环保型自行车共享计划和推行骑自行车计划。道路安全和犯罪预防是一项提供培训、会议和研讨会的计划，帮助公民更安全地出行在墨西哥城的街道上。提供资源回收利用和减少浪费方面的培训也由环境部门负责。联邦特区教育部还提供了一些学习计划。例如，阅读城市计划（Reading City)，鼓励公民阅读。扫盲计划旨在减少15岁及以上公民的文盲率。校园暴力与和平文化旨在减少产生排斥、虐待、学校和家庭暴力等歧视性的行为。教育部也在中学推广新技术使用的项目。此外，教育部与城市政府教育保障信托委员会等机构一起，为贫困弱势儿童提供金融支持，使他们可以完成基础和中等教育。

1.“祝您健康艺术”（SaludArte）项目促进儿童健康和幸福

祝您健康艺术（SaludArte）项目旨在改善墨西哥城中一些最贫困地区的公立小学的孩子们的健康、营养、个人卫生、幸福和公民意识。主要目标群体是年龄在6~13岁的小学生，由他们的父母报名参加，项目活动在正常上课时间后举行，可自愿参与。被选择的学校基于三个标准：学校表现不佳；在高度贫困地区；有参与的意愿。主要活动从2013年9月到2014年6月，祝您健康艺术（SaludArte）项目在墨西哥城100个贫困公立学校中运行。在此期间，它给21781名孩子提供了270万份美味和有营养的食物。它还举办了数以万计的有关戏剧、音乐、舞蹈、艺术、营养、运动和健身、卫生、健康生活方式和公民权方面的讲习班。这些讲习班主要是由年轻人运作。该项目目前雇用了1814名辅助人员。2015年，该项目覆盖了120个学校。

这个项目得益于很多研究院所、政府和非政府代理机构的支持。例如，联邦特区健康部、国家公共卫生研究所、国家营养和医学科学研究所指导监控了儿童健康和营养食品计划的实施。国家教育评估研究所、墨西哥牙科协会和墨西哥烹饪协会也有捐赠。

2. 政府与企业合作动员和利用资源

在2015年，联邦特区政府预算总额的3.59%分配给了教育。市政府社会发展预算中额外拨给教育8.09%的额度。然而，市政府不是学习型城市计划唯一的资金来源。如上所述，额外的支持来自民间组织和私营部门；例如，可口可乐公司已经捐赠给78所学校312台饮水机，而高露洁公司捐赠牙刷牙膏给祝您健康艺术项目。

监测和评价。联邦特区政府使用逻辑框架法来评估其学习型城市的行动。此外，政府建立了一个顾问委员会指导学习型城市的建设，目前正在开发一组基于学习型城市关键特征的指标。

3. 学习型城市的广泛影响和成效

学习型城市计划已经使得整个墨西哥城所有年龄段的人都变得更加健康，公民的环保意识得到了提高，为应对自然灾害做好了准备。尤其是祝您健康艺术（SaludArte）项目，对儿童的生活已经有了显著的影响，正如国家公共卫生研究所的评估发现，该计划增加了儿童体育活动的时间，促使儿童看电视的时间下降了7%。参与该项计划的在校孩子的肥胖率从21.3%减少到17%。此外，儿童牙菌斑下降了9%，参加项目的孩子中近15%养成了吃东西之前和之后洗手的习惯。

规划学习型城市的主要挑战包括扩展“学习型城市”的定义范围，以及使许多不同的合作伙伴和参与的利益相关者之间达成共识。在实施计划方面，主要的挑战之一是同公民有效沟通学习型城市的概念。学习型城市使公民拥有了主人翁精神，并在参与建设学习型城市中起到积极的作用。

四　学习型城市对中国城市的启示

在过去的20多年时间里，中国取得了令人瞩目的GDP的高速增长。然而传统产业面临转型，正在搬离大城市，而城市现在必须要找到其他可持续的方式来实现经济增长，确保经济“软着陆”，这也是当前我国大城市所要面对的首要挑战。第二个挑战是寻求恢复城市环境的方案。第三个重大挑战涉及人口增长的管理，以及找到城市中因人口过剩而引起的诸多问题的解决方案。为解决我国上述城市发展问题，有必要借鉴其他学习型城市的经验。

首先，加强与其他学习型城市的沟通交流是极其重要的。基于所有推动终身学习的城市都是为了实现个人能力、社会融入、经济发展、文化繁荣以及可持续发展，因而加强与其他学习型城市的沟通学习显得十分重要。墨西哥城学习型城市的发展从其他学习型城市的最佳实践中获益良多。因此，我国城市也应重视扩大和增进与全球其他学习型城市相互之间的沟通交流，吸取其经验教训，更好地促进发展我国城市公民终身学习的理念。

其次，协同增效，政府应加强与其他社会机构组织的合作。我国城市政府在发展和实施学习型城市战略中往往扮演着主要的角色，而忽视了与其他社会机构组织的协作关系。墨西哥城发现，虽然市政府应该在学习型城市建设过程中发挥主导作用，然而建立协同关系，以及与私营和非政府组织部门共享资源也是非常重要的。

再次，评估是维持学习型城市高品质的关键，为确保实践者都能理解学习型城市的目标，学习型城市的关键特征应当尽快被编入我国城市的评估指标体系。

最后，大力倡导学习型城市建设，有助于推进创新型城市建设，以及减小社会的贫富差距。

目前我国正在大力推进创新型城市建设，倡导终身学习理念，构建学习型城市是助推创新型城市建设的一个极其重要的有效途径，并且对缓解因城市快速增长而正在加剧的社会贫富差距，以及对维护社会公平将起到积极的作用。

参考文献

Raúl Valdes – Cotera, Norman Longworth, Katharina Lunardon, Mo Wang, Sunok Jo and Sinéad Crowe, Unlocking the Potential of Urban Communities: Case Studies of Twelve Learning Cities, UNESCO Institute for Lifelong Learning (UIL), Hamburg, and the National Institute for Lifelong Education of the Republic of Korea (NILE), Seoul, 2015.

Asamblea Legislativa del Distrito Federal. 2000a. Ley delos derechos de las niñas y niños en el Distrito Federal, http://www.aldf.gob.mx/archivo – e9c7e00826eeae 2be64264b7d3ffed97.pdf [Accessed 20 January2015].

Asamblea Legislativa del Distrito Federal. 2000b. Ley de lasy los Jóvenes del Distrito Federal, http://www.aldf.gob.mx/archivo – 0146c7b61079b40938d46fe977 aec2a7.pdf [Accessed 20 January 2015].

Asamblea Legislativa del Distrito Federal. 2000c. Ley de los Derechos de las Personas Adultas Mayores en el Distrito Federal, http://www.aldf.gob.mx/archivo – 6417fac0d058d77188429582c3ef0be0.pdf [Accessed 20 January 2015].

National Institute for Lifelong Education (NILE). 2012. Learning City Operation Manual. Seoul, NILE.

B.14
新加坡“文艺复兴城市”战略15年回顾

林 兰　索名一

摘　要：21 世纪以来，新加坡坚持实施了 15 年的“文艺复兴城市”战略，旨在通过发展文化推动城市由工业经济向知识经济跨越。计划提出将新加坡建成“21 世纪文艺复兴城市”，使其成为地区文化、设计和传媒中心，并最终成为国际文化中心城市之一。本文梳理新加坡政府在新加坡文艺复兴过程中所采取的一系列相关政策及文艺规划，旨在对我国大都市艺术和文化产业发展提供经验借鉴。

关键词：新加坡　文艺复兴城市　文化规划

20 世纪 90 年代，新加坡在经历了高速发展以后，人民的生活水平得到大幅度提高，各类生存性问题被有效解决。然而，经济的快速发展虽然提高了新加坡人的物质生活水平，却无法满足精神生活上日益增长的发展性需求。为此，1999 ~2015 年，新加坡持续 15 年实施了三个阶段的“文艺复兴城市”战略（Renaissance City Plan）。第一阶段（1999 ~2005 年）的主题是“艺术的全球城市”，旨在通过艺术与文化建设培育新加坡城市的就业活力和生活魅力，并使战略惠及每个新加坡公民，为国家文化的基础性发展提供支撑。第二阶段（2005 ~2010 年）的主题是“文艺复兴城市”，着重塑造文化产业，发展艺术与文化。2011 年，新加坡“文艺复兴城市”战略进入第三阶段的中期，重点关注三个关键领域，即特色内容、动态生态系统和社区参与，并努力通过这一战略推动新加坡“文化艺术全球城市”（Global City for Culture and the

Arts）的建设。经过15年的具体实施，“文艺复兴城市”战略提高了新加坡文化艺术的国际认知度，极大增强了新加坡文化艺术领域的活力，提高了艺术与文化的需求与欣赏水平，确立了新加坡民众的国家自豪感。综合而言，三个阶段的“文艺复兴城市”战略在以下6个方面获得了很好的成效和经验。

一　建设创新能力

1. 在各级教育中加强艺术、设计、媒体环节

在各级教育中，戏剧文学等艺术课程应该被用于提高学生的语言能力，媒体等课程应该被用于提高学生的创造能力，因此，新加坡将艺术、设计、媒体等课程定位为学校的核心课程之一，与语言、科学和数学等具有同等重要性。同时，引入擅长艺术、设计和媒体课程的、并对此富有激情的老师，帮助学生更广泛、更有创造性的学习和思考。

2. 在大学里建设艺术、设计、媒体旗舰项目

鼓励地方大学为艺术、设计、媒体课程提供获取学位的机会，如提供足以获取相关学位的标准教育课程。在大学的环境设计学院或设计科学学院（工科）等目前拥有设计相关课程的学院中，补充艺术、设计、媒体课程的旗舰项目，建立与艺术、设计、媒体领域的国际领先院校间的合作，例如通过与伦敦皇家艺术学院、赫尔辛基艺术与设计大学、洛杉矶帕萨迪纳艺术中心等该领域领先的院校合作，达到国际专业级别。新学派的艺术、设计、媒体可能是一个涉及广泛内容、以研究为导向的课程，包含视觉艺术、人文、科技、沟通及商业，学校为这些课程配备了具有良好知识水平的跨学科专家。

二　刺激文化艺术需求

1. 为促进公共艺术发展制订“艺术激励”（percent－for－the－arts）计划

通过将艺术引入公共空间，将有品位的设计和景观引入社区，增加人们在日常生活中对艺术及相关事物的接触和欣赏时间。新加坡制订“艺术激励”计划（也称“艺术百分比计划”）来促进公共艺术的发展。即以法律形式规定所有城市发展建设项目必须拿出一定比例的资金用于公共艺术性开支。资金来源分为政府部分和私营部分，政府部分为财政强制性支出，而私营部分可考虑为捐赠艺术作品的公司提供免税或双倍免税等奖励政策以作为鼓励。政府部分和私营部分的资金规模各为发展预算的1%，合计为2%。资金用途为委托制作或采购艺术作品（如雕塑、绘画、壁画、艺术装置等），这些艺术作品被放在24小时都能被欣赏的公共区域，既可以作为公共艺术品，又可以成为其他公共艺术项目的基础。

2. 发展市民集聚空间

为市民创造包含更多内容、提高用户整体体验的集聚空间，以带来巨大的文化艺术潜能。新加坡政府从以下几个维度入手：将纪念馆类建筑（图书馆、博物馆、档案馆等）集聚为一个混合学习体验空间；将艺术、商业、科技建筑集聚为一个灵感来源空间，设计图书馆的外观、收藏种类和相关服务。这方面有许多例子：新加坡东南亚艺术、历史文物和文化馆，其是东南亚艺术、历史文物和文化的艺术中心，除了收藏作用外，还可作为艺术藏品的展览会场。新加坡卫星艺术馆——作为东南亚艺术、历史文物和文化馆的补充，这一展馆主要关注本地文化。新加坡民族语言馆——为不同民族的团体提供资源，促进民族间的相互了解。新加坡裕廊区域、淡滨尼区域图书馆——被打造成跨学科型展馆，成为企业家和研究学者交流的桥梁、创意思想与创新的孵化基地。淡滨尼区域图书馆的收藏集聚了文化与历史文物的元素，促进社会凝聚。通过与新加坡历史博物馆合作举办主题展览，将不同民族、团体的人吸引到这一集聚空间，让游客体验新加坡丰富的文化遗产和历史变迁。除了集聚型展馆，还建造一些有助于经济领域（如生命科学、药品、法律、设计和媒体等）发展的展馆。

3. 发展“创意小镇”

挑选一个领头小镇作为发展典范，建设一个充满生机、创造力、文化底蕴、创业精神及科学精神的社区，最终应用到其他小镇，组成强创造力和强关联性的城市国家。“创意小镇”的成功需要公共机构、私营机构和居民的共同协作，释放每个人潜在的创造力和激情，实现人们的多样化的需求。将艺术、文化、设计、商业和科技融入社区规划和复兴实践，通过有目标的培训计划、硬件和虚拟基础设施、咨询计划等加强人们的创新能力及企业家精神，通过“percent - for - the - arts”计划，加强博物馆、区域图书馆、研究和档案馆等基础设施的建设，加强人们对文化的关注程度。通过艺术、文化大事件或节日、启用最新通信和媒体设备等手段，提升区域联系度、民族自豪感和共同参与度。

4. 开发虚拟文化资源网络

通过使用最新通信媒体科技建立虚拟博物馆，构建虚拟博物馆网络，为参观者提供展览内容的介绍。借鉴苏格兰和澳大利亚的经验，设立文化资源国家数据库，用户在家就可以通过网络浏览、使用，也可设立一个亚洲传统文化的资源数据库。除了将物质收藏品变为数字形式外，数字媒体还创造一种新的艺术形式——网络艺术（利用计算机硬件或软件技术创造的，具有强互动性和多媒体性），这种艺术形式所具有的互动性还可被追踪和研究，并将开创虚拟博物馆发展的新维度。

5. 建设时尚与现代艺术博物馆

借鉴伦敦泰特现代艺术馆和西班牙古根海姆博物馆在促进旅游业收入方面的成功经验，建设时尚与现代艺术博物馆。此类博物馆作为艺术博物馆的补充，同时能够加强国家在艺术和文化领域的全球影响力。举办国际建筑理念竞赛来选择最好的设计方案，并建立博物馆国际委员会来指导新博物馆的发展和运营。

三　加强社区文化

1. 向大众普及艺术

发起“艺术延伸倡议”，将高品质艺术带给民众。通过艺术延伸，向民众展示艺术被误解的一面，即艺术并不是只有在正规会场才能上演（如古典音乐和芭蕾等），也有其他展现形式。通过举办区域艺术节、开展社区艺术巡展、设立加强社区参与专项资金等活动，鼓励更多的民众参与。

2. 连接艺术与特定人群

人们的观念、兴趣、关注点、社会条件等都是不同的。因此，将老年中心、医院、监狱等社会组织与艺术联系到一起，并把艺术带给这些被年龄、身体障碍、收入或环境所束缚的群体。艺术联系计划满足特定人群的特殊兴趣或需求，特别是要将老年人和青年人联系到一起。

3. 鼓励青年参与

在年轻人上学期间赋予其参与艺术的机会，设立艺术选修课程、组织课外活动或制订艺术教育计划。为了保持青年的兴趣和艺术参与程度，为青年提供一个可以信赖的平台，让其在学校以外或离开学校后也可以享受和参与艺术。借鉴“青年接触艺术!”（Youth Engagement through Arts YEA!）计划，与以青年工作为中心的社会组织合作，为拥有创新天赋的青年开发一系列专门的艺术项目。

四　培育文化艺术人才

1. 建设文艺人才蓄水池

新加坡政府认识到每一个蓬勃发展的艺术生态系统必须由一个深而广的人才库支持，为此需要建设高水平的人才库，促进艺术的发长、创造更多税收和工作机会。新加坡政府在经济中，加强以就业为基础的培训，设立技能发展基金来激励雇主对工人进行培训，提高工人的技能水平。而对于艺术家人才库，则根据个人所处的不同的发展阶段和个人所擅长的艺术形式，在艺术技能发展培训中设置一些范式。首先，设计一个全面的“艺术能力发展框架”，针对从艺术兴趣者到艺术新星，从初级艺术家到高级艺术家，提供有针对性的帮助，以确保充分展现艺术家们的艺术才华，确保他们成为这一发展框架中，乃至艺术界的活跃者。其次，设立专门的能力发展计划，确保艺术家们从一个阶段过渡到下一阶段。最后，着重培育小众艺术领域的核心艺术家群体。

2. 发掘文化艺术人才

通过国家艺术比赛这一关键平台发掘人才，定期举办国家级赛事来发掘有才华的年轻音乐家、作家和艺术家。鼓励有抱负的艺术家参加这类比赛丰富其个人经历，提高公共表演技能。作为国家竞赛的补充，由艺术学院举办“青年人才项目”，借鉴新加坡南洋艺术学院（NAFA）青年人才学校项目、新加坡杨秀桃青年艺术家项目、学校的美术和音乐选修项目，专门发掘年轻艺术人才。加强人才平台建设，确保所有艺术形式的新兴艺术人才有充分的机会展示才华，并得到进一步培育的机会。积极探索国际赛事和节日等平台，建立新加坡作为发掘国际人才大国的正面形象。

3. 强化文化艺术人才的专业能力

建立渠道，确保被发掘出来的人才有机会得到发展和超越，渠道主要包括培训补助、奖学金和助学金，以及专门的艺术训练。新加坡发起导师培养项目（Mentor Access Programme），培育和发展新兴作家的写作技巧，加快新作品的创作。发起优秀艺术人才培养项目：首先，组建、开发一系列游学班、大师班、培训课程、导师指导课程和设立奖学金，聚集来自世界各地的艺术家，以便进行知识交流，发展专业艺术能力。其次，争取机会，支持人才参与海外游学、奖学金项目以及其他专业的能力发展计划，为实现更多地参与和对培训的投资，建立职业技能认证标准。技能认证系统包括技能水平的发展、评估策略和培训课程，将能力标准和通用的就业技能与职业和行业工作相关的任职培训连接在一起，并将这种培训作为继续教育培训与职业资格培训加以承认。

4. 认可文化艺术人才

通过颁发国家奖或海外艺术奖对人才进行认可，特别是通过有针对性的地方化展览（如艺术节、年展或通过海外著名奖项、日本福冈亚洲文化奖等），增加获奖者及其作品的知名度。

五　开发文化艺术资源

1. 开发演艺资源

开展艺术工作室计划——为专业艺术家和艺术团体提供工作空间，作为办公室、工作室、排练和表演场所等。这些工作空间聚集在文化遗产资源丰富的地区，通过艺术团体从事艺术创作活动，增加地区的活力和色彩。促进艺术与艺术的协同——创建充满创意和活力的艺术区，进行思想和知识的互动和交流，同时通过产生的价值链支持艺术区内的各种活动。

促进艺术与商业的协同——通过引入艺术生态系统中的其他环节〔如私人中介机构（艺术顾问、商业画廊和艺术家管理公司）和支持行业（艺术储存、物流机构）等〕，混合使用空间，整合创意产业价值链，使整个价值链更有效率。确保政府的补贴首先满足最重要的活动和艺术家，引入对空间使用和不同的艺术形式的差异化评价标准。探索新的运作模式，如与私企的合作。

2. 整合信息资源

积极推动技术平台的使用，以便于为艺术界和公众服务。在知识获取方面，通过制作与新加坡文化奖章获奖人的生活和作品相关的数字化内容，记录艺术场景的发展。在知识分享和传播方面，网站提供不同类型的艺术和广泛的信息，并允许使用者表达个人观点并提问，由专家对提问进行回答。与有关机构合作，在艺术领域建立更全面的数字化信息资源，为艺术社区高峰组织提供激励机制，来推动这些资源的发展。

六　培育文化艺术氛围

有效提高艺术认知，通过实现高品质艺术供求的良性循环，持续为人们提供欣赏高品质艺术的机会。对艺术领域关键决策制定者的倡议进行数据分析，加强艺术研究，定期发布文化统计数据。使艺术时刻保持在公众的眼里，在社会中营造持续的艺术氛围。为帮助艺术经销商向公众宣传艺术活动建立国家宣传平台，为艺术团体和机构提供一系列免费的、永久性的出版物及推广平台，促进艺术活动的市场化，从而增加观众与艺术的接触。提供数据，营造环境，培养主动为艺术发展贡献时间、精力或资金的个人或组织。联合相关部门不断发起促进国家文化事业的新举措，或不断改善现有举措（例如发展中介机构或组织对艺术事件的赞助），提高艺术的市场化程度。倡导电子形式艺术、艺术家，让参与者由被动的观众角色，变为主动的决策者。

七 中国启示

其一，政府应对城市的文化复兴采取包括资金支持、政策扶持、空间提供等多管齐下的激励措施。其中，文化体验空间的建设十分重要，通过融合艺术、商业和科技要素，保证城市的文化发展具有创新性和可持续性。

其二，要避免遍地建设各种“创意小镇”。创意小镇在新加坡文艺复兴中发挥了重要的作用，但是依赖于成功的公共机构、私营机构和居民的共同协作，以及良好的创意社区规划和文化复兴实践；在建设创意小镇之前，应做好各种软硬件基础设施条件的建设，以及各种咨询和培训工作，避免重点性和盲目性建设。

其三，坚持城市文化向大众普及和延伸的原则，拓展城市文化产品的选择范围；同时，鼓励青年积极参与城市文化复兴活动，保证新的一代有更多的机会参与、享受和展现才能。

参考文献

Nationlal Arts Council, *Renaissance City Plan Ⅲ*: *Arts Development Plan*, Published: Sigapore, 2008.

Wong Poh – Kam，Ho Yuen – Ping，“Knowledge Sources of Innovation in a Small Open Economy：the Case of Singapore，” *Scientometrics*，2007（2）：223 – 249.

Economic Strategies Committee，*Report of the Economic Strategies Committee*：*High Skill People Innovation Economy*，*Distinctive Global City*，Singapore：ESC，2010.

林宇、何舜辉、王倩倩、胡小立：《新加坡创新型城市的发展及其对上海的启示》，《世界地理研究》2016 年第 3 期。

新华网，《新加坡政府考虑延长生产力及创新优惠计划奖励》，http：//sg. xinhuanet. com/2014 – 01/27/c_ 1 26067335. htm. 2016 – 3 – 10。

城市生态篇

Urban Ecology

B.15

国际城市落实《2030年可持续发展议程》的原则举措

林　兰

摘　要：　联合国《2030年可持续发展议程》将经济可持续发展作为重要目标。城市贡献了世界GDP的70%，城市化在促进城市发展中扮演十分重要的角色。本文通过梳理国外城市化的发展案例，总结了城市实现经济可持续发展以及城市繁荣的关键方法及路径，指出城市化与城市发展互为因果，并提出了我国城市化发展的借鉴性做法。

关键词：　城市化　可持续发展　城市繁荣

2016年1月1日，联合国《2030年可持续发展议程》正式启动实施。

该议程将“促进持久、包容性和可持续经济增长、促进实现充分和生产性就业及人人有体面工作”作为重要目标。经济的可持续发展成为未来全球可持续发展的重要内容。目前，城市的产出约占全球国内生产总值的70%。尽管全球经济增长自2008金融危机以来仍处于相对颓势，但2010年之后许多发展中国家都经历了超过7%的高经济增长率，增长的动力主要来自城镇和城市。城市化带动了城市繁荣，这一繁荣概念不仅仅局限于GDP的增长，还包括真正提高社会生产力、提高城市基础设施水平、改善人民生活质量、提高环境绩效和促进社会公平。举例而言，基础设施的作用不仅表现为增加土地和资产的价值，还表现为改善了土地和资产的流动性、连通性，使区域的经济活动更加专业和高效。此外，城市化不仅注重价值创造，还注重价值分配，以促进社会的包容和公平，提高所有人的生活质量。因此，城市化的实质是通过现代社会经济服务、管理模式、社会机构和基础设施带给人们新的生产、生活方式，对国民经济增长及保持经济发展可持续性、减少贫困及保持社会发展可持续性、环境的保护有重要贡献。

一　“三管齐下”的城市化方法内容及原则

1. 城市化的三个维度

在过去的50年中，不论是发达国家还是发展中国家的城市规划与设计，都沿用了一个可复制的、类似的城市化模式，可称之为“国际模式”。这一模式带来较快的经济发展，但没能较好应对分配不公、连通性较差和全球环境挑战等问题，由此而出现了严重的城市病，并最终导致经济效率低下。因此，各国政府都逐渐认识到，快速城市化会带来不受控制的“准城市化”，这是不适应城市经济和社会繁荣要求的，也不是可持续的。

经济、社会和环境是城市实现可持续发展的三个重要维度。当前城市化模式带来的全球变暖、社会隔离和城市贫困等现实发展挑战，亟待通过政策、规划和设计去引导解决。城市化应该解决可持续发展的三个重要问题：

（1）促进城市经济在国家发展和创造经济机会中发挥作用；（2）关注生活在城镇、城市及城市棚户区的数百万贫困人群的基本需求；（3）城市发展必须做好应对全球环境挑战（如气候变化、不可再生能源的消耗以及灾害风险）的准备。

2．“三管齐下”的城市化方法

在城市化的三重维度情境下，城市管理者需要通过“三管齐下”的方法来促进城市化，以充分连接空间、过程和资源。（1）在城市制度和管理方面，通过合理的规划制度和管理方法创造有效、公平的生产和管理条件。（2）在城市规划与设计方面，高效、公平地统筹设计公共空间、街道和建筑区域，并通过高质量的规划设计对人类的居住环境产生影响。（3）在政府财政方面，建立高效、透明的市政财政体系，是城市投资、维护和管理的关键，确保对城市内生发展所产生的利益进行较为公平的再分配。

“三管齐下”的城市化方法对管理者提出了两个要求。（1）城市化是发展中国家提高生产能力和收入水平的有力工具，并带来城市财富可观的增长。这需要政策制定者转变思维模式，不再将城市化仅仅看作城市发展的结果，而将城市化作为有效推动城市发展的工具。换句话说，就是避免对纯粹经济利益的追逐，以及由此可能出现“准城市化”的发展思路。（2）城市产出的质量和数量与城市立法系统、区域规划和金融城市系统的设计密切相关。城市化的积极成果包括增加青年就业、促进社会和经济一体化、减少棚户区、遏制城市扩大的失控、提高对住房的负担能力、推广可持续的能源消费模式、减少温室气体排放等，但这需要政策制定者系统性地解决问题，而不是只关注单个问题的表象，需要用综合的、变革性的、统一统筹的方法促进城市发展。

“三管齐下”的城市化方法的实施需要满足一系列条件。

（1）加强城市立法及管理体系建设。包括法律机构和管理体系的建立；熟悉城市的国内、国际义务和法律约束；制定系列性的工作原则、稳定组织结构；建立促进城市化进程的制度和社会关系等。

（2）从国家层面制定和实施城市政策，统筹国土规划和城市设计。通过顶层政策设计将分散的资源和城市竞争力合并到国家的城市、城镇体制框架下，系统性地改变城市的内部结构、形态和功能，使其更紧凑、融合、连贯和可持续；并在解决人口集中化、促进社会多样性、混合土地使用、减缓和适应气候变化、可持续化使用自然资源以及营造足够的公共空间等方面提供可持续发展的解决方案。

（3）充分利用城市经济成果，加强市政财政系统建设。许多发展中国家通过产业再生、发展集群和设立工业区创造就业，经济增长往往会对城市以往的财政系统造成冲击。而加强市级财政意味着要调整财政管理权、分工职责及实现税收共享，实现城市内部不同层级政府之间的平衡；不仅要探索新的资金来源，还必须尝试税收和分配制度的改革，并提高预算管理能力和透明度。

3. “三管齐下”城市化方法的推进原则

“三管齐下”的原则是在城市化与可持续发展之间建立一种连接。可持续的内容十分宽泛，包括提高经济生产力、加强公平分配、促进人口健康、提高城市管理的包容性和责任感、形成发展的乘数效应，以及促进农村和城市之间的资源、信息交流，以保持人类居住环境的整体连续性等。

具体而言，（1）住房政策是城市政策的核心，解决所有人的住房负担问题又是住房政策的核心。在居住方面，应尽量避免棚户区的扩大，以保障所有人拥有住房的权利，但这一政策需要系统设计和执行。比较有效的做法是，在降低城市财税风险的前提下改善城市经济和空间结构，城市公共物品、功能性城市基础设施、精神公共空间的供给。（2）女性往往处于参与城市管理的边缘地带，也较少享受城市化带来的就业、土地、住房和基本城市服务等种种福利。因此，为保证城市化设计的规范性和可操作性，必须充分考虑性别和年龄的差异，还应设立基于性别和年龄数据分类的监管系统，有针对性的保障城市女性和青少年的生活及权利。

二　城市化的关键举措

1. 制定连续、高效、系统的国家城市政策

国家城市政策的作用在于提供一系列连贯的决策，以维持城市发展的可持续性。通过在政府领导的过程中协调和凝聚各组织的共同愿景和目标，促进实现更紧凑、更具变革性、更高生产效率、更具社会包容性、更具连接性和更灵活性的城市发展。

国家城市政策执行的关键在于建立各部门之间的联系，在更广泛的范围内激活和引导城市化的转型力量，协调各级政府工作，建立可持续的激励机制，并据此分配资源。同时，也能够规避失控的城乡人口迁移和人口在单一巨型城市的过度集中，确保小城市和乡镇市场的均衡发展，减少城市化带来的城乡发展水平差异和由此导致的分配不公。

2. 进行有序的城市扩张

充足的城市土地供应可以缓解土地投机行为，保证足够的公共空间供公众使用。因此，在城市化的过程中，应进行有序的城市扩张。城市有序扩张具有十分重要的意义，能够减少城市居民的住房负担以及快速增长的人口给城市基本服务带来的压力。这种城市发展除了降低了城市服务交付和运输的成本，还可减少城市的生态印迹和对环境敏感地区的发展压力，可有效打击土地投机行为，保持土地价格平稳，实现公共空间开发和管理的价值共享。

城市扩张规划（我国为土地利用规划）对于人口增长率很高的中等以上城市尤为重要，通常是通过对人口增长的预判来选定与现有城市中心相邻的扩张区。扩张区的选择应结合街道和公共空间网格进行构建，扩张的土地应位于现有城市网络附近又远离脆弱和危险区域，并与现有城市网络很好地连通，这就对混合制土地使用和避免规划外土地占用提出了更高的要求。

3. 有计划地进行城市内容填充和密度设计

发展中国家大城市的土地利用方式往往效率较低，如低密度使用、功能相互隔离、连通性差等。有计划地进行城市内容填充，是对城市有序扩张的补充，主要包括郊区的密度设计、旧城改造和棚户区改造、布局高密度的新区域、棕色地带开发、土地性质转变等措施。这种土地利用方式特别适合于大城市和特大城市。有计划进行城市内容填充和密度设计便于充分利用现有城市框架结构和基础设施，减少运输和服务成本、增加经济流动性、优化土地使用、改善现有城市资源供给、保障城市空间的开放度。

4. 重视城市发展规划的长—短期目标结合

城市发展规划的长—短期目标结合是为了形成一个经济阶段性增长和城市逐步开发的框架，调和公共福利与私人利益最大化之间的矛盾，为贫困人群最大限度地争取住房和经济机会，保障各城市层级都能享受城市化带来的成果。

成功的城市发展规划应该通过长—短期目标结合来保障城市发展的可持续性，确保城市基础规划的阶段性实施，避免城市经济急速扩张。不仅要确保单一项目在短期内是可行的，而且要确保在长期内是可预测的，因而离不开法律的保障。

5. 解决城市的居住问题

随着城市化进程的加速，全球住房需求增长迅速。麦肯锡公司的研究表明，到 2025 年，每年需要 10 亿套新住房以满足 5000 万新增城市居民的需要，每年新增的成本约为 6500 亿美元。到目前为止，全球范围内还有超过 8 亿的棚户区居民以及住房条件差的城市居民。这一住房赤字表明，虽然住宅用地已占城市用地的 65% ~75%，但我们仍然无法满意地将住房策略完全纳入城市化发展框架。由于缺乏规划和监管薄弱，政府对城市失控扩张、空间和社会隔离、社会凝聚力降低和不平等现象管控的空间被压缩了。因此，将住房重新定位于国家城市政策的中心，并将住房作为城市规划的中心，是城市化发展的优先议题。

6. 合理地进行旧城改造

良好的城市化实践、规划和设计应注重持久和可持续的方法，帮助缩小人与人之间的差距。然而，快速的、无规划的城市化（尤其是在发展中国家和基础较薄弱的国家）削弱了城市对风险的抵抗能力，创造了新的发展风险。推动城市化发展的一个有效途径也许不是处处新建房屋，而是合理地进行旧城改造。

旧城改造是一个全面、系统的工程，需要政策制定者、规划者和开发者信息互通，做出正确的管理和投资决策。旧城改造也可以带来城市变革性的改变，但是可持续性比新建要强很多，能确保城市化进程和服务的连续性。这是一个“活化”的过程，对城市规划和设计的实践起到激活作用，有助于城市更快地从衰败和危机中恢复。

三　联合国人居署对城市化的建议与城市化案例

1. 联合国人居署对城市化的建议

（1）确保足够数量的街道和其他公共空间，街道占城市土地面积比例不小于30%，其他公共空间占比不小于15% ~20%。

（2）大城市人口密度应不小于每公顷150人；推广土地的混合使用模式，确保40%的底部空间用于商业用途。

（3）保障土地性质和住房类型的多样性以促进社会融合，且保证居住空间的20% ~50%被用于低收入人群或建造经济适用房。

（4）保护城市具有良好的交通连通性，应规划形成纵横交错的交通系统，避免超大单一性质地块的形成。

2. 国外城市化案例

（1）埃及开罗：让城市扩张给所有人带来价值和利益。为适应新的城市化需求，开罗政府通过拍卖土地筹集了31.2亿美元资金，并将其中的部分资金投入沙漠改造为新城社区项目中，以接纳旧城改造的居民；另一部分资金用于投资建设连接新城与开罗的高速公路，方便搬迁至新城社区的居民更好地到达主要城市，获得更多的工作机会。

（2）哥伦比亚波哥大：动员市民投资城市公共物品。通过调节税收，来支持公共工程，包括217个街道、桥梁和排水改善，提高城市居民生活质量。尽管以征税的方式进行，但税收综合考虑了公民在五年内的支付能力，这个做法得到了公众广泛的认可。

（3）英国伦敦：增加了对公共空间的投资。公共空间是城市的重要组成部分，也是城市的重要资产。伦敦通过对公共空间投资的增加，达到的效果有：每增加1%的投资，平均房价增加0.3%～0.5%，商业总量增加了5%～15%。此外，公共环境的改善还带来显著的环境效益，减少了对汽车的依赖。分析表明，街道的步行质量每改善10%，每个家庭每年就可以减少15公斤的二氧化碳排放。

四　中国城市发展启示

其一，在城市可持续发展的过程中，应对提高社会生产力、改善民生和福祉、提高环境绩效、促进社会公平进行综合考虑，使其达到平衡。可持续的意义在于始终保持健康的城市生产、生活方式，减少贫困、社会隔离和环境破坏。

其二，应避免过快的、无规划的城市化治理方法，避免因追求城市的快速发展而削弱城市抵抗风险的能力。要特别避免处处新建基础设施，而应合理地进行城市更新与改造。

其三，城市可持续发展应特别关注城市内容填充和密度设计，避免低密度和低效使用，以减少城市运营成本、改善城市资源供给、保障城市空间的开放度。同时要注重城市发展规划的长—短期目标结合，并对目标进行阶段性实施。

参考文献

Unhabitat. Urbanization for Prosperity, *United Nations Human Settlements Programme*, Published: Nairobi, Kenya, 2015.

Daniels T, "Smart Growth: A New American Approach to Regional Planning," *Planning Practice and Research*, 2001 (3): 271－279.

周子栋：《城市新区新型城市化发展模式探析》，《西北大学学报》（哲学社会科学版）2015 年第 6 期。

潘屹：《可持续的城市化：内涵、路径和政策》，《社会发展研究》2016 年第 2 期。

徐聪、马莉莉：《世界城市理论研究的发展脉络与新进展》，《西安财经学院学报》2012 年第 4 期。

B.16
巨型城市以水资源管理应对气候变化*

肖黎春

摘　要：　本文聚焦于巨型城市与水资源之间的互动关系，文中以联合国教科文组织的研究报告为核心，分析与大城市水资源相关的问题。文中对水资源、巨型城市和全球变化之间的关系进行了分析，并对布宜诺斯艾利斯、胡志明市、伊斯坦布尔和拉各斯等城市进行梳理对比，提出主要城市应对水资源问题的举措和政策。

关键词：　巨型城市　水资源　可持续发展

2015年12月，第21届联合国气候变化大会期间，以“水资源、巨型城市和全球变化”为主题的国际会议在联合国教科文组织总部举办，该会议显示出城市在实现“可持续发展目标”过程中扮演了尤为重要的角色，并提出水资源对城市可持续发展角色的重要意义。联合国教科文组织于2016出版了根据该会议专题论文编著的报告，报告列举了15个巨型城市的水资源发展案例。这些城市具有共同的水资源管理方面的问题，因而能够达成共识，共同努力来解决气候变化的适应问题。大城市的水问题包含了诸多内容，需要以全球性的视角及各方专家的合作来解读。

---

* 本文主要根据联合国教科文组织2016年出版的 *Water, Megacities and Global Change* 编译，该书为国际会议成果，特此致谢。

一 水资源、巨型城市和全球变化：挑战与措施

城市所遇到的问题纷繁复杂，每个巨型城市均有各自需要特别应对的方面。对于水资源和城市领域的研究已经非常广泛，不仅考虑了网络和风险管理、水和城市规划的关系，还涉及经济方面和政府措施。

（一）人口与城市增长的脆弱性

1. 城市增长与获取基础服务的途径

根据水分布和下水道设施资产，可以梳理出两个主要的城市类型。一类是最古老的城市，通常是最早的巨型城市并且有一个相对较为漫长的移民与殖民史，诸如伊斯坦布尔、伦敦、纽约和巴黎等。它们所继承的系统是由超过 100 年历史的设施组合而成的。一类是新巨型城市，这些城市在近期经历了极为快速的扩张。通常，快速人口增长对城市中心最古老的体系会造成压力，对市政服务的可靠性也是一种考验。满足饮用水的需求是目前一些巨型城市所面临的重要挑战。

2. 管理饮用水服务

（1）效率和“无收益的水”

所谓“无收益的水”，是指生产出来的水在运送到消费者之前已经“丢失”。就当前的形势和政策而言，在实施减少无收益水的过程中，不同巨型城市之间存在着显著差异。在布宜诺斯艾利斯和芝加哥，丰富的水资源意味着其大量的损失是由于管道的老化，而同时没有措施跟进或跟进太慢。相反，在伊斯坦布尔和孟买目前正在进行的旨在减少无收益水的计划，已使无收益水从 1994 年的 65% 下降到 2014 年的 24%，而经营者更是将 2023 年的目标设定在 15% ~17%。

（2）个人水表

在伦敦，大部分住宅的年龄超过了一百年，目前装上水表的不到当地用户的 1/4。绝大多数的用户正在接受基于“课税价值”（也就是房地产价

值）的宣传。在布宜诺斯艾利斯也是如此，其目前的政策是历史遗留政策。开具的估价发票是基于“处所的覆盖面”、土地规模、建筑物的年龄和质量，以及房地产所处的地段区域。只有12%的用户由水表系统监控。

（3）水费价目表

在芝加哥、伦敦、纽约和巴黎，水和卫生设施服务的收入完全（或几乎完全）来源于水和卫生收费，而不是（或不全是）市政预算或国家补贴。为此，芝加哥水费价格从2007年的每立方米5.03美元上升至现在的14.42美元，上涨了187%。相反，布宜诺斯艾利斯的水费收入仅占运营费用的41%，联邦政府提供了大量补贴。孟买则对不同类型的用户提供了大量的不同形式的补贴。在拉各斯，水费价目表是极其不平等的，拉各斯自来水公司和非正式的私人公司的收费差别相当于1∶33。在北京和伊斯坦布尔，阶梯水费表的应用已成为一个发展稀缺水资源的最优分配政策，以及提高用户包括工业用户的用水效率的重要工具。

3. 巨型城市下水道设施的挑战

（1）建设下水道设施是公共健康和发展的要求

下水道设施建设的优先级通常都会低于饮用水设施建设。废水排放的基础设施往往不如饮用水系统。

（2）对处理及更好的处理方式的需求：净化系统及其性能

在纽约和巴黎，19世纪末、20世纪初以来一直在实施一项渐进式的投资政策。然而，为了应对干燥的天气流，这两座城市不得不分别迟至1987年和2000年才建设污水处理厂。今天，在一些最富裕国家的巨型城市，例如东京，其目标是改进净化系统的性能。在拉各斯，新的法律要求在巨型城市的新居住区域内建设废水处理系统。尽管如此，作为应对可预见未来问题的主要手段，个体系统将继续保留。

4. 确保对于水资源的保护

人们花了很长时间才意识到很多城市的水资源是脆弱的，并将保护措施应用于集水盆地以确保资源的可持续。在北京，水源的保护是未来几年重要的挑战之一。一个面积达3200平方公里的区域已划为饮用水储备区。在该区域，已经建立了严格的保护措施。

应当实施预防性措施，以限制因人口增长及其相关需求带来的对可用水资源的压力。资源或许可以再生，但巨型城市可能成为资源过度开采的受害者。墨西哥城就是一个众所周知的地表沉降的案例。

5. 改进水排放管理

城市增长这一概念与“增长不受影响的区域”内涵相近。在过去的几十年间，引发了关于对付暴雨影响的挑战。大体统一的下水道系统（混合家庭废水和雨水）流向一个接收主体，从而避免了城市街道和建筑的洪涝灾害。在过去的几十年间，对环境的破坏，使得水溢出和水泛滥已成为一个问题，这需要巨大的资金投入。在 1987 年，纽约停止了混合污水管道系统的建设。目前，一个将家庭废水与雨水分离的系统覆盖了该市近 40% 的范围。

6. 水与城市间的互动

（1）减少城市中不渗透的表面

如何减少上游部分的排水是一个关键性的挑战，以此来降低洪水以及潜在的混合下水道系统溢出的风险。

水同样应当被较好地融入城市规划中。某些巨型城市的城市规划条例要求所有的建筑物或一定面积的停车场要有现场雨水滞留设施。

（2）城市热岛效应

布宜诺斯艾利斯和马尼拉由于其城市密度较大，而遭受热岛效应的极大影响。在芝加哥，为努力减少这一影响，推进实施了一个在城市中心种植 7 万棵树木的计划。

（3）创新的绿色系统方案

绿色基础设施（GIS）是对诸如减少城市热岛效应和管理雨水所产生的挑战的回应，目的是显著减少进入排水系统的水量。这一方面已经有大量的解决方案。典型案例包括设置绿色屋顶，以及由本地植被组成的生态调节沟和雨水花园，安置水箱和雨水桶用来捕获和储存雨水以便重新利用。透水人行道允许水渗透而非流走。在洛杉矶，解决方案都由公共财政承担，用于旧区域的再开发，以及用于新的城市发展、交通基础设施项目（伦敦）和校园。

（二）面对气候变化的脆弱性

1. 资源消耗的减量

（1）减少碳排放

对能源使用效率产生直接影响的最简单的行动是更新设备，如水泵等。东京自来水厂制定了一个雄心勃勃的能源效率政策：它的减排战略使东京2000～2013年的能源消耗实现了6%的下降（即4500万千瓦时）。

（2）回收资源

强化对能源、石油、氮和磷等资源的回收具有重要意义。

2. 对洪涝灾害风险的适应

在孟买，至少有20%的土地被认为是经常遭受洪涝灾害的，这座城市还处在大多数太平洋台风的轨迹上。有研究表明，到2040年相关的风险很可能急剧增加。在墨西哥城大都会区建立了一个区域应急中心，为遭受频繁洪涝灾害影响的人提供支援。该项措施包含了一项基础设施投资计划（堤坝、水坝和运河）以及技术流程管理工具。

预防性措施至关重要。在2012年，飓风桑迪凸显了纽约的脆弱性。广泛的损害导致了关于风险评估的研究以及重点行动的开展。在伊斯坦布尔，用水和排水机构（ISKI）正准备绘制地图来确定各区域确认的或潜在的风险。

3. 对干旱风险的适应

首先，水资源是一种不能永久再生的资源。其次，很多巨型城市水的运输导致了基础设施的成本高昂，京津冀就是一个典型区域。再次是管理需求、进步率和水节约。为提高气候变化的适应能力，北京和伊斯坦布尔通过应用进步率和开展节约用水宣传活动来确保有效利用水资源。最后，是废水的再利用。

4. 对其他风险的适应

主要包括对海平面上升、腐蚀和盐化风险，气温和降水变化导致的水质失衡和恶化的风险，以及其他一次性风险的适应和应对措施。

（三）水治理

1. 监管和法律框架

监管是国家的责任，然而对绝大多数巨型城市的研究表明，监管是受到区域约束的，通常受制于特定具体的法规。具体的案例如布宜诺斯艾利斯、伊斯坦布尔、纽约等。

2. 服务经营者

服务经营者，无论是否为大都市地区的唯一经营者或众多经营者之一，都必须确保水和下水道系统服务及运营的连续性。无论是公共还是私营，这些经营者都采用了大型的团队，确保每周 7 天、每天 24 小时的基础工作。

3. 公民社会动员

与水相关的问题也是公民社会利益相关者们担忧的问题。就其本身而言，这些群体也在努力地解决这些问题。

二　巨型城市水资源治理案例

本文将列举 4 个巨型城市在水资源方面的治理与举措，这些城市包括南美洲的布宜诺斯艾利斯、亚洲的胡志明市、欧洲的伊斯坦布尔和非洲的拉各斯。

（一）阿根廷布宜诺斯艾利斯

布宜诺斯艾利斯大都市区（AMBA）是 1280 万居民（2010 年数据）的家园，沿着拉普拉塔河延伸覆盖面积达 2500 平方公里。这是一条流速为每秒 23000 立方米的巨大河流。并且，这座城市正在向一个赋有大量地下水供应的平原延伸。布宜诺斯艾利斯大都市区包含了布宜诺斯艾利斯市和周围

24 个城市，这些城市都在布宜诺斯艾利斯省境内。大都市区执政当局权力的缺失，是水资源以及土地管理的一个重要挑战。

布宜诺斯艾利斯大都市区的水资源及下水道设施覆盖，在中心区域和郊区之间有显著的不同。在中心区域水供应系统的覆盖率为 100%，但在郊区覆盖率是下降的，这导致了覆盖面大量不足，尤其是下水道设施。其所导致的结果是经济、社会和城市显著的不平等与缺陷。直至 2014 年，收集的废水中仍有 86% 未经过任何（或极少）处理就被倾倒入拉普拉塔河。

就该市的大部分历史而言，布宜诺斯艾利斯是一个没有水资源问题的城市。使水成为一种取之不尽的资源，并且作为一项社会使命是由国有公用事业 OSN 来体现的。然而，建于 19 世纪末的布宜诺斯艾利斯大都市区水和下水道设施网络，由于不断提升的城市化程度，在 20 世纪 50 年代已经达到了它的承载能力上限。水资源部门进行了一些改革，包括权力下放、国际授权以及联邦管理。如今，布宜诺斯艾利斯大都市区的水资源和下水道设施的供给管理类似于一种马赛克现象，由国家、省和市政当局的代理机构组成。相应地，水资源管理和环境保护的责任在不同管理实体间是共享的。

因而，适应气候变化发展的一个重大挑战是，如何实施一个新的治理计划，包括由多级代理机构和利益相关者来共同处理管理和制度的框架碎片。为了开展应对气候变化的行动，对布宜诺斯艾利斯大都市区而言，最大的挑战之一是要同时协调三级政府与民间社会组织的合作。

不断增加的降雨和温度，以及越来越多的强风和热浪，致使布宜诺斯艾利斯市高度暴露于这些变化所引起的气候风险中。布宜诺斯艾利斯市的气候变化议程，包括水资源和下水道设施问题的适应战略，诸如家庭的缺陷、洪水、普遍使用的公共服务、固体废物收集和处理、工业污染等。此外，该议程还考虑了饮用水使用的变化，以及对于如何更好地协调利益相关者们的需求。

伴随着当地执行者（通常是市民）和民间社会组织（非政府组织、合作者、草根运动、使用者和消费者协会、居民运动社团）的逐步加入，布宜诺斯艾利斯市对水资源和下水道设施的管理已经进入了一个崭新的时期。

（二）越南胡志明市

胡志明市占地2096平方公里，拥有将近1000万居民（2014年人口普查时为810万），并且是东南亚地区最重要的巨型城市之一。该城市的人口数量每年大约增长3%，这导致了社会经济和人口统计学的重大变化。从2000年开始，这座城市中每年有16平方公里的区域实现城市化。城市区域已经超出了它的行政边界，并且胡志明市已经成为拥有1900万居民的大都市区域的中心。

在拥有8万米长的水道和运河网络的胡志明市，水是无处不在的。与其他东南亚和印度的巨型城市相比，自17世纪以来，这座城市已经开发了一个利于诸如淡水供应、洪水控制、农业灌溉和商业贸易等的环境服务的三角洲平原。这些有利条件在20世纪期间被运河的填充和人工湿地的开发所改变。今天，飞速的城市化进程以及气候变化所带来的影响，使得胡志明市变成世界上最难以抵御洪涝灾害的巨型城市之一。当城市的65%均位于海平面以上不到1.5米的时候，这种脆弱性就与海平面上升、降水量加剧和每年达到0.02米（在一些地质区域）的地平面下沉相关联了。此外，土壤的不透水性降低了渗透的可能性，并且增加了洪水的风险。为了解决这些风险，胡志明市建造了新的基础设施（下水道、堤坝和水闸），并且该市的未来规划指向湿地和人工湖的开发建设以恢复失去的生态服务功能。

考虑到饮用水的获取，这座巨型城市拥有5460公里的水网络，由一家叫作西贡自来水公司的国有企业控制。水价是由当地政府设定，他们自愿将价格保持在一个较低水平（0.45美元/立方米），以此来保证数量庞大的居民都能获取饮用水。最近的研究显示，85%的人口与这一水网络相连（它目前的承载能力是每天大约170万立方米）。

水供应系统基本上是使用了同奈河与西贡河的表层水（占每日供应的94%，余下的6%来自于地下水）。因此，胡志明市的水供应系统是非常脆弱的。而且，胡志明市的下水道网络同样脆弱。2001～2011年，下水道网络从516公里拓展到3095公里，然而其作用范围仍不足以防止地表水的退化。

如今，考虑到城市可持续目标、对于环境服务功能的保护以及对于气候变化的适应，胡志明市的基础设施正从单一性向多功能性转变，其政策由分领域政策向综合性政策转变。从政治角度看，这一新的尝试以专门的应对气候变化和洪涝灾害的特定实体的创建为特征。就规划而言，按照法律法规技术服务正逐步综合液压补偿原理，以此来抑制城市化和洪涝的交叉效应。

环境领域（湿地和红树沼泽）也同样被予以重视，它们被视作巨型城市的“绿肺”，提供更好的空气质量，也是一个防护洪涝的有效方法。一个开发多功能公园网络的项目正在进行，该项目综合了滞留池塘和绿地网络的建设。这些结构上的转变应当有切实有效的行动予以跟进，譬如加强水文气象学上的预报能力。

（三）土耳其伊斯坦布尔

伊斯坦布尔是唯一一个同时位于亚洲和欧洲大陆的城市。今天，它是土耳其共和国的商业和经济中心，并且拥有大约150万的城市人口。约在公元前659年这座城市以君士坦丁堡的名义建成，并且它的第一座水建筑是在罗马时期建造的。伊斯坦布尔在这之后变成了拜占庭帝国的首都，帝国十分注重整座城市蓄水池的建设。在君士坦丁堡于1453年征服了这片土地之后，奥斯曼帝国出现了独特的水文明，包括对古代给水排水构筑物的复原、使用沟渠引导水流，以及建造四座水坝。

伊斯坦布尔市政府在1981年建立了伊斯坦布尔用水和排水机构（ISKI），并且保留了城市关于水供应和废水管理的责任制度。ISKI最成功的项目是“金角复原项目”，旨在清理金角江湾的水，那里的水与马尔马拉海相连。

以170～250升/人/天为基础折合，伊斯坦布尔2015年的用水需求约为9.5亿立方米/年，并且将在2040年达到17亿立方米/年。98%的水来自于处于省级边界外的地表水。总体水承载力在2014年提升至2100立方米/年，预计到2018年会有足够量的水。现存的水处理站的总承载力为近440万立方米/天。伊斯坦布尔市政废水基础设施不像水供给系统那样发达，既有下水道网络中的一部分是混合系统，并且在降水量急剧的时候会溢出。水流溢出的补救方法已在加快进行，并且已经规划针对废水和暴雨收集的独立系统。约60%的家庭和工业废水与预处理及海排水系统相连，余下的40%与先进的生物废水处理站相连（WWTPS）。

2014年，98%的市政废水连接到了生物废水处理站，该系统被设计用于去除营养成分来激活污泥。来自城市区域的工业废水通过伊斯坦布尔用水和排水机构（ISKI）预处理过后被排放到下水道网络。“伊斯坦布尔总体规划蓝图”（1999）要求卡迪廓伊（Kadikoy）、耶尼卡帕（Yenikapi）和巴尔塔利曼尼（Baltalimani）的生物废水处理站在将废水排放到博斯普鲁斯海峡较低层之前进行初步处理；图组（Tuzl）、库克切梅切（Kucukcekmece）、阿塔卡伊（Atakoy）、阿姆巴利（Ambarli）和布亚肯米斯（Buyukcekmece）的生物废水处理站在将废水排放到马尔马拉河床之前进行二级处理。从长远来看，这些设施（包括帕萨廓伊的生物废水处理站）将会转变成高等生物处理站。伊斯坦布尔用水和排水机构（ISKI）业已开展了总体规划蓝图设想的超过80%的活动。相应地，2000～2020年，水供应、废水管理、暴雨收集和水流回收的总体投资需求估计约为970万美元。

以国际气候变化委员会（IPCC）第五次评估报告为基础，土耳其国家计量服务机构进行了RCP（代表浓度路径）4.5和8.5场景的气候模拟。此外，关于“依据土耳其新场景气候改变项目”的研究描述了伊斯坦布尔主要水源地区的情况。由土耳其水基金会发起的“气候变化对伊斯坦布尔和土耳其水源未来的影响”项目突显了跨流域水迁移的重要性，而“气候变化影响土耳其水资源项目”则测试了河流流域水势的变化。在这样的框架下，作为其当前战略规划（2011～2015，2016～2020）中的一部分，伊斯坦布尔用水和排水机构（ISKI）正在采取以下措施来增强对于气候变化的适应能力。

- 减少干旱的风险并且确保水供应：措施包括水流域之间水的运输转移、蓄水层的修复、减少无收益水和再生废水的利用。

- 确保水使用的有效性和效率：伊斯坦布尔用水和排水机构（ISKI）使用了阶梯收费表，用户可以按照它来更有效率地（<10立方米/户/月）减少消费支出。

• 增加可再生能源的使用：可再生资源，例如风能、太阳能和生物能/沼气能，正在被利用。

• 洪水控制和水流复原：对于高风险小溪的复原和处于高风险区域的建筑的征用已经在很大程度上完成了。

（四）尼日利亚拉各斯

拉各斯是尼日利亚最大的城市，位于尼日利亚的西南部，面积为3577平方公里。拉各斯坐落于沿海平原上，是平均海拔在海平面上15米的平坦地区。水体和湿地覆盖了陆地面积的40%。2006年，拉各斯州的人口是1750万，增长率为3.2%，是全球增长最快的城市之一。2015年人口预计将达到2330万。该城市有57个地方政府行政单位。

拉各斯是一个汇聚城市、城市边缘地区和农村社区的巨型城市，其中32.5%地处城市区域。城市有相当高比例的人口居住在非正规住房，每三个人中有两个生活在贫民窟。

拉各斯的水资源部门包含了三重治理框架：其一，政策发展、规划回顾、监测与评价；其二，服务条款、水供给和下水道设施或废水管理；其三，规章。上述三类行为由彼此独立的主体承担。

城市的雨量变化在2013年，年度最高数值是1927毫米，最低是825毫米。由于每年较高的平均降雨量，拉各斯拥有了丰富的地表水资源。拉各斯自来水公司是城市主要的水供应者，生产提供符合尼日利亚标准的高质量的水。水需求总量估计每天达250万立方米，终端用户的水需求总量是每位居民每天136.4公升水。拉各斯自来水公司生产出来的水相当于每天将近100万立方米。在水需求和水供应之间存在着差距；这个差距通过个人挖井和钻井来应对。工业用水供应主要来自地下水。

尽管拉各斯自来水公司饮用水的生产主要取自地表水资源，然而在城市中更多的人依赖于来自两个蓄水层的地下水。拉各斯自来水公司在运营和维护地下水方案上仍有欠缺。

为了应对需求差距，拉各斯自来水公司自主开发了《拉各斯用水供应总体规划（2010～2020）》。该总体规划的基本目标是，到2020年12月能够为城市所有居民提供用水。《拉各斯用水供应总体规划》旨在每天生产3.38万立方米的用水，估计花费24.86亿美元。另外，城市水资源还面临着来自海水入侵污染的挑战以及来自工业石油污染的挑战。

拉各斯没有主要的下水道系统。废水处理和中央污水设备仍是初步的。生活污水处理主要通过化粪池的使用。自2010年以来，拉各斯州废物管理办公室一直从事着对老旧污水处理工厂的翻修和新建工作，结果是整个功能性的污水基础设施从0.04%增至6%。

拉各斯大部分地区是低洼高水位地区，容易造成洪水风险。在2011年，拉各斯被洪水淹没。有效的洪灾管理将包括：①与尼日利亚气象局（NIMET）联络，以定期预报降雨模式的方式进行预警；②预备排水总体计划；③实施设计，然后运营和维护洪水排水系统。

拉各斯自来水公司要价十分低廉，大大低于任何州的水资源委员会收取的费用，其公私合营的运营成本比私营低得多。未来拉各斯水供应将面临以下两个迫切的问题：一是气候变化，以及正在上升的海平面和较高的降雨量；二是拉各斯东北部的奥贡州的城市发展。

参考文献

United Nations Educational, Scientific and Cultural Organization, International Hydrological Programme, 2016 , Water, Megacities and Global Change: Portraits of 15 Emblematic Cities of the World.

Pires, Mark, *Watershed Protection for a World City: the Case of New York Land Use Policy*, 2004, (21).

刘安国、李惟依、马睿娟：《纽约水资源管理中的区域协调对北京市的借鉴意义》，《北京社会科学》2014年第7期。

B.17

荷兰善用环境税促进城市可持续发展*

李　健

摘　要：　当前基于绿色增长和改善气候变化的长期目标，环境税已经成为各国最为重要的政策工具之一，但在实施过程中存在诸多的问题。本文基于荷兰环境评估署（PBL）的研究，对荷兰城市环境定价理论、环境税选择和设计、环境税实施成本、环境税改革标准等进行深入分析，最后，主要就其对中国城市环境税实施的启示进行总结。

关键词：　荷兰　环境税　环境定价

绿色增长现在已经成为全球关注的焦点，它试图实现经济增长与资源节约、环境保护等之间的协调发展关系。特定地理环境使得荷兰人更加明白气候变化、环境保护对于人类生活与城市发展之间的重要意义以及经济无限扩张带给人类社会的巨大风险，通过正确的“环境定价”金融工具来保证可持续的经济增长成为关键。荷兰是全球较早推行环境税，且环境税收占总税收比重（10%左右）最大的国家之一，荷兰绿色金融改革已经持续较长时间。

当前在荷兰有诸多关于环境税改革的建议，其中有很多甚至互相冲突。

* 本文主要为基于荷兰环境评估署（PBL）*Environmental Taxes and Green Growth: Exploring Possibilities within Energy and Climate Policy* 报告所进行的评介，特此致谢，并形成中国城市发展建议。

如有些人建议应该改变这种环境税的高比例情况，而有些人则建议为了环境保护应该继续提升环境税的额度，有些人认为环境税降低了荷兰的生产效率，阻碍经济向低碳结构的转变，对绿色增长并不利。作为国家级智囊机构，荷兰环境评估署（PBL）对环境税征收和绿色增长、城市发展等之间的关系进行深入探讨，其中对环境定价理论进行了充分讨论。反观我国，当前城市正拟推行环境税，但如何确定定价的依据依然较为困难，税率多少需要综合考虑经济发展和环境保护之间的均衡问题。PBL 的研究提供了理论层面的分析依据。

一　环境税定价——经济理论分析

在荷兰，环境税选择和设计包括多种冲突，主要包括直接税还是间接税，长期利益还是短期利益，环境保护还是经济发展，环境治理还是财政收入等多方面方法和目标冲突。这揭示世界上并无完美的环境税，金融政策和环境政策紧密联系在一起，问题在于环境定价（政策工具）是否能产生正确的效果。

利用税收作为环境定价的工具并不新奇，一般评价税收整体结构的标准是效果和效率、配置公平性和可行性。有效和高效的税收项目应该最低程度地影响公民和企业的支付意愿，这种影响主要依赖于有多少机构受税收、税率及财政补贴的敏感度等影响。从理论上而言，如果商品边际税收成本最高但对于价格的影响最小，那么税收的扭曲效应也就是最小，但是这种有效方法通常与其他目标冲突，特别是对于税收制度的公平性。特别要注重减少对企业和消费者选择的扭曲和影响。从中立的视角出发，税率或税基的改变应该不影响劳动参与、劳动时间和消费模式。此外，总体税收制度的效益和效率的评价也应该考虑环境价格的调节作用。环境税及他们对经济结构贡献的受关注度提升很多。环境是经济结构的一部分已经得到广泛赞成，关键点在于环境税如何帮助调整市场。

（一）最佳生产和污染

基于福利理论观点，环境税是纠正对环境外部负面影响行为的有效工具，边际环境破坏应该在税基和税率调整下降低。这也意味着每单位外部性的税基和税率等于社会最优外部性条件下所导致的边际社会破坏（见图1）。例如，如果一种能源产品的消费和生产导致排放和相关环境问题，这种破坏应该在市场定价中实现减少的目标，征收每单位排放的环境税，这样就会提升产品的价格，导致高污染的产品因为高价格更少被卖出，这也是环境税的目标。

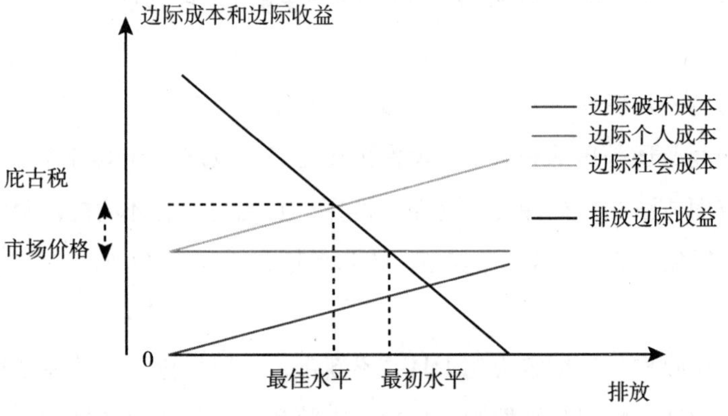

图1　社会最佳生产和污染情景分析

资料来源：PBL，2013。

在绝对的市场条件下，定价会在边际收益与边际个人生产成本相等的点实现，其中环境成本并不发挥作用。假设生产厂商通过每单位生产排放导致的环境破坏可以通过不断增长的排放边际破坏成本来表达，排放的边际收益因为产品消费量的减少而减少。只要生产商不考虑环境破坏的成本而只顾最大化自身利益，他们就会选择利益最大化的生产水平。

然而，从社会利益的角度而言，这不是最好的结果，因为这会导致很高的边际破坏成本。这种边际破坏成本应该被降低，以实现社会发展最优化。这种优化点的位置应该是在边际利益不能够抵消边际社会成本的位置，这时候的排放就是最优化。随着对社会福利关注的增加，生产者不能够无视他们的排放所造成的社会危害。

（二）最佳税收情景

作为一种动力，环境税可以促使污染者们为了社会利益改变他们的行为。通过污染所产生的税负或收费来引导（见图 2），当经济人（生产者或消费者）都努力减少他们因为污染而缴纳的费用时候，垃圾和废弃气体都会被经济人采用最经济的手段予以减少，最佳社会情景就能实现（见图 3）。这也是为什么社会最佳情境下庇古税率应该等于污染的边际社会成本。这是一种有趣的悖论，如果当税收成本可减少环境污染时，税收就会变得增多（边际个人收益曲线变陡）；当环境问题很大时，税收就变少（边际破坏成本曲线变陡）。这凸显了政府的矛盾心理，一方面想最大限度地增加税收，另一方面要最大限度地减少污染排放。

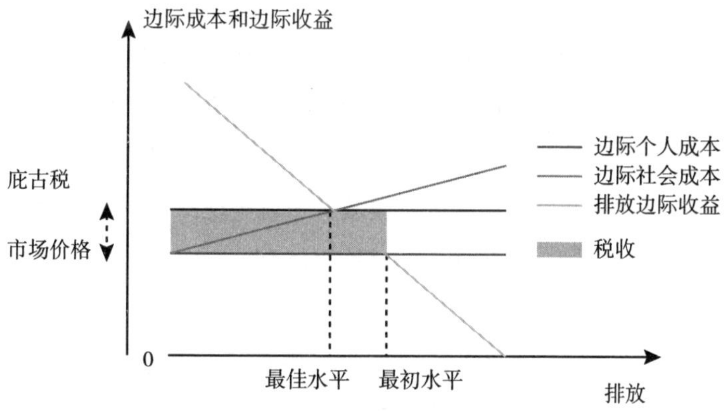

图 2　初始税收情景

资料来源：PBL，2013。

传统上经济学家都是认可庇古税纠正负面外部性的有效作用，一个统一的排污税收制度可以更好地推进生产者和消费者思考污染的成本进而纠正自己的行为。假设每一个经济机构都进行合理的成本—收益分析并且进行更便宜的选择，减少排放就会更有效率。那些以较高边际成本排放的机构将会选

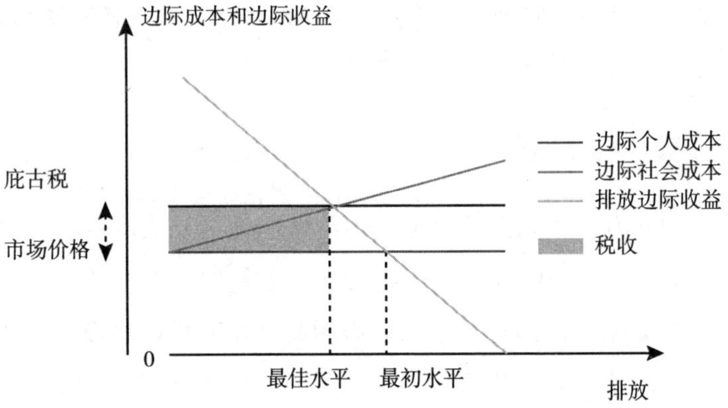

图3　最佳税收情景

资料来源：PBL，2013。

择不排放。换言之，谁污染谁治理，那些通过支付污染税的个人和企业也会慢慢调整他们的排放行为。

有时候，最佳排放水平还可以通过减排补助、非流通的配额或者排污权交易等来实现。在非流通配额的典型案例中，政府制定污染标准且生产者不能越线，但生产者被赋予事实上的污染权，但在市场整体上有个限制。理论上政府可以让生产者知晓破坏和减排的确切成本。一个可交易的排放许可同样可设置排放最高值，通过限制整个市场的排放数量予以实现，只要超过排放许可而被罚的价格高于排放减少的边际成本，这种市场交易会一直存在。理论上，排放许可最终市场价格应该达到庇古税的水平。

很明显，政府政策（非有意）鼓励污染行为与环境价格不符，这种措施包括税收豁免、减少税率，税收返还或者直接补助等对环境都有负面影响。同样的原因可用于正面外部性，当生产者或者消费者的经济行为对第三方具有非特定利益的时候，正面外部性就会产生。

二　环境税选择原则和设计机制

从理论上而言，庇古税的设计非常容易和明确，但在实际中存在诸多困难。对于税基和税率的选择主要依赖于税收将来应用的特定方向。从减少排放的环境政策视角出发，最佳的庇古税就是排污税，但其他的税基同样是可能的。排污税是一种特定的税种，基于每单位的污染而非每单位的价值产出。

（一）环境税选择原则

首先，税基的选择应该瞄准导致环境破坏的外部性，并且测量这种外部性是从哪里产生的。例如二氧化碳排放会导致环境气候变化，所以应该对产生源进行征税。然而，如果环境税所有的目标都是减少环境破坏并降低到某一个水平，那么税收的目标应该直接瞄准这一排放水平，例如在气候变化案例中，最优的税基设计应该包括了所有温室气体。

其次，每单位或者固定税（一包香烟或者一吨二氧化碳排放）倾向于增值税形式。增值税率是价格的比例而不是数量。例如我们可以对排放较为严重的商品征收增值税，但税收在其他不直接与排放相关的环节里也会产生，例如配送和市场成本等。相反，每单位税收直接应用于排放相关的活动，而对其他活动并无帮助，而实际上他们也可能产生污染。

再次，对于税率的选择仍然有问题。税率通常基于边际破坏成本设计，但边际破坏成本通常会根据污染活动情况而在平均破坏成本方面上下浮动较大。此外，边际破坏成本有时候会与污染源以及传播源（空气、油、水）等密切相关。例如，温室气体排放的位置与他们引起的全球气候变化无关，但空气污染的结果与哪里及什么时候排放密切相关。此外，破坏成本也存在不确定性。因为这些复杂的因素，在排污税的案例中，税率一般是基于排放的目标水平。实际上，通常是在最优社会环境下目标水平与现实排放水平实现一致时，这种税率才能达到最佳水平。

即使某种排污税是一种最可行的庇古税，但在现实中实施仍然非常困难。例如，排污税征收成本通常很高，特别是一种新的税种。如果别的路径能够以更低的成本实现同等效果，排污税会处于较低的水平。一个合适的选择，将会是对直接产生污染的商品推行一个间接税（如消费税、增值税等)。通过这种方式实施，低污染商品可以征收低税率，而高污染产品将会被课以重污染税，无铅与含铅汽油有区别的税收率是一个很好的例子。

(二)环境税设计机制

根据设计，环境税可以采用不同的运作机制来推进减排任务。原则上，一般有三种机制可以推进减排任务：

(1) 减排：利用附加的先进减排技术和碳抵消。

(2) 输入产品替代：通过清洁产品或者较少排放的产业来替代污染严重或排放密集的输入产品。例如通过低硫煤替代高硫煤，或者通过可再生能源替代化学能源。

(3) 商品替代。通过较少污染和低排放的商品替代高污染和高排放的产品。

环境税越不直接，税基和排放之间的关系就越弱，社会福利就会失去更多。一个排污税可能用了上面提到的三种机制，这必然是高效的。与之相反，一般而言输出产品税仅仅用于输出替代的机制，输入产品替代税仅用于输入替代（实际上后者会比前者更加有效，因为可以与污染发生更为直接关系)。此外，增长的化石能源税可能会导致能源和劳动力的被替代，而不一定是能源之间的替代，除非税率会根据排放特征实现差别化。

以上探讨可以明白环境税的设计决定哪种替代机制可以发挥作用。一般而言，税越直接针对污染或者排放本身，越会有效发挥作用。因此在选择直接或者间接税时候，要对直接税较高的实施成本与间接税相关的更高的福利损失进行权衡。直接税尽管在理论上最为理想，但在现实中实施成本较高，这反映出环境税有效利用和环境税作为政策工具的紧张关系，及税收简化和实际实施之间的紧张关系。幸运的是，正如上文所讨论的，通过将税收和补助进行技术性搭配，我们可以选择更容易的方式进行推广。

三　环境税实施成本及分配效果

（一）环境税的实施成本

环境税不仅将环境外部性内部化了，同时增加政府财政收入。就财政而言，应用环境税与消费税、增值税没有根本区别，例如烟草或酒精。就消费税而言，从环境税得到的财政收入主要依赖于市场的特定特征，当产品或者行动有很好的价格弹性时，税收的作用在很大程度上被限制住。而真实的污染性物品或活动，具有低廉的价格弹性。正如先前讨论的，那些没有弹性需求的易污染产品（由于有很小价格弹性）可能产生高财政收入，这又符合间接税理论的最优情景。意味着最优的策略是很少价格弹性的税收产品（非高价格弹性的产品），这可以最大限度地造成“无谓损失”效应。这种策略最大特点就是调整空间不大。

在很长时间内，经济学文献并没有充分考虑环境税间接（扭曲）效应，他们总是假设环境税收入将会一次性返回到纳税者手里，不会产生其他的成本或者福利收入。绿色税制改革隐含的意思就是在一个特定的税收水平下，全部税基应该是从资本和劳动力收入转到产品或活动的消费本身。通过这种方式，庇古环境税能够产生双重利益：一个更好的环境和更多的财政收入，就后者而言可以减少例如所得税等之类的扭曲税。环境税有自身可以扭曲劳动力供给的效果，因为消费税本身最后要施加到劳动力本身。消费品价格因为环境税越高，就会减少净收入，这就会影响劳动力供给，这显然是对立的并发挥间接效应。因此，考虑到环境税对于劳动力供给的扭曲效应，庇古税率就应该进行调整。在这样背景下，最优的环境税率应该能够反映直接效果（减少污染）和间接效果（劳动力供给）。

（二）环境税再分配效果

一个密切议题就是庇古税或者排污权交易许可干预之后的再分配效

果。需要重点指出的是现状事实污染权是市场所有的，在这种情况下，污染者无须为他们使用的环境资源而付费。在政府干预之前，市场事实污染权都是免费的，包括排污税以及排污权交易拍卖，污染权都通过支付从个人转到公共领域。这种权利通过收税和拍卖使“稀缺性租金”进行了转移。其他形式的环境条例，如非流通配额和可交易的许可证（基于历史排放的免费发放许可证），也杜绝环境免费开发，但他们转移的是部分污染权（即只为可调节的污染量）。因此，这种稀缺租金仍然主要保留在个体单位手中。

受环保政策造成的“人为”稀缺性将始终具有分配效应，这取决于具体政策设计。毕竟，环境税和许可拍卖产生的财税可以用来减少税收体系中其他税收，对市场其他利益方产生好处。然而，一切都不能改变环境税和许可交易对薪水和劳动力供给的负面影响。这种额外的扭曲就要求政府通过一次性的返还来补贴纳税人。然而，精确的补偿难以做到，这就不可避免影响公民和企业之间的再分配成本和效益。而政府都会寻求特定方法来缓解疼痛，例如为特定利益集团制定特殊税收措施，这些规定往往需要特定豁免或非线性率的形式。

四　荷兰环境税效果的评价标准

在荷兰，环境税收通过以下三个标准来评价实施效果：配置效益和（动态）效率、分布公平性和可行性。在这些标准中，配置效益和（动态）效率提出特定税收工具是否能够有效实现预定目标，因为税收的一个重要目标就是提供稳定财税，不受民众和企业各种选择的影响。第二个标准是分布公平性，主要测度污染权力和财富的区域再分布，但如何详细执行较为困难。第三个标准是可行性，主要涉及税收的执行和遵守情况。

（一）配置效益和效率

对于绿色增长的追求可以演化为对负面外部因素如环境污染、交通拥堵等进行定价征税的研讨。这种定价机制可用于所有生产者和消费者引起的外部因素。事实上，税收就是发挥一种监管作用，基于此，一些金融专家认为财政收入将会因为税收的监管作用而减少。但如果仅仅是以财政税收作为首要目标，环境又会遭殃。然而，选择是艰难的，需要对财政收入的增加和环境监管都进行细致调查，进而做出决断才真正利于增加社会福利。

类似的相关问题还包括环境税实现其目标的“成本效率”或者“动力效率”。成本效率关注在特定预算下实现短期最佳效果，动力效率的关注不同，更加侧重实现长期的远大目标。如果说绿色增长首要目标是为了经济发展更少破坏环境，那么动力效率更加有效，关键要素包括创新、转型以及民众和企业更加关注环境并视为自身责任。因此需要环境定价能实现“大棒”（税收作为经济动力减少二氧化碳排放、废物制造和水的消耗）和“胡萝卜”（绿色创新补助）的组合。

（二）公平分配污染权

“污染者支付”在环境定价中是首要原则。在多数的情况下，人们往往更加关注民众和企业产生的污染，而不是他们能够支付的能力。在现实中，一个复杂因素是污染者往往超过他们环境资源使用的产权，并由此产生更多污染。环境税改革就是由政府重新分配污染权，这毫无疑问将受到更多阻力。从成本—收益分布来看，尽管通常会改变税收负担的分配，但环境税改革不一定导致税负整体增加，如从环境税得到的财政收入会通过较低的所得税和公司税形式返还给民众和企业。

（三）政策工具可行性

税务简化的目标与利用环境税作为环境政策有明显冲突。在实际工作中，以环境目标为导向的税务安排并不利于税务结构的简化。（更多）环境税的倡议者被建议应该设计多种税务政策工具来实现环境定价，包括补助和排放标准。在这样背景下，不同市场参与者成本和收益的分布也都是值得考虑的重要因素，因为双赢的情况很难出现。

五 对中国城市环境税的启示

早从2008年开始，环境保护部、财政部和国家税务总局就已经开始研究环境税的推进；2011年12月，财政部同意适时开征环境税；至2013年网传出台环境税实施时间表；再至2015年6月，国务院法制办就《中华人民共和国环境保护税法（征求意见稿）》向社会公开征求意见。城市环境税实施的一再推迟，反映出环境税设计、选择与实施存在的巨大现实性困难。对荷兰环境税改革的经验总结，对我国城市产生一些重要启示。

（1）环境税的设计和选择具有高度相关性和复杂性的特征，需要充分考虑其正外部性和负外部性的问题，因此存在直接环境税和间接环境税之分。从荷兰城市环境税的经验看，直接环境税与税基、税率的关系最为密切，通过排污源和排污量的测度，可以直接对企业和个人征收环境税，但如何测度各种差异的排污存在巨大的成本问题。间接环境税则是考虑从上游的来源把握环境税，特别是能源税的征收。但间接环境税具有较强的外部性影响，需要综合把握存在的利害关系。因此在选择直接或者间接税时候，直接税较高的实施成本与间接税更高的福利损失需要进行权衡，目前尚无定论哪种更好，需要具体考察。

（2）基于市场竞争，环境破坏不会自我调整，这就需要足够的措施来予以纠正，因此，环境税已经成为当前调整环境保护与经济发展、财政税收等方面的重要政策工具，实施效果远超环境收费。但是环境税调整不一定能产生持续的财政收入，由于各种负外部性的作用，就产生环境定价是否能够产生正确的能力，环境调整的目标可能不会与财政收入稳定增加的目标一致的问题。此外，环境税的实施还会造成其他已经实施的资源税、车辆购置税、环境收费等项目的减少，进一步恶化地方财政。在环境税实施中必须考虑以上后果。

（3）由于环境税强化对企业压力增大，进一步对本国企业及外来企业的投资造成压力，一方面降低了自身的投资环境和水平，另一方面则增加了国际贸易的发展。要强行瞄准长期目标的问题，可能会造成环境税政策的失灵及社会质疑，所以必须出台排污许可交易、财政补贴等复合型的政策措施予以补充。

（4）环境税与技术演化、外部环境变化相关性较强，必须不断考察效果，保障环境税政策工具实施的引导效果和正向外部性。环境税的实施效果可以通过配置效率和效益、公平分配污染权及发展机遇、政策工具可行性等三个层面予以持续考察，作为环境税推进和改革的实施标准、选择依据。

（5）尽管环境税的确有再分配效果，特别对于污染制造者和污染受害者，体现污染和弥补基本原则。但基于精确惩罚和补偿难以做到，又可能造成社会、生产者、消费者等之间的利益分配不平衡，需要通过与其他税收体系的充分整合进行调整，这也会方便补偿措施的设计，这其中许可交易制度、污染豁免、特殊税收制度等在荷兰已成为主要工具。

参考文献

HermanVollebergh，（2013）*Environmental Taxes and Green Growth：Exploring Possibilities within Energy and Climate Policy*，PBL Publication. www. pbl. nl/en.

Acemoglu D，Aghion P，Bursztyn L and Hemous D.（2012）“The Environment and Directed Technical Change，” *American Economic Review* 102（1）.

Bollen J，Koutstaal P and Veenendaal P.（2011），*Trade and Climate*，*CPB Netherlands Bureau for Economic Policy Analysis*，The Hague.

李涛：《我国开征环境税之立法研究》，《中国矿业》2011 年第 6 期。

李夏：《由环境税法立法引起的对我国开征环境税的思考》，《时代金融》2016 年第 12 期。

城市治理篇

Urban Management

B.18

荷兰兰斯塔德多中心城市群区域合作特征

李 娜

摘 要: 兰斯塔德城市群是荷兰人口集聚、经济发达的重要区域，是多中心城市群的典型。在空间结构上，兰斯塔德城市群围绕大都市绿心环绕布局，形成了阿姆斯特丹、鹿特丹、海牙和乌特勒支等多个中心，空间结构集中和分散有序。在区域合作上，兰斯塔德城市群呈现功能网络分工、交通联动发展、合作机制多元弹性等特征。兰斯塔德城市群的多中心空间结构避免了交通拥堵、房价飙升等大城市病，成为区域城市空间布局追求的一种趋势。基于此，我国城市群建设可借鉴兰斯塔德城市群的成功经验，主要包括规划引导城市群空间布局、打造交通联动发展、保护生态空间以及建立多元弹性区域合作机制等方面。

关键词： 多中心 区域合作 兰斯塔德

在世界大都市区面临着人口剧增、交通拥堵、房价飙升等越来越明显的大城市病时，多中心城市群成为区域发展的一种推崇模式，具有空间协调、社会公平等优势。在此背景下，多中心成为各层次空间规划的理论方向与既定目标。例如，在北美，多中心被列入美国2050年远景规划的重大议题，在我国，多中心概念也正被广泛应用于特大城市的空间规划中。兰斯塔德地区（Randstad）是多中心城市区域（Polycentric Urban Region）中的代表。兰斯塔德位于荷兰西部，地跨南荷兰、北荷兰、乌特勒支和弗莱福兰等四省，包括四个核心城市，即阿姆斯特丹、鹿特丹、海牙和乌特勒支及四城周边的中小城镇。兰斯塔德地区是荷兰人口集聚、经济发达的重要区域，以荷兰25%的土地面积聚集了荷兰43%的人口并创造了荷兰50%的GDP。本文重点剖析兰斯塔德多中心城市群空间结构和区域合作特征，并探析其对我国城市群发展的有益经验借鉴。

一 兰斯塔德城市群空间结构与合作特征

兰斯塔德地区作为多中心城市群的代表，围绕大都市绿心环绕布局，形成了以四个大城市为多中心的集疏有序的空间结构（见图1）。同时，兰斯塔德城市群注重区域合作，追求功能网络分工、交通联动发展，建立多元弹性区域合作机制等。兰斯塔德城市群空间结构与区域合作特征可归结为以下几点。

1. 环绕“绿心”

兰斯塔德独有的空间特征为：在城市群中心地带拥有开放的绿色空间，各城市围绕“绿心”进行布局。“绿心”主要为农业用地，面积大约400平方公里，城市开发与基础设施建设环绕“绿心”进行布局，起到天然隔离的屏障。但随着兰斯塔德城市群城市化的不断推进，“绿心”也成了城市群

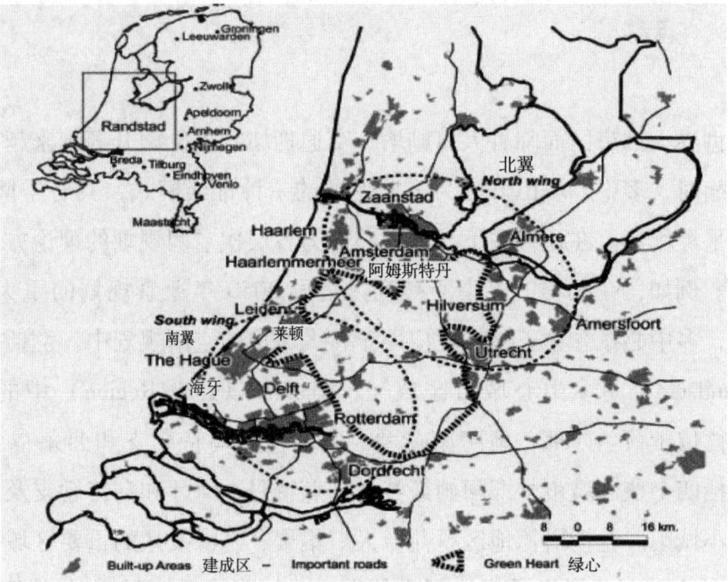

图 1　兰斯塔德城市群与“绿心”

资料来源：吴缚龙、王红扬，《解读城市群发展的国际动态》，《规划 50 年：2006 中国城市规划年会论文集》，中国建筑工业出版社，2006。

中用地矛盾最突出、空间争夺最激烈的区域。在此背景下，政府对保护“绿心”起到了积极作用，从国家政策高度上确立保护“绿心”空间。自 20 世纪 50 年代以来，中央政府进行了五次国家空间规划，一直致力于保持“绿心”的开放性，使“绿心”可以为居民提供重要生活休闲空间。“绿心”的存在使兰斯塔德城市群空间未朝着摊大饼模式方向发展，避免了交通拥堵、房价飙升等大城市病。

2. 多心均衡

兰斯塔德城市群形成了以阿姆斯特丹、鹿特丹、海牙和乌特勒支等四个大城市为中心的多中心空间结构，集疏有序。主要表现在两方面：一方面，兰斯塔德城市群四大城市人口规模相当。早在 20 世纪 50 年代，兰斯塔德城市群采取分散大城市人口战略，将城市人口控制在 100 万以内作为主要目标，促使人口相对分散。2014 年，阿姆斯特丹、鹿特丹、海牙和乌特勒支人口分别为 240.60 万人、149.66 万人、88.92 万人和 73.52 万人（见表1）。其城市群人口首位度[①]仅为 1.61，比我国长三角城市群人口首位度高出 0.68。同时，兰斯塔德城市群人口总体增长缓慢，而且四大城市增速相对平稳。从 2002～2012 年，阿姆斯特丹、鹿特丹、海牙、乌特勒支人口的年均增长率分别为 0.92%、0.35%、0.92% 和 1.23%。另一方面，兰斯塔德城市群四大城市经济实力相当。从表 1 中可以看出，2010 年阿姆斯特丹、鹿特丹、海牙和乌特勒支 GDP 分别约为 935 亿美元、550 亿美元、307 亿美元和 301 亿美元。兰斯塔德城市群人均水平发展差距较小，2010 年乌特勒支人均 GDP 最高，为 42060.37 美元，比海牙（最低）人均 GDP 仅高出 6890.70 美元。

表 1　兰斯塔德四大城市基本概况

主要城市	面积（平方公里）	人口(万)（2014 年）	GDP(百万美元)（2010 年）	GDP 年均增速(%)（2010 年）	人均 GDP(美元)（2010 年）
阿姆斯特丹	2819.8	240.60	93485.20	1.67	39596.3
鹿特丹	1480	149.66	55001.99	1.11	37042.62
海牙	296.9	88.92	30678.12	1.11	35169.67
乌特勒支	622.7	73.52	30142.48	1.42	42060.37

资料来源：各城市统计网站整理和 OECD 数据库（http://stats.oecd.org/Index.aspx）。

3. 网络分工

兰斯塔德城市群强调功能网络化分工与互补，形成大、中、小城市分工明确，相互联系，但又独立的城市功能网络。具体可分为两个层级：第一层级由阿姆斯特丹、鹿特丹、海牙和乌特勒支等四大城市组成，彼此功能各有侧重。阿姆斯特丹是荷兰的首都，也是荷兰的经济中心，优势行业主要集中在金融、贸易、旅游、文化、信息网络等。阿姆斯特丹也是欧洲重要的国际门户，形成了海陆空立体综合交通，拥有欧洲最大的空运中心史基浦机场（Schiphol）和荷兰第二大港口。鹿特丹是著名的港口城市，拥有世界

① 人口首位度为城市群内人口最多的城市与第二多的城市人口数量的比值。

著名的鹿特丹港，是国际航运枢纽和国际贸易中心，优势行业主要集中航运交通、临港制造业和旅游业。海牙是荷兰第三大城市，是全国的政治中心，是国际事务及外交活动中心，聚集了众多政府机构、国会议事堂、大使馆、国际组织以及跨国公司总部等。乌特勒支是荷兰第四大城市，是重要交通枢纽城市和全国性会议中心和科教中心。第二层级是众多中小城镇，各具特色。莱顿教育职能特色明显，拥有莱顿大学，为周边城市提供高层次人才。希尔弗尔瑟姆以多媒体行业发达为特色，是国家电视台所在地，创新性人才众多。代尔伕特以皇家小镇著称，科研教育和旅游业发达。阿姆斯福特、哈勒姆、德雷赫特等中小城市以宜居为特征，在兰斯特德城市群承担居住功能。可见，第一层级的四大城市，主要集中了公司的总部、研发部门和商业服务部门，第二层级中小城市主要承担生产职能、日常办公和居住职能。

4. 交通联动

区域内各城市之间发达的交通网络，成为形成城市群的先决条件。兰斯塔德城市群拥有机场、港口、高速公路、铁路等重要交通枢纽和多种交通方式，各城市之间交通发达、同城化明显。从区内联系来看，兰斯塔德城市群高速公路、铁路路网发达。从表 2 可以看出，以火车为出行工具，城市群内四大城市之间交通时间分别在 30 分钟、40 分钟以及 50 分钟内。目前，兰斯塔德地区正积极筹建环阿姆斯特丹、鹿特丹、海牙以及乌特勒支四大城市之间的城际快速通道，这将进一步缩短城际间交通距离。从区外联系来看，兰斯塔德城市群拥有史基浦机场、鹿特丹机场和鹿特丹港、阿姆斯特港等交通枢纽。其中史基浦机场是欧洲最繁忙的三大机场之一，客运量达到 4500 万人；鹿特丹港是素有“欧洲门户”之称，连接欧、美、亚、非、澳等五大洲的重要港口。从表 3 可以看出，采用航空交通方式，从阿姆斯特丹到伦敦、巴黎、布鲁塞尔、法兰克福以及汉堡等城市都在 1 小时左右可到达。基于“2040 年兰斯塔德战略议程”判断，兰斯塔德城市群将推进与周边德国、比利时等国家交通联系。以围绕阿姆斯特丹交通轴线为出发点，将包括阿姆斯特丹—海牙—鹿特丹—安特卫普（比利时）之间的 A4 公路，阿姆斯特丹—乌特勒支—埃因霍温—列日（比利时）的 A2 公路，以及阿姆斯特丹—乌特勒支—阿纳姆—鲁尔区（德国）的 A2 - A12 公路连接起来。

表 2　四大城市之间的交通时间（以火车为例）

城市	阿姆斯特丹	鹿特丹	海牙	乌特勒支
阿姆斯特丹	—	41 分钟	50 分钟	27 分钟
鹿特丹	42 分钟	—	24 分钟	38 分钟
海牙	48 分钟	24 分钟	—	37 分钟
乌特勒支	24 分钟	38 分钟	38 分钟	—

资料来源：根据荷兰火车时刻表实时查询。

表 3　阿姆斯特丹到周边国家主要城市的交通时间

方式	伦敦	巴黎	布鲁塞尔	法兰克福	汉堡
火车	4 小时 40 分	3 小时 18 分	1 小时 51 分	3 小时 55 分	5 小时 12 分
飞机	1 小时	1 小时 20 分	45 分	1 小时 10 分	1 小时 5 分

资料来源：根据火车时刻表和航班时刻表整理。

5. 多元合作

兰斯塔德城市群形成了以政府、企业、社会不同主体，国家、区域和城市不同层次的多元区域合作机制。从政府层面，兰斯塔德城市群内最重要的合作为兰斯塔德管委会，是政府组建的由四省、四个城市区域和四个主要城市参与的正式合作网络，目标是促进兰斯塔德城市群平衡和动态发展，并提升其在欧洲的国际竞争力。从政府层面来看，兰斯塔德城市群政府公共管理部门涉及国家层面的 5 个部、4 个省和 200 多个城市政府以及 12 个水务管理委员会，总体来说政府层面的区域合作运行迟缓。除了正式的政府管理架构外，中央政府还采取一些措施推进兰斯塔德城市群整体发展项目。例如，将 35 个项目列入“兰斯塔德紧急项目”框架，其中“兰斯塔德 2040”远景规划就是这些项目中的一个。这个框架委派一名部长（负责交通与水务）代表内阁进行项目协调；每个项目由一名内阁部长和一位地区政治家组合来承担，并向国会提交报告，实现问责制；还有另一个团队（由 5 个部和区域的代表组成）进行监督和支持，实现双重管理模式。从非政府层面来看，有三角洲大都市协会、商业促进办公室等。其中，三角洲大都市协会于2000年由12个市和四个兰斯塔德内部的委员会构成，主要涉及房地产公司、农业和园艺组织、环境组织和水务部门等。同时，兰斯塔德城市群内建立了商业促进办公室，主要每半年举行一次会议，重点聚焦国家和区域之间有关基础设施和空间开发，对重点投资和产业发展进行协商。除此之外，区域内部还建立城市之间合作平台，例如四大城市和周边十城市之间建立了涉及交通、住房、就业、经济事务和福利事业等合作平台。

二　对我国城市群建设的启示

在我国新型城镇化战略推动下，城市群将成为城镇化布局的主体形态。兰斯塔德多中心城市群在规划布局、交通联动、生态保护、合作机制等方面积累了丰富经验，为我国城市群建设提供了有益启示。

1. 以规划引领城市群空间布局

兰斯塔德地区多中心空间结构的形成与政府的规划引导有关，这对我国城市群发展有重要借鉴意义。从20世纪60年代至今，兰斯塔德城市群经历了五次国家空间规划和一次战略规划。从表4可以看出，六次空间规划要解决的问题和规划理念均不同。1960年，第一次国家空间规划制定了疏散政策，以引导周边地区发展来减少大城市人口压力；1966年，第二次国家空间规划采取“相对集中的分散”方式，继续坚持保护“绿心”，将人口分散到北荷兰省、弗莱福兰省，三角洲等周边地区；20世纪70年代，随着疏散和郊区化的推进，又出现了内城衰落等问题，这期间空间规划分几次颁布，先后提出了“城市区域”、“紧凑城市”理念，既主张集约化用地，又加强中心城市与周围的增长中心（新城）的联系；20世纪80年代中期制定第四次空间规划，重点关注日常生活环境，通过发展国际运输与物流、国际制造服务等部门，提升兰斯塔德国际都市商业竞争环境；在2000年第五次国家国土规划报告中，明确提出建设“城市网络”，其目的是通过网络层面的协调合作，统筹基础设施建设、商业和服务业布局和公园建筑，提高可通达性；2008 年，为了应对全球气候变化以及其他环境问题和提升国际竞争力，荷兰政府发布远景规划——“2040 年兰斯塔德战略议程”，强调兰斯塔德地区的可持续发展与如何获取竞争力，高度重视绿带、蓝带与空间的联系以及区域整体网络。

表 4　兰斯塔德不同时期规划理念与措施

时期	规划名称	背景及动机	规划理念	主要措施
1960 年	第一次国家空间规划	区域人口集中、城市快速扩张	保护“绿心”，建设新城，分散发展	建设新城，并在城镇间保留缓冲地带，防治城市无序蔓延
1966 年	第二次国家空间规划	人口与经济增长很快超过了预期	组团式分散	实行有集中的分散，坚持保护“绿心”，又使人口相对集中分散到重点城镇，形成一定规模效应，提高居住质量
1973 ~ 1983 年多次发布	第三次国家空间规划	大城市的内城衰落	城市区域、紧凑城市	建议集约化用地，并通过交通连接，促进新城与中心城之间的连接
1980 年中期	第四次空间规划	提升国际都市商业竞争环境	关注日常生活环境和空间发展	强调国际运输与物流、国际制造服务等两个部分，提高居民环境和人口素质
2000 年	第五次空间规划	紧密嵌入欧洲经济和文化背景	保护“绿心”，建设城市网络	提高可通达性，构建网络合作
2008 年	“2040 兰斯塔德战略议程”	应对全球气候变化和提升国际竞争力	保护“绿心”，建设国际网络	注重国际竞争力提升，构建国际高速交通网络

资料来源：参考《荷兰兰斯塔德地区的规划历程及启示》，结合兰斯塔德不同时期规划整理。

从兰斯塔德城市群的规划历程来看，规划对城市空间发展起到了重要的引导作用，特别是六次空间规划始终强调“绿心”保护和多中心的发展空间格局。同时，空间规划根据当时城市群发展的现实问题，做出战略调整。例如第一、二次空间规划着眼于城市空间的分散，第三次空间规划针对中心城区的空心化，提出紧凑城市、加强中心城区与新城联系的措施。由此，我国城市群发展要加强规划的引导作用，从国家战略和区域整体发展的角度，编制城市群发展规划。例如，长三角城市群的空间规划要切实解决交通拥堵、人口高度聚集中心城区等问题，通过交通基础设施建设，将人口向新城以及周边中小城市进行引导和疏散。再有，我国长江中游城市群可结合空间地理特征，打造武汉、长沙以及南昌等多中心空间结构。

2. 保护生态是城市群发展的底线

无论是兰斯塔德城市群空间规划还是政策制定实施，保护“绿心”都是兰斯塔德城市群最重要的目标和任务之一。兰斯塔德城市群对“绿心”保护主要体现以下三方面：一是从理念上，高度重视生态空间保护，严格控制城市发展边界。兰斯塔德城市群由于“绿心”而被国内外关注。1966 年杰拉尔德·伯克（Gerald Burke）出版了《绿心大都市》（*Greenheart Metropolis*），使兰斯塔德城市群赢得了世界性声誉。兰斯塔德地区秉承“绿心”保护的理念，认为保持“绿心”的开放性及集约化、使用城市土地和营造紧凑的城市空间是保证兰斯塔德地区生活空间质量的理想方式。从表 4 兰斯塔德的六次规划可以看出，规划中唯一不变的理念就是保护“绿心”。二是从政策上，将“绿心”保护上升到国家政策和立法的高度。荷兰采取了众多国家政策保护“绿心”的开放性，防止城市过度扩张，并建立国家生态重要结构、国家生态网络、国家景观等一系列法规来保护绿心。三是从实施角度，兰斯塔德城市群建立了联合绿心平台。20 世纪 90 年代，绿心平台首个由国家相关部委、省政府、环绕绿心的四个城市等组成绿心管理职能部门。划定了兰斯塔德城市群“红线”和“绿线”，前者用来划定城市及其发展区，控制城市发展边界，后者用来划定城市发展过程中要保护的特殊生态或景观。

我国城市群发展要充分借鉴兰斯塔德城市群保护“绿心”的成功经验。日前，党的十八届五中全会提出我国“十三五”期间的五大发展理念，即创新、协调、绿色、开放和共享。我国城市群发展要坚决贯彻这五大发展理念，以绿色发展引领科学合理的城市化格局、农业发展格局、生态安全格局、自然岸线格局，优化城市群空间结构。从规划理念、政策制定到落实实施，城市群发展要把生态空间保护作为发展的底线，确保居民的生活环境质量，特别是城市群内的跨区域生态空间保护，更要寻求区域合作的方式进行保护。例如长三角城市群的环太湖流域、杭州湾地区等，借鉴兰斯塔德城市群经验，建立区域生态保护合作平台，共同管治区域生态环境，建立区域生态补偿机制等。

3. 交通一体化是城市群形成的先决条件

城市群是城市发展到成熟阶段的最高空间组织形式，不仅是多个城市的集聚，还是多个城市之间的分工合作，而交通一体化是城市群形成的先决条件。从兰斯塔德城市群来看，区域内外交通高度发达，这不仅为城市群内城市之间的联系提供了基础设施保障，也为城市功能的分工提供了必要条件。兰斯塔德城市群内四大城市与中小城市之间生产功能和居住功能的分工，也主要得益于城市群内交通同城化效应。

目前，我国许多地方提出了城市群建设，特别是在中西部地区，但这些更多只是概念上的城市群现实中，城市之间交通不发达，也尚未形成网络化的分工合作。为此，要充分借鉴兰斯塔德城市群交通先行的做法，以交通运输基础设施一体化为支撑，建立网络化城镇空间格局，形成城市群之间、城市群内部的网络化布局。一是加强城市群之间交通联系。构建以陆桥通道、沿长江通道为两条横轴，以沿海、京哈京广、包昆通道为三条纵轴的“两横三纵”为主体的城镇化战略格局。加强城际干线交通建设，促进东部城镇群与内地之间、东部沿海城镇带内部城镇之间的多式联运，东西部城镇群之间和西部城镇群之间的运输通道建设。二是推进城市群内部交通联系。根据我国城市群发展阶段和类型不同，分类满足不同城市群内部的差异性交通需求。首先，处于城镇化发展成熟期的地区，如东部三大城市群，城际之间交通需求出行次数频繁，交通模式上追求运量大、速度快、节能、环保的公共交通系统。重点加强城际铁路和轨道交通建设，形成区际内城市便捷、快速的交通网络系统。其次，处于城镇化发展加速阶段的地区，如长江中游、成渝等城市群，要求物流速度快、货运通道需求大、居民出行距离加大等，重点打造城际铁路和高速公路建设，以及公路、水路、航空、铁路等综合枢组建设。最后，处于城镇化初期的地区，如中西部欠发达区的黔中城市群、滇中城市群，重点建设以核心城市与周边节点城市的交通联系，形成点轴成带发展。

4. 区域合作机制是城市群一体化重要保障

与国外相比，我国城市群区域合作更为困难，受制于我国行政体制的藩篱，为此我国城市群合作必须打破行政区划界限，借鉴兰斯塔德城市群多元、弹性的区域合作机制。主要体现在以下几方面：一是采取多元区域合作机制。兰斯塔德城市群内形成了政府、企业和社会组织等不同主体的区域合作机制，特别是非政府组织在兰斯塔德城市群合作中发挥重要作用。而在我国城市群区域合作中，往往非政府组织区域合作比较薄弱。例如长三角城市群政府层面，已形成了“三个层次，四个座谈会”① 的区域合作体制机制，但非政府层面合作机制还不够完善。为此，长三角城市群要充分发挥社会组织、行业协会以及企业等主体作用，建立多元区域合作机制。二是开展弹性区域合作机制。在兰斯塔德城市群内形成了国家、区域、城市等不同层面的区域合作机制，有覆盖全区域的，也有部分城市以及两个城市之间的多边、双边区域合作机制。目前，长三角城市群区域合作主要在区域和城市两个层面，更多的是追求区域全覆盖的合作机制。可借鉴兰斯塔德城市群弹性合作机制经验，针对具体问题和具体区域建立多边和双边区域合作机制，例如浦东新区与舟山新区联动机制等。三是建立群众广泛参与机制与监督机制。一方面，借鉴兰斯塔德地区在空间规划与管理中实行广泛的公众参与。规划草案形成后，政府采取报纸、网络等多种媒介宣传以及举行行政评议会议，征询公众、专家和省市机构等不同群体意见。另一方面，对区域合作项目落实建立监督机制。在兰斯塔德紧急项目执行过程中建立监督团队，实行双重管理。基于此，我国城市群在建立区域合作机制的基础上，要配套相关体制机

① “三个层次，四个座谈会”，“三个层次”是指决策层、协调层和执行层，“四个座谈会”是指沪苏浙三地党政一把手的定期会晤制度、副省（市）长级别的“沪苏浙经济合作与发展座谈会”、城市市长级别的“长江三角洲城市经济协调会”、长三角各城市政府职能部门之间的不定期协调会。

制，如建立广泛参与机制、激励机制、约束机制等，切实推进区域合作进程。

参考文献

克劳兹·昆斯曼：《多中心与空间规划》，唐燕译，《国际城市规划》2008 年第 1 期。

吴缚龙、王红扬：《解读城市群发展的国际动态》，《规划 50 年：2006 中国城市规划年会论文集》，中国建筑工业出版社，2006。

卢明华：《荷兰兰斯塔德地区城市网络的形成与发展》，《国际城市规划》2010 年第 6 期。

Evert Meijers. Summing Small Cities Does Not Make a Large City: Polycentric Urban Regions and the Provision of Cultural, Leisure and Sports Amenities. Urban Studies, 2008, (45).

阿金 J. 凡德伯格、巴特 L. 宾克：《面向 2040 年的兰斯塔德地区——荷兰政府远景规划》，林剑云译，《国际城市规划》2009 年第 2 期。

Wil Zonneveld, Bas Waterhout and Marjolein Spaans, Meta - governance and Developing Integrative Territorial Strategies: The Case of MIRT Territorial Agendas in the Randstad (Netherlands), RSA Conference Delft, 13 - 16 May 2012.

吴德刚、朱玮、王德：《荷兰兰斯塔德地区的规划历程及启示》，《现代城市研究》2013 年第 1 期。

Gerald L. Burke, *Greeenheart Metropolis: Planning the Western Netherlands*, Macmillan, 1966.

Lambregts, B. and Zonneveld, W, "From Randstad to Deltametropolis: Changing Attitudes Towards the Scattered Metropolis," *European Planning Studies*, 2004, Vol, 12, No. 3, pp. 299 - 323.

马永欢、黄宝荣、陈静、张迎新：《荷兰兰斯塔德地区空间规划对我国国土规划的启示》，《世界地理研究》2015 年第 1 期。

B.19 印度大都市区的内外部治理特征

帕萨·穆霍帕迪亚 作　樊豪斌　邓智团 译

摘　要：　印度城市治理的状况呈现典型的差异性。本文重点分析三个印度的主要城市：班加罗尔、孟买和加尔各答，聚焦上述城市的治理结构、政治、服务与经济。文中发现，印度国内的不同区域及城市表现出显著不同的治理模式。在其大都市具备潜在的能力以履行更多的职能背景下，印度各城市执行各有侧重的功能性职责。①

关键词：　印度　大都市　区域治理

一　印度城市的总体治理格局

正如许多其他的联邦制国家一样，印度的城市是省级层面政府，因此被称为邦。照此，其治理的状况每个邦都不一样。本文将会分析三个印度的主要城市：班加罗尔、孟买和加尔各答，着重于研究这三个城市的治理结构、政治、服务与经济。

印度或许是唯一在都市与乡村实行不同治理结构的国家。印度城市的地方治理框架均基于印度宪法的第 74 条修正案，该条修正案制定于 1992 年，并在第 12 议程的 243 条列出了当地城市政府选举的性质、功能范围以及大都市治理等各方面内容。但是，该框架却将具体的细节留给了各邦自己安排

---

① 原文无摘要和关键词，由翻译者添加。

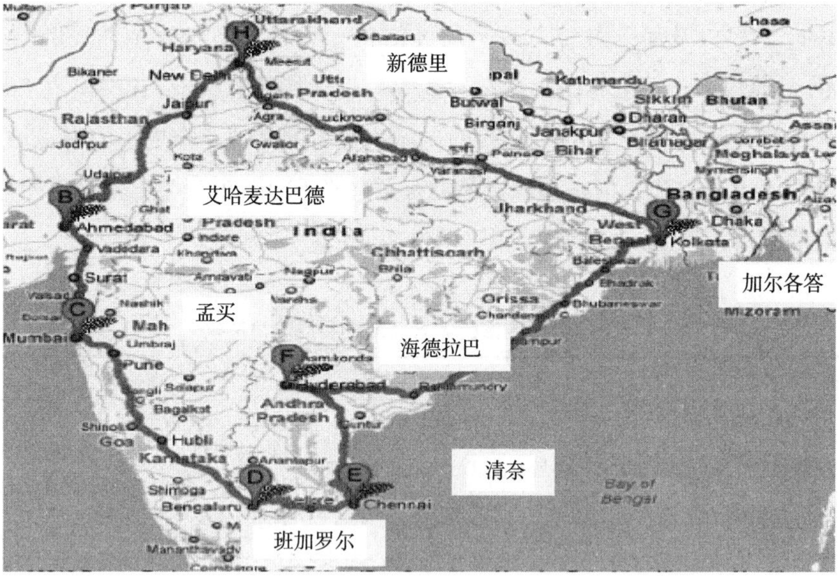

图1　印度主要城市（人口超500万）

注：B：艾哈麦达巴德；C：孟买；D：班加罗尔；E：清奈；F：海德拉巴；G：加尔各答；H：新德里。

设置，仅就召开定期选举与城市当地民选团体的组成进行了要求。例如，选举的方式（市长是直接或间接选举产生以及其任期等等）均由邦自行决定。同时，邦也可以将243条例中规定的职责转移给当地城市团体①。

邦政府同时有权决定当地城市团体的边界。每一个大都市区域的核心是组成城市的自治团体（或是市政当局）：如布鲁哈班加罗尔大都会帕莱克

---

① 当地城市团体的不同功能列举在印度宪法的第12项议程中，并附着在1992年宪法的74条修正案中：1）都市规划包括镇规划；2）土地使用与建筑物建设的管制；3）经济与社会发展规划；4）道路和桥梁；5）居民，产业及商业目的的供水；6）公共健康，卫生，保护及固体废物管理；7）消防服务；8）城市林业，环境保护与生态提升；9）保护社会弱势群体的利益，包括残疾人与智障群体；10）贫民窟改进和升级；11）城市扶贫；12）城市设施提供，如公园、花园及运动场；13）促进文化、教育与审美；14）墓葬与墓地，火葬，火葬场与电动火葬场；15）牛磅，防止虐待动物；16）关键统计，包括登记出生和死亡；17）公共设施包括街道照明、停车场、公交车站和公共便利；18）屠宰厂和制革厂监管。实际上只有少数的这些是转移到了当地城市团体（ULB）。

（BBMP）或是大班加罗尔市政当局；布莱汉孟买市政当局（BMC）或大孟买市政当局以及加尔各答市政当局（KMC）均是此类行政主体。BMC 和 KMC 的界限多年来虽有微小调整，基本一直保持相对稳定。BBMP 在 2007 年发生变化，合并了与 BMC 相接的老城边界上的其他 8 个更小的当地城市团体和 111 个村庄，但是邦政府最近有意向将 BBMP 拆分为三个城市团体，只是目前未能实施。表 1 简述了这些发展变化。

表 1　当地城市团体与都市发展局的司法权

都市区域	核心城市扩展	区域扩展
班加罗尔	2007:BBMP 在合并了 8 个自治市与 111 个村庄后重组了;面积从 226 平方公里增加到 712 平方公里	1976:BDA 成立,面积从 500 平方公里扩展到 1279 平方公里;1985:BMRDA 成立,除了 BDA 以外,面积为 8005 平方公里(见图 4)
加尔各答	1984:三个自治市整合到 KMC,面积从 104 平方公里增加到 185.23 平方公里	2009:KMA 的扩展使得面积从 1855 平方公里增加到 1886.67 平方公里(见图 3)
孟买	没有变化;形成了 6 个新的当地城市团体	从 1975 年起整个区域界限无变化(4354.36 平方公里)(见图 2)

上述三个大都市区中每一个都至少有一个都市发展局（班加罗尔有两个）。都市发展局主要从事主要的基础建设投资，例如交通项目与土地使用规划。该局的主要收入来自土地出售和邦政府收入转移。

孟买都市地区发展局（MMRDA）是这几个发展局中最富有的，它的很大一部分收入来自位于班德拉库尔拉或孟买国际展览中心（BKC）的物业——一个孟买的商业区。班加罗尔发展局（BDA）位居第二，而班加罗尔都市区域发展局（BMRDA）更像是一个规划而不是一个发展局机构。加尔各答都市发展局（KMDA）并没有从事很多土地开发的工作，而主要依靠邦的资助。每一个这样的发展局都包括多个其他的行政实体：区层面（区层面行政实体也是印度的基本行政单位）、当地城市团体（市政当局、城市与镇自治委员会，三者规模递减）以及在乡村行政机构管辖下的地区。这些区域包括普查城镇（大而密集的乡村并且有高比例的非农工人，被普查机构认定为城市，但却没有被邦政府认可的城市区域）与乡村。同时，这三个区域每一个都包括一些特别的经济区域，由私有公司与公共机构一起建立，它们享有特别的治理安排。表2列出了这三个区域的多样化情况。

表2　都市区域内行政机构的多样性

		城市行政机构			乡村行政机构		其他
区域	区	市政当局	自治市	镇自治委员会	普查城镇*	村	特别经济区
孟买	4	8	9	0	35	964	4
加尔各答	6	3	38	0	80	492	6
班加罗尔	3	1	10	0	18	2511	14

注：普查城镇的详细描述，请参考Pradhan（2013）。

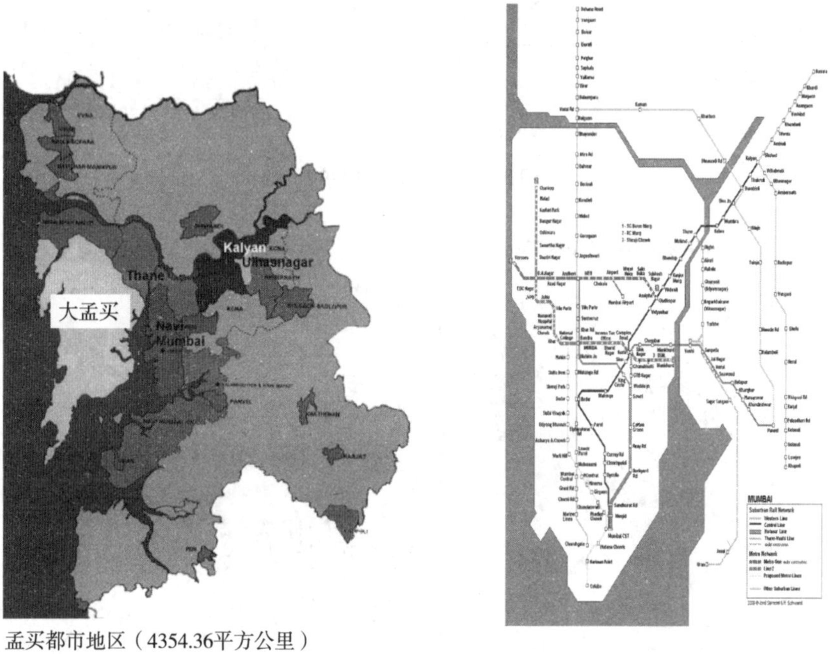

孟买都市地区（4354.36平方公里）

图2　孟买区域扩展与轨道交通系统

这些区域组成了各所在邦的主要城市人口组成部分。孟买区域人口为2260万，占整个马哈拉施特拉邦城市人的42%；加尔各答为1560万人口，占西孟加拉邦城市总人口的51%；班加罗尔为1240万人口，占整个卡纳塔克邦城市总人口的38%。这些区域的人口数量不同于城市和当地城市团体所涵盖的人口数量，并有巨大的差异。

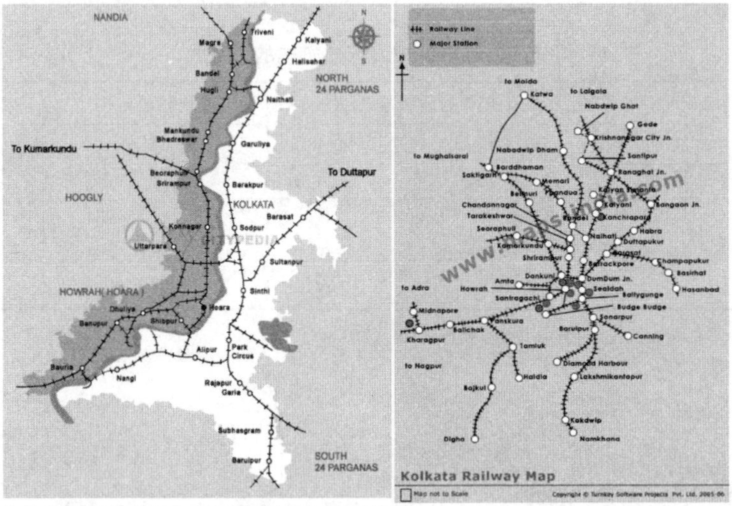

加尔各答都市发展局（1886.7平方公里）与加尔各答

图3　加尔各答区域扩张

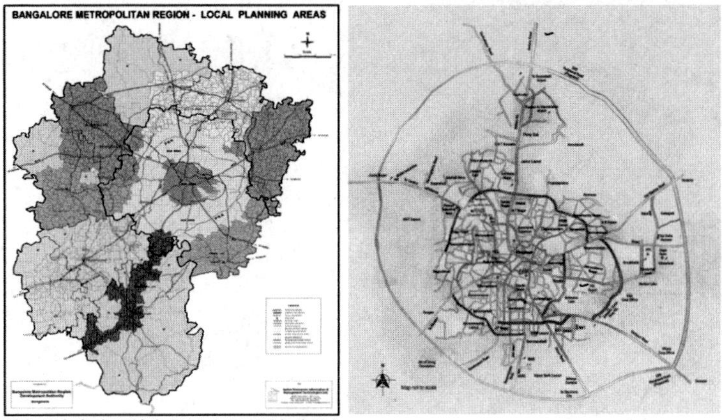

班加罗尔都市区域发展局（8005平方公里）

图4　班加罗尔区域扩展

二 主要城市的功能性职责

孟买、班加罗尔、加尔各答三个城市的地方政府具有非常不同的功能性职责。在印度，地方城市团体履行特别有限的功能，固体废物管理是最普遍也经常是唯一委托给当地城市团体的主要职责。

一方面，在班加罗尔与加尔各答，固体废物管理是城市运行的重要部分，但还提供有限的健康与教育服务。加尔各答同时也负责交通服务。另一方面，就像全球诸多主要城市一样，孟买负责几乎所有的市民服务，其拥有一家政府所有的电力分配公司，也提供巴士服务、水与公共卫生服务，包括投资如水库等的重要新设施建设；主要的交通基础设施建设，如郊区铁路则是由加尔各答与孟买的联合政府负责，孟买拥有大量的郊区铁路网络；城市轨道交通系统（铁路城市大运量系统，大部分抬高在地上，也有地下的）则由加尔各答联合政府、班加罗尔所在邦与联合政府组成的合资企业，以及孟买私有企业（公共与私人合伙安排）负责。在孟买与班加罗尔，城市轨道交通系统是新近建成的，而在加尔各答，从 1995 年起，已经建成了一条 16 公里的单线线路（更小的部分开始于 1984 年），现在已经大量扩展了。

从水供应与公共卫生这一服务来看，就可以比较出三个城市间的差异。在班加罗尔，该项服务是由班加罗尔供水与排水董事会（BWSDB）提供，这是一个成立于 1964 年的半国营机构，即由邦政府所有的代理机构。邦政府建设了基础设施（班加罗尔通过大量的水泵与运输管道网络从高韦里河取水进行供水）并为城市区域的主要地段提供服务。

而该区域的其他部分，也就是在班加罗尔市区之外的地区，则由当地被称为村务委员会的乡村政府提供服务；或是由另外的邦政府机构提供服务，即成立于 1974 年的卡纳塔克邦城市供水和排水董事会（KUWSDB）。在印度，考虑到当地城市团体窘迫的经济能力，城市的基础设施建设投资常常是由邦政府推动，后续的运营与管理则由当地政府接管，但班加罗尔并没有顺利实现这样的移交。在加尔各答，这种移交却发生了，例如最初的基础设施建设是由一个与 BWSDB 类似的组织加尔各答都市供水局（KMWSA）提供的，但多年过去后，这个设施被逐步地移交给了加尔各答市政当局（KMC）。近期，加尔各答市政当局（KMC）在亚洲开发银行的资助下实施了下水道改进与扩建项目。

孟买地区的管控投资与供排水服务则与布莱汉孟买市政当局（BMC）不一样。即便是在该区域很小的当地城市团体，也有合作的安排制度。如谢哈德腾嘎尔供水项目（STEM），作为一个地区大容积的运输计划，它服务三个当地城市团体，即 Mira – Bhayander，Bhiwandi 及 Thane，以及 Thane 区的 34 个村庄。这三个当地城市团体联合委员会从邦政府团体接管了这些资产。谢哈德腾嘎尔供水项目参照公司法注册为一家公司，而且从销售水中偿付运营成本，在供给侧进行计价测量。因此，可以看到，这三个大都市区域在供水安排与卫生上有着非常不同的制度安排。表 3 展示了不同区域在供水与卫生、交通和能源上差别化的安排。

表 3　服务提供的制度安排

服务	不同地区的例子
供水与公共卫生	孟买：BMC，当地团体，马哈拉施特拉邦 Jeevan Pradhikaran（MJP），STEM 加尔各答：加尔各答都市供水局，当地团体 班加罗尔：BWSDB，KUWSDB，当地团体
交通	孟买：当地团体（BEST），西中部铁道部门，MPT，JNPT，AAI（GVK），邦交通局（STA） 加尔各答：WBTIDC，KTC，SBSTC，CSTC，WBSTC，，KMRC，城市轨道交通，东部铁路部门，东南部铁路部门，KPT，HNJPS，IWTC，AAI，STA 班加罗尔：BMTC，BMRCL，KSRTC，AAI（GVK），STA
能源	孟买：Reliance 能源，Tata 能源，MPDCL 加尔各答：CESC，WBSEDCL 班加罗尔：BESCOM

另外的不同点在于，这三个城市有着不同规模的政府。考虑到其更广泛的职责，相较于加尔各答与班加罗尔，孟买在 2015 ~ 2016 年有着最高的预

算安排，为335.1亿卢比（约为50亿美元），其后分别是班加罗尔的50.21亿卢比和加尔各答的29.04亿卢比。城市的收入来源为当地的财产税、服务缴费以及邦政府的转移资金。以孟买来说，其收入包括从货物入市税所得的收益，即向所有进入城市的商业车辆征收进入税。货物入市税曾经一度在印度广泛存在，但后来被取消。而孟买是唯一一个征收此税的城市，2015～2016年的收入约为77.25亿卢比。

另一个在这三大城市存在巨大差异的领域，在于住房供给。在加尔各答，直到最近，加尔各答市政当局（KMC）才将政策聚焦在为贫民窟提供服务上。同时，毫无规划的居住区（在农业区开发房屋）的增长受到相对的限制。由于开发计划的分区限制和修改土地使用的限制更加容易，导致城市并没有一个总体规划，而只有一个开发计划。在孟买，这个拥有全印度主要城市中最大比例贫民窟人口的城市，所采取的方法是在贫民窟更新局（SRA）的计划下充分利用相当高的土地价格。主要由开发者提供高层公寓给现有贫民窟居民，并利用空置出来的土地做商业开发，或是进行市场定价以交叉补贴建设贫民窟复原公寓的成本。城市则提供更高的住房空间与容积率以支持该举措。这一做法也可以复制到其他的地段（可转移开发权）为以防原来的贫民窟地址不能够囊括整个安置计划①。在班加罗尔，贫民窟区域通常都由邦政府机构——卡纳塔克邦贫民窟清除董事会（KSCB）负责重新开发，而贫民窟居民常常会被重新分配到其他的地方，偶尔提供就地住房。因此，在这三个城市，贫民窟政策的焦点主要因当地政府、私有部门和邦政府的情况而定。

三　印度三大城市的政治与经济治理形态

印度三大城市的政治形态也存在巨大差异。加尔各答和孟买的都市区域

① 此外，其他机构像MMRDA投资租赁住房和政府机构如MHADA（马哈拉施特拉邦住房和区域发展机构）投资保障性住房。

拥有大约1/5的邦立法议员席位，班加罗尔拥有1/6。从布莱汉孟买市政当局（BMC）所控制的大笔预算中可以看出，都市区具有活跃的政治舞台。该城市强大的当地党派，即湿婆军党，目前在当地政府中掌权。孟买当地的选举是一场激烈的争夺战，虽然城市本身是由一位资深邦级官员（市行政长官）管理，但市长具有强大的权力。湿婆军党同时还与现全国领导党派——印度人民党结盟。

在加尔各答，则采取一种市长结合理事会的形式，类似于内阁政府。同时市长还是当地掌权党派的重要政治领导人，这与该市所在邦的政治结构类似。即便市长不是行动性重要的官员，通常在决策团队中仍有着强大的政治影响力。但是在班加罗尔，市长没有政治影响力，这一职位的在职者每年都变动。即便目前这一情况有所变化，但对当地的选举引起的反响也很小。

而在经济方面，表4中列出了三个城市的经济相似点，当然各城市也存在一定程度的差异。例如在加尔各答，城市制造业衰落，但公共部门的重要性在上升。类似地，在班加罗尔都市区域的广大乡村区域，有占比很大的农业劳动力，但其第一产业占GDP的比重依然很小。

表4　城市经济结构与相对规模（2004～2005年）

单位：%

部门	部门占城市GDP比重			部门占城市劳动力比重		
	孟买	加尔各答	班加罗尔	孟买	加尔各答	班加罗尔
A	2	3	5	7	7	22
B	24	11	26	29	27	25
C	4	7	6	6	5	8
D	30	30	27	30	31	22
E	28	25	28	10	10	9
F	13	25	8	17	20	14
Total	100	100	100	100	100	100

A：第一产业；B：制造业；C：建筑业；D：贸易，酒店与餐饮；交通，存储与通信；E：金融，保险，房地产与商业服务；F：政府，社区，社会与个人服务；电力，煤气与供水

资料来源：Sivaramakrishnan（2014）。

四　结论

从印度重要大都市区域治理的一些关键要素的分析中可以发现，印度内部不同区域有着显著不同的治理模式。即便是城市的规模庞大到可具备潜在的能力以履行更多的职能，其治理情况也仍有较大的区别。班加罗尔的模式核心在于邦政府大量参与基础设施建设并提供服务，而弱小的当地政府则是有限制地参与。其政治影响的弱化或许在三大都市中均十分常见，但是该市当前正通过联合政府的机制（如 JNNURM）努力改变这种局面。这种努力随之催生了诸多新的城市规划，如智慧城市和 AMRUT 等计划，这些计划的前景，值得关注。

参考文献

Pradhan, "KC Unacknowledged Urbanisation: New Census Towns of India," *Economic and Political Weekly* Vol - XLVIII No. 36, September 07, 2013.

Sivaramakrishnan, K C, *Governance of Megacities: Fractured Thinking, Fragmented Setup*, Oxford University Press, 2015

B.20
英国以“区域振兴计划”促进城市间平衡发展

闫彦明

摘　要：　本文聚焦英国区域振兴计划与城市间平衡发展策略与启示。21 世纪以来英国区域经济发展的南北差异在持续加大，以伦敦为核心的南部区域长期保持了强大的竞争优势。为消除区域经济差异，为经济发展提供新的动能，英国政府探索推出了两大区域振兴计划。其有关思路和举措，可对中国城市发展有所借鉴。

关键词：　英国　区域振兴　平衡发展

2015 年，英国曾针对长期存在的南北区域经济不平衡状况，探索推出了新一轮的区域振兴规划，旨在推动英国区域经济的再平衡，使中部、北部地区服务业和制造业重新焕发活力，并将英格兰北部打造成与伦敦并驾齐驱的第二个经济中心。“中部引擎计划”“北部振兴计划”的实施，将促成英国新的区域发展战略格局。新首相特雷莎·梅（Theresa May）上台后，对区域振兴计划的态度出现明显变化，甚至有暂停振兴计划的可能性。但客观上看，英国区域振兴计划对促进本国国民经济发展，对中英两国经济合作具有积极意义。

一　英国经济下滑倒逼区域经济新政

作为老牌发达国家的英国，目前正值经济多事之秋。2008 年全球金融危机爆发以来，英国经济总体处于复苏乏力的状态。特别是在产业结构上，英国经济高度依赖以金融业为代表的服务业，因此受金融危机冲击很大。同时，欧债危机和财政紧缩政策等使得英国经济复苏雪上加霜；2010～2012年，经济增长率仅为1.3%、0.7%和0.3%。

在复苏政策刺激下，英国2013～2015年情况略有好转，GDP增长率分别达到1.7%、2.9%和2.2%。但发展中动能不足、区域不平衡等现状制约着经济进一步的好转，特别是2016年“脱欧”对经济的影响逐渐显现，各界对英国经济衰退的担忧有所加剧。2016年7月，国际货币基金组织在《世界经济展望》报告中调低了英国今明两年经济增长预期，2016年经济增长预期由1.9%下调至1.7%，2017年则由2.2%下调到1.3%。近期，英国央行也将2017年经济增长预期从2.3%下调至0.8%，比较悲观。

因此，英国各界希冀通过新政策、新动能来推动英国经济发展。新一届政府上台后，推行了包括减税、宽松货币政策等更为积极的经济政策，但效果有待观望。

二　区域差异制约英国经济复苏

英国国土主要由中南部的英格兰地区、北部的苏格兰地区、西部的威尔士地区和西北部的北爱尔兰地区等构成，由于历史人文、自然资源和地缘经济等的影响，长期以来各地区人口布局、经济发展水平参差不齐，差异较大。这导致城市发展格局中伦敦一枝独秀的特点极为明显，如2014年伦敦城市占英国GDP总量约为24.9%，接近1/4。在全球金融危机以来的复苏过程中，中、北部许多城市发展都有待重新焕发活力，以形成坚实的腹地经济。

根据世界人口网2014年底的统计，英国总人口约为6240万，其中1/3分布在英格兰东南部。以大的区域来分，英格兰人占83.6%；苏格兰人占8.6%；其他还有威尔斯人占4.9%、北爱尔兰人占2.9%。从城市人口数量排名来看（见表1），首都伦敦“一市独大”，与第二位的伯明翰存在几何级数的落差；而且近年来，伦敦在移民和国际教育方面发展较快，导入人口趋于增多，相关预计伦敦城市人口将继续增长，至2050年达到1100万人。这种人口分布差异对区域经济发展产生了根本性的影响。

表1　英国城市人口排序（前20位）

人口排序	城市英文名	中文名	城市人口(人)
1	London	伦　　敦	7074265
2	Birmingham	伯 明 翰	1020589
3	Leeds	利　　兹	726939
4	Glasgow	格拉斯哥	616430
5	Sheffield	谢菲尔德	530375
6	Bradford	布拉德福德	483422
7	Liverpool	利 物 浦	467995
8	Edinburgh	爱 丁 堡	448850
9	Manchester	曼彻斯特	430818
10	Bristol	布里斯托尔	399633
11	Kirklees	柯克利斯	388807
12	Fife	法　　夫	349300
13	Wirral	威 勒 尔	329179
14	North Lanarkshire	北拉纳克	325940
15	Wakefield	韦克菲尔德	317342
16	Cardiff	卡 迪 夫	315040
17	Dudley	达 德 利	312194
18	Wigan	维　　冈	309786
19	East Riding	东　　骑	308689
20	South Lanarkshire	南拉纳克郡	307450

资料来源：http：//www. renkou. org. cn。

英国南北经济差异主要体现为以下几个方面。

一是港口城市兴罗密布，汇聚出海。英国港口及港口城市众多，在100个左右的重要商业港口中，有一半的港口年吞吐量在100万吨以上，其中年吞吐量超过1000万吨的港口有：格里姆斯比-因明翰、伦敦、蒂斯-哈特浦尔、福斯、米尔福德-黑文、南安普顿、路维普、萨伦沃、菲力克斯托、多佛等。由于海运承担了英国约95%的对外贸易运输，港口运量的分布也在很大程度上反映了城市繁荣度。同时，由于英国长期以来在国际航运领域的领先地位，使得伦敦成为国际海事组织、国际海运联合会等国际航运机构总部的集聚地，塑造了伦敦作为全球航运定价中心和管理中心的功能。

二是伦敦金融中心地位超然，无可撼动。虽然爱丁堡、曼彻斯特、卡迪夫、利物浦、利兹和格拉斯哥等城市也是英国地方金融交易中心，但它们在各类国际排名上均表现平平，只有伦敦稳居全球金融中心前列。伦敦尤其在外汇、期货、金融期货等领域负有盛名，其外汇交易市场日交易量达5000多亿美元，占全球交易量的近三分之一；伦敦金属交易所的非铁金属占全球交易总量的90%以上，伦敦石油交易所是欧洲领先的能源交易所，而布伦特原油交易量约占全球交易量的2/3，伦敦也是全球最大的场外金融衍生品交易市场。这种超然的格局，会产生一定的虹吸效应。

三是中北部制造业见长，有待创新。英国中部地区曾是两百多年前工业革命的发源地，并使英国将自己的世界霸主地位维持到20世纪中叶。但随着后工业化时期到来，制造业部门比重不断下降，许多传统领先行业面临重新发展。如分布在中部、北部地区的英国钢铁业近期陷入了整体危机，2015年10月，英国第二大钢铁生产商泰国SSI公司宣布其雷德卡工厂破产，导致2200名工人失业；随后卡帕罗钢铁也宣布破产，约1700名工人失业。2016年4月，印度塔塔钢铁公司宣布计划出售或者关闭英国钢厂，包括位于威尔士的塔尔伯特港工厂，该公司在英国吸纳了约1.5万个工作岗位。[①]又如，英国虽然在世界汽车研发制造、航空工业等领域具有领先优势，但在全球经济不景气、国内成本上升等因素影响下，近几年情况并不乐观：2016年6月，制造业组织英国工程雇主联合会（EEF）在其季度报告中警告，制造业在第二季度仍困顿不前，此前EEF的报告显示了英国制造业已历经12个月下跌的暗淡数据。

四是语言体系多元，差异较大。虽然英国官方和通用语均为英语，但北

① 邓茜、黄泳：《英国钢铁工业衰落引发思考》，新华每日电讯，2016年4月6日。

部地区的不少城市仍使用方言，如威尔士北部还使用威尔士语，苏格兰西北高地及北爱尔兰部分地区同时使用盖尔语。语言的差异也是影响北部地区发展的一个因素。

三　区域振兴计划促进城市间平衡发展

面对经济复苏压力，英国政府试图通过区域平衡战略，重新塑造中部、北部地区经济增长格局，为国民经济注入新的活力。2014～2015 年，以英国前财政大臣乔治·奥斯本等人为主导，推出了“北部振兴计划”（Northern powerhouse）“中部引擎计划”（Midland Engine）等。其核心是针对各地区不同优势来量身定制发展规划，相关计划对各区域间城市的平衡发展意义重大。

1. 北部振兴计划①

北部振兴计划最早由乔治·奥斯本（2014）在曼彻斯特提出，英国政府拟通过该计划，将英格兰北部打造成与伦敦并驾齐驱的第二个经济中心。从范围看，大体涉及以曼彻斯特、利物浦、利兹、纽卡斯尔等城市为核心的英格兰北部 11 个地区。主要措施包括权力下放、行政体制改革、大力发展基础设施建设、发展科研、优化产业升级等。

（1）城市传统优势产业领域振兴。通过政府财政拨款和企业投资相结合的方式，为北部城市建设发展提供资金支持。重点发展各城市优势产业，如利物浦的创意产业、曼彻斯特的大众传媒产业、利兹的法律服务业、赫尔的能源产业、谢菲尔德的制造业以及纽卡斯尔的软件开发业等。为改善交通状况，英国政府重点发展北部地区的交通运输领域，并计划成立北方交通运输部（TFN）制定和执行北方交通发展政策，以推行北方城市间统一智能车票制度，便利北方各地交通。

---

① 参阅中国驻英国经商参处，“英国北部振兴计划”（Northern Powerhouse），http://www.mofcom.gov.cn/article/i/ck/201605/20160501315871.shtml。

表 2　英国政府、企业北部城市投资计划

单位：英镑

类目	标的城市、地区	投资项目	计划金额
政府投入	曼彻斯特	新型材料研究所	23500 万
	沃灵顿	计算机研发中心	11300 万
	曼彻斯特	工厂、剧院和展览中心	7800 万
	纽卡斯尔	老龄医学研究中心	2000 万
	—	北方铁路系统建设	130 亿
	东部海岸地区	购买列车和主要公路升级	增投 27 亿
	—	高铁 HS2	500 亿
企业投资	汉伯地区	主要包括港口、机场、铁路、海洋工程、有机能源等多个领域	11 亿 1000 万
	利物浦地区		12 亿 7000 万
	大曼彻斯特区		18 亿
	东北部地区		2 亿 3200 万
	谢菲尔德地区		8 亿

资料来源：根据国家商务部网站信息整理而成。

（2）城市政府管理体制改革。其主要亮点是行政权力下放。根据计划，曼彻斯特将成为除伦敦地区外第一个由直选市长管理的城市，第一次市长选举将于 2017 年举行；由于中央政府将下放更多的权力，未来的市长将掌握多达数十亿英镑的公共资金。

2. 中部引擎计划①

中部地区是英国传统的先进制造业基地，产业基础较好，占英国制造业总产出的 19.7%，制造业从业人员 63.7 万。主要产业部门包括交通、食品和饮料、健康护理、生命科学、制药、能源和低碳技术、创意、数字和设计产业等。近期，该地区贡献英国经济总量的 14.6%；人口 1150 万，占英国总人口的 18.4%，具有年轻化（24% 的人口低于 20 岁）、失业率低等特点。中部地区还具有高校数量多、营商环境较好、生活成本较低、交通相对发达

① 参阅：中国驻英国经商参处，《英国中部引擎计划（Midland Engine）》，http://www.mofcom.gov.cn/article/i/ck/201605/20160501315873.shtml。

等优势。依托大学与科研院所，近三年区域内企业研发支出增长52%。

中部引擎概念由乔治·奥斯本（2015）提出，正式的计划书于2015年12月在伯明翰大学发布，覆盖范围包括英格兰中部的莱斯特、华威、沃斯特、北安普顿、林肯、诺丁翰等11个地方行政区域。

计划目标：该计划致力于打造中部地区品牌，重点提升技能、创新、交通、产业、商业融资等五大关键领域；通过提高劳动生产率、吸引投资者和贸易伙伴等，推动经济、出口和就业（计划新增就业30万）增长。

计划重点：一是改善交通连接，打造英国和欧洲的主要门户；二是改善商业环境，提高企业的融资便利性；三是推出创新驱动战略，加大科学研究转换成新技术、材料和产品的力度；四是多种途径提高制造业从业人员技能。

行动计划：一是贸易促进计划。英国政府原计划提供500万英镑资金支持，用于中部地区新市场开发、推动出口。二是交通基础设施建设计划。利用中部地区地理优势，提升交通连接效率，包括增加伯明翰机场旅客流量，把握高铁二号线建设机会，适时提出高铁二号线第二阶段倡议等。三是创新计划。利用罗尔斯－罗伊斯公司等四个大学技术中心、华威集团、国家铁路研究中心、MIRA汽车试验场、国家汽车创新中心等研发机构，重点发展制造、工程和交通技术，并建立地区科学园区网络和高等教育论坛。四是融资计划。建立总额1.8亿英镑的地区基金，支持商业发展，如开发城市发展基金、基础设施基金等融资工具。

组织框架：原计划是准备成立中部引擎计划领导组，成员包括资深政府部长、地方政府、合作机构等。在领导组下成立有关分小组和工商顾问小组。

3. 区域平衡战略的新变化方向

英国新首相特里萨·梅上任后不久，即决定重新评估作为北部振兴计划内容之一的欣克利角（Hinkley Point）核电站项目（原计划投资规模为180亿英镑），这释放出强烈的信号，即乔治·奥斯本倡导的两大区域振兴计划面临暂时搁置的风险。随后，特里萨·梅主持了产业战略委员会的首次会议，提出将开始物色一项新的产业战略，专注于伦敦与英国其他地区之间的生产率差距，这可能意味着新政府将寻求新的区域平衡战略；如商业大臣格雷格·克拉克（Greg Clark）在会上表示，政府应“采取更多措施支持伦敦以外的城市”（而不仅仅是以曼彻斯特为中心）。

不过，中、北部城市对于原计划仍抱有殷切的期望。英国《金融时报》2016 年 8 月 4 日报道显示，英国曼彻斯特市和利物浦市市长拜会新任首相，了解新政府对于“北部振兴计划”的态度。两位市长表示，“北部振兴计划”已经实施了两年，新政府能否继续为该计划提供有力支持，将决定该计划的未来发展，并表达了对新政府可能会摒弃该计划的不满观点。

四　区域振兴计划发挥良好引导效果

虽然区域振兴计划并未全面开展、实施，但政策的导向效应已经在近两年得到显现。

1. 人气集聚与房地产市场繁荣

根据曼彻斯特有关房产市场中介的信息，北方中心城市的房租在振兴计划发布后已开始增长，这也成为吸引海外投资（特别是中国投资者）的因素。2015 年国家主席习近平访问曼彻斯特，进一步向中国投资者传递了一种信心。有评论指出，“靠近未来轻轨（包括高速铁路项目 HS2）站点的房产对于中国投资者特别有吸引力，因为他们喜欢这种交通方式”。

2. 产业投资力度加大

英国前首相卡梅伦 2015 年访华期间，携带了《英国北部振兴计划投资提议书》，向中国的投资者展示了 20 个总值 240 亿英镑的可供投资项目，涉及从住房到能源、从科学到航运的众多产业。此次访华期间，两国领导人还见证了总金额高达 400 亿英镑的合作意向确立，包括欣克利角（Hinkley Point）核电站项目，以及金融、基础设施、科技、文化等方面的一系列合作项目。在英国政府的推荐介绍下，来自中国等国家的企业加大了对中、北部城市的投资和建设力度。如北京建工集团在曼彻斯特城市机场投资 8 亿英镑，其中包括建设一个为其他中国机构提供综合服务的曼彻斯特企业区（Manchester Enterprise Zone）项目；华为公司也投资数千万英镑建立曼彻斯特大学国家石墨烯研究中心。在中英两国加强战略合作的背景下，曼彻斯特除了两个以中国城市命名的项目“武汉广场”和“深圳花园”以外，该市的一条街道也将用中文命名。

五　对中国城市协调发展的启示

无论英国区域振兴计划的推进前景如何，从区域平衡的角度看，计划中的许多内容无疑都是具有积极意义的，特别是对于消除长期以来的区域经济差异将产生深远影响。在我国区域差异趋于加剧的情况下，可以借鉴其有关思路。

第一，多元化融资推动落后地区交通基础设施建设。基础设施是经济复兴的基础，因此铁路等基础设施建设是此轮振兴计划的重点，而在资金方面，英国基础设施的融资渠道具有多元化特点。由于英国政府举债空间有限，无法在振兴计划中肩负主力军作用。从实际看，总投资额资金至少80%需要来自私营部门。具体操作过程中，在对私营资本投资（PFI）开展评估的基础上，英国财政部推出了新的公私合营（PPP）模式，即“私营融资模式 2”（PF2）。PF2 模式下，政府通过浮动价格收购合约机制，来稳定投资方收益，有助于更好地平抑市场机构投资风险，消除运营风险，提高机构投资者的接入可能。在 PF2 模式下，政府还鼓励商业银行、欧洲投资银行和其他金融机构向投资项目提供贷款、担保和信用支持。

第二，因势利导，发挥各城市经济、产业比较优势。英国的中、北部振兴计划并不是“一刀切”和“撒胡椒面”，而是一城一特色，有选择地扶持地方经济产业发展，推动科技创新活动。如沃灵顿的计算机研发中心、曼彻斯特的新型材料研究所、利物浦的创意产业、利兹的法律服务业、赫尔的能源产业等相关项目等，都是极具针对性的。

第三，政府充当“一线推销员”，扩大推介力度。2015 年 10 月，在习近平总书记与英国前首相卡梅伦正式会晤期间，卡梅伦不遗余力地向中国政府和企业推介《英国北部振兴计划投资提议书》，并获得了总额达400亿英镑的合作订单。此前，2015年9月中英财金对话期间，英国前商业、创新和技能部内阁大臣萨义德·大臣贾维德也携带一份具体的项目清单，率英格兰北部地区政府官员和企业代表团，赴中国各省推行“北部振兴计划”，寻找合作伙伴和合作机会。这充分体现了政府在跨境推介、国际合作中的重要性。

参考文献

中国驻英国经商参处，“英国北部振兴计划”（Northern Powerhouse），http：//www.mofcom.gov.cn/article/i/ck/201605/20160501315871.shtml。

中国驻英国经商参处，“英国中部引擎计划”（Midland Engine），http：//www.mofcom.gov.cn/article/i/ck/201605/20160501315873.shtml。

邓茜、黄泳：《英国钢铁工业衰落引发思考》，《新华每日电讯》2016年4月6日。

屠启宇主编《国际城市发展报告（2016）》，社会科学文献出版社，2016。

城市空间篇

Urban Space

B.21
伦敦金融城的办公场所与工作方式变革*

陶希东

摘　要：随着社会经济的增长和信息化的进一步发展，企业的工作方式发生了较大的变化，导致企业员工对工作场所有了新的需求。本文借助伦敦金融城当局（City of London Corporation）发布的关于伦敦金融城未来的工作方式和办公场所的研究报告，探讨了新兴工作场所的要素，提出了相关建议。

关键词：伦敦金融城　工作方式　办公场所

* 本文主要基于伦敦金融城公司的 *Future Workstyles and Future Workplaces in the City of London* 研究报告的介评，并形成中国城市发展建议，特此致谢。

一　伦敦金融城的经济和企业现状

1. 持续增长的城市经济

伦敦金融城虽然占地面积不大，但却是全球的金融商业中心，所以这个区域的工作环境非常特别。金融城的居民不过 7400 多人，但是却有 40 多万人每天来这里上班。他们主要就职于金融和专业服务行业，大多都是高学历、高收入人群，而且能够高效产出。在 2013 年，伦敦金融城创造了 480 亿英镑的总增值（Gross Value Added）。这种生产量级直接反应在员工薪水上，这里的大多数员工每周可以拿到 1000 英镑，超过英国平均薪水的两倍。

如果回看 2005 年的数据，我们会发现金融城的雇员只有 30 万，到 2013 年这 8 年间增长到了 39 万。如图 1 所示，金融城的员工数量在 2009 ~ 2012 年间经历了稳固的增长，预计一直到 2023 年，员工数都可以保持这种增长趋势。伦敦金融城当前有 15105 家公司，包括从大型跨国公司到中小型初创企业的各种规模公司。要想实现员工数的稳步增长，前提是持续发展的社会经济，所以就需要扩大和拓展商业模式，进一步缩小城市与城市的边界，允许其他公司入驻金融城，也允许金融城的公司搬迁到其他地区。伦敦金融公

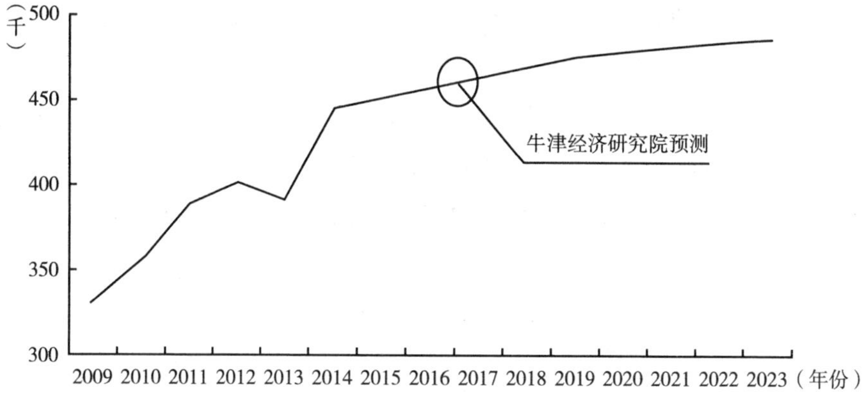

图 1　伦敦金融城员工数量变化（2009 ~ 2023 年）

资料来源：2009 ~ 2013 年的《工商登记和就业调查情况（2014）》；2014 年以后：伦敦金融城。

司（City of London Corporation）近期发布的一份报告详细论述了这种商业迁徙在经济健康发展方面的积极作用。报告指出，从2008～2012年间，金融城引入200多家新的公司，增加了13500多个岗位，带来了35亿英镑的经济收入，经济效益显著。

2. 逐渐模糊的行业边界

预测数据表明，未来十年，伦敦金融城的经济将稳固增长，同时我们也了解到，行业的交叉融合也在进一步发展。金融行业对于市场的支配地位也在发生变化，虽然它仍然处于重要地位，但是无法阻止新的多样化商业生态的形成，这是一种经济发展趋势。

许多大的金融服务组织现在已经雇用了相当数量的技术专家，一些管理咨询公司设立了技术支持部门。甚至有一些“金融技术”行业的公司逐渐崛起，它们专门为金融行业提供技术服务。这些公司还能被单纯地定义为“金融保险公司”或者“信息技术公司”吗？这是一个非常值得思考的问题。因为从传统意义上讲，不同的行业做不同的工作，导致他们需要不同的办公场所，然而现在行业边界逐渐消失，我们并不能很清晰地划分行业的区别，所以办公场所的设计也需要完全重新考虑。

3. 持续演变的员工构成

首先是多代混合的特点。有统计数据表明，在2011年，金融城里有39%的员工出生于1965年到1978年间（X代）；48%的员工出生于1979年到2000年间（Y代）。从中可以看出Y代员工已经占据主导地位，而且在以后的十年间，Z代员工（出生于2000年之后）也将逐渐加入工作大军。另外，退休时间的改变和人类寿命的延长，也会导致有更多的高龄员工活跃在工作岗位上。图2显示了1991年至2011年伦敦金融城员工年龄结构的变化。可以看到这二十年间，30岁到39岁的员工数增加最为显著（91%），占比从1991年的27%上升到2011年的36%。同时，40岁到49岁的员工数量也增加了80%。所以以后的员工结构是多种年龄层混合的形式，我们在设计办公场所的时候，不得不考虑不同年龄层对于办公场所的不同需求。

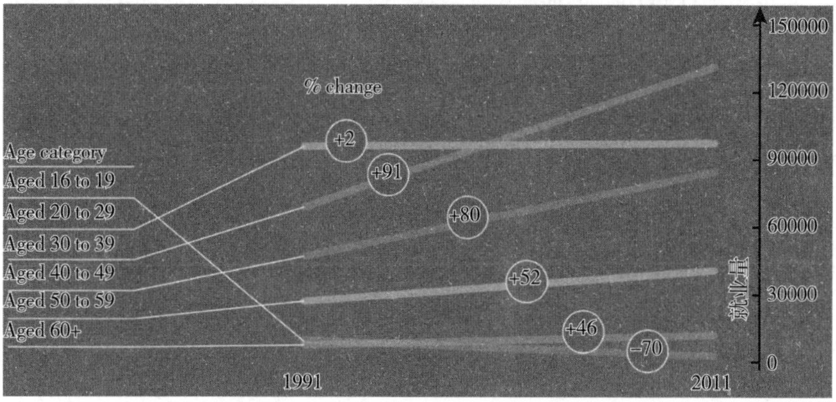

图2　伦敦金融城员工年龄构成变化（1991～2011年）

资料来源：City of London Corporation（2015）。

其次，员工学历等进一步提高。在过去的20年里，全英国有较高学历的员工数翻了一倍。英国国家统计局（Office for National Statistics）在2011年发布的数据显示，在伦敦金融城，有66%的员工拥有学士学位或更高的学历，相比整个伦敦，这个数据只有39%，而在英格兰和威尔士更是只有27%。

英国特许人事和发展学会（Chartered Institute of Personnel and Development）在近期的报告中强调了这些拥有学位的毕业生对于办公场所的潜在影响。他们发现，大多数拥有学位的员工在做职业生涯决策的时候，会非常重视工作幸福感、事业发展、工作挑战性、与上司的关系和公司文化等因素。研究表明大多数雇主通过创建浓厚的公司文化和建立良好的员工关系来满足员工的需求。年轻的员工对于雇主能为他们做什么，自己如何才能进步等问题非常在意。所以在当前的人才争夺战中，这些因素需要被考虑进办公场所的设计中。

4. 不断转型中的商业组织

比起以往，今日的商业组织更加敏捷、更加连通。互联网的发展使得信息共享变得异常简单，也大大提升了工作效率，改变了陈旧的工作方式。不同组织间连通性的增强，增加了企业的竞争意识，所以商业组织变得高效敏捷，而且更加注重用户的需求。

另外，如今的商业组织不再有明显的等级区分，企业构架更加灵活，决策更加高效。而且，繁荣的信息共享，导致人员流动进一步增加，员工不再像过去一样多年供职于一家企业。

同时，组织的改变也带来了工作方式的改变。如今的工作更加强调团队协作，更加需要社交和沟通技能。由于企业间的竞争加剧，对于员工的专业技术能力也进一步提高，员工往往需要有较强的抗压能力和灵活应变的能力。

二 办公场所的转变

1. 办公场所成为企业发展的资源

随着劳动力从基本的操作工人到知识型员工，经历了很大的转变，办公场所的角色也一样发生了变化。自从1959年“知识型员工”的概念引入到近期，知识型员工已经占总体劳动力的一半了，这使得不动产在社会上的角色也发生了改变。以前的公司持有不动产是因为不动产是生产过程中不可分割的一部分。相比之下，知识经济时代的企业需要依靠的只是创造性的想法和雇员们的知识型技能，而办公场所只是工作活动发生的一个平台而已。

实地调查也证实了这个观点，当前不动产的使用和管理方法都从根本上发生了改变。之前不动产被视作经济负担，而目前不动产经理们却把办公场所视作确保他们工作与组织的核心战略相一致的手段。这并不是说这项费用不再重要，而是在转而强调对城市空间的需求。因此房地产变得近似于日用品，更像是生产的一个元素而不是能够定义商业的一个重要特征。

如今的企业不动产管理不再是管理楼房本身，而是管理人。如我们所见，办公场所现在容纳的是一群辨识力水平相当高的劳动力，而他们主要的工作方式就是开会和相互协作。伦敦市的办公室需要提供的是一套更加丰富的、可供自由组合的工作服务。因此相比于过去单一的静态作业，员工个体和小组可以在一个更加多元、更加流动的环境中工作。办公场所也越来越多地被当作“酒店式”的硬件设施来管理，以提供高水准的服务和体验为目的来进行设计和管理，而不是把办公场所当作一个静态的布景。

2. 办公场所成为企业形象传播的媒介

调研结果显示，办公场所在传达企业价值观和企业文化的媒介作用方面已经具有举足轻重的地位。好的办公场所可以吸引和留住人才，不再像传统意义上单纯强调平衡成本和办公场所自身灵活性。

办公室不会消亡，但是它的形式与功能会一直随着需求而改变，办公室现在变成了一个陈列室，一个既可以展示企业魅力又可以与客户见面的地方。同时，办公场所也越来越多地助力于企业变革项目的推进，帮助企业价值观和战略更加深入人心。为此，现在办公楼不只是单纯的办公场所，也可以被用于传播企业文化和深化品牌形象。

三　新兴办公场所的关键要素

1. 高效使用

英国办公室整体的人均密度由20世纪90年代的16~17平方米/人增长至大约11平方米/人，伦敦市的办公室人均密度也随之增加。与此同时，配置更少的固定工作站，而只是提供利用率更高的桌椅配置的办公环境的做法也变得越来越普遍。目前，普通组织内部的办公桌使用率大概为80%（每十人八套），在某些特定的行业，使用率会明显升高。比如，在大型咨询团队里，员工大部分时间都在客户那里办公，自己公司的办公设备就可以闲置留给其他人使用。成功打造了这样办公环境的组织都表示，通过很少的改变和办公空间重新配置已经大大提升了员工的工作满意度。

向更高密度、更高使用率的转变预示着更多的组织可以实现“无限增长”，即组织内部虽然人数增多，规模变大，但却并不需要购置或者租赁额外的不动产。很多企业目前都在紧缩占有成本，企图用最小的金额支付租金、房产税、维修费用以及运营成本。

2. 灵活布局

研究数据显示，办公空间的组成部分正在改变，协作空间所占的比重越来越大。传统的工作方式已经不利于人们当前工作活动的进行，也不便于人们使用当前的技术了。这些年，办公空间的配置已经发生了很大的变化。过去只是一个个人办公桌与预留办公室的组合，现在已经变成了调色板一样可以自由组合的工作用具箱。

大多数组织都表示，他们现在像管理酒店一样管理当前复杂的、使用效率更高的办公场所，而不是像过去那样把公司只是当成固定的办公室。他们的“顾客”对服务的要求更高，对工作体验的舒适度要求也更高了，而且他们还会对办公楼的服务和设施做出各种各样新的尝试。

值得注意的是，在设计师增大协作空间占比的同时，研究人员发出了警告，要小心平衡协作空间和专用空间之间的比例，以此保证组织整体的工作效率最大。许多办公室没有足够的协作空间，而有些办公室又为了增大协作空间而牺牲专用空间，实际上，这二者是同样重要的。研究证实，员工既需要开放空间来进行团队协作和思维碰撞，也需要私密空间来专心处理自己的工作。

3. 多元需求

如今，员工对健康和幸福的关注度增加，非核心员工的地位变得越来越重要，工作方式的改变也带来了办公场所的改变。企业文化所扮演的角色越来越重要，科技带来的重大影响也在诸多领域使得工作变得更加便捷高效。另外，企业社会责任、遵守和实施公民条例的规定也对办公场所的管理有一定的影响。例如，垃圾管理现在就是物业服务的一个重要部分。

以上所有因素，或多或少地都对企业所占据空间的大小和种类有影响。这同样也说明，空间需求不再只是雇员数量多少的问题了。建议通过提供有用的福利设施，引入绿化以及使用天台等来增加大厦的魅力。通过制造一些创造空间，吸引一些有创造性的团队以及成长型的公司，可以自行为大厦增添文化多样性的场地。例如，伦敦市可重新改造旧的老楼房，来增加多样性的体验。

总之，如今的员工在思想观念、工作方式上有所改变，商业组织在服务和管理上也出现改变，这些变化综合起来，促使伦敦市的办公场所变成了一个强调选择性、应变性、灵活应急性以及适应性的地方。企业办公楼再也不是商业活动存在的生命之岛，而是变成了商业运营的扩散和补充。这意味着伦敦市的不动产需要迎合这些最新的需求和变化。

四　对于我国城市工作场所设计方面的启示

随着知识经济时代的到来，知识型员工在社会总体劳动力中的占比迅速提升。又因为这些员工所创造的价值，或者说这些社会成员的人均产值都远高于传统工人的人均产出。因此，他们的新型工作方式以及对办公场所提出的新的要求必须要引起城市规划工作者的注意。

当前学术界的观点大多认为知识型员工的工作内容更多地被开会和团队协作所占据，而多元化和流动性是这些新型工作方式对办公场所的两个主要需求。另外一方面，在公用办公场所面积占比增加的同时，知识型员工依然有独自专心工作和思考的需要。因此，私人空间与公用空间的平衡，也成了办公室设计时不可忽略的一点。

同时，在满足硬性工作需要的同时，办公室对企业文化的承载和传递作用已经被越来越多地挖掘和使用，而其福利设施的建设程度，又直接体现了其对员工的人文关怀的程度，也成了影响员工工作满意度的一个重要因素。

所以根据伦敦的经验和我国的实际情况，在未来工作场所设计中需要注意以下几点。

1. 办公场所的空间配置要能更好地满足工作的需要

一是团队协作对于空间配置的需要。除了传统的开会，新型工作方式下增加的更多是团队协作。同一项目或是服务同一类客户的多名员工产生了自发的、非正式型的小组讨论的需求，传统的会议室或许能够满足这样的要求，但此时开放式的空间能够产生更好的效果。

二是巧妙地设计利用开放式空间。茶水间在公司内的作用不言自明，而在中国人的社交观念里（同时可能很多情况下事实也是这样），这样的交流大多是不利于提高组织效率的。受此启发，可以引进诸如读书角、观光台等既能帮助员工放松精神、适时充电，同时又能满足其沟通需要的开放式空间。

三是轮换使用单人办公桌，增加公司硬件使用率。新的经济发展模式下，很多（尤其是服务类）企业更多地需要到客户那里办公，传统的单人单桌的固定格子间的安排，已经造成了很大的资源浪费。在这种情况下，给员工提供可以自由取用的办公用具和随到随用的空白办公桌，使其根据自己的需要迅速搭配出自己的临时工作点，专心思考、集中精力完成个人工作，用完随时退还相关物品，就变成了一个很不错的提高资源利用率而不影响办公的好办法。事实上，很多优秀的互联网公司都在逐渐引入这样的做法。这一做法可以在私用空间不足时弥补办公室私用空间与共享空间配置比例不协调的问题。

2. 办公场所的“软用途”

首先，办公场所是承载公司文化、发扬企业价值观的理想载体。作为接待客户、满足员工需求的最基本的场所，办公场所的设计和诸多细节既可以暴露公司问题，也可以宣扬企业文化、彰显企业价值观。合理的设计和细节填充，甚至能够让企业文化宣传工作变得一劳永逸。这一点，有很多优秀的案例可以学习和模仿。

其次，办公场所的福利设施可以较大程度地提高员工满意度。传统的提升员工满意度问题的重心都被放在了管理领导风格的研究以及薪酬福利结构的设计上，而今，办公场所的福利设施，也成了员工考量自己对一份工作是否满意的重要因素。合理利用这些福利设施，不仅能够减少管理者在员工谈话方面的时间成本，还可以减少因涨薪带来的费用成本，更何况，员工谈话难以控制，而涨薪又极易变成保健因素。

参考文献

Ramidus Consulting Limited. Future Workstyles and Future Workplaces in the City of

London. The City of London Corporation and the City Property Association. March 2015.

Liu Tiantian. Study on Contemporary Office Space Design . Beijing Institute Of Fashion Technology Master Thesis. December 2009.

IvanReddi. Virtual Environment: The Working Place of the Past and Future. *Urban Environment Design.* May 2014.

AM Townsend, AR Hendrickson . Virtual Teams: Technology and the Workplace of the Future. *Academy of Management Perspectives*, 1998, 12.

S Köffer. Designing the Digital Workplace of the Future – what Scholars Recommend to Practitioners. *AIS Electronic Library.* Nov. 2015.

B.22
里约热内卢贫民窟治理中的社会力量作用*

杨传开

摘　要：贫民窟严重制约着里约热内卢的发展。为了保证2014年世界杯和2016年奥运会的顺利举办，里约热内卢政府加大了对贫民窟的整治力度。本文以联合国教科文组织有关里约热内卢贫民窟的研究报告为基础，对里约热内卢的贫民窟发展态势进行了梳理，并从警民关系重塑和非政府组织参与贫民窟治理两个维度对里约热内卢贫民窟治理中社会力量的作用进行了分析，最后提出了几点对中国城市治理的启示。

关键词：贫民窟　社会力量　社会治理　里约热内卢

里约热内卢是巴西的第二大城市，曾经是巴西的首都，被誉为是上帝第七天创造的城市。里约热内卢先后于2007年和2009年获得了2014年世界杯主办权和2016年第31届夏季奥林匹克运动会举办权，成为奥运史上首个主办奥运会的南美洲城市。与里约热内卢优美的海滨风景、美丽的面包山、神圣的耶稣像相伴随的还有随处可见的贫民窟，黑帮、毒品、贫困、火拼、暴力、犯罪等都严重制约着里约热内卢的发展。为确保两大世界体育盛事顺利开展，里约热内卢政府自2008年开始对贫民窟内的毒贩和其他犯罪团伙

* 本文主要基于联合国教科文组织出版的《地下社交：里约热内卢贫民窟的身份、文化与抵抗》，并形成中国城市发展建议，特此致谢。

进行清剿，加大了对贫民窟的整治力度。尽管里约热内卢的贫民窟仍存在诸多问题，但政府在治理过程中充分发挥社会力量、促进社会融合的治理经验仍值得参考借鉴。

一 里约热内卢贫民窟的发展态势

1. 贫民窟人口规模较大、增长较快

根据巴西地理统计局的定义，贫民窟是指51个及以上未经规划、无序、自行建造的住宅单元（棚户、小房子等）高密度聚居在一起，占用他人或公共土地，缺乏必要服务设施的非正常城市集聚区，它们通常不规则地分布于不适合城市化的地区，例如山上的陡峭山坡。里约热内卢有超过100万的人居住在这样的区域，自20世纪50年代以来，里约热内卢贫民窟的人口快速增长，从1950年的16.9万人增至2010年的139.3万人，占里约热内卢总人口的比重相应从7.24%增至22.16%。里约热内卢贫民窟人口一直都保持了较高的增长率，2010年达到里约热内卢总人口增长率的3.72倍（见表1）。

表1 里约热内卢人口及贫民窟人口的增长

年份	贫民窟人口（人）	里约总人口（人）	占比(%)	贫民窟人口增长率(%)	里约总人口增长率(%)
1950	169305	2337451	7.24	—	—
1960	337412	3307163	10.20	99.3	41.5
1970	563970	4251918	13.26	67.1	28.6
1980	628170	5093232	12.33	11.4	19.8
1990	882483	5480778	40.50	40.5	7.6
2000	1092958	5857879	23.90	23.9	6.9
2010	1393314	6288588	27.50	27.5	7.4

资料来源：巴西地理统计局（IBGE），2011。

2. 贫困和不平等问题较为突出

2000年以来，巴西的贫困和不平等景象已发生显著改变，巴西的基尼

系数从1996年的0.602降至2008年的0.549，贫困指数相应从28.82%降至16.02%。然而，同期里约热内卢的基尼系数从0.577降至0.576，仅降低了0.001；贫困指数不降反增，从9.61%增至10.18%（见表2）。可见，里约的贫困和不平等问题仍较为突出。

表2 巴西、里约热内卢、贫民窟、中产聚居区的基尼系数和贫困指数

单位：%

地区	基尼系数		贫困指数	
	1996年	2008年	1996年	2008年
巴西	0.602	0.549	28.82	16.02
里约	0.577	0.576	9.61	10.18
贫民窟	0.397	0.384	18.58	15.07
中产阶级聚居区	0.564	0.570	7.87	9.43

资料来源：Neri，2010。

里约被分为两种地区，一种是柏油路地区（Asphalt），另一种则是山上的贫民窟（Favela）。相对应，把居民划分为：柏油上的居民（people of the asphalt），主要是中产阶级及以上人群；生活在贫民窟里的山上居民（people of the hill）。由表2可以看出，里约贫困指数的增长和基尼系数的微降低主要是由于中产阶级聚居区的基尼系数和贫困指数的增长所致，而贫民窟的基尼系数和贫困指数都不断降低，这意味着贫民窟居民的贫困和不平等问题有所改善。

但是贫困指数的降低并不能消除其他形式的贫困和不平等。低收入、过早死亡（杀人）、文盲、未成年怀孕等问题在贫民窟仍然十分突出。在收入方面，即便与贫民窟以外的居民拥有相同职业，但贫民窟的居民收入也相对较低。例如，居住在贫民窟以外地区的专业技术人员的收入平均比居住在贫民窟的专业技术人员的收入高4.8倍。另外，贫民窟育婴教育的缺乏也导致五岁以下儿童有较高死亡率。①

① Monteiro, M. F. G. (2004). A case – control study of child survival in shantytown areas (favelas) of Rio de Janeiro. J Epidemiol Community Health, 58 (Suppl I), A64 – A125.

同时，两类人群的隔离和排斥也十分严重，贫民窟外部的城市居民对贫民窟居民具有先天性的歧视，他们给贫民窟居民贴上暴力、犯罪的标签，认为他们具有坏人的本性。贫民窟居民往往也因为居住在贫民窟或者其肤色而失去工作。

3. 犯罪问题较为严重

20 世纪 70 年代到 80 年代期间，里约的毒品走私显著增长，贩毒组织也在贫民窟扎根，形成自己的势力范围。贩毒组织内部派系之间、不同贩毒组织之间以及贩毒组织与警察之间的战争导致暴力行为不断增加，杀人犯罪事件也显著增长（见图 1）。

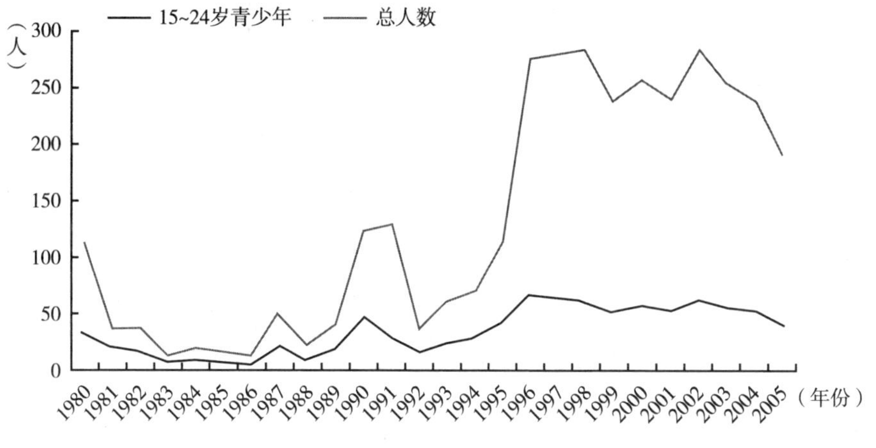

图 1　1980 ~ 2005 年里约热内卢杀人犯罪指数的演变

巴西每年有 5 万起杀人犯罪，其中里约有 7000 起。里约杀人犯罪的比例为 0.05%，在里约贫民窟更是高达 0.40%，里约是巴西的一倍左右（0.026%），是美国的十倍。近年来，年轻人杀人犯罪的比例在下降，但是就种族（肤色）而言，杀人犯罪的比重还存在较大差异，黑人的杀人犯罪比重是白人的两倍多（见图 2）。

有组织的毒品交易是杀人犯罪的主要影响因素。就业机会的不足、社会阶层的分割、外界的歧视等使年轻人面临社会经济困难、缺乏国家基本公共服务以及难以被认同从而获得相应的身份、地位等，促进了年轻人加入犯罪

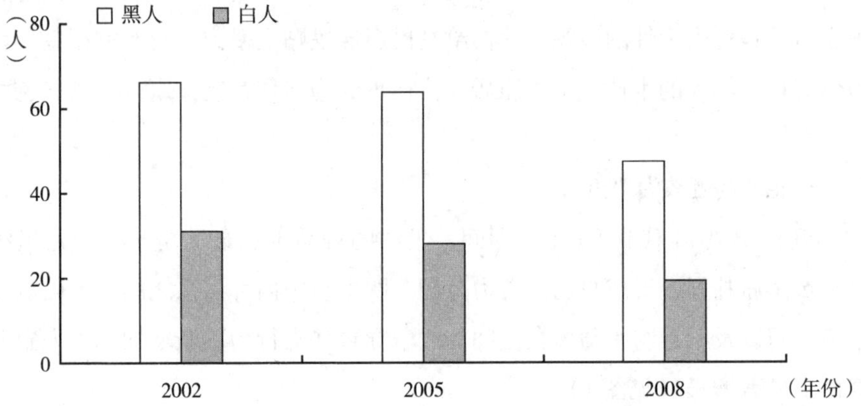

图 2　里约不同种族（肤色）每十万人杀人犯罪比重

资料来源：Waiselfiesz，2011。

组织。而毒品交易组织的长期存在已经形成制度优势，利用其行为规范，强迫或控制年轻人，使他们成为“山主”（the owner of the hill），也使犯罪成为贫民窟一种很正常的现象。犯罪的多发导致了贫民窟家庭的不稳定，在调查的 12～17 岁儿童中，60% 以上没有与父亲生活在一起、25% 没有与母亲生活在一起、18.1% 与父母均不生活在一起。与此同叶，家庭的不稳定又进一步促进了犯罪的发生。

二　派驻社区警察，重塑警民关系

里约的军警与贫民窟居民之间存在着十分尖锐的矛盾。军警往往十分敌视贫民窟居民，对他们存在非常强烈的偏见。国家安全意识的存在使军警把贫民窟所有居民都当作和毒贩一样的敌人来对待，认为贫民窟的居民都是坏人，具有邪恶的本性。而警察的贪污、腐败、暴力、无信以及对贫民窟居民的歧视也使贫民窟居民对军警存在偏见，害怕警察更甚于害怕毒贩，并将他们视为恐惧、不安全感的来源。

里约政府认识到，关注贫民窟社区自身发展、重新引入社会秩序比与毒贩进行斗争更加重要，因为驱逐毒贩组织后还会有其他犯罪团伙侵入，并不能从根本上结束贫民窟的犯罪、暴力活动。于是，政府派出特警突袭清剿贫民窟的贩毒分子，然后再派治安力量进驻社区加强管理。2008 年，里约政府在贫民窟成立了第一个社区维和警察分队（Police Pacification Units，UPPs），截至 2013 年，已经建立起 18 个新的分队。里约公共安全部门把 UPPs 作为一种新的公共安全模式，试图让警察和居民更加亲近，以增强社区的社会力量。在 UPPs 管辖地区，社区警察一方面驱逐毒品交易，另一方面通过与其他部门（国家部门、私人部门和非政府组织等）一起合作，共同重塑警察与社区的关系。

然而，警民关系的重塑并不是一蹴而就的。贩毒组织已经建立起稳固的制度根基，形成了一系列的规则，并统治着贫民窟社区的生活规范、政治、行为，甚至具有管理居民进出社区的权利。他们自己创造出的一套凌驾于正式法律基础上的“法律”。这对从小在贫民窟毒贩规则环境中长大的贫民窟居民而言，很难真正地树立法律意识。因此，需要让贫民窟居民意识到“山头”是属于社区、属于大家的，并不是毒贩的“地盘”。同时，对于警察而言，其对贫民窟居民的偏见根深蒂固，在其头脑中也往往只有镇压贫民窟居民的意识。因此，改变警察的思想意识对贫民窟的治理尤为重要。

认识警民关系，重塑背后的机制对总结贫民窟的治理经验更加有意义。人们常常认为政府自上而下的政策促进了里约贫民窟社区和警察关系的转型，但事实上，更重要的影响因素是一线警察和贫民窟居民平等的相互交流和对话。警察意识到传统思想观念的错误，为此通过集会、联合项目等与社区居民互动。UPPs 在补充警员上大量投资，招募年轻警察，因为年轻警察往往没有传统的偏见意识，更容易接受与贫民窟居民的沟通交流，同时还十分强调维持治安时的以人为本和基于社区的发展路径。另外，通过成立“更加亲近”特别任务小组（getting closer task force），强调与贫民窟居民沟通和互动的重要性，改变了警察与社会相分离的传统逻辑。警察主动与社区居民互动，一起游戏、一起跳卡波卫勒舞、与孩子一起放风筝等，与贫民窟居民的交流，特别是情感的交流成为其获得支持的重要基础。通过以上举措，贫民窟的警民关系得到显著改善，大部分居民对 UPPs 给予积极评价，贫民窟一些年轻人也开始加入社区警察中。

三 充分发挥自下而上非政府组织的作用

20 世纪末至 21 世纪初，在贫穷、被边缘化的巴西贫民窟开始出现自下而上的非政府组织，例如“瑞格舞”（AfroReggae）、“中部贫民窟”（Central Unica das Favelas，CUFA）、“我们来自山上”（We from the hill）、“欧罗敦”（Olodum）等，这些组织从根本上不同于以往的非政府组织。传统的非政府组织多通过教育等途径介入贫穷地区的发展，而且多是由外部主体提出项目并参与项目的领导与执行，而贫民窟居民多是被动参与，其参与决策制定的过程多被援助项目或国家所控制。然而，这些自下而上的非政府组织并不是由外界人员所成立，它们是在贫民窟产生，其工作人员和领导人员都是在贫民窟出生、长大，并继续生活在贫民窟。这些非政府组织与贫民窟保持密切的联系，因此这类组织不同于传统模式的一个显著特征就是其与贫民窟的有机联系，其特征、工作方法和结构行为都具有一定的独特性和创新性。

在这些非政府组织中，尤以里约的“AfroReggae”和“CUFA”为典范。AfroReggae 成立于 1992 年，是利用音乐和舞蹈等作为平台进行动员而成立的组织，其愿景是“促进包容和社会公平正义，通过利用艺术、巴西文化以及教育等工具，联通差异，为可持续性和市民身份奠定基础”。CUFA 成立于 2001 年，与贫民窟文化和身份密切联系，其愿景是“促进社会转型发展和社会包容、反对种族歧视”。两者都是具有多重身份的非政府组织，他们都在贫民窟出现，服务于贫民窟的公共事务、青少年、妇女等（见图 3），通过艺术、文化产品等感化和改造贫民窟青少年的身份、思想、观点、经历、视野等。他们抵制歧视、反对社会分割、强调个体发展，与市场、私营部门、媒体、国家政府等合作，维护贫民窟领地。他们已经跨越贫民窟边界扩展到全国甚至是国际社会，成为新的社会行动者，在巴西再民主化过程中发挥了重要作用。并且二者具有以下几方面相同特征。

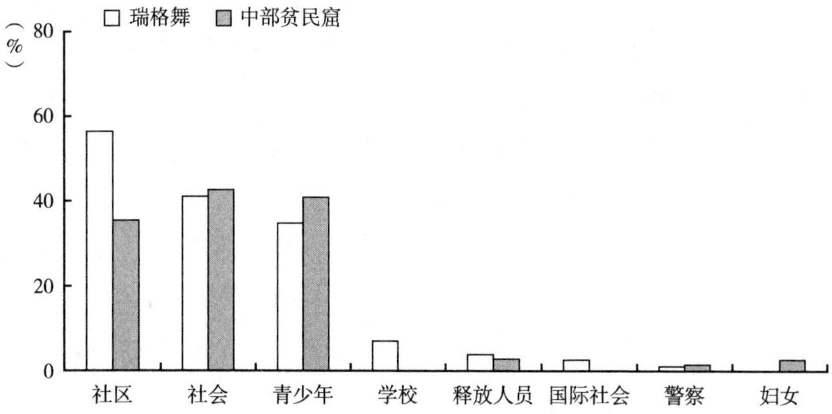

图3　瑞格舞和中部贫民窟的服务对象

在工作方法上，两者都依赖强有力的领导者，利用领导者的魅力影响社区居民。领导者往往都是巴西文化界著名的音乐家（主要是说唱和嘻哈歌手），两个组织通过广泛参与全国性和国际性的文化巡演，寻找著名的艺术家和文化名人，争取他们的支持，让其投入到非政府组织事业中。以领导者和工作人员的故事为起点，把他们作为案例材料向青少年进行宣讲，说明该如何将自己和社会相结合并思考人生。这些故事多是取材于贫民窟社区，与贫民窟生活紧密联系，是贫民窟居民发展成功的典范，一些警示性的案例、承载未来希望的案例等故事涉及如何生存、如何做决定，可供青少年选择或决策时参考。以上做法对贫民窟居民的人生轨迹产生重要影响，使其重新发现自我，提升了其处理问题的能力和恢复力（resilience）。让贫民窟居民意识到“无所事事是罪恶之源”（An empty mind is a devil's workshop）；同时也使贫民窟居民能力和技能得到提高，使其学会如何参与工作，如何保持注意力、纪律、提升自我价值和改善自我表达。另外，对贫民窟居民心理和情感的支持，也使其产生“家”一样的感觉。总而言之，这些组织的教育和训练间接地发挥了学校和家庭的作用，给予了贫民窟居民帮助，使其远离犯罪。

在工作内容上，两者都强调技能的培养和发展，同时还重视可持续能力、辩论、公共事务、跨界谈判、社区再生等内容（见图4），不同的组织有所差异。其目标不仅集中于社区内部（强化自我发展、社区凝聚力、内部社会网络），同时还强调与社区外部的交流。在外界交流方面，他们利用合作伙伴提供的资助来为贫民窟居民提供物质激励，例如提供小的奖励、衣服、食物等。其中，衣服对于贫民窟的儿童和青少年非常有吸引力，贩毒团伙往往以此来引诱青少年加入贩毒组织。由于非政府组织根植于贫民窟，所以深谙这种文化，他们便利用合作伙伴提供的资助来满足青少年需求。例如，耐克（Nike）公司作为其合作伙伴，就经常给青少年提供衣服。

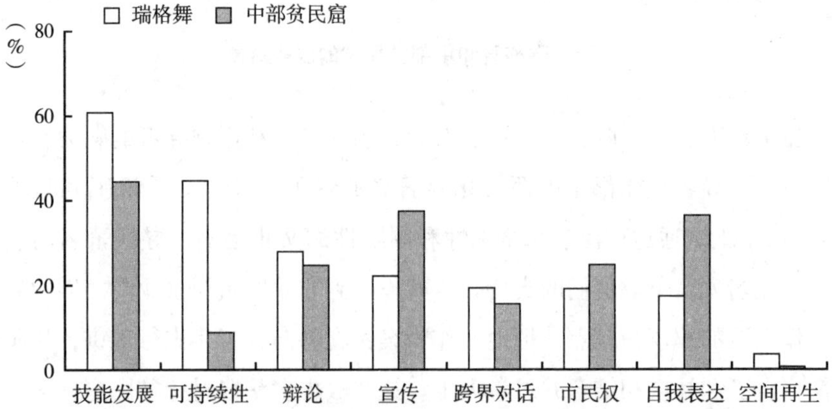

图4　非政府组织的主要工作内容

在资金来源、赞助商和合作伙伴上，两个组织的合作伙伴具有多样性，不仅来自于社区内部，同时还与城市、国家甚至全世界有合作。与私营部门、巴西政府、媒体、国际组织、学术界和社会运动建立起了合作关系（见图5）。总体来看，私营部门和政府部门具有较高的比重。私营部门主要通过赞助项目来支持非政府组织的工作，一些私营部门之前在贫民窟不提供的服务现在已经扩展到贫民窟。国家作为重要的合作伙伴，在能源、银行业务方面为贫民窟社区提供资助。另外，还与警察合作，例如邀请警察参与到培训工作坊中，还邀请警察、犯人等到社区或学校与青少年进行交流等。

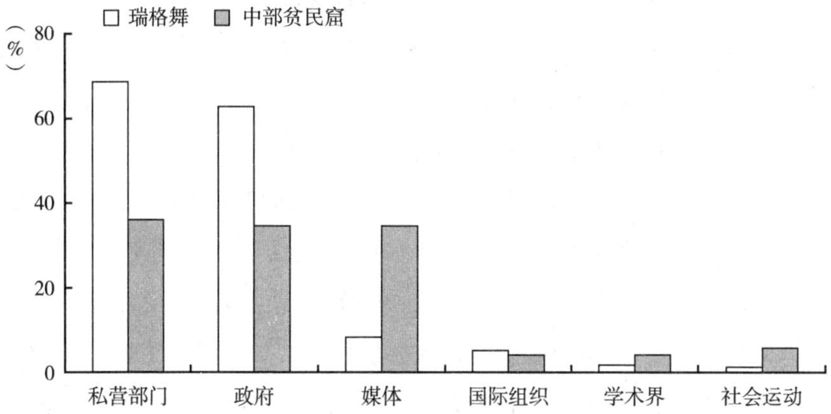

图 5　非政府组织的主要合作伙伴和赞助商

四　对中国城市治理的启示

在里约热内卢贫民窟的治理中，社会力量发挥了重要作用。本文仅从警民关系、自下而上的非政府组织两个方面进行了总结，事实上，政府、教会、家庭等都参与其中，并扮演了重要角色。里约热内卢的城市发展状况与中国的城市存在较大差别，贩毒、暴力、犯罪等问题在中国的城市社会中并不十分突出。但其在贫民窟治理过程中自下而上形成的社会力量或社会交际等，对未来中国城市的治理具有较好的借鉴意义。

1. 坚持以人为本，构建和谐城市

改革开放以来，中国城镇化快速发展。然而，在快速城镇化过程中，却频繁出现暴力强拆、城管与摊贩矛盾尖锐等诸多问题，引发了一系列社会矛盾。通过对里约热内卢贫民窟治理的分析，可以发现贫民窟的警民关系也经历了从互相敌视到逐渐缓和的转型过程，在这一转变过程中，社区警察和贫民窟居民思想观念的转变以及警察采取的相应措施发挥了关键作用。因此，在未来中国城市治理过程中，城市管理人员一方面应当继续坚持以人为本的核心理念，强调人性化管理，构建和谐城市社会。另一方面还应加强对城市管理人员的教育和培训，不断提高职业素养，转变管理人员的思想理念，从内心树立起为民服务的意识，而不是视己为高高在上的管理者，甚至是把诸如摊贩、拆迁户等视为对立方。

2. 扶持非政府组织，鼓励参与城市治理

在里约热内卢贫民窟治理中，自下而上形成的非政府组织在社区建设、居民能力培训和社会心理支持，以及跨界合作等方面都发挥了积极的作用。当前，我国城市发展中存在的诸多问题单靠政府并不能有效解决，为此，还应当协同规划人员、小区居民、协会组织等多中心参与者的作用，构建一种新的城市治理模式。例如，在流动人口社会融合中形成的“工友之家”已经取得了较好的效果①。但目前整体来看，我国的非政府组织仍存在着与政府关系“尴尬”、发育良莠不齐等一系列问题。因此，在未来应当加强对非政府组织的政策扶持，鼓励其参与到城市治理当中。

3. 丰富社区文化活动，促进社区文化建设

里约热内卢贫民窟的非政府组织从贫民窟社区出发，自下而上的充分利用音乐、舞蹈等文化艺术形式和成功艺术家的故事等，来教育青少年取得了良好的效果，促进了贫民窟的社区建设。而在当前城市社区建设中，特别是大城市社区中，外来人口较多，人际关系生疏，不利于城市社区的管理。未来，一方面要完善社区文化基础设施建设，同时还可借鉴里约热内卢非政府组织的做法，充分挖掘社区文化资源，通过开展丰富多彩的社区文化活动，促进文化艺术爱好者、社区居民间、外来人口间的互动交流，促进和谐的社区生活。

参考文献

IBGE（2011）. Censo Demográfico 2010. Aglomerados Subnormais: Primeiros

---

① 黄宁莺、江有梅：《新生代农民工社会融合中的 NGO 角色分析——以福州工友之家为例》，宁越敏主编《中国城市研究》（第六辑），商务印书馆，2013。

Resultados. Rio de Janeiro: IBGE.

Jovchelovitch, S., Priegohernandez, J. (2013). Underground Sociabilities: Identity, Culture and Resistance in Rio de Janeiro's Favelas. Brasilia: UNESCO.

Monteiro, M. F. G. (2004). A case - control study of child survival in shantytown areas (favelas) of Rio de Janeiro. J Epidemiol Community Health, 58 (Suppl I), A64 - A125.

Neri, M. C. (2010). Desigualdades e Favelas Cariocas: A cidade partida esta se integrando? Centro de Politicas Sociais. Rio de Janeiro: FGV and IPP.

Monteiro, M. F. G. (2004). A case - control study of child survival in shantytown areas (favelas) of Rio de Janeiro. J Epidemiol Community Health, 58 (Suppl I), A64 - A125.

黄宁莺、江有梅：《新生代农民工社会融合中的 NGO 角色分析——以福州工友之家为例》，宁越敏主编《中国城市研究》（第六辑），商务印书馆，2013。

B.23
巴黎大区建设“田园型全球城市”的经验与启示*

薛艳杰

摘　要：广袤的农田、林地及其他生态空间，构成了巴黎市强大的自然基础与发展优势，提升了这座全球城市的多样性、宜居性、吸引力和可持续发展能力。《巴黎大区指导纲要2030》提出城市化的优先方向是加强已城市化区域的发展，要限制自然土地的占用，把农业看作大区的重要优势与不可分割的组成部分，跳出产业范畴考虑农业在大区发展中的功能作用，将保留、增值和转型作为农业发展的主要战略导向。同时，致力于保护及增加农业用地空间，促进农业可持续发展等理念，对我国城市规划及建设管理具有重要的借鉴价值。

关键词：全球城市　田园城市　农业　巴黎大区

---

* 致谢：本文有关巴黎地区农业发展和规划的相关研究基于作者2016年3月在巴黎的访学交流活动，并形成中国城市发展建议，此次访学受欧盟合作科研项目（项目号3329）资助，应Ecole Nationale Supérieure d'Architecture de Paris - Belleville（ENSAPB）邀请，从事“亚洲城市知识网络”研究。期间得到屠启宇研究员（上海社会科学院），Dr. Étienne Monin（Paris 1 Panthéon - Sorbonne Université），Pr. Adèle Esposito（ENSAPB），Pascal Fort（ENSAPB），Hang Le Minh（ENSAPB），Dr. Xavier Guiomar（AgroParisTech），Linda Gallet（Institut d'Aménagement et d'Urbanisme d'Ile de France），Dr Christine Aubry（the French National Institute of agronomy），Pr. Monique Poulot（Paris 10 Nanterre Université）等的热情帮助，使访学研究得以顺利进行，并提供了宝贵的资料和田野调查机会，在此一并致谢。

从世界范围来看，城市化进程中占用自然土地几乎不可避免，但是占用的数量与空间却可以控制。其中，巴黎大区堪称对自然空间进行良好保护的典范之一。虽然巴黎大区规划及城市建设实践历经数次调整变迁，但是对自然、土地及农业的珍视与保护却一脉相承。这使得巴黎大区在实现高度城市化后，仍保有近80%的生态空间，其中约50%为农用地。一望无际的广袤农田，构成了巴黎大区全景图中开阔而美丽的景观面貌，农业与城市相辅相成，使这座全球最繁华之一的国际化大都市，实现了与自然田园的和谐共生，构成了巴黎大区空间结构、环境景观、经济活动和生活方式的多样性，增强了这座全球城市的宜居性、魅力与可持续发展能力。我国大城市在高速城市化的进程中，普遍出现农业用地和农业活动持续较快减少的问题。并且农业在区域发展中的直接经济贡献日渐式微，土地资源日渐稀缺，大市场、大流通日渐完善，也导致对农业认识的争议。其中一种观点认为，大城市农业属于城市非核心功能，需要弱化甚至没有存在的必要。但是，从世界经验来看，不能以普通产业标准和直接经济贡献来衡量农业，尤其是在大城市地区。随着人类社会发展阶段和认识水平的提升，世界农业与城市的关系经历了孤立发展、对立发展到和谐共生的演变历程。当城市发展到较高阶段，农业已经成为城市系统的有机组成部分与宝贵财富，它是保障城市稳定、协调、高品质及可持续发展的重要基础。当前，我国一些大城市确立了国际化大都市或全球城市的建设目标，在此框架下农业是去是留，农业的功能地位与理想愿景如何，巴黎大区的理念与经验对比具有重要的借鉴价值。

一　巴黎大区农业的概况与特征

法国的行政区划为“大区（région）——省（département）——市镇（commune）”，大区是法国的一级行政区，相当于我国的省级行政区，在地域空间上，既包括城镇集中建设区，也包括乡村地区。巴黎大区即广义的巴黎，由巴黎省（Paris）（即狭义的巴黎市，巴黎的中心城区）、塞纳－圣但尼省（Seine－Saint－Denis）等8个省组成，土地总面积约1.2万平方公里，总人口约1150万。

法国是欧盟第一农业大国，在欧盟及世界农业中占有重要地位。巴黎大区位于法国巴黎盆地中央，地势低平，土壤肥沃，属温带海洋性气候，气候温和，降水适中，水资源丰富，农业生产的自然环境条件比较优越，是法国首屈一指的农业大区，尤其是粮食生产。巴黎大区农业的概况和特征如下。

1. 农业结构以大田作物种植业为主

巴黎大区的农业结构以大田作物种植业为主。巴黎大区共有约56.9万公顷耕地，其中蔬菜面积约9000公顷，[①] 约占耕地的1.6%；大田作物面积约占耕地的90%。大田作物以谷物（小麦、大麦、玉米）和油菜为主，也包括甜菜、土豆等。2010年，谷物、油菜、纤维植物、甜菜等用地总面积约50.9万公顷，加上其他大田蔬菜和土豆，大田作物总面积约51.6万公顷。[②] 畜牧、蔬菜、水果、花卉、园艺等生产面积合计约占农业用地的10%，虽然比重较小，但也为巴黎大区农产品的多样性提供了保障。

2. 农业布局呈现较明显的圈层特征

巴黎大区的农业布局呈现比较明显的圈层式分异特征。其中，临近中心城区的近郊地区是蔬菜、水果、花卉等园艺作物及多种畜禽的主要生产区域，农业生产和布局结构呈现比较明显的多样化特征。而距离中心城区较远的远郊区域，则以规模化的大田作物种植业为主。这些区域自中世纪以来就被专门用作谷物种植区，主要实施三年轮作制度，以小麦、黑麦作为冬季作物，燕麦或大麦则作为春季作物，然后休耕。[③] 从用地形态来看，近郊地区受城镇建设发展的作用力较强，农用地普遍比较破碎；而远郊地区土地连续性普遍较好，以规模化连片的农用地为主。

3. 农业规模化水平和生产效率高

巴黎大区规模化的大农场和小农园并存，但以大型农场为主，农业的规

---

① Le《manger local》à la fête. http://www.iledefrance.fr/zoom-region-demain/manger-local-fete.

② Île-de-France. GraphAgri Régions 2014.

③ 陆羽（Etienne Monin）:《大都市的现代农业（上）——巴黎大区农业的演变》,《自然与科技》2012年第4期，第42页。

模化、专业化和机械化水平很高。至2009年，巴黎大区有5300个农场，每个农场平均面积106公顷；但是不同类型农场之间存在差异，粮食作物农场平均种植面积为153公顷、水果农场平均为25公顷、蔬菜农场平均为9公顷；农业生产效率很高，2007年固定农场工人1.01万人，平均每个农场不到2名工人。① 畜牧业以小型的多元化牧场为主，因为规模小，畜禽粪肥用来制作堆肥，不仅不污染环境，反而实现了资源循环利用，促进生态农业发展。

图1 巴黎大区艾森省（Essonne）的大田农业景观

资料来源：作者摄于2016年3月。

4. 农业对城市发挥着多元化的保障与服务功能

巴黎大区农业对城市发挥着多元化的保障和服务功能，主要包括以下几个方面。

（1）食品生产功能。从历史来看，巴黎大区的农业，尤其是近郊农业，

① 陆羽（Etienne Monin）：《大都市的现代农业（上）——巴黎大区农业的演变》，《自然与科技》2012年第4期，第43页。

也曾以城市副食品生产功能为主。但随着城市化和经济发展，副食品生产面临耕地减少、劳动力短缺、成本上升等瓶颈制约。同时，完善的大市场、大流通体系使得种类丰富且价格低廉的外来农产品大量流入，本地副食品生产面临严峻竞争，规模明显下滑。因此从现状来看，虽然理论上巴黎大区生产的一些农产品可以较好地满足本地需求，但实际生产和消费的地域对应关系并不紧密。其本地农产品通过大市场进行销售，部分供给巴黎大区，部分输送到法国、欧盟和世界市场。而大区居民的农产品需求，也通过大市场供应，部分来自本地，大部分来自法国、欧盟及世界其他地区，农产品自给率低。

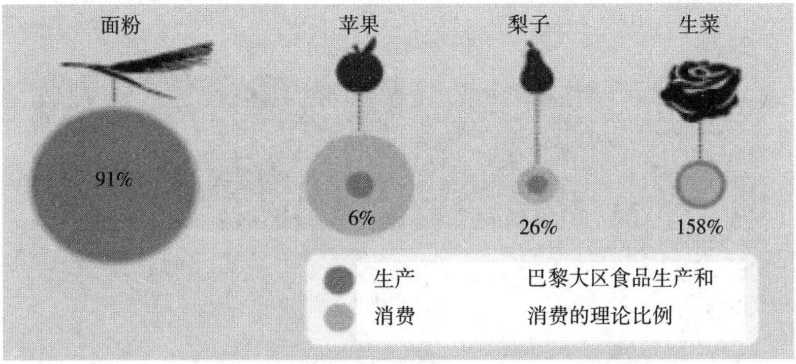

图 2　巴黎大区食品生产和消费的理论比例

资料来源：Île－de－France 2030，http：//www. iledefrance. fr/action－quotidienne/construire－ile－france－2030。

但是从未来发展来看，巴黎大区食品生产本地化的趋势逐渐增强。《巴黎大区指导纲要 2030》提出，巴黎大区农业应该为大区居民提供物美价廉的食物，保证产品数量、质量、多样化及满足每个人的支付能力；在保证供应质量的前提下加强就近生产，加强生产和供应之间的联系。巴黎大区一些农业教育和科研团队、行业社团组织、地方政府和农场主，也在通过具体项目或活动等形式，倡导短距离甚至零距离的食物供应，推动本地农业为居民近距离提供新鲜、安全的本地农产品，减少长途运输的资源消耗和环境污染。农场直接与城市居民、单位食堂、餐饮企业等建立生产和供应关系，开展短距离直销，呈现较好的发展势头。

（2）生态和景观功能。巴黎大区在发展中一直将农用地作为都市区自然生态和环境景观的重要组成部分。目前，农用地仍占巴黎大区土地面积的50%（见图3），构成了巴黎大区宜人环境的重要基础，也使这座发达、繁荣的国际化大都市拥有了宁静的田园空间，以及其他全球城市不可比拟的自然生态环境优势、多样化发展基础和坚固的可持续发展能力。巴黎大区通过保护农业区域，有效限制了城市过度扩张，构建了拥有开阔空间和吸引力的城市环境；通过保留农业，保护自然资源，保持生物多样性，保障了城市可持续发展。

（3）社会文化功能。巴黎大区农业的生活文化功能和教育科研功能，虽然比重不高，但历史比较悠久，并且近年发展态势增强。从主要形式来看，包括可参与耕种的菜园、可采摘的果园、多元化的牧场、教育基地、农业博物馆等。从参与对象来看，既包括喜欢农耕活动或希望就近获得新鲜蔬果的普通市民，也包括进行农业科普知识和实践体验的中小学生，以及从事农业教育或科研的专业团队。巴黎大区的休闲农业，既包括种养结合的综合性农场，也包括小型的专业化生态蔬果园或多元化牧场；既有现代化的生产方式，例如自动化的挤奶设施，对水、温度和生产情况的科学监测管理等；也保留了一些传统的农耕方式，如利用畜禽粪肥、餐厨垃圾、有机废弃物制作堆肥改良土壤，使用部分传统农具，尽量少用大型农业机械以减少对土壤的破坏等。巴黎大区的休闲农园不是盆景式的，没有过度设施化，较好地保留了传统农耕文化特征，可提供原生态的农耕体验及优质农产品。

（4）平台服务功能。巴黎大区是巴黎、法国乃至世界农业发展、贸易和文化交流的重要平台，其中非常重要的载体是国际农业博览会和国际农产品交易市场。

法国国际农业博览会始于1964年，是世界最知名的大型博览会之一，也是国际农业盛会。该博览会展区规模大（见图4），展品内容几乎涵盖农业产业链上各环节的产品，活动形式丰富多彩。展览会对法国本土和海外的优势特色农产品起到了有效的宣传推介作用，近年也加大了对巴黎大区农产

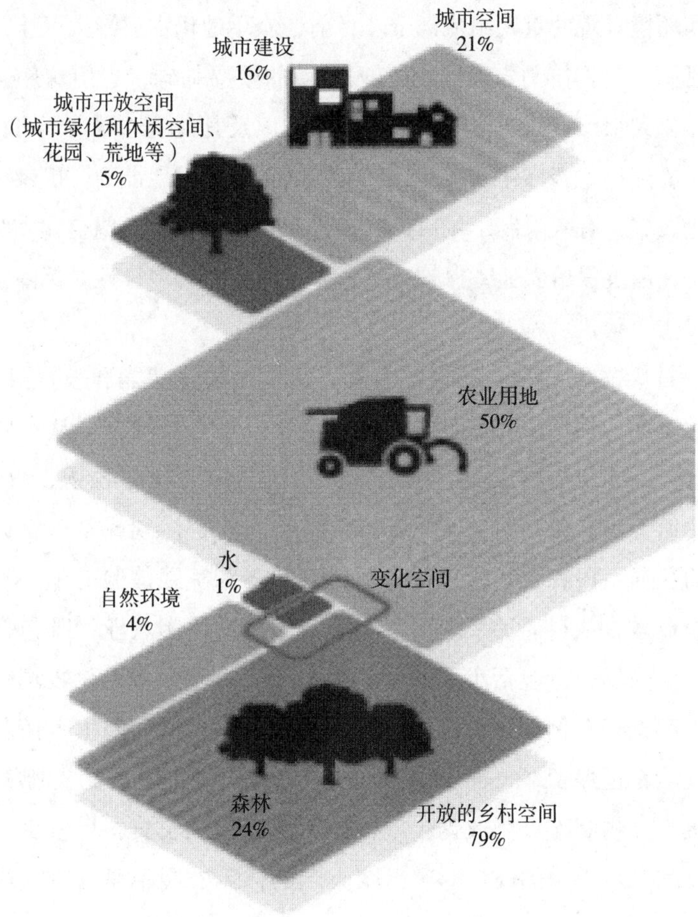

图3　巴黎大区空间构成

资料来源：Île - de - France 2030，http：//www. iledefrance. fr/action - quotidienne/construire - ile - france - 2030。

品的推介力度，促进了农业贸易和农耕文化的发展。法国国际农业博览会不仅是一种商业行为，同时也在传承农耕文明，传播世界农业的前沿理念、现代科技和先进文化。巴黎汉吉斯国际批发市场，是目前世界上面积最大的批发市场，也是法国规模最大、最有名的综合性农产品批发市场；其销售额中，巴黎大区占60%，法国其他地区占25%～30%，出口占10%；国际流

图 4　2016 年第 53 届法国国际农业博览会一角

资料来源：作者摄于 2016 年 3 月。

通范围涵盖德、西、意、荷等欧洲国家和美国、日本等。①

5. 城区“都市农业”呈现较快的发展势头

近年，巴黎大区利用城区空地和垂直空间发展城区农业，发展势头较快。以法国国立农学院农艺师、都市农业研究团队负责人克里斯汀·奥布里博士为首的专家学者，组建了以巴黎为中心的跨学科的农业技术网络，在赴纽约市专门学习考察后，于 2012 年在巴黎市区建设了第一个屋顶农园。相对于传统的屋顶绿化，屋顶农业不仅可以观看，而且可以食用，同时可以发挥农业教育和科研作用。巴黎城区的屋顶农业受到越来越多的重视。近年，巴黎计划发展 100 公顷的屋顶和墙面绿化项目，其中 30 公顷计划发展农业。此外，巴黎城区也出现了在公园空地，利用现代科技，在密闭容器中人工创造光、温、水、土等条件，循环利用资源，零距离生产草莓的项目（见图

① 唐琦主编、李先德等著《发展中的世界农业：法国农业》，中国农业出版社，2014。

5）。非政府地方协会组织开展“48 小时都市农业活动”（48h urban agriculture event），通过多地点、多样化的公共活动项目，开放式吸引各类人群参加，推动人们对都市农业的了解与关注，促进本地区都市农业发展。

巴黎城区贝西公园的草莓生产设施

Dr.Aubry及其团队创建的屋顶农园

图5　巴黎的城区农业管窥

资料来源：作者摄于2016年3月。

二　巴黎大区总体规划对农业的定位与导向

巴黎大区连续性的总体规划《巴黎大区指导纲要》（SDRIF），始于20世纪30年代初，随着发展历经多次调整，最新修订的《巴黎大区指导纲要2030》于2013年通过并实施。该规划强调，土地是规划的第一资源，要尽可能地保护土地的自然功能。城市化的优先方向是加强已城市化区域的发展，要限制对农业、林业和其他自然土地的占用。因此，《巴黎大区指导纲要2030》的整体定位是对现有城市进行更新改进，使其更完善，而不是从零开始新建一座城市。纲要确定了不同地区的大致布局、环境保护方案、大型交通基础设施的选址等；还确定了城市扩张、工业活动、手工业活动、农业活动、护林活动及旅游活动的优先选址，为巴黎大区的空间管理划定了范围。其中，对农业的战略定位与发展导向主要可归结为以下几个方面。

1. 农业被视为巴黎大区的重要优势与不可分割的组成部分

巴黎大区总体规划没有把农业看作与全球城市不匹配的因素或要减量的内容。相反，《巴黎大区指导纲要2030》明确提出，农业是巴黎大区的重要优势，提出农业、林业和自然空间构成了巴黎大区强大的自然基础，多个世纪以来一直为人们所珍视，使巴黎大区拥有了开放空间和土地多样性，为大区提供了高质量的空气和重要资源。城市、森林和大面积的农业平原构成了大区景观的多样性，构成了一个丰富的巴黎，赋予了巴黎大区与众不同的多重地位。农业空间实现了重要的农业生产，有助于大区生活质量的提高，并在环境中起到作用。农业是建立一座更加多样化、更有吸引力、更有生机和更加可持续的大区不可分割的组成部分。纲要提出，协调发展与环境保护是城市规划的重要前提条件，城市与自然之间的互补是必不可少的，若不顾及农村地区和城市地区的相互关系，它们将无法可持续地发展。每个区域之间都应该视为相互依赖且不可分割，必须打破高密度的城市和农业之间的对立性，促进区域之间整体协调发展。

2. 跳出农业思考农业的功能作用

巴黎大区总体规划不是仅仅把农业看作一个产业，单纯从产业经济视角来规划农业，而是从建设一个更具活力、更加绿色和更可持续的大区角度来考虑农业的功能定位与发展问题。虽然《巴黎大区指导纲要2030》没有一个明确以农业为主题的章节，但是关于农业的内容却几乎渗透于各主要章节。例如，在“保护宜人的环境”“自然与城市协调发展”“可持续发展”“大区面临的挑战”“增加经济活力”“保护—发展”“环境评估与措施”等多个部分，都有提及农业，并将农业作为控制城市扩张，保留开敞空间，保证优质生态环境，增加大区景观和生物多样性，提升大区经济活力与经济多样性，提高巴黎人的生活质量，增强大都市在未来发展中的弹性应对能力和可持续发展能力，有效应对食品安全和气候变化挑战等的重要基础。纲要提出农用地的主要功能包括：一是经济功能，主要是生产功能，包括农业产品、原料、可再生能源等，这些功能有助于提升大区的吸引力；二是环境功能，支持生物多样性，预防自然灾害、踏青等，这些功能都有助于保证大区的活力和可持续发展；三是社会功能，包括休闲、娱乐、寻根、社会联系、景观等，这些功能有助于改善公众生活质量；四是空间平衡功能，控制区域用地结构。

3. 大区农业发展的主要导向："保留"、"增值"和"转型"

巴黎大区总体规划对农业发展的主要战略导向可以归纳为"保留"、"增值"和"转型"三大关键词。

保留，是要保护农业用地和农业生产活动，其中对农地的保护不仅包括规模保护与拓展，而且重视空间连续性保护。《巴黎大区指导纲要 2030》提出要保留农业、林业和自然空间，在都市区中实现景点美化、休闲娱乐、粮食供应，以及环境、社会等多种功能；提出要发展城郊农业，在城市中纳入更多自然要素，让自然重返密集的市中心，保证城市和乡村之间建立新的联系，支持农业生产，创造就业，增加食物供给，要维护和增加农地和森林空间。

纲要规定，在农业用地上，除了规划的城市化区域，不允许安装建设与农业经营无关的任何设施；在不损害农业活动或不影响农业可持续性发展时，一些无法在城市化地区设置、没有其他任何合理的成本和技术手段的特殊基础设施和公共设施将被允许，但是这些设施必须节约利用土地，并且与周围的环境和景观融合，不可蚕食农业用地。纲要提出保持各区域间的连续性，保证各作业区之间、农田间和上下游设施之间的可达性也同等重要。应当避免农业用地破碎化，实在无法避免时，也要保证周围的过渡性。为了保障农业和林业活动进行，增加其功能，保证生态系统的永续发展，规划建设连接带，包括呼吸空间、生态廊道、农业和林业联系带、绿带等。

增值，是提升农业的经济效益和活力。《巴黎大区指导纲要 2030》提出，要维持农业的生产潜力，并将农业空间的增值看作是大区经济潜力不可或缺的重要组成部分。要增强农业效益、活力和吸引力，改善当地就业，创造根植于本土的多元经济，重塑和激发地区活力，驱动区域经济持续发展。

转型，是促进农业创新和更新发展。《巴黎大区指导纲要 2030》提出的主要方向包括：一是农业功能的巩固与拓展，维护和保持粮食生产功能，同时保护多功能的农业空间，不断发展蔬菜生产，优化短途配送和食品供给；二是农业产业的转变，加强有机生产，发展短距离直销，实施多元化战略等；三是促进新的发展模式，尽可能减少农业生产中的资源利用、污染排放和垃圾处理对周边地区造成的影响。纲要提出，在生态转型背景下，相对以往任何时候，农业都更有创新和产业更新的潜力；必须促进农业可持续发展，满足消费者的期望，应对环境挑战，并加强生产和供应之间的联系。

三　对中国大城市的借鉴与启示

巴黎大区对农业的高度重视，对农业在城市体系中功能地位的深刻认识、对农用地的有效保护、农业发展的新理念和新趋势等，对我国大城市具有重要的借鉴与启示价值，主要思考如下。

1. 大城市应重新思考农业的功能地位，跳出农业看农业

当前，我国大城市，尤其是特大城市和超大城市，普遍达到较高的城市化水平，农业与城市的关系发生明显转变，农业的功能地位已经超出一般产业范畴，亟待跳出农业看待农业在大城市全面和可持续发展中的功能地位，促进农业与城市融合共生发展。巴黎大区经验表明，农业是保障城市食品安全、生态安全，优化城市空间结构，保留发展战略空间，提升城市宜居性，丰富城市文化内涵，增强城市可持续发展能力的重要基础。其中，农业的一些核心功能是不可替代的，需要予以重视和保护。

首先，食品保障功能应是我国大城市农业需要坚持的基础功能。虽然巴黎大区现状农业对城市的食品供应比例较低，但巴黎大区仅 1100 多万人口，整个法国仅6600多万人口，而法国是欧盟的第一农业生产和出口大国，并拥有欧洲及世界农产品供应渠道，巴黎大区几乎没有食品短缺危机。并且，巴黎大区保留有50几万公顷耕地，一旦发生全球食品安全挑战，也有充足的应对空间。即使在此背景下，巴黎市政府仍将食品安全问题列为发展挑战之一，致力于巩固粮食生产功能，增强大区农业对本地居民的食物供应能力。《巴黎大区指导纲要2030》提出，尽管巴黎大区处于农业地区的中心地带，但要养育1150万大区居民，仍是巨大的挑战；要确保当下和未来彻底解决这个问题，必须保证农产品的数量、质量、多样化，满足每个人的支付能力，以及考虑不断提高的食品安全要求、卫生要求、口味要求等，在气候、能源、经济转型等背景下，以可持续供应为目标，促进大区的稳固性，保证食品安全。目前，我国北京、上海、广州、深圳等多个城市人口规模达到千万级别以上，世界和我国的城镇化都处于加速发展中，人增地减的趋势还将持续，未来我国及全球的食品安全挑战不容忽视。而农业是自然再生产和经济再生产相结合的产业，农业发展最基础的资源要素——耕地，尤其是土壤层一旦污染或破坏，非短期可以修复或再生，农业的发展必须着眼长远，我国大城市应坚持将食品生产功能作为农业的基础功能。

其次，生态和景观功能是我国大城市农业要巩固和提升的功能。农业用地是城市生态系统和开放空间的有机组成部分，可以限制城市无序蔓延，优化城市空间结构，锚固城市生态基底，改善城市生态质量。同时，城市生态环境质量的改善和宜居性的提升，不能只靠种植花草树木来实现，而是需要生物多样性和开敞空间，农业用地和农业活动的一些生态与景观功能是绿地、林地不能完全替代的。例如，农田构成的开阔的视野，可以弥补林地视野阻隔的不足；农业春华秋实的季相变化生趣，可以改变城市绿化景观的单调性，创造丰富的、变化的、生趣盎然的景观，提升城市的宜居性和自然性。农业的动植物资源，也是城市生物资源的有机组成部分，可以增加城市的生物多样性，平衡城市生态系统。

最后，生活文化功能是我国大城市农业要有序拓展的功能。农业的功能不仅是物质的、生态的，而且还包括精神文化层面的。适当的农耕活动及与土地的接触，可以疏解紧张城市生活带来的精神压力，缓解都市人的亚健康，这些功能也非绿地、林地可以替代。当前，我国已经有多个大城市的人均 GDP 达到 1 万美元以上，随着收入水平的提高和消费观念的转变，居民的精神文化需求上升到重要层次。在周末或节假日，远离都市喧嚣，近距离享受清新宁静的田园生活，体验农耕乐趣等精神需求日渐增强。都市休闲农业可以满足市民的田园文化需求，丰富城市文化内涵，增强城市魅力与吸引力。

2. 大城市应严格保护农业用地，科学实施休耕轮作制度

我国大城市在快速城镇化进程中，也普遍出现了农业用地持续较快减少的问题。以上海市为例，1978 年末，上海市尚有 36 万公顷耕地，[①] 约占上海市土地总面积的 56.8%，但是至 2013 年末，上海市耕地面积已经减少到 18.8 万公顷[②]，占全市土地总面积比重降至 29.7%。与巴黎大区比较，即使现有耕地全部永久保护下来，在用地结构中的比重也已经很低，而近年上海市耕地逐年减少的势头尚未根本遏制，其他大城市也面临相似的问题。因此，当前我国大城市亟待加大农用地保护力度，明确耕地保护红线、永久基本农田保护底线及边界，加强空间管制、土地用途管制，以法律、行政、经济等多元化措施，有效保护耕地，防止过度衰退。全国或地方重大建设不得不占用耕地的，应全面施行耕作层土壤剥离再利用，同时尽量保持农业用地的空间连续性。科学实施休耕轮作制度，改良土壤，提升地力，减少病虫草害，提高单位面积农产品产量和品质。通过严格的农地资源保护措施，藏农产品于地，为未来不可预期的发展挑战预留弹性应对空间。

3. 大城市宜转变农业发展思路，将市场机制与政府引导有效结合

由于农业是特殊的基础产业，农业发展战略既要充分发挥市场机制的主导作用，也需要政府的有效保护与引导。

① 数据来源：《上海统计年鉴 2013》。

② 数据来源：《中国统计年鉴 2015》。

在大市场、大流通的背景下，为提高农业生产效率和经营效率，要充分发挥市场机制在农业资源配置、产业结构和产品结构中的主导作用。充分利用国际、国内两个市场和两种资源，积极开拓域外优质农产品生产基地，开放式构建大农业生产经营体系，保障大城市农产品供给安全，同时发挥大城市资金、科技、市场、交通物流和平台等优势，引领带动其他区域农业协同发展。虽然要坚持大城市农业的食品生产功能，但思路和方式宜进行优化调整，实施动态调节战略，根据市场需求，深化农业供给侧结构性改革，生产契合消费需求的地产农产品。通过严格保护耕地和基本农田，藏农产品于地，增强对未来食品安全挑战的应对能力；在市场供应充足的情况下，引导本地农业重点发展不适宜长途运输的鲜活农副产品、高附加值的经济作物、优质种源、特色优势农产品等，为本地居民就近提供时令、新鲜、安全、优质的地产农产品。

引导大城市农业向“现代化、生态化、品牌化”转型升级。充分发挥大城市的经济和科技支撑能力，支持推动农业科技创新，提升农业劳动生产率和利润空间，增强都市现代农业的市场竞争力，为我国农业现代化以及我国农业国际竞争力与影响力的提升起到引领示范和服务作用。改善农业生态环境，积极探索低碳、循环型绿色农业发展道路，保障大城市农业高效、可持续发展。

把城区农业纳入引导范围。我国大城市，尤其是特大城市和超大城市，城市开发建设强度高，可进行生态改进的绿化空间少，宜积极试点引导发展城区农业，制定城区农业发展专项指导意见和指导手册，使城区农业规范化、安全化、生态化、多功能化发展。充分利用城市空地和垂直空间，零距离打造可食用的城市景观，让自然重返密集的城市中心区，在有限空间实现生产、生态和生活功能的有机统一。将屋顶农业纳入城市屋顶绿化的引导扶持范围；鼓励有条件的学校、企事业单位、公园管理局等，利用屋顶、庭院和街角空地，适度建设小型农园，用于农业教育、科研或有需要的人群食用。鼓励在条件适宜的公共空间，探索发展网箱农业，丰富城市绿化景观及其功能。鼓励试点探索城市垂直农场，为有效应对未来不可预期的食品安全挑战探索新的发展模式和发展空间。

参考文献

EtienneMonin：《大都市的现代农业（上）——巴黎大区农业的演变》，《自然与科技》2012 年第 4 期。

唐珂主编、李先德等著《发展中的世界农业：法国农业》，中国农业出版社，2014。

陈洋：《巴黎大区 2030 战略规划解读》，《上海经济》2015 年第 8 期。

〔美〕史蒂芬·柯克兰：《巴黎的重生》，郑娜译，社会科学文献出版社，2014。

〔英〕埃比尼泽·霍华德：《明日的田园城市》，金经元译，商务印书馆，2010。

〔英〕彼得·霍尔、马克·图德－琼斯：《城市和区域规划》（第五版），邹德慈、李浩、陈长青译，中国建筑工业出版社，2014。

〔英〕彼得·霍尔：《明日之城：一部关于 20 世纪城市规划与设计的思想史》，童明译，同济大学出版社，2009。

金砖国家城市专辑

BRICS City Special Edition

B.24

圣保罗大都市区在巴西城市体系中的地位与作用*

卡佐·纳卡诺　雷纳托·辛巴里斯塔 作　苏 宁　汤 伟 译

摘　要：　圣保罗大都市是巴西最重要的大都市区，也是金砖国家中重要的特大型城市。本文分析了该大都市区的发展动因、演变过程及发展特点。文中提出巴西城市化总体演进趋势对圣保罗大都市区的影响，特别是城乡移民对该大都市区发展的主要作用。同时分析了边缘城市化模式对于圣保罗发展的社会影响，以及圣保罗区域工业发展的特点。圣保罗大都市区在巴西国家城市体系的地位和作用也得到了梳理。

关键词：　圣保罗　城市化　产业发展

* 本文为“金砖四国城市实验室第一次金砖国家大城市治理”(上海)国际研讨会会议论文。

圣保罗大都市区（São Paulo metropolis）位于巴西的东南地区，由39个市政当局组成，2010年，该大都市区的人口达到1970万，其人口占巴西全国人口的42.1%；2012年，该大都市区的GDP产值占巴西的55.2%；该区所在的东南区域，是巴西城市化程度最高、最为繁荣、产业与经济发展水平最高的地区；该地区是巴西企业总部最为集中的区域，也是中产阶级和高收入人群主要集聚区域。

一　巴西城市化演进对圣保罗大都市区的影响

1. 巴西大都市区人口增长阶段

20世纪六七十年代，巴西大都市区的人口增长进入加速阶段，年均增长率约为3%。这一人口增长情况主要缘于20世纪后半期巴西的城乡关系调整。1950年，巴西35%的人口居住在城市区域。到2010年，这一比例上升至约85%（见图1）。20世纪六七十年代，是巴西人口进入城市的主要时期，在这一阶段，随着城市人口超越农村人口，巴西国内在政治、经济与文化领域也发生了重要转型。20世纪后半期，巴西的城乡状态转换也伴随了人口与流行病学方面的变化，这些变化导致了高城市化率、人口出生率低于更替水平（每个育龄女性平均对应1.8个孩子）、低死亡率以及慢性病致死人数大幅超过传染病等诸多新的情况。

2. 城乡关系变化的影响因素

这种城乡结构变化形成了巴西当前的城市体系，其变化受到一系列全国性因素的制约，具体相关因素如下。

（1）巴西的“保守主义现代化“（Conservative Modernization）进程使得该国诸多区域，特别是东南部、中西部和北部的农业综合企业迅速发展。新型管理技术以及现代科技在农业领域的应用，以及农业机械装备的使用成为促进农业发展的重要手段。乡村区域的“保守主义现代化”导致土地集中、一些区域的干旱问题加剧，并将小土地所有者排挤向城市与城镇区域。

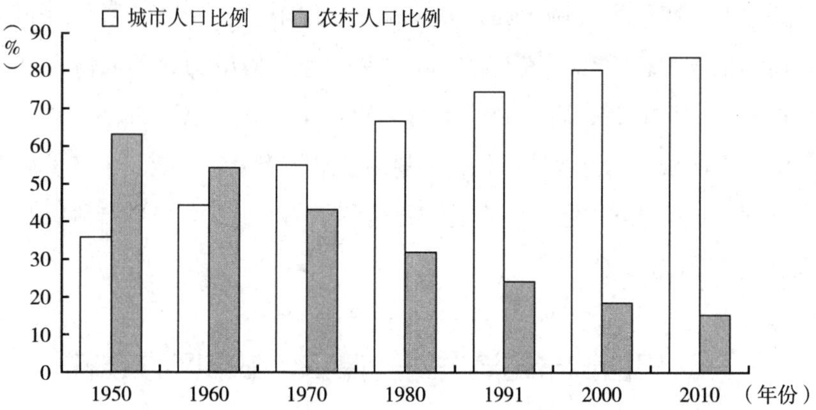

图1　巴西1950~2010年的城市—农村人口比例

资料来源：巴西地理和数据统计局相关年份的人口统计。

(2)“进口替代”战略的实施，促进了产业的发展。汽车和耐用消费品领域的跨国公司大量进入巴西，这些企业在南部与东南部的主要城市中建立了产业中心。这些城市吸纳了大量东北部贫困与社会问题突出的乡村区域的移民，其中圣保罗、里约热内卢两个大都市区的吸纳量最大。

(3)工业产品以及通信媒体产品的消费增长，促使社会文化与人们生活方式发生变化。新的消费方式的拓展，使得现代城市生活方式得到广泛认同，乡村生活则被视为传统与过时。

3. 城乡移民流动与圣保罗大都市区的发展

巴西各区域的农村移民向大城市的流动是城乡关系转变的主要原因。同时，移民流动带来的另一个重要影响是巴西主要城市的人口增长与城市扩张(见表1、表2)。这些城市包括里约热内卢、阿雷格里港、累西腓、福塔莱萨、萨尔瓦多、库里蒂巴、坎皮纳斯、戈亚尼亚等。2010年，上述城市的人口都在200万人以上。

20世纪六七十年代，移民大量涌入圣保罗大都市区，导致圣保罗市及周边区域一些城市中心的空间扩展，并形成了大都市区域。这种城市扩张引起了诸多领域研究者的兴趣，他们对大都市区原有低收入民众区域的社会、政治、经济与空间演变的特点进行了分析。值得注意的是，这种对边缘城市区域扩展的研究，受到了以马克思主义理论为指引的法国城市社会学派的影响。许多研究的研究视角在于了解圣保罗与巴西其他城市的边缘城市扩展进程中的国家、社会与土地房地产市场之间的关系。

表1　巴西人口与增长率

单位：人，%

领土单位	2000 年人口	2010 年人口	2000～2010 年人口年均增长率
巴西	169872856	190755799	1.17
圣保罗大都市区	17879997	19683975	0.92
圣保罗市	10435546	11253503	0.72

资料来源：巴西地理和数据统计局－人口普查，2010。

表2　巴西人口与近期移民

单位：人，%

领土单位	2010 年的人口	近期移民	比例
巴西	190755799	18442695	9.67
圣保罗大都市区	19683975	1602580	8.14
圣保罗市	11253503	665910	5.92

注：（1）2005 年 7 月 31 日之后年龄超过 5 岁向市镇的迁居。
（2）包括了源自圣保罗大都市区域的移民。
资料来源：巴西地理和数据统计局－人口普查，2010。

在法国城市社会学派的影响下，相关的研究展现出巴西城市化的一些特征，其中一个很重要的特点在于，国家的行为对土地和房地产市场的公共影响力十分有限。在几乎所有的巴西城市中，上述市场被分割为两个不同的组成部分，其一为低收入家庭的非正式城市居住区，其二则为中高收入阶层的住宅房地产。

二　“边缘城市化模式”对圣保罗大都市区发展的影响

1．“边缘城市化模式”的特点与演变

20 世纪后半期圣保罗大都市区的快速城市化，与区域高速公路周边的

工业集群的形成是同时进行的。同一时期，非正式城市定居点的出现，也被视为“边缘城市化模式”（peripheral pattern of urbanization）。这些非正式居民点远离大都市区的中心城市以及次中心城市，主要包括私自占地居住区以及缺乏社会服务和基础设施的贫民区。非正式居民点主要由居民私自建设的住房构成，在未得到相关技术协助的情况下逐渐形成了整个社区。这些社区中，最重要的公共交通工具是公共汽车。

边缘城市化模式被认为是圣保罗与巴西其他大都市区的社会不公平与环境不可持续的城市化进程的产物。无论是20世纪七八十年代，还是当前阶段，以中心-外围模式为核心的城市结构常常被视为深层次社会不平等的产物，这种不平等是巴西社会的特点。社会不平等与城市及住房政策实施过程中的缺陷共同持续影响了城市低收入群体获得土地与住房的能力，同时对这些群体共享城市发展的成果也起到阻碍作用。

2. “边缘城市化模式”对圣保罗城市社会的影响

尽管圣保罗大都市区近期为了应对边缘城市化模式，显著提升了相关居民区城市服务、基础设施与硬件设备的供应水平，但富人区与贫民区的社会不平等现象仍然显而易见。在贫民区，日间看护、基本卫生设施、就业机会等服务均十分不足，同时，公共空间以及文化休闲活动的服务也很难令人满意。此外，近70%的就业位于圣保罗大都市区的中心城区，这就迫使数以百万计的外围低收入社区居民不得不每天乘坐过度拥挤的公交车、火车与地铁来往于家庭与工作地点之间。

20世纪80年代，圣保罗大都市区的住房与居住条件的不足和种种负面问题，使得低收入群体中的活跃分子与边缘贫民社区的居住者们共同发起一系列社会运动。这些社会运动的诉求核心在于争取住房、土地规制、公共交通、健康服务等问题的解决。在随后的数十年中，这些运动的方式、方法不断翻新。新的社会运动层出不穷，而有些运动则退出舞台。

上述巴西城市化中的种种问题与社会运动及非政府组织关注的城市问题都对政治造成了重要影响。城市发展的法律框架得以逐渐形成，公共政策的实践得以推进，参与式规划逐渐成形，这些法律框架在地方和国家层面都得以建构。

三　圣保罗大都市区的工业化进程

1. 圣保罗工业区的初期选址

20 世纪上半期，在巴西城乡关系转变之前，圣保罗大都市区的城市发展与人口增长十分迅猛，其发展缘于奴隶解放以及欧洲与亚洲国家的移民。圣保罗的第一个工业区也在这一时期建立起来，特别是 1867 年该市与桑托斯港（巴西与拉美最重要的港口）的铁路建成，对工业区的建设发挥了重要的影响。圣保罗的首批工业企业利用铁路运输原材料、货物以及工人。

铁路横跨圣保罗大都市区主要河流平原地区。该区域首个工业区利用了这一广大的平原土地，建立起大型工厂、仓库以及货物装卸场。这些工业企业利用了都市区最为重要的两条河流（泰特河与塔曼杜特河）作为工业废水的排放之处。目前，这两条河流被高速公路截断，河流污染程度很高。

2. 圣保罗大都市区当代工业区域的空间选择特点

20 世纪后半期，巴西联邦政府持续大力支持工业化，工业区域的设置开始更加依靠连接圣保罗与巴西其他区域的高速公路，而非铁路。圣保罗大都市区成为 7 条州级高速公路和 3 条联邦高速公路的汇合点。在整个 20 世纪，部分边缘城市化模式影响下形成的非正式居民区在工业化区域周边积聚，并靠近铁路线与高速公路。

20 世纪上半期建成的接近铁路周边的许多工业化区域都已丧失了原有的功能。平原区域许多原本的工厂区域，因住宅和商业房地产项目而被拆迁。但是，这种拆迁和重建的过程并没有良好的发展策略谋划，也不是考虑公众利益的大型城市项目，从而在城市土地开发的充分性、公平性、可持续性方面有所欠缺。这些工业区的土地主要位于临近圣保罗市中心区的地区，其重建项目理应成为大都市区新型城市开发的良好资源和契机，但这一契机并未得到充分利用。这主要缘于旧工业区域在更新为居住区与商业区的过程中并未规划充足的公共交通体系，以及高质量的公共空间和设施。

四　圣保罗大都市区在巴西城市体系中的地位

1. 城市网络核心地位

圣保罗大都市区具备重要的消费与服务市场，同时拥有巴西城市中最高的政府机构与企业总部集聚度。从而被视为巴西国家城市体系中的主要经济与决策中心。巴西的国家城市体系由 12 个城市网络构成，这些城市网络的等级基于其最重要或最大城市对其他城市的影响力而判定。除了上述政府机构与企业总部的集聚度之外，城市网络的影响力还在于其提供的教育与健康服务能力，以及媒体的发展水平等。根据对巴西城市的区域影响力的指标体系测算，圣保罗大都市区是该国最重要的城市中心，其影响力范围超出了国家边界，对拉美其他国家也具有影响作用。

2. 都市区内部城市主体的多样性

与巴西其他城市网络不同，圣保罗所在的城市网络中，城市之间的距离相对更为接近，并由完善的高速公路体系连通，城市的等级体系也较为分明。在圣保罗州的城市网络中，城市往往承担地方、区域与国家的重要节点功能。这种多样性使得圣保罗大都市区的诸多城市具备良好的经济基础。

表 3　巴西贫困人口情况

单位：%

领土单位	极端贫困人口 （年家庭收入低于 3977 美元）	贫困人口 （年家庭收入低于 7953 美元）
巴西	6.62	15.2
圣保罗大都市区	1.23	4.93
圣保罗市	0.92	4.27

资料来源：人类发展地图集，http：//www.atlasbrasil.org.br/2013/pt/consulta/ –2015。

3. 经济重要性

圣保罗大都市区对于国家城市体系的经济重要性，可以从以下几个基本指标体现出来。2012 年，该大都市区的 GDP 占巴西全国 GDP 的 19.2%；2010 年，巴西的人均 GDP 为 11227.59 美元，而圣保罗为 21557.63 美元，这些指标表现出该大都市区的经济实力。但是，若考虑圣保罗大都市区以及巴西全国的社会不平等情况（见表 3），其经济的未来发展仍会受到贫困及城市与社会的不稳定性状况影响。

B.25
莫斯科及俄联邦城市发展的现状与问题*

亚历山大·普赞诺夫　菲德尔·库德亚夫斯耶夫 作　林 兰 译

摘　要：　城市在发展过程中面临着城市形态改变和治理方式变革的挑战，被视为国际性的研究课题。充分获取、处理和利用城市数据是促进城市治理必不可少的补充。报告通过分析俄联邦主要城市的治理数据，归纳总结了相关城市发展现状及面临的主要问题，并提出了解决办法。

关键词：　俄罗斯联邦　城市治理　发展模式

东欧剧变后，俄罗斯经历了以剧烈的政治变革为标志的特殊时期，其城市发展也面临城市形态到治理方式的诸多调整和挑战。20 世纪 80 年代末，作为当时苏联首都的莫斯科，其人口为 850 万，工业、科学和教育在国民经济中占据重要地位。这一时期，莫斯科出现了以住房大规模建设为标志的城市扩张，但仍然受制于对移民的控制和对绿化带的保护，城市扩张仅在有限程度上展开。1991 ~2011 年的 20 年间，作为后苏联时代的工作、经济和人口中心，莫斯科城市人口超过 1000 万。尽管经济发展使人们获得了相对较高的收入，也建设了与人口相适应的社会、交通基础设施，但市民对城市交通和环境问题仍然日渐不满。到 2011 年，莫斯科城市面积扩大了 2.4 倍，城市更加加速向周边扩张，但新扩张的土地仍然没有得到良好的治理。

---

* 本文为“金砖四国城市实验室第一次金砖国家大城市治理”（上海）国际研讨会会议论文。

一 设立大量管理机构应对城市化发展

城市在促进经济由资源依赖型向具有现代优势的创新型发展的转变中发挥了关键作用。在过去的20年中，为确保城市在市场环境中的可持续运作和发展，俄罗斯建立了大量的特定管理机构，这些机构数在2009年达到最高值，之后略有减少（见表1）。

表1 俄罗斯政府机构数量

单位：个

机构级别	2009年	2011年	2013年	2014年
总量	24161	23344	23001	22777
城市级	1810	1824	1817	1815
市内区域级	507	515	518	520
联邦城市间区域级	236	236	257	257
城市住区	1745	1773	1687	1660
农村住区	19863	18996	18722	18525

这些机构的职能主要包括以下三点。

（1）管理房地产市场，建立基础设施建设的法律框架。

（2）设立地方治理研究院，促进当地资源与社会经济发展的有效结合。

（3）制定公共部门和地方政府的责任划分制度，促进城市发展、实施战略规划。

二 俄联邦主要城市的发展特点

1. 城市人口数量趋于减少

20世纪90年代初，俄罗斯从粗放型城市化向集约型城市化发展模式转变。从趋势来看，城市发展速度趋向于减缓或完全停止增长。从实际情况来看，俄罗斯近20年城市人口的比例一直保持在71%～73%，人口的国内迁移也不断减少，并持续到2010年。在这一阶段，莫斯科市的人口规模明显缩小、城市居民数量也明显减少。

值得注意的是，从2001年开始，这种减少的趋势呈现放缓的迹象，其国内人口迁移数量在相当长的一段时间内一直保持在每年200万人左右（这一数据不包括在一年内改变居住地的季节性劳动迁移者）。但是，由于与住房相关的迁移数量受经济因素（缺乏迁移或重新安顿的资金，缺乏成熟的、有组织的住房租赁市场等）及行政因素（被注册登记机构限制）和文化因素的限制，俄罗斯因劳动迁移的人口通常超过因住房因素引起的迁移人口。如果将劳动迁移统计在内，俄罗斯国内迁移率至少会增加2倍。

2. 人口向主要城市和城市群集聚

俄罗斯人口往往趋于集中在主要城市和城市群，近年来这一趋势不断加强。这表明在俄罗斯的国内迁移中，人口自然而然地被大城市居住区所吸引（见图1）。

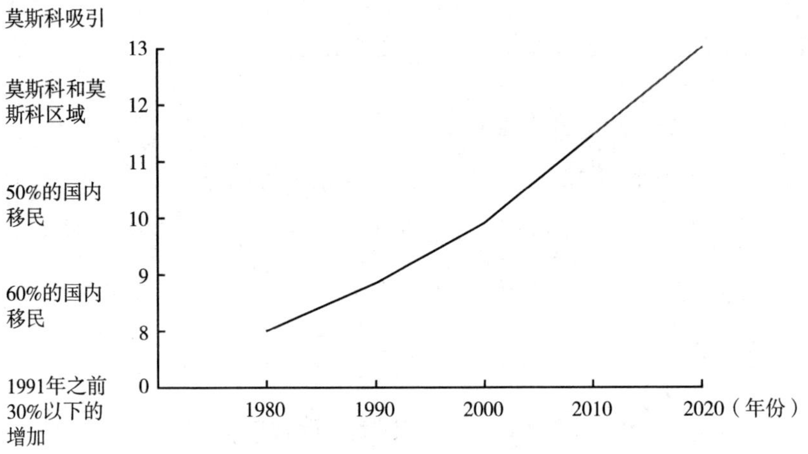

图1　莫斯科及莫斯科区域人口增长情况

资料来源：维基百科。

俄联邦政府于2002年和2010年分别实行了全俄人口普查，调查结果显示，特大城市（人口超过100万）中莫斯科的人口具有最高的增长率，这表明国内人口持续向首都集聚，圣彼得堡、叶卡捷琳堡、新西伯利亚、喀山的人口增长率也相对较高。其他的特大城市人口增长率则从未超过2%，下诺夫哥罗德和彼尔姆的人口数量在两次人口普查期间甚至有所下降（见表2）。

表2　1989～2014年俄罗斯主要城市的人口规模

单位：千人

城市	1989年	2002年	2010年	2014年
莫斯科	8878	10126	11504	12198
圣彼得堡	4989	4661	4880	5192
新西伯利亚	1420	1426	1474	1567
叶卡捷琳堡	1296	1294	1350	1428
下诺夫哥罗德	1400	1311	1251	1268
喀山	1085	1105	1144	1206
车里雅宾斯克	1107	1077	1130	1183
鄂木斯克	1149	1134	1154	1174
萨马拉	1222	1158	1165	1172
顿河畔罗斯托夫	1008	1068	1089	1115
乌法	1080	1042	1062	1106
克拉斯诺亚尔斯克	869	909	974	1052
彼尔姆	1041	1002	991	1036
沃罗涅日	882	849	890	1024
伏尔加格勒	999	1011	1021	1017

资料来源：1989～2010年全俄人口普查；《2014年统计文摘“俄罗斯数据”》，2015年俄罗斯统计局。

3. 人口年龄分布具有明显的地域性特征

由于高死亡率和战争因素，俄罗斯老年人（80岁以上）比例相对较低。虽然俄罗斯在人口方面已经“老化”，然而与西欧大多数国家相比，它仍然是一个“年轻”的国家。

在俄罗斯，处于劳动年龄的城市居民比例（60.2%）高于农村居民（56.7%），同时，在就业年龄以下的城市居民比例（16.3%）低于农村居民（19.6%）。在超过50万人口的俄罗斯城市中，人口年龄分布的地理分区特征明显。例如，在俄罗斯的欧洲中心城市和伏尔加地区，处于就业年龄以下的人口比例整体偏低，而超过就业年龄的人口比例则偏高。在西伯利亚和远东城市，则相反。

4. 汽车保有量快速增加

在俄罗斯转向市场经济之后，汽车的使用快速增加。车辆保有规模至少增长了两倍，目前每千人拥有 260～320 辆车。1990～2014 年，莫斯科市区的车辆使用量增长了 4 倍，而整个莫斯科空间增长则超过 5 倍。

5. 莫斯科经济集聚度不断提升

在莫斯科的发展过程中，经济的集聚是值得关注的问题。莫斯科的经济活动通常在交通半径（行车）2 小时的范围内。这一范围包括莫斯科地区的主要部分以及位于中央联邦区的邻近地区，区域内参与经济活动的人口规模有 1600 万～2000 万。

作为联邦城市，莫斯科、圣彼得堡和塞瓦斯托波尔有权履行作为俄罗斯联邦一个独立组成单位的职责。近几年，莫斯科的经济发展阶段向后工业阶段快速转变。制造业从业人员占比已出现两位数的下降，从 1991 年的 23% 下降到 2010 年的 10.9%；贸易和专业商务服务人员的比重有所增加，贸易人员比重从 15% 上升到 25.1%，专业商务服务人员比重增长至 21.3%（见图 2）。目前，莫斯科的第三产业就业指数为 72.1%，总体而言，莫斯科的后工业化进程仍然落后于主要的西方城市，但差别不是太大。

莫斯科就业人口占全俄就业人口近 1/10，其中有超过 1/3 的就业位于中央联邦区。巨大的、多样化的劳动力市场保障了高人均收入。2011 年，莫斯科人均收入 46000 卢布，显著高于俄联邦 17000 卢布的水平。作为俄联邦的经济中心，莫斯科也是主要的劳动力市场，不断增长的劳动力市场和较高的工资吸引联邦内就业人口向莫斯科集聚（见图 3）。除了在经济上领先以外，莫斯科也是主要的交通枢纽，占全国机动车运输海关货物的 60% 及俄罗斯总航空客运量的 77%。

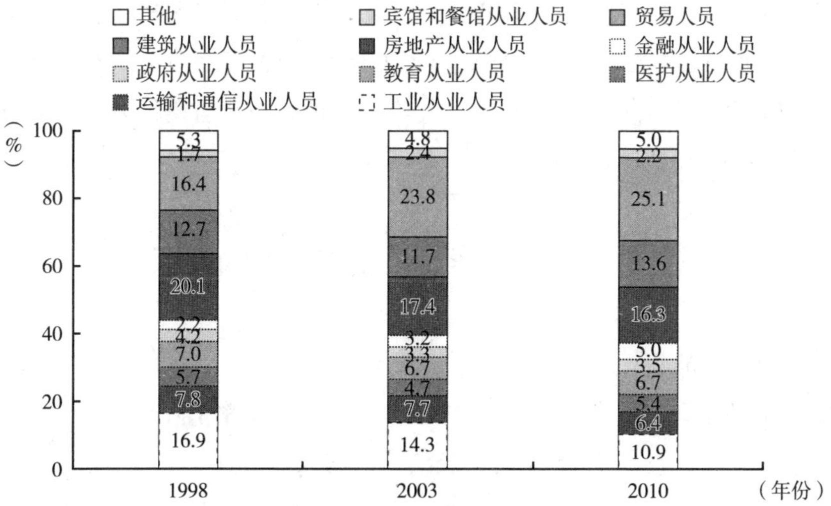

图 2　莫斯科劳动力市场划分动态

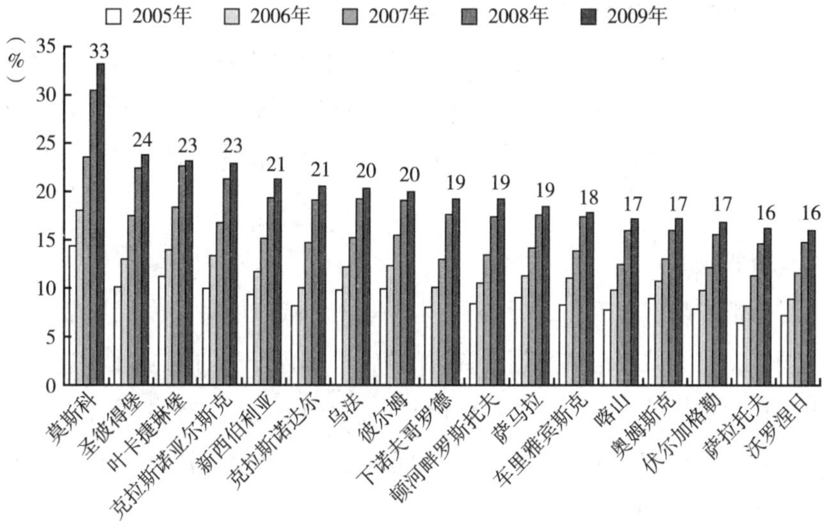

图 3　2005～2009 年莫斯科及其他大城市的平均工资

6. 商业和住宅集中于市中心

从 20 世纪的第一个十年开始，建筑业的繁荣导致了莫斯科的商业过度集中于市中心（40% 的工作场所位于克里姆林宫 6 公里半径的区域内），城市周边地区和莫斯科附近地区出现了超密集的住宅。上述人口集聚与每天250万人通勤量的叠加，导致城市的交通基础设施处于超负荷状态。莫斯科居民的平均通勤时间为67分钟，有大约20%的莫斯科居民每天花3个小时的时间往返于住处和工作场所。

三　俄联邦主要城市发展面临的问题

1. 人口挑战

从短期来看，俄罗斯面临的主要人口挑战是出生率下降导致的人口自然减少。据估计，在未来15年内，经济活跃的人口可能会减少600万~900万，减少近10%。由于就业人口减少的影响，这一时期俄罗斯城市的人口流动性也将有所降低。

2. 城市的空间结构与城市发展不匹配

俄罗斯的城市空间结构与长期国家计划经济框架下的城市经济、社会发展特征之间存在功能匹配错位。例如，街道和道路网络的占地比例为8%，这一数值比欧洲城市的类似指标低2~3倍，类似的错位制约了社会发展和经济增长。

3. 资源缺乏

对于地方政府来说，最紧迫的问题是缺乏城市可持续发展所需要的资源，同时，相关城市也缺乏创造资源的机会。此外，由于实施了旨在减少地方政府相关责任的立法改革，这种情况一直处于不断恶化的趋势下。森林和公园保护带的分割和减少也是面临的问题之一，全俄森林面积从1985年的35%下降到了2010年的25%。

B.26

德里及印度城市治理的困境与挑战*

帕特里克·海勒 作　肖黎春 译

摘　要：　城市化和人口的高增长率已使得印度城市的承载能力越来越弱，尤其是提供基本服务和基础设施的能力，以及协调增长与包容的能力。印度第三大城市、国家首都德里已成为治理失败的典型。本报告主要从经济基础、社会构成、空间形式、治理绩效四个方面详细描述德里的经济、社会、政治与人口等现状。同时深入揭示在城市治理中存在的各种弊端和问题，并指出不恰当的治理政策和措施是德里未能成为一个包容性城市的本质原因，值得我国城市管理者们借鉴。

关键词：　德里　治理　包容性城市

一　德里发展概况

在过去的二十年里，印度的大城市（指人口超过100万的城市）已经成为其经济转型的驱动器。2011年，100个最大城市占印度总人口的16%，但占国家GDP的43%（美国公路安全保险协会，2011）。印度的城市化率（相对于其他国家，用一个非常严格的定义测量）已经落后于其他发展中国家，但在过去的20年里已有所加快。从1990年到2010年城市化

* 本文为“金砖四国城市实验室第一次金砖国家大城市治理”（上海）国际研讨会会议论文。

水平从25.5%增加到30.0%，预计到2030年将达到39.7%或5.9亿城市人口（联合国，2013）。高增长率已使得印度城市的承载能力越来越弱，特别是他们提供基本服务和基础设施的能力，以及协调增长与包容的能力。这些压力负担在任何地方都没有比在德里体现得更明显。作为一个12亿人口的国家的首都，德里首先是一个行政城市，但作为一个次大陆主要门户城市，在过去20年中也吸引了大量的企业投资。它是印度北部唯一的大城市，靠近4个大州（哈里亚纳邦、旁遮普、北方邦和拉贾斯坦邦），它也是一个移民城市（43%的居民是移民）。印巴分治吸收了近50万的难民，德里的人口从1941年的不到70万，到1947年扩大了一倍。至2011年，德里的人口已经增加到1800万，预计2021年将达到2300万（《德里总体规划》，2007）。

表1　印度主要大城市人口增长数据

单位：%

城市	人口	核心区增长	外围区增长	外围区域
孟买*	18.4	0.4	3.6	塔那
德里	16.3	2.1	7.4	古尔冈
加尔各答	14.1	1.3	1.8	北伯尔格那
金奈	8.7	0.8	3.9	坎奇普拉姆
班加罗尔	8.5	4.7	1.6	班加罗尔郊区
海得拉巴	7.7	1.6	4.8	兰加雷迪
艾哈迈达巴德	6.4	2.1	1.2	甘地讷格尔
普纳	5.0	3.4	3.0	普纳

*孟买包括孟买和孟买郊区。

资料来源：2011年普查。

可以说没有一个印度城市能更好地管理不断增长的人口。一方面，德里是印度联邦中最富有的城市和州，作为首都，长期以来享有很大比例的中央政府基金份额。它享有代表印度城市最高水平的现代基础设施，拥有最先进的国际机场、全国最大的地铁系统以及密度最大的城市高速公路网络。德里

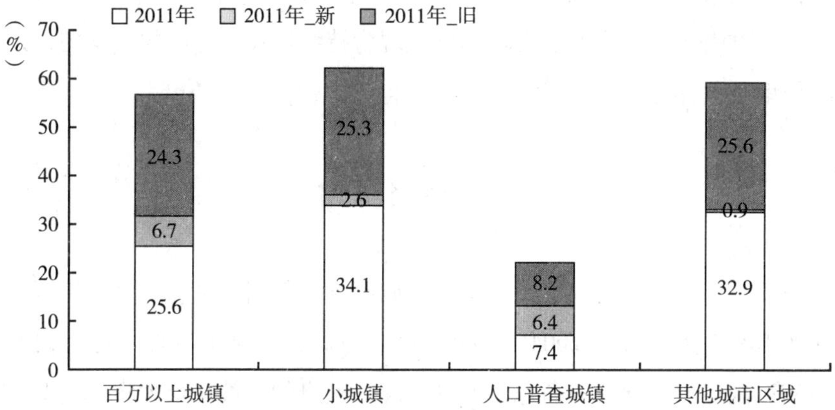

图 1　印度不同类型城市区域的人口分布

资料来源：2001 年和 2011 年普查。

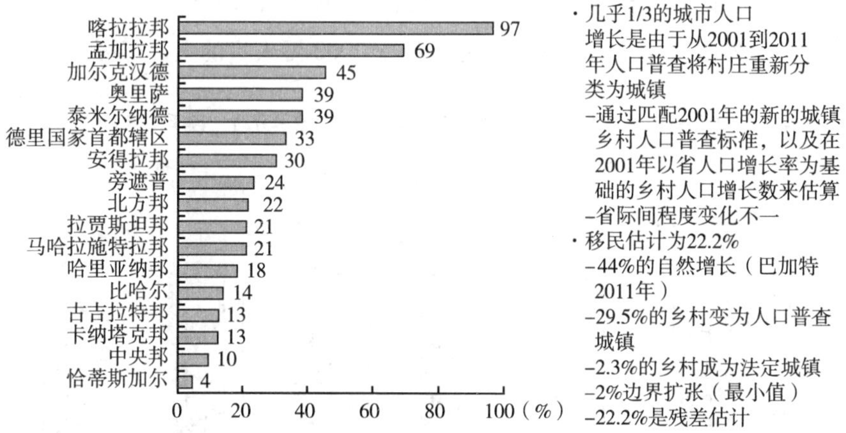

图 2　印度城市化人口的具体分析

资料来源：根据历年人口普查数据计算。

在各州中拥有最高的人类发展指数 0.75，远高于全国 0.467 的平均水平（规划委员会，2013）。这座城市占地面积超过 1500 平方公里，位于平坦的农业耕地地区中部，没有影响城市扩张的自然壁垒。德里通过扩张已经协调了人口增长的问题，并成为印度人口密度最小的大城市之一。然而，德里在很大程度上未能为其不断增长的人口提供基本设施，并且总体规划通常不佳。另一方面，基本协调的失败不仅表现为持续增长的空间的不均匀，还表现为德里是世界上污染最严重的城市（世界卫生组织，2014）。

二　经济基础

德里作为首都，为国民经济提供协调服务的作用体现在它占全国现代服务业的10%这个事实（2004～2005年）。与孟买和班加罗尔对比，德里从未扮演过制造业主导者的角色，而且实际上政府的政策在很大程度上对工业活动不具有吸引力。在过去二十年，城市本身正规制造业的就业实际上已经减少了，大多数工业增长集中在卫星城市，例如汽车制造业发生在卫星城市。而就业增长最快的领域一直是现代商业服务业。在过去的十年里，城市的外围（卫星城市位于邻近的州）比城市本身（2.4%）增长更快，达6.2%，而外围现在总人口为360万，位于2000万人口的大都市区。

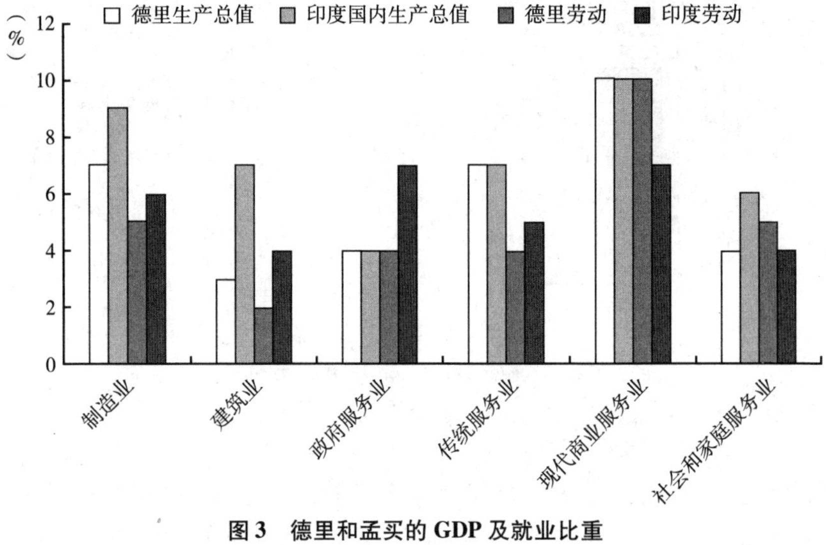

图3　德里和孟买的GDP及就业比重

资料来源：由印度储备银行的区域国民产品数据以及就业份额的全国抽样调查数据计算得到。

表2　印度全国就业移民数据

相对劳动生产率系数						
年份＼领域	制造业	建筑业	政府相关的服务业	传统服务业	现代商业服务业	社会和家庭服务业
2004～2005年	1.46	1.61	0.70	1.56	1.19	1.06
1990～2000年	1.53	1.20	0.56	1.41	1.26	1.02

资料来源：由印度储备银行的区域国民产品数据以及就业份额的全国抽样调查数据计算得到。

表3　德里和孟买的移民（均占城市总人口的43%）来源地和迁入年限情况

单位：%

德里的移民来源地	移民后过去的年数				孟买的移民来源地	份额(移民后过去的年数)			
	<1年	1～4年	5～9年	>10年		<1年	1～4年	5～9年	>10年
北方邦	34.3	35.5	40.0	45.9	马哈拉施特拉邦	27.5	24.1	27.6	39.1
比哈尔	21.4	25.4	24.6	12.1	北方邦	31.7	40.4	49.0	44.2
哈里亚纳	4.3	4.0	4.6	8.0	古吉拉特邦	7.3	3.9	4.8	12.3
北阿坎德	4.2	4.7	5.1	6.2	卡纳塔克邦	6.5	6.1	6.3	9.7
拉贾斯坦邦	3.4	3.0	3.4	5.5	拉贾斯坦邦	5.6	6.0	5.8	6.0
旁遮普	1.2	1.3	1.5	4.6	泰米尔纳德邦	3.5	3.6	3.4	5.0
孟加拉邦	5.7	5.3	4.2	2.8	喀拉拉邦	3.5	4.0	3.4	4.9
贾坎德邦	3.9	3.9	3.4	1.7	比哈尔	9.9	10.9	9.9	4.4
喜马偕尔邦	0.7	0.9	1.1	1.7	安得拉邦	7.3	3.9	2.9	3.2
中央邦	3.1	1.8	1.6	1.6	孟加拉邦	8.6	8.8	5.4	2.3
马哈拉施特拉邦	1.2	0.9	0.8	0.9	奥里萨邦	3.6	2.8	1.9	1.0
东北	1.6	1.5	1.2	1.0	德里	1.1	0.9	0.6	0.6
亚洲国家	2.8	2.5	1.8	1.8	东北	0.5	0.4	0.3	0.1
					亚洲国家	2.3	1.9	1.3	1.2

注：东北包括阿萨姆邦、曼尼普尔、梅加拉亚邦、米佐拉姆邦、那加兰邦、锡金、特里普拉邦等。

份额是指占除马哈拉施特拉邦外所有州的移民总数份额。

资料来源：2001年普查。

表 4　德里和孟买周边的城市化进展

单位：人，%

城市人口	2001 年	2011 年	增长率	城市人口	2001 年	2011 年	增长率
德里首都区域	12906065	1633916	2.4	孟买市区	3337895	3145966	-0.6
加济阿巴德	1816413	3144574	5.6	孟买郊区	8640386	9332481	0.8
费尔达巴德	1062286	1429093	3.0	孟买	11978281	12478447	0.4
古尔冈	309704	1042000	12.9	塔那	5902467	8503094	3.7
诺伊达	442271	997410	8.5	赖格尔	534834	972809	6.2
首都周边地区	3630674	6613077	6.2	周边地区	643701	9475903	3.9
密拉特	1451992	1762573	2.0	• 当德里和孟买中心的人口增长减缓时，德里周边的人口增长大于孟买周边			
布兰德舍赫尔	681583	867791	2.4				
巴尼伯德	392076	552945	3.5				
索尼巴	321371	451687	3.5				
罗塔克	329593	444819	3.0	• 德里的周边人口数小于孟买市中心的人口数			
巴格帕	229440	274135	1.8				
切杰尔	195097	242974	2.2				
伯尔沃尔	159038	235663	4.0				
雷瓦利	136172	231411	5.4	• 这或许因为周边存在其他发达的城市中心，例如浦那和纳西克			
米瓦特	59301	124017	7.7				
首都除外	3955664	5188015	2.7				
首都	20492403	28135008	3.2				

资料来源：2001 年和 2011 年普查。

德里的城市增长主要是由寻租活动推动的。在印度特别是在推动城市发展中，土地所起到的核心作用反映在土地价格的国际比较上。虽然印度仍然是一个低收入国家，但 2011 年德里的土地价格高于巴西和墨西哥（尽管不如俄罗斯高）。此外，土地的获得已经高度地定量配给。加达维普大学曾计算过，在德里购买一个 120.8 平方米的公寓按平均收入要花 180 年，而在巴西是 39 年，俄罗斯 99 年，纽约 47 年（孟买最高，为 580 年）。

三　社会构成

德里是一个移民城市，尤其是来自北部的移民大部分来自北方邦和比哈尔邦——印度的两个最不发达的州。来自农村地区的移民高度集中在制造业、建筑业和传统的服务行业；来自城市地区的移民往往从事公共服务，如医疗和教育。

表 5　印度全国教育移民数据

单位：%

德里					孟买				
最后定居州	少于 1 年		多于 10 年		最后定居州	少于 1 年		多于 10 年	
	比例	女性	比例	女性		比例	女性	比例	女性
北方邦	23.7	22	32.8	19	马哈拉施特拉邦	45.1	24	52.0	19
哈里亚纳邦	5.9	29	12.1	19	古吉拉特邦	7.2	32	30.2	18
北阿坎德邦	5.9	23	10.4	14	北方邦	22.9	16	17.8	11
比哈尔	18.6	13	9.1	11	卡纳塔克邦	6.0	43	16.6	22
旁遮普	2.0	27	7.0	27	拉贾斯坦邦	10.5	14	7.5	11
拉贾斯坦邦	5.1	14	4.1	25	喀拉拉邦	5.7	30	6.3	36
喜马偕尔邦	2.1	40	3.1	18	果阿邦	0.8	39	4.4	29
西孟加拉	5.1	36	3.1	32	泰米尔纳德邦	2.7	29	2.9	28
喀拉拉邦	2.8	54	2.4	52	中央邦	5.0	19	2.1	19
恰尔肯德邦	6.9	18	2.4	18	安得拉邦	5.8	12	2.0	24
中央邦	2.5	16	1.6	32	比哈尔	7.3	13	1.7	12
奥里萨邦	2.4	17	1.5	14	孟加拉邦	4.5	27	1.6	27
东北部*	6.0	36	1.7	29	德里	4.2	37	0.9	28
					东北部**	2.7	47	0.2	35

* 东北部包括阿萨姆邦、曼尼普尔邦、米佐拉姆、那加兰邦和特里普拉邦等。

** 代表除从马哈拉施特拉邦到德里以外的洲际之间的移民数据，州内移民的人口数并不是很大。

资料来源：2001 年人口普查。

德里是一个被社会与社会之间显著的排他形式深刻分裂的城市。在印度首都当代空间的排斥模式植根于独立后城市是如何被规划的。自印度独立以来，三个连续性的重大规划未能系统地开发出足够的土地来满足不断增长的人口（Bhan，2013）。政策倾向于把移民当作临时工，最近的法庭裁决甚至做出把贫民窟居民归为“侵犯者”和“扒手”的判决。根据德里政府自己的分类制度，只有23.7%的德里人口生活在被指定的“计划移民地”（德里经济调查2008～2009年）。剩余的人口居住在那些要么完全非法的定居点，要么从未批准开发的区域，正因为如此，这些地区从来没有被妥善规划过，而缺乏规划不仅意味着这些定居点的物理空间不是按照基本的建筑规范或公共空间的要求来利用的（包括道路和通路网格），而且意味着不能融入这个城市的大部分基础设施运输体系。总的来说，51%的城市居民生活在法律上没有资格获取正常服务的社区（见表6）。尽管许多这样的社区也确实得到一些服务，但这些都是作为政治协商和解的一部分，而不是正常权利。

表6　2006年德里住在各种类型住宅的人口

单位：百万人，%

序号	住宅类型	人口数	占德里总人口的比例	合法性	个人水源提供
1	贫民窟群落	2.448	14.80	不合法、未规划	无权利
2	指定区域	3.148	19.10	合法但未规划	有权利，但是受技术原因制约
3	未经批准的非法移民地	0.874	5.30	不合法、未规划但是安全	无权利
4	移民群体	2.099	12.72	合法、已规划、已告知	有权利但未传输
5	农村地区	0.874	5.30	排除在外	豁免
6	合法的未经批准的移民地	2.099	12.72	合法但未规划	良好
7	城市地区	1.049	6.35	排除在外	良好
8	已规划的移民地	3.909	23.70	合法、已规划	良好
10	总人口	16.5	100		

资料来源：《德里2008年发展报告》，第三列来自Bhan（2011），第四列数据来自Maria（2011）。

据官方公布，在非贫民窟和贫民窟地区分别有91%的家庭和48%的家庭有抽水马桶，分别有70%和47%的家庭在经营场址或上述房屋中有处理过的水。需要注意的是，这些数字来自服务质量不良的报道。只有23.7%的抽水马桶被连接到城市规划地区的下水道，而在其他地方，未经处理的污水是一种常见的问题。城市自来水的供应非常不可靠，许多社区仅有每天 1～2 小时的供水，大多数贫民窟居民依赖油罐车运水供应。基本服务分布的空间分析已经记载了各社区的一种高度的不平等（辛迪万尼，2015；辛格，2013）。由德里的城市项目所管理的大量的实地调查揭示，居住在非法或不太合法的移民地的居民既要为他们想得到的服务支付高额溢价，还要在确保基本服务方面花费巨大的时间和精力①。

服务运输和基础设施

基础设施和服务在经历增长后开始下降

（关于印度城市基础设施和服务的报告）

- 与中等收入占 49% 的比重相比（世界银行），公共运输只对印度 22% 的城市运输负责。
- 在德里只有一半的污水是被处理过的（CAG）；400 万没有水龙头；印度德里水委员会（DJB）只负责对 37% 的污水用抽水机抽水。
- 住房缺乏从 1991 年的 820 万套上升到 2007 年的 2470 万套（世界银行）；德里对于低收入住房配给只实现了目标的 15%（Bhan）。
- 德里拨出更多的土地给违法停车场而不是贫民（Mukhopadhyay, 2011）。

四　城市治理

直到 1992 年，德里还是一个联邦领土，由联邦政府直接管理。在 1992 年德里成为国家首都区，有自己的立法机构和首席部长，其中立法机构有 70 个成员，从平均有 20 万选民的议会选区中选举产生。德里州（GNTCD）有大多数印度的州所拥有的包括交通、工业发展、发电、卫生和家庭福利等方面的权力。然而，与大多数州不同的是，德里州一些主要职能仍保持在中

① http：//citiesofdelhi. cprindia. org/.

央政府手中，包括公共安全和土地开发。德里市和德里州在很大程度上是相互联系的，前者有5个城市地方机构，大多数德里人生活在3个区域自治团体的管辖下，在每个自治团体中有272个市政议员和一个市长，每一个自治团体的行政机构由一个民政部门任命的行政长官领导。

在德里，政党竞争在很大程度上反映了国家的模式。自印度独立以来，德里一直被两个国家政党之一的印度国大党或印度人民党统治。而大众社会党是一个基于北方邦并代表低等种姓的地方党派，目前也已经拥有了一席之地。在2015年的州议会选举中，另一个新的政党印度平民党上台，这个政党从一次反腐败运动中崭露头角，政党成员多半是中产阶级，后来在这个城市的非法定居点建立起一个非常强大的代表席位。

表7　印度、南非、巴西的城市统治阶层对比

国家	能力/政治主权	力量平衡	当地的民主化
印度	低/低	分层的精英	壮大的阴谋集团——抢地统治，无规划成长
南非	高/低	与国家协调的精英——非洲民主会议的技术精英	壮大的机器——计划性成长，但无包容性
巴西	高/高	来自城市底层的广泛的社会压力	社会城市

尽管政党竞争激烈，然而当选的代表是相当弱势的。市政议员权力有限，市长的角色主要是州级礼仪的代表；立法议会成员是重要的角色，但他们大部分的影响力是从作为选区的权力经纪人开始的；立法议会成员制定和影响城市政策的权力有限，政策在很大程度上是由官僚机构或在中央组织的政治利益驱动下形成的。

城市的综合治理能力渐渐受到断裂的权威、重叠的管辖权、不同级别政府之间的地方性冲突的影响，以及遭到普遍缺乏的跨部门协调的破坏，提高城市综合治理能力是德里发展局（DDA）这座城市最强大机构的任务。这个机构负责规划、开发土地和住房，作为一个凭借自身能力的独立强大的官僚机构，德里发展局更专注于保护这座城市的整体美感以及在更有特权的地区投资。在市场改革年代，德里发展局已变得积极合并和出售土地，从而为私有开发积累大量现金储备，除了所持有的土地，它的现金储备估计超过50亿美元。

五　城市问题

德里的基础设施建设没有跟上其城市的经济发展和人口增长，社会—空间排斥模式正在深化。在过去的十年里，尽管德里有非常高的经济增长，但在印度，德里是唯一人类发展指数下降的州，其中多数问题很可能要与城市的管理联系起来。

第一，德里发展局对开发用地存在供应不足，这导致了与大部分基础设施体系没有连接的非正式定居点和贫民窟的扩散和蔓延。德里发展局对于提供保障性住房的努力在很大程度上使中产阶级受益，发展局很少为处于社会经济较低阶层的人群建造住房，并且尽管创建了一个改造贫民窟的特殊机构，但现实中没有付诸实践。服务运输部门如负责自来水和污水的德里日航董事会，其战略规划能力非常有限，而服务运输航线部门与德里发展局之间的协调也是有限的。

第二，努力“规范”非法移民地几乎没有取得任何进展。虽然所有民选政府例行公事般地做出承诺要为非法定居点提供服务和土地所有权，然而改革总是受阻于既得利益，那些受益于违法行为和跨部门协调行政机关缺乏责任。

第三，基础设施现代化作为城市发展的一部分，许多位于城市中心贫民窟的已经被拆除。这些拆迁的合法性往往是模糊的，居民安置一直饱受协调问题的困扰。大部分移民安置区位于城市的边缘，也不对其提供基本服务，这只会加剧城市社会—空间的不平等。

第四，投资模式已经急剧倾斜，有利于中产阶级的特权阶层。中央政府给德里的大部分投资用于私人交通（虽然只有1/4的家庭拥有一辆车），在供水和污水方面却投资很少；分配给公共交通的投资已经高度倾向于地铁铁路系统，而贫穷居民广泛使用的公共汽车服务则一直被忽视。

结　论

总之，虽然德里有大量的财政和物质资源，但它未能成为一个包容性的城市和所有居民的机会之地，主要是由于其城市治理的不足带来的。因此，德里是一个鲜活的案例，表明即使是有充足资源保障的城市，不合理的城市治理也会阻碍城市包容性发展。

参考文献

Bhan, G. (2013), "Planned Illegalities: Housing and the "Failure" of Planning in Delhi: 1947 - 2010," *Economic and Political Weekly*, XLVIII (24).

Indian Institute for Human Settlements. 2011. *Urban India 2011: Evidence*, Bangalore.

Sidhwani, P. (2015), "Spatial Inequality in Big Indian Cities," *Economic and Political Weekly*, L (20).

Singh, G. (2014), *Freedom to Move, Barriers to Stay: an Examination of Rural Migrants' Urban Transition in Contemporary India*, PHD Dissertation, Department of Sociology, Brown University.

United Nations Habitat. 2013. *State of the World's Cities 2012/2013*, New York: Earthscan.

B.27

约翰内斯堡以城市治理推进韧性与可持续发展*

菲利普·哈里森 作 汤 伟 译

摘 要： 本文对约翰内斯堡进行全面的介绍，包括其在金砖国家中的地位，黄金之城、工业之城、后工业之城以及未来的不确定经济发展进程。文中说明约翰内斯堡经济已经超越黄金矿业而日益多样化，目前处于创新和转型发展关键点，对能否具备新的经济增长动力缺乏反思。约翰内斯堡作为移民城市，人口流入随经济发展而呈现起伏，从性别比、来源国等维度看其呈现出多样化特征。约翰内斯堡的核心问题依然在于能否成为全球可持续性城市，经济上，能否超越中等陷阱具有很大不确定性；环境上，水、能源严重匮乏，温室气体排放高于自身经济水平和同类发展中国家，空气污染严重；社会上，发展严重不平等，基尼系数有所下降但还面临高犯罪率、排外主义等社会压力，种族融合有所增强；空间上，社会隔离严重，传统白人的郊区社区也出现黑人中产阶级。

关键词： 约翰内斯堡 金砖国家 可持续发展 经济转型

本文主要目的是对南非约翰内斯堡进行全面的介绍，以推进金砖国家城

* 本文为“金砖四国城市实验室第一次金砖国家大城市治理”（上海）国际研讨会会议论文。

市倡议这一共同合作平台的建设。当然也提出了一些关键的分析性问题，即在多大程度上约翰内斯堡可被认为是经济、环境和社会意义可持续的城市？从宽泛意义上说，约翰内斯堡是指沿着金山核心地带而形成的连绵城市集合体（见图1）。约翰内斯堡市大约有500万人口，而金山区域大约有950万人口，金山城市区域又可作为城市进一步扩展延伸集聚体的一部分，被称呼为豪登城市区域，人口大约有1300万。豪登城市区域边界大致和拥有1800万人口的豪登省大致相当，包括比勒陀利亚市、茨瓦内都市以及有着重工业（瓦尔河）和矿藏业（西兰德、白金带）的边远地区。

图1　约翰内斯堡的位置

资料来源：南非国家地理地图。

在阐述约翰内斯堡在金砖国家和非洲的相对地位之后，本文将根据约翰内斯堡的经济、人口增长，进而分析其在国家城市体系中的角色、位置，以及在多大程度上实现了经济、环境、社会和空间几个维度的可持续性发展。本文也涉及2015年早些时候远见集团（Foresight Group）对非洲城市会议做出的贡献，以及作者与坦尼娅·扎克博士（Tanya Zack）在约翰内斯堡的矿业经济方面的合作。

一　约翰内斯堡在金砖国家和非洲的地位

约翰内斯堡是南非最大的城市，在金砖国家属中等城市，按照联合国人口署对金砖国家所有大城市进行的排列，约翰内斯堡（以上述金山的定义）列第15位（见表1），人口规模处在印度的金奈和海得拉巴之间，稍多于中国的武汉和成都（联合国人口署，2014）。①

表1　以人口排名的金砖国家主要城市

2015年人口排序	城市	国家	2015年人口预测(千人)
巨型城市			
1	德里	印度	25703.17
2	上海	中国	23740.78
3	圣保罗	巴西	21066.25
4	孟买	印度	21042.54
5	北京	中国	20383.99
巨型城市			
6	加尔各答	印度	14864.92
7	重庆	中国	13331.58
8	里约热内卢	巴西	12902.31
9	广州	中国	12458.13
10	莫斯科	俄罗斯	12165.7
11	天津	中国	11210.33
12	深圳	中国	10749.47
13	班加罗尔	印度	10087.13
大城市			
14	金奈	印度	9890.427
15	约翰内斯堡(金山)	南非	9398.698
16	海得拉巴	印度	8943.523
17	武汉	中国	7905.572
18	成都	中国	7555.705
19	东莞	中国	7434.925
20	南京	中国	7369.157
21	阿默达巴德	印度	7342.850
22	香港	中国	7313.557
23	佛山	中国	7035.945
24	杭州	中国	6390.637
25	沈阳	中国	6315.470

资料来源：UN Population Division, *World Urbanization Prospects*, 2014 *Revision*。

① UN Population Division, *World Urbanization Prospects*, 2014 *Revision*.

近年来，约翰内斯堡在金砖国家城市中的排序有所下降，很大程度上是1970年以来中国城市快速发展造成的。举例来说，1950年约翰内斯堡要比中国的许多城市譬如重庆、深圳、广州要大，其大致相当于当时北京的规模，现在这些城市都显著大于约翰内斯堡。布鲁金斯学会曾将约翰内斯堡列为金砖城市经济的第30位，与中国的东莞、济南及巴西的巴西利亚差不多。这种相对较低的地位反映了中国城市在过去数十年经济上不可比拟的崛起态势。

从非洲来看，约翰内斯堡人口在非洲次于拉各斯、开罗和金沙萨—布拉柴维尔，列第4位；从经济角度，位列于开罗之后，尽管一些排序也将约翰内斯堡列在第1位。

二 经济转型

1. 黄金之城

约翰内斯堡的发展源于黄金。20亿年前一系列的地质偶发事件和频繁的气象冲击保护了金山的大储量黄金免受侵蚀。19世纪，多数欧洲大国经济都建立在黄金标准基础上，需要大量的金条以支撑他们的货币体系。随着澳大利亚和加利福尼亚州黄金储备的枯竭，迫切需要新的供应。1886年，非洲南部最深层的黄金主矿被发现，那时还属于相对封闭的布尔共和国。黄金矿藏埋藏的如此深入，需要大量的资金才能实施有效开采工作，由此建立了一个持续了数十年的寡头型的控制结构，六个矿业公司中，一个叫作南非盎格鲁的公司最终取得主导权。矿业开采需要大量非熟练、半熟练劳动力（见图2），由此矿业公司在1889年一起成立了矿业协会并从整个非洲南部（最远达到今天的坦桑尼亚）招聘劳动力，并设定了最高工资。

Crush等人曾经将约翰内斯堡亲切地称呼为“劳动力帝国”。矿业成功构建移民劳动力的契约体系创造了一种移民的摆动机制，对整个地区的经济和社会结构产生巨大的影响力，这种影响力甚至持续到现在，其中一个明显

图2　黄金矿业中的工人

资料来源：Harrison，P. & T. Zack，2012。

的恶果是大批量的男人不得不常年离开农村家庭，造成了整个地区家庭生活的崩溃。尽管黄金矿业在很大程度上是由大型私营企业推动，但国家在确保矿业持续增长方面也扮演了重要角色。南非战争（1899～1902年）时期引入了6万名中国工人，对试图反对以廉价的黑人劳动力替代昂贵的白人工人起义进行压制，1920年还通过立法对不熟练低工资劳动力（黑人）和熟练的高工资劳动力（白人）进行严格区分。①

尽管南非1930年放弃了黄金标准，然而随着黄金固定价格的大幅上涨和资金大规模流入，约翰内斯堡越来越像个世界城市。尽管约翰内斯堡的黄金提取量逐渐下降，这个城市仍然保有了大量的矿业公司总部，且依然从黄金矿地向西兰德和远东兰德（West Rand and Far East Rand）的扩张中获益。

① Harrison，P. & T. Zack（2012）The power of mining：the fall of gold and rise of Johannesburg，*Journal of Contemporary African Studies*，30（4），pp. 551－570.

2. 工业之城

20 世纪 40 年代，约翰内斯堡的国际贸易被第二次世界大战所中断，这反而给进口替代制造业创造了的机会。到 1950 年，制造业已替代矿业成为最大的经济行业和最主要的驱动力，但依然与矿业保持异常密切的联系。矿业公司积极在英美开展跨部门业务，到 20 世纪 60 年代制造业部分利润甚至增加 500%（*Harrison & Zack*, 2012）。目前，约翰内斯堡制造业 1/4 的就业机会在金属及金属制品行业，其余分布在粮食和饮料、纺织业、服装和皮革、木材、纸业和印刷、石油化工和家具等行业。进入 20 世纪 80 年代，约翰内斯堡开始了去工业化历程，制造业就业绝对数从 1980 年大约 60 万个下降到 1995 年大约 30 万个，经济由此相对低落，进而在全球和国家两个层面上都失去了比较优势（见图 3）。这显然是一系列因素共同造成的后果，包括对南非种族制裁、出口导向型宏观经济政策的失败、政治紊乱和诸多不确定性因素。1990 年民主化的转型对约翰内斯堡经济产生了积极影响，制造业和第三产业都获得了实质意义的增长。

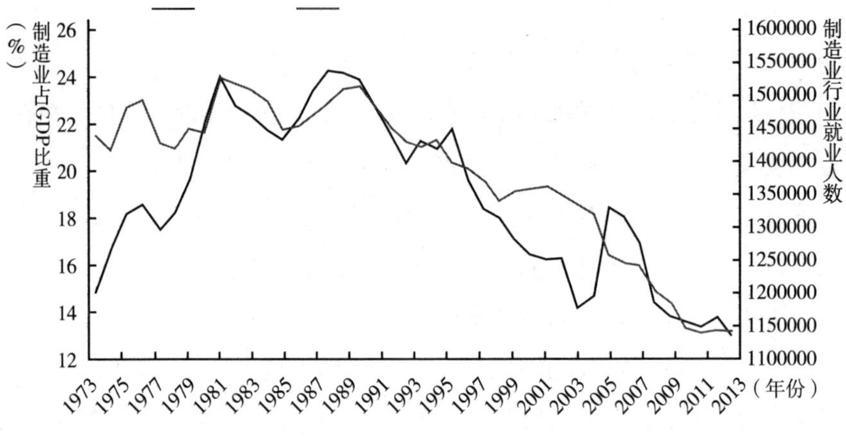

图 3　约翰内斯堡不断下降的制造业比重和就业

资料来源：南非储备银行统计数据。

3. 后工业之城

1990 年，约翰内斯堡在社区、社会和个人服务、零售和采购贸易、金融保险、房地产和商业服务诸方面都取得了快速增长（见图4）。随着种族隔离的结束，约翰内斯堡实现了经济的服务业化，第三产业占了全部增加值的70%，而就业率在1996年达到71.3%。此后，经济服务业化持续获得进展，先是升至76.1%，2011年又升至81.9%，约翰内斯堡成为新兴的金融和商业服务枢纽。而这一过程也反映出全球金砖国家主要城市，如圣保罗、孟买、上海和莫斯科有类似的发展进程，并展示了城市高端服务业成功替代制造业成为增长核心引擎的全过程。

图4　约翰内斯堡的商业大楼

约翰内斯堡经济结构中的服务业对劳动市场的性质以及随之而来的城市社会结构产生显著的影响。克兰克肖和波路-萨拉丁（2014）曾经发现，随着经济服务业化，中产阶级职位（专业人士、经理、技术工人）获得显著扩张，黑人中产阶级也随之成长。与此同时，失业人数经历显著增长，官方失业数据已经上升到30%，年轻人更高。在失业率持续攀升的背景下，非正式部门日益重要。2013年劳动力调查数据（2014）显示，约翰内斯堡9.76%的被雇用人群处于非正式的自我雇用阶段，人数达到了19200人。这意味着社会深层次结构性不平等开始出现①。

---

① Crankshaw, O. and J. Borel - Saladin (2014) Does Deindustrialisation Cause Social Polarisation in Global Cities? *Environment and Planning A*, 46, pp. 1852 - 1872.

4. 当前的不确定性与未来期待

种族隔离刚结束时，约翰内斯堡取得很不错的经济绩效。1996～2004年，相较于全国每年2.9%的增长率（*Global Insight*，2014），约翰内斯堡城市经济的增长达到4.5%，而豪登也达到3.9%。然而这种态势在2008～2009年的全球经济危机之后出现逆转，国家、省级、大都市经济增长率已相差无几，这意味着约翰内斯堡在南非内部竞争优势正在逐步消失。2009年南非逐步从衰退中有所恢复，2011年起又有所下降，2015年第二季度南非经济衰退了1.3个百分点，约翰内斯堡似乎也沦落到危险境地。短期的周期性衰退或者深层次结构性问题令人担忧。约翰内斯堡经济不同时期都有强大的驱动基础，早期是矿业、1940～1970年是制造业、从1990年到2009年则主要是金融和其他商业服务业。目前，则不清楚这种经济驱动力的基础在哪里。显然，如果约翰内斯堡能够或者充分挖掘未被挖掘的大市场，或者黑人中产阶级的兴起，消费型经济的兴起，又或者作为撒哈拉以南非洲跨境贸易的主要枢纽，那么约翰内斯堡的金融和商业服务业仍有很大发展空间。

三　人口因素

约翰内斯堡最初的人口增长异常惊人，从1886年黄金最初被发现，人口就从零增长快速增加到10万，到1911年人口规模达到了23.6万，成为仅次于开罗、亚历山大的非洲第三大城市，比数个世纪前建立的开普敦还要大，约翰内斯堡既从全球也从非洲南部腹地吸纳移民。

然而，约翰内斯堡的人口增长并不总是呈现迅猛态势，1930年前期经济受到黄金固定价格的影响增长相对缓慢。尽管如此，20世纪30年代仍达到年均增长4.5个百分点，到20世纪40年代移民又主要流向制造业。种族政权时，约翰内斯堡试图控制人口流入并将黑人赶出城外，增长速度有所放缓，尽管如此，也从来没有实现逆城市化的目标。到20世纪90年代，种族政权崩溃，约翰内斯堡人口年度增长又达到了4个百分点，一方面农村向城市移民控制措施被消除，另一方面金融服务业部门逐渐成为经济增长的引擎。然而，放松管制措施并不意味着城市化潜力或者需求有所减少，而是人口增长高峰期已经结束，目前增长率也已下降2.6个百分点。随着城市化率达到70%，生育率的持续下降，约翰内斯堡整个人口增长态势也呈现相对高速和相对低速的波浪形。目前增长率尽管仍有所缓慢，但从国际比较角度来看仍然较快。联合国数据显示约翰内斯堡1950年是全球第37大城市，而到了1980年跌落到第48位，到2010年又上升到第38位。这说明了人口增长的积极态势（见表2）。

表2　全球排序中变化较为显著的金砖国家城市

城市	全球排序（1950年）	全球排序（1980年）	1950～1980年排序变化	全球排序（2015年）	1980～2015年排序变化
德里	51	20	+31	2	+18
上海	10	18	-8	3	+15
圣保罗	22	4	+18	4	没有变化
孟买	16	10	+6	5	+5
北京	35	21	+14	7	+14
加尔各答	9	7	+2	14	-7
重庆	40	51	-11	16	+35
里约热内卢	14	8	+6	19	-11
广州	70	89	-19	20	+79
莫斯科	5	12	-7	21	-9
天津	20	35	-15	23	+12
深圳	1576	1517	+59	25	+1492
班加罗尔	105	55	+50	28	+27
金奈	44	32	+12	30	+2
约翰内斯堡	37	48	-11	38	+10

资料来源：UN Population Division, *World Urbanization Prospects*, 2014 *Revision*。

人口一般有多种维度的划分，包括种族、性别、年龄和国家来源地。从种族来看，约翰内斯堡越来越成为纯粹的黑非洲城市，1911年，约翰内斯堡43%的人口是黑非洲人，50.6%是白人，5.1%属混血和印度人，而到2011年，76.6%人口已是黑非洲人，12.2%是白人，11%属于有色人种和印度人等其他种属。从性别比例看，约翰内斯堡呈现强烈的男性主导特征，特别是黑人女性群体在1911年的比例接近于零，矿业男性工人都居住于单身宿舍。然而，随着时间演变，性别比例已较为平衡，甚至相差无几。至于年龄结构，约翰内斯堡也显著区别于南非，前者儿童相对较少，0~14岁儿童南非的比例是32%而约翰内斯堡只有24%，然而年轻人相对较多，15~34岁的劳动年龄组南非为37%，约翰内斯堡为42%。这一现象使得诸多家庭成员的空间分离成为常态，即许多儿童和祖父们在一起留在农村，而年轻的家庭成员则到城市谋生，这样约翰内斯堡以及更为广阔的豪登城市区域便成为移民的主要落脚城市（见图5）。从来源地看，外国移民占据了官方统计流入移民的1/4，官方统计最大的来源地是津巴布韦、莫桑比克、莱索托和马拉维，但也有大量移民来自更远的国家譬如印度、尼日利亚、刚果、埃塞俄比亚、中国和巴基斯坦。另外，来自欧洲的移民下降明显，然而英国、葡萄牙和德国移民依然表现突出（见表3）。

图5　豪登省城市区域的人口密度

资料来源：G. mans（CSIR）和I. Turok（HSRC）制作。

表3　生活在豪登省的非南非人（2011年）

单位：人

出生国家	个体数量
津巴布韦	397668
莫桑比克	210531
莱索托	72409
马拉维	51055
英国	36034
尼日利亚	17509
赞比亚	16724
印度	15721
斯威士兰	13211
刚果共和国	12873
纳米比亚	11271
葡萄牙	11087
埃塞俄比亚	9301
德国	8879
中国	7580
巴基斯坦	6837
其他	99891
未明确的	114434
总计	1113015

资料来源：通过邮件从南非国家统计局获取的人口普查数据，2011。

四　一个可持续的城市?

1. 经济上

约翰内斯堡将经济可持续性建立在矿业上一开始就备受质疑，即这个异常繁荣的小镇是否会随着矿业活动终止而最终崩溃。然而，约翰内斯堡最终超越了矿业这一单一经济，逐步实现经济多元化发展，最终成长为一个强大的成熟经济体。今天的问题已不是约翰内斯堡能否存在而是能否为自己的人口发展提供足够的生产生活的空间，从中长期看，能否超越中等收入陷阱成长为金砖国家和全球的领先城市。这里有着很多的不确定性，但最确定、最重要的是要有新的经济增长基础。

2. 环境上

约翰内斯堡城市成长完全依赖自然资源，然而该区域有着严重的自身关切，特别是水、能源的缺乏和空气质量的低下。其中最急切的便是寻找足够水源，这一紧迫性更被最近的反复断水所强化。约翰内斯堡坐落于印度洋和大西洋河流之间的洲际分水岭，自身降雨量不足，不得不到遥远的地方寻求水源，而这无疑需要大量技术创新和巨大资本投入（见图6）。最近扩大水资源供应的方案就是来自莱索托的水资源计划，也是世界上最大的跨盆地（跨境）水资源输送项目之一。

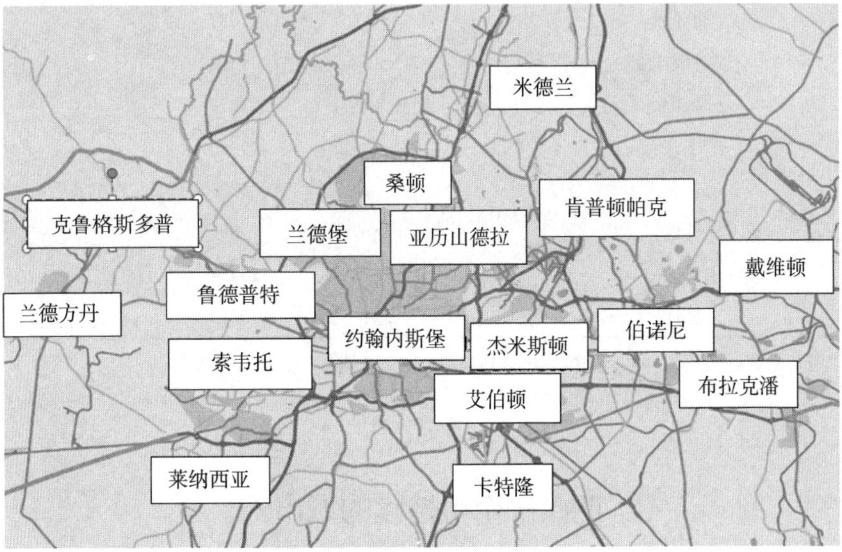

图6　约翰内斯堡的水资源项目

资料来源：南非水系地图。

长期看，约翰内斯堡还需到赞比西河寻找水资源，但中短期看仍面临更多的脆弱性（比如，水资源循环、从老矿区抽取水资源、更新损耗35%水资源的基础设施）。

2007年来，约翰内斯堡作为国家电网的一部分也不断遭遇能源短缺，对经济增长产生显著的制约性，而这无疑是规划不充分、投资不足以及项目建设长期延误的结果。到2020年，新的大型煤炭发电站上线，能源短缺将有所缓解。问题的关键是如何确保长期能源供应，以及南非低碳转型。南非资源一体化方案（2010~2030）提出了新的电力供应方式，其来源包括天然气、石油、核电、水电和太阳能，但仍有激烈争议，譬如核电成本和采购、天然气勘探中的水压法所产生的环境效应等，并且煤电有锁定效应，对温室气体排放造成了负面影响。幸运的是，2011年起，可再生能源配额或者能源生产商的权利拍卖取得显著成功。

2007年约翰内斯堡释放出了2700万吨温室气体，主要是来自电力生产和消费的二氧化碳（92.4%），2007年约翰内斯堡的人均碳排放为6.89吨，显著高于巴西的2.2吨和印度的1.7吨，略高于中国的6.7吨（世界银行数据）①。与全球北方比较，南非和约翰内斯堡属于温和的排放主体，然而在中等收入国家和全球南方，显然在差等生行列。可能解决方案就是电力去碳化并实现交通的形态转换（这大概占了全球温室气体排放的大约25%）。

尽管与海平面上升覆盖的沿海城市相比，约翰内斯堡并不脆弱，却也受到气候变化的影响。相关模式显示城市气温中期（2056~2065年）将升温2.3度，远期升温（2081~2100年）4.4度，当然不同季节也会产生可预期的差异。约翰内斯堡还会受到高频率风暴事件的袭击，并遭遇更强雨季以及日益强化的热岛效应，而腹地干旱频率的提升也可能影响早已趋紧的水资源供应。世界卫生组织最近对全球1622个城市的空气数据进行了更新，从PM_{10}（颗粒物）浓度看，约翰内斯堡排名在最差的第128位，在$PM_{2.5}$浓度排名最差的第98位，也就是说约翰内斯堡是目前世界上空气污染最严重的

① COJ – City of Johannesburg (2015) Greenhouse Gas Emissions Inventory for the City of Johannesburg Global Protocol for Community – scale Greenhouse Gas Emissions (GPC), a technical memorandum from the Office of the Executive Director. Online at http://promethium.co.za/wp – content/uploads/2015/07/GPC – Report – for – the – City – of – Johannesburg_ 01 – 1. pdf.

十个城市之一①。影响最严重的莫过于老矿业带、非正式居住区域和城镇上最贫穷的部分，这些地方煤炭、树木和石蜡都用来支持家庭生活，造成了严重污染。当然，在主要交通干道附近也集聚了高浓度污染物。显然，约翰内斯堡未来可持续性将取决于可确保的水和能源供应、可依赖的空气质量、缓解气候变化效应的能力，同时，减少温室气体也将促进全球的可持续性。

3. 社会上

约翰内斯堡无法逃避自身历史遗产，呈现高度分裂和不平等。人文发展指数排列表上，南非的位序显著低于人均 GDP。最近，人类发展指数又被 HIV/AIDS 高感染率而影响，这显著减少人类预期寿命，而高犯罪率、失业率和极端的社会不平等也对生活质量造成严重负面影响。约翰内斯堡人类发展指数高于南非整体，却显著少于本市既定经济发展水平。约翰内斯堡在测量所有不平等方面都处于世界国家最差行列（见图 7）。根据联合国人居署《世界城市状况》2010～2011 年的计算，约翰内斯堡基尼系数为 0.75，和南非其他城市差不多，显著高于拉美和撒哈拉以南非洲（UN Habitat，2010）其他城市，最近计算数值为 0.67②。

尽管目前不平等程度有所下降，横向比较仍异常突出。最近联合国人居署刚推出了“城市繁荣指数”（CPI）包括两种测量方法，第一个测量方法不包括公平，第二个测量方法包括公平。按第一测量方法，约翰内斯堡繁荣指数为 0.742，这和中等收入城市雅加达、开罗、卡萨布兰卡、马尼拉差不多，但与北京也相差甚远，然而按第二测量方法，约翰内斯堡的繁荣指数下降到 0.479，只能与一些非洲极端贫穷的城市相提而论，譬如利比亚的蒙罗维亚、几内亚的科纳克里、马达加斯加的塔那那利佛（联合国人居署，2012）③。

---

① WHO – World Health Organization (2014) Ambient (outdoor) air pollution in cities database 2014. Online at http: //www. who. int/phe/health_ topics/outdoorair/databases/cities/en/.

② Un Habitat (2010) State of World Cities 2010/2011: Bridging the Urban Divide. UN Habitat, Nairobi. Online at https: //sustainabledevelopment. un. org/content/documents/11143016_ alt. pdf.

③ UN Habitat (2012) State of World Cities 2012/2013: Prosperity of Cities. UN Habitat, Nairobi. Online at https: //sustainabledevelopment. un. org/content/documents/745habitat. pdf.

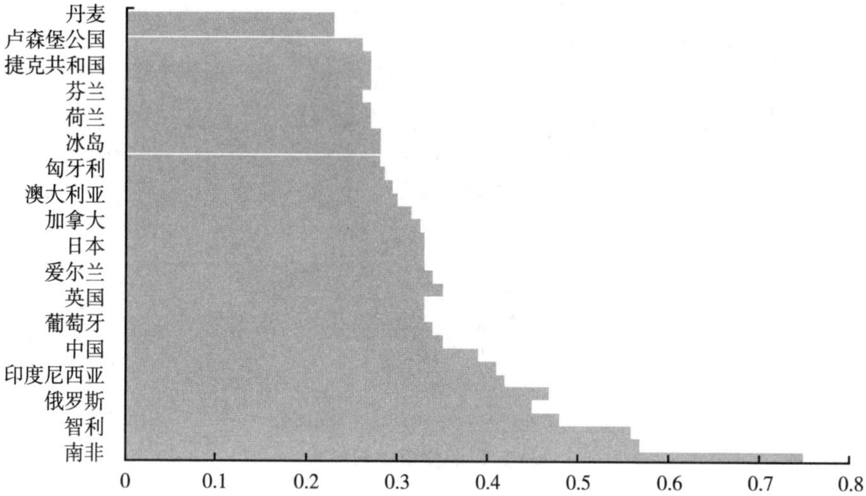

图 7　基于住户的家庭不平等排序

资料来源：Herd，2010。

约翰内斯堡还面临其他一些社会压力，包括高犯罪率（尽管 2003 ~ 2011 年有所下降，最近再度升高）以及强烈排外主义，外国人被许多人认为是主要经济威胁。积极方面，南非已实现种族主义向非种族民主转型，渐进而又不稳定推进种族融合（经常从学校开始，但也发生在其他领域，特别是政治领域，目前最大的反对派已经是黑人领导，此前一直是白人）。尽管种族认同依然存在，但一种新型的社会认同兴起。随着政府对公共服务的强调和经济的衰败，社会预期增强，包括穷人、年轻人甚至中产阶级在内的抗议活动日益明显，这种社会压力有可能成为未来变革的动力。

4. 空间上

早期约翰内斯堡被矿业活动和基于种族、阶级划分社会精英强烈影响并逐步成为隔离城市，先是黑人居住的高密度小镇逐渐成为非正式居住区，而白人成为中产阶级居住于低密度林荫郊区，这种分隔则为 20 世纪 60 年代晚期后大规模高速公路基础设施所支持，黑白两个种族的居住区域也被相关《集体区域法》合法化。20 世纪 50 年代黑人城镇主要位于城市边缘位置，远离就业市场。低密

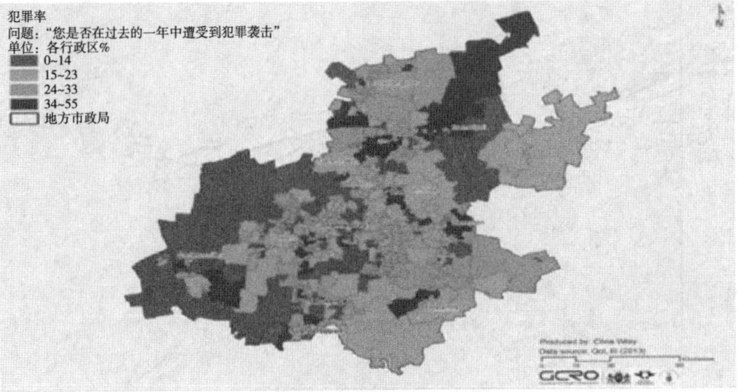

图 8　犯罪受害者的分布

资料来源：Chris Wray 制作，QoL III，2013。

度所付出的资源成本、职住分离、市场和就业不匹配所造成的社会政治压力（穷人家庭交通支出占他们收入的30%）以及人群相互分裂造成的长期社会效应都说明约翰内斯堡并不具有可持续性。即在后种族政权时代，约翰内斯堡是否能形成可持续的城市形式，其答案显然是不清晰的，而且存在一些异常复杂且矛盾的趋势，即老模式高度顽固的同时也出现了一些新的发展趋势。种族隔离被认为很难改变，以前的黑人城镇仍全部是黑人，而内城原来主要是白人工人阶级目前也几乎是黑人居住，目前唯一显著去隔离化的是以前白人中产阶级郊区社区，这也部分反映了黑人中产阶级的成长（见图9）。

当然，从紧凑和扩张的角度看，城市有一些相互矛盾的趋势，其中低收入家庭主要位于土地价格便宜的城市边缘地带，特别是内城和城镇后院居住，城市总体密度有所提升，这种密度的提升使人在就业、服务方面比以往任何时候都更具有可能性。

结　论

约翰内斯堡是南非最大也是经济上最重要的城市，是非洲领先城市之

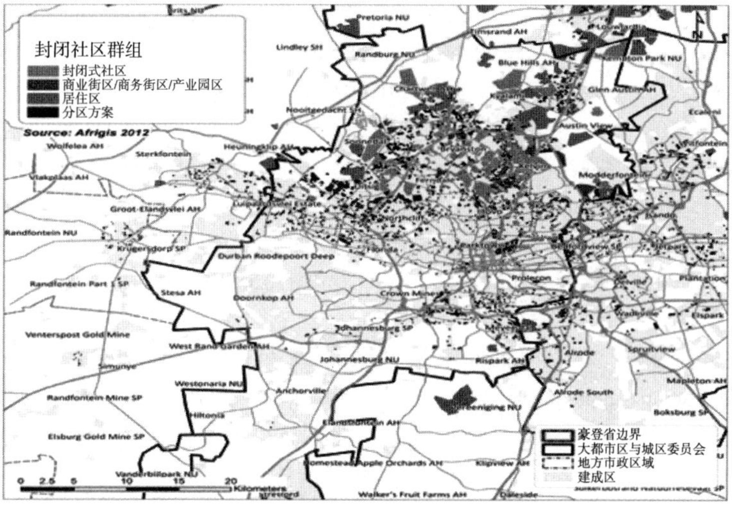

图9　封闭社区

资料来源：Afrigis，2012。

一。然而，在金砖国家内部，它还只能作为中等或者二线城市，从长期看既有增长也有衰退，在经历种族隔离长期禁锢之后，其经济和人口都有了增长，且这种增长未有减缓。经济角度，约翰内斯堡是具有韧性的城市，克服矿业所带来的可持续性挑战而具备了多样化经济，对未来经济增长动力依然在探索和挖掘。资源角度，约翰内斯堡主要依赖于其自身边界之外的进口，特别是水和能源，然而，仍存在一系列的可持续性诉求需得到有效制度响应。极端的不平等削弱了城市的可持续性能力，未来成功将主要取决于经济社会系统的持续演进以及就业市场能否具有更大包容性。另外，约翰内斯堡也存在一系列混合趋势，这其中包括一种密度提升的积极态势，而这种态势将使得城市更为多元化并以更可持续、更具韧性的城市形式存在。

参考文献

COJ – City of Johannesburg, Greenhouse Gas Emissions Inventory for the City of

Johannesburg Global Protocol for Community - scale Greenhouse Gas Emissions (GPC), a technical memorandum from the Office of the Executive Director. 2015, Online athttp: //promethium. co. za/wp - content/uploads/2015/07/GPC - Report - for - the - City - of - Johannesburg_ 01 - 1. pdf.

Crankshaw, O. and J. Borel - Saladin, Does deindustrialization cause social polarization in global cities? Environment and Planning A, Vol. 46, 2014, pp. 1852 - 1872.

GCRO, Quality of LifeIII: The Gauteng City - Region survey 2013. Online at http: //www. gcro. ac. za/media/redactor_ files/QoL% 20III% 202013% 20launch% 20slides% 2014% 20August% 202014% 20v2. pdf.

Harrison, P. (2015) Johannesburg Foresight. A report prepared as an input into theAfricities Summit hosted in Johannesburg, 1 - 5 December, 2015.

Harrison, P. & T. Zack, The power of mining: the fall of gold and rise of Johannesburg, Journal of Contemporary African Studies, vol. 30, No. 4, 2012, pp. 551 - 570.

Un Habitat (2010) State of World Cities 2010/2011: Bridging the Urban Divide. UN Habitat, Nairobi. Online athttps: //sustainabledevelopment. un. org/content/documents/11143016_ alt. pdf.

UN Habitat (2012) State of World Cities 2012/2013: Prosperity of Cities. UN Habitat, Nairobi. Online athttps: //sustainabledevelopment. un. org/content/documents/745habitat. pdf.

UN Population Division, World Urbanization Prospects, 2014 Revision.

WHO - World Health Organization (2014) Ambient (outdoor) air pollution in cities database 2014. Online at http: //www. who. int/phe/health _ topics/outdoorair/databases/cities/en/.

Abstract

Having just past year 2016, global black swan events continue to emerge: Brexit impacts European integration; European right – wing parties continue to rise; the United States election results lead to isolationism; TPP faces termination; commitment to the Paris Protocol on climate change is at stake; time and again each has an impact on the development of globalization. China is now becoming a key country to maintain the fruits of globalization; China's "One Belt and One Road" strategic vision steadily moves forward, and with its huge potential for development, has increasingly shown its value as a "strategic pillar" to promote further globalization. To this end, the main report part of the Blue Book further deepens the "One Belt and One Road" meso – scale (City scale) research.

The "One Belt and One Road" strategy is moving from the initial phase to the substantive construction phase. "One Belt and One Road" urgently needs to identify strategic node along the way, by taking "strategic node", "corridor", "network" and "extension" to pull the global path. After the 2016 Annual Report, "Silk Cities Corridor" has been set as the main strategy located in "One Belt and One Road".

The proposal of the "Silk Cities Corridor" concept includes a multi – layer strategy. First, "Silk Cities Corridor" will uphold the tradition of the Silk Road and, along with "One Belt and One Road", will form many channels, particularly international urban channels, that will ensure the flexibility of Euro – Asia connection, the channels to pull the whole continent together. Second, "Silk Cities Corridor" will help keep different regional developmental ideas consistent. China's "One Belt and One Road" initiative, other international organizations' regional developmental cooperation initiatives, as well as all involved nations' geographical development plans may not coincide with the spatial orientation of development. However, the development axis of key and major urban cities becomes the common link that none of the pragmatic development programs can work without. Therefore, "Silk Cities Corridor" is able to become the largest common denominator to various types of development and open concepts. It can help achieve multi – level integration for regional development and deployment. This is more than what was simply accepted of the six economic corridors mentioned in China's "One Belt and One Road" proposal by various stakeholders. Third, "Silk Cities Corridor" is also a high – level form of interconnectivity. This corridor platform can carry the activities that will be far more abundant than relying solely on transportation infrastructure from regional development channels. "Silk Cities Corridor" can achieve policy communication, infrastructure interconnection, trade flow, currency circulation and friendship of people within the same system. Those cultural, social and ecological effects might be far from limited to just economic effect. The effect on local government's cooperation may be more significant.

This is the fifth year of the Blue Book tracking the world's 40 most representative cities, giving the International City 2. 0 an evaluation, and focusing on laws and situations in the transformation and upgrading of a city. It also contains nearly 30 case studies on cities in the areas of innovation, economic, social, cultural, ecological, governance and space development. This year, there is also a new "BRICs Cities" column, with a view to other BRICs cities to provide a more comprehensive mirror for Chinese cities.

Contents

I General Reports

Abstract: The "One Belt and One Road" strategy is now moving from the initial phase to the substantive construction phase. "One Belt and One Road" urgently needs to identify strategic node along the way, by taking "strategic node", "corridor", "network" and "extension" to pull the global path. The article proposes that the "Silk Cities Corridor" is the main platform for Interoperability in "One Belt and One Road" . Which will help keep different regional developmental ideas consistent. China's "One Belt and One Road" initiative, other international organizations' regional developmental cooperation initiatives, as well as all involved nations' geographical development plans may not coincide with the spatial orientation of development. However, the development axis of key and major urban cities becomes the common link that none of the pragmatic development programs can work without. Therefore, "Silk Cities Corridor" is able to become the largest common denominator to various types of development and open concepts.

Keywords: Silk Cities Corridor; International Cities Corridor; One Belt and One Road; Connectivity

B. 2 Globalization Suffered from Setbacks, International City Upgrading Capacity Differentiated

—*International City Evaluation Report 2017*

Deng Zhituan, Yu Tianxu, Yang Chuankai and Tu Qiyu / 054

Abstract: Based on the index system of international city 2. 0 evaluation proposed by the International City Development Report, this paper analyzes the 40 cities observed from 7 dimensions, such as comprehensive capacity upgrading, et al. The results show that the comprehensive upgrading capacity, social upgrading capacity, ecological upgrading capacity, governance upgrading capacity and spatial upgrading capacity are in the same trend, and the cities upgrading capacity have higher scores with the left - side distribution. Economic upgrading capacity and cultural upgrading capacity of high score city are still less. The cities with lower cultural upgrading capacity are the most, indicating that currently the gap of international economic and cultural upgrading gradually expand, the stronger cities still are the stronger, the weaker cities have catching up pressure. The general trend of the convergence of comprehensive capacity and the polarization of innovation capacity indicates that the city government needs to pay much more attention to the promotion of economy and culture in innovation.

Keywords: International city 2. 0 Evaluation; Upgrading Capacity; Skew Distribution; Differentiation

Ⅱ Urban Innovation

B. 3 The Pattern of Knowledge Source for Global Innovation Networks

Li Jian / 094

Abstract: Global innovation networks (GINs) is coming from globalization of knowledge, science and technology, and it is more complicated than global production networks. Global innovation networks include knowledge innovation network which focus on knowledge source, start-up service network which focus on transformation of S&T achievements, and commercialization network upgrading from GPNs. Among them, knowledge innovation network is the base layer and knowledge source for GINs, which is mainly composed of publications, academic conferences, cooperative researches and overseas study activities. This paper choose journals published by Science Citation Index (SCI) as study object to reveal spatial layout of global knowledge innovation network structure and spatial pattern, and deepen the study for global innovation networks and its node connotation. Finally, the paper puts forward innovation inspirations for cities in China.

Keywords: Global Knowledge Innovation Networks; Journals from Science Citation Index; Geographical Pattern

Abstract: This paper, based on the report" Broadband Adoption and Gaps in U. S. Metropolitan Areas" issued by Brookings Institute, tried to track current and changing broadband adoption rates at the U. S. metropolitan scale, and analysis the factors affect metropolitan adoption rates. It shows that multiple factors-including higher levels of income, educational attainment, and telecommuting-all have a positive and significant effect on broadband application in metropolitan area. Based on the analysis, the paper summarized the main implications for efforts to improve Chinese City Internet adoption.

Keywords: United States; Metropolitan Area; Broadband Adoption; Digital Skill

Abstract: This paper mainly focuses on the advance and policy of EUROCITIES for the work and skills of the local start-up business and regional economic. It proposed the important role of supportive ecosystem for start-up business city, summarizes the start-up business plan of urban planning and main stages and characteristics of urban innovation system. This paper argues that the construction of start-up business system of European cities can be divided into three phases: stand-up, start-up and scale-up, and different focused promoting measures should be taken for different phases of system constructions.

Keywords: European Cities, Start-ups, Innovation System

Ⅲ Urban Economy

Abstract: With rapid economic development in the new era, the topic of sharing economy become more and more popular. In June 2016, The Urban Institute released a study on sharing economy, analyzing some important elements about sharing economy all over the world. This article reviews and summarizes the study and puts forward proposals for enlightenment.

Keywords: Sharing Economy; Sharing Platform; Economic Exclusion

Abstract: After the break out of the global financial crisis, some new problems emerged in Hong Kong, such as economic growth decline, drop of the global ranking. The fundamental reasons mainly lie in the industrial structure of Hong Kong has a high proportion of services industry and urban innovation activity has been weakened, the cost of living continues to rise and so on. In view of the new problems appearing in the current development of Hong kong, some countermeasures are put forward.

Keywords: Hong Kong; Innovation; Industry Structure

Abstract: The development of creative industries in London is the most important trends currently. After 20 years of efforts, the London cultural and creative industries have achieved remarkable results. The scope of cultural and creative industries in London is narrow compared with other countries, its share of the UK has never been more than 10% since 2009, the second largest industrial sector in London after the financial industry. And the added value of the creative industries in London accounted for more than half the proportion of United Kingdom, so its position of creative industries in the UK is very important. The creative economy is even more magnified role in promoting employment in London economy.

Keywords: Creative Industries; Creative Economy; Construction; Distribution; London

Ⅳ Urban Society

Abstract: With rapid economic development in the new era, people's life become better and better, but vulnerable group still difficult to change their lives . In June 2016, The Urban Institute released a study on economic exclusion, analyzing some important elements about economic exclusion all over the world. This article reviews and summarizes the study and puts forward proposals for enlightenment.

Keywords: Economic Exclusion ; Equal Opportunities ; Information Technology

B. 10 Developmental Trend of Comprehensive Care System for Urban Retirement Community in Japan in the 21st Century

Chun Yan / 158

Abstract: Aging of population is a common social issue faced by many countries in the world today. Along with the aging a series of social problems have emerged , which pose new demands for urban development. By summarizing the research report published by Japan General Research Institute and other institutions, this paper analyzes the development trend of Japanese urban community care system, and untangles the developmental characteristics of the comprehensive aging system from the perspective of new form of community. At the end, we put forward the suggestion of urban pension in China.

Keywords: Aging Society; Regional Economic Impact; Suggestion

B. 11 Innovation for Active and Healthy Ageing of Cities in EU

Hu Suyun, *Li Zezhong* / 168

Abstract: This paper, based on the final report of European Summit on Innovation for Active and Healthy Ageing issued by European Commission, provides an overview of European demographic change, highlights how to change the opportunities for economic growth and social development. Including how to seize the growth opportunities of the Silver Economy, how to establish a sustainable health and care systems through innovation, how to realize the concept and popularize it to global. The paper shows some of the suggested actions, such as setting global strategy, using the power of internet to get investments and developing new products and services match the needs of ageing people. These thematic sessions and innovation the paper contains also indicate the ways in which China confront the demographic change and solve the ageing problems.

Keywords: Health; Ageing; Innovation; Europe; Silver Economy

V Urban Culture

Abstract: The Future Cities Catapult in UK release a report Future Cities: UK Capabilities for Urban,, which stated that the future cities market can be organized according to five capabilities: spatial design-led solution providers, physical infrastructure-led solution providers, digital and data-led providers, commercial finance and business service-led solution providers and social and governance-led providers. Three components of the future cities ecosystem all help build capabilities in the five areas essential for urban solution development: civic, research and academic, and business. It introduce case study of London . Finally, it stated the advantage and new challenge of UK in future cities.

Keywords: Urban Innovation; UK; Challenge

Abstract: A growing number of urban communities around the world are recognizing that lifelong learning can be a driver of social, cultural, economic and environmental development. In response to a number of challenges faced by the city, Mexico City has actively promoted the concept of lifelong learning and efforts to build a learning city. Learning city of Mexico City has been introduced in the case, with enlightenment to Chinese cities.

Keywords: Mexico City; Lifelong Learning; Learning City

Abstract: Since the beginning of the new century, Singapore has adhered the 15 –year Renaissance City Plan, which aims to promote the city's leap from industrial to knowledge-based economy through development of culture. The plan build Singapore into an "21st Century Renaissance City", which is a regional culture, design and media center, and at last become one of the international cultural center city. This paper reviews a series of policies and literary programs adopted by the Singapore government during the Renaissance in Singapore, aims to provide reference for the development of Chinese metropolitan art and cultural industries.

Keywords: Singapore; Renaissance City; Cultural Planning

Ⅵ Urban Ecology

Abstract: Urbanization plays a very important role in promoting city development, and the city contributes 70% of the world GDP. This paper summarizes key methods and paths of urban sustainable development and urban prosperity by combing the development case of foreign urbanization, and draw some lessons from these cases.

Keywords: Urbanization; Sustainable Development; Urban Prosperity

Abstract: This paper focuses on the interaction of the Megacities and the water resources, with the report of UNESCO as the core, which analyzes the issues and challenges related to water resources in Megacities. This paper takes the cases of Buenos Aires, Ho Chi Minh, Istanbul and Lagos, put forward the measures and policies of dealing with the water problems in Megacities.

Keywords: Megacities; Water; Sustainable Development

Abstract: Based on long-term goals of green growth and climate change improvement, environmental taxes has become one of the most important policy tools in many countries, but there are still many problems in the implementation process. This paper analyzes standard choice of environmental tax reform, environmental price, the choice and design of environmental taxes, environmental taxes implement costs and so on. And finally the paper summarizes the inspiration to China cities for environmental taxes reform.

Keywords: Netherlands; Environmental Taxes; Environmental Price

Ⅶ Urban Management

B. 18 The Characteristic and Inspiration of Regional Cooperation for Polycentric Urban Agglomeration in Randstad *Li Na* / 240

Abstract: The Randstad in Netherlands is an important region of population aggregation and economy development and a typical example for the polycentric urban region. On spatial structure, the Randstad is encircled by the layout around the green heart of metropolis, and having many centers such as Amsterdam, Rotterdam, The Hague and Utrecht etc. The spatial structure is an order of concentrates and disperses. On regional cooperation, The Randstad displays characteristics of functional network division, traffic gear development and multivariate and elasticity cooperation mechanism. The polycentric urban agglomeration in Randstad has avoided big city disease such as traffic congestion and high house price, has become a kind of trend of regional distribution. The experience of the Randstad is studied for building urban agglomeration, such as planning the spatial distribution of urban agglomeration, making traffic gear development, protecting ecological space, building multivariate flexible cooperation mechanism.

Keywords: Polycentric; Regional Cooperation; Randstad

B. 19 Governance Variations Across and Within Metropolitan Regions in India *Partha Mukhopadhyay* / 252

Abstract: The situation of urban governance in India presents typical differences. This paper focuses on three major cities in India: Bangalore, Mumbai, Kolkata, focusing on governance structures, politics, services and the economy of these cities. In this paper, it is found that different regions and cities in India show a distinctly different governance model. In the context of their metropolitan potential capacity to carry out more functions, Indian cities have differentiated functional responsibilities.

Keywords: India; Metropolis; Regional Governance

Abstract: The regional economic development of the United Kingdom has obvious differences between the north and the south, and the south with a core of London has maintained a strong competitive advantage in the long term. In order to eliminate the regional economic differences, to provide new momentum for economic development, the British government tries to put forward two regional revitalization plans. However, due to the change of government, there is uncertainty about the future of the two plans. But its ideas, measures, can be used as reference for China's urban development.

Keywords: United Kingdom; Regional Revitalization; Balanced Development

Ⅷ Urban Space

Abstract: With rapid economic development in the new era, the design about workplace has become more and more important. , the US capital, has accumulated a wealth of experience in the practice of social and economic mobility. In March 2015, The city of London released a study on future workstyles and future workplaces, analyzing some important elements about new workplace. This article reviews and summarizes the study and puts forward proposals for enlightenment.

Keywords: the City of London; Workstyle; Workplace

B. 22 The Sociability of the Favelas' Governance: Rio's Experience and Enlightenment *Yang Chuankai* / 282

Abstract: Favela is one of the most urgent issues in Rio de Janeiro and it restricts the development of Rio seriously. In order to ensure that the 2014 World Cup and 2016 Olympic Games can be held successfully, the Rio's government increases the favelas' intensity of remediation. Based on the research of the UNESCO (United Nations Educational, Scientific and Cultural Organization), the paper analyzed and summarized the characteristics of the Rio's favelas. Then we discussed the functions of sociability in the process of the favelas' governances from two sides: the relationship of police-community and the role of NGOs. In the end, some policy suggestions were proposed.

Keywords: Favela; Sociability; Social Governance; Rio de Janeiro

B. 23 Building a Garden Global City: Experience of the Ile-de-France *Xue Yanjie* / 294

Abstract: Because cherish the natural land, there is still nearly 80% of ecological land in the Ile-de-France while it achieve a high urbanization level. Farmland which constitute nearly half of the area of Ile-de-France, enhance the diversity, livable, attractive and sustainable development capacity of Paris. It also brings Paris strong natural foundation and development advantages superior to other global cities. Île-de-France 2030 regards agriculture as an important advantage and an integral part, and considers the function of agriculture in the development in many aspects of the whole region development. It proposes to retain agriculture, to promote agriculture sustainable development, to drive agriculture to diversify, value added and transformation. These ideas have important reference for China's metropolis. Mega cities in China should also rethink the function of agriculture in the whole city system, protect farmland and agriculture, and promote agriculture and city harmonious coexistence and collaborative development.

Keywords: Global City; Garden City; Agriculture; Ile-de-France

Ⅸ BRICS City Special Edition

Abstract: This paper, base on the research on the evolution of São Paulo, analyzed some aspects of Brazilian urbanization and Brazil's urban system which incorporates that Metropolitan Region inserted in a wider urban agglomeration called macro metropolis. The characterization of the economic base, demographic and social composition of the metropolitan development have been made. The Paper illustrated the main features of this metropolis urban form, in particular related to the real estate investments in central areas and the consolidation of peripheral areas, and the conditions of its infrastructure and urban mobility.

Keywords: São Paulo; Urbanization; Industialization

Abstract: As international research topics, the transformation of space shape and governance mode became challenge for urban development recently. The obtaining, manipulation, and utilization of city data is absolutely necessary for urban governance. This paper, by analyzing governance data of Russian cites, demonstrated the principle development status and main challenges which the Russian cities faced, and drew the main resolution for the urban future development.

Keywords: Russian Federal; Urban Governance; Development Mode

B. 26 Governing Delhi

Patrick Heller / 325

Abstract: These high growth rates of urbanization and population have put an increasing strain on the carrying capacity of Indian cities, and in particular their capacity to provide basic services and infrastructure and to coordinate growth with inclusion. India's third largest city, the capital, Delhi is the typical example of governance failure. This report mainly describes the status of Delhi from the four aspects: 1) economic base; 2) social structure and spatial form; 3) governance; 4) governance performance. The report reveals the various disadvantages and problems in further which exist in the process of urban governance, and points out that Delhi has failed to become an inclusive city because of the inappropriately designed governance arrangements. This might be worthy of reference for urban managers in China.

Keywords: Delhi; Governing; Inclusive City

B. 27 Johannesburg Promotes Resilience and Sustainable Development through Urban Governance

Philip Harrison / 337

Abstract: This paper give a comprehensive introduction of Johannesburg, including Johannesburg in the BRICS and in Africa and its Economic transformations from City of Gold to Industrial city to Post-industrial city, finding that Economy of Johannesburg has increasingly diversified, transcending its origins in gold mining. However nowadays the question doesn't lie in survival of Johannesburg, but in new source of growth, economically, socially and environmentally. Johannesburg is also a city of immigrants, the inflow of population with the phase of economic development show a variety of features, the gender ratio, the country of origin and other dimensions. the core issue of Johannesburg still remain the same one, how to become a global city with sustainability. This sustainability would be divided into four parts. From the economic sense, Johannesburg need to escape the secondary trap; from the social sense, although integration increased, Johannesburg still need to combat inequality, high Gini co efficiency, high crime rate of xenophobia and other social pressure; from the environmental sense, Johannesburg is in quite shortage of water and energy , greenhouse gas emissions higher than its economic level and other developing countries; from the spatial sense , social isolation is serious, the traditional white suburban communities also appeared in the black middle class.

Keywords: Johannesburg; BRICS; Sustainable Development; Economic Transformation

✧ 皮书起源 ✧

“皮书”起源于十七、十八世纪的英国，主要指官方或社会组织正式发表的重要文件或报告，多以“白皮书”命名。在中国，“皮书”这一概念被社会广泛接受，并被成功运作、发展成为一种全新的出版形态，则源于中国社会科学院社会科学文献出版社。

✧ 皮书定义 ✧

皮书是对中国与世界发展状况和热点问题进行年度监测，以专业的角度、专家的视野和实证研究方法，针对某一领域或区域现状与发展态势展开分析和预测，具备原创性、实证性、专业性、连续性、前沿性、时效性等特点的公开出版物，由一系列权威研究报告组成。

✧ 皮书作者 ✧

皮书系列的作者以中国社会科学院、著名高校、地方社会科学院的研究人员为主，多为国内一流研究机构的权威专家学者，他们的看法和观点代表了学界对中国与世界的现实和未来最高水平的解读与分析。

✧ 皮书荣誉 ✧

皮书系列已成为社会科学文献出版社的著名图书品牌和中国社会科学院的知名学术品牌。2016 年，皮书系列正式列入“十三五”国家重点出版规划项目；2012~2016 年，重点皮书列入中国社会科学院承担的国家哲学社会科学创新工程项目；2017 年，55 种院外皮书使用“中国社会科学院创新工程学术出版项目”标识。

中国皮书网

发布皮书研创资讯，传播皮书精彩内容
引领皮书出版潮流，打造皮书服务平台

栏目设置

关于皮书：何谓皮书、皮书分类、皮书大事记、皮书荣誉、
皮书出版第一人、皮书编辑部

最新资讯：通知公告、新闻动态、媒体聚焦、网站专题、视频直播、下载专区

皮书研创：皮书规范、皮书选题、皮书出版、皮书研究、研创团队

皮书评奖评价：指标体系、皮书评价、皮书评奖

互动专区：皮书说、皮书智库、皮书微博、数据库微博

所获荣誉

2008 年、2011 年，中国皮书网均在全国新闻出版业网站荣誉评选中获得“最具商业价值网站”称号；

2012 年，获得“出版业网站百强”称号。

网库合一

2014 年，中国皮书网与皮书数据库端口合一，实现资源共享。更多详情请登录 www.pishu.cn。

S 子库介绍
Sub-Database Introduction

中国经济发展数据库

涵盖宏观经济、农业经济、工业经济、产业经济、财政金融、交通旅游、商业贸易、劳动经济、企业经济、房地产经济、城市经济、区域经济等领域，为用户实时了解经济运行态势、把握经济发展规律、洞察经济形势、做出经济决策提供参考和依据。

中国社会发展数据库

全面整合国内外有关中国社会发展的统计数据、深度分析报告、专家解读和热点资讯构建而成的专业学术数据库。涉及宗教、社会、人口、政治、外交、法律、文化、教育、体育、文学艺术、医药卫生、资源环境等多个领域。

中国行业发展数据库

以中国国民经济行业分类为依据，跟踪分析国民经济各行业市场运行状况和政策导向，提供行业发展最前沿的资讯，为用户投资、从业及各种经济决策提供理论基础和实践指导。内容涵盖农业，能源与矿产业，交通运输业，制造业，金融业，房地产业，租赁和商务服务业，科学研究，环境和公共设施管理，居民服务业，教育，卫生和社会保障，文化、体育和娱乐业等 100 余个行业。

中国区域发展数据库

对特定区域内的经济、社会、文化、法治、资源环境等领域的现状与发展情况进行分析和预测。涵盖中部、西部、东北、西北等地区，长三角、珠三角、黄三角、京津冀、环渤海、合肥经济圈、长株潭城市群、关中—天水经济区、海峡经济区等区域经济体和城市圈，北京、上海、浙江、河南、陕西等 34 个省份及中国台湾地区 。

中国文化传媒数据库

包括文化事业、文化产业、宗教、群众文化、图书馆事业、博物馆事业、档案事业、语言文字、文学、历史地理、新闻传播、广播电视、出版事业、艺术、电影、娱乐等多个子库。

世界经济与国际关系数据库

以皮书系列中涉及世界经济与国际关系的研究成果为基础，全面整合国内外有关世界经济与国际关系的统计数据、深度分析报告、专家解读和热点资讯构建而成的专业学术数据库。包括世界经济、国际政治、世界文化与科技、全球性问题、国际组织与国际法、区域研究等多个子库。

法律声明